해커스
주택관리사

출제예상문제집

 민법

해커스 주택관리사

민희열 교수

약력

현 | 해커스 주택관리사학원 민법 대표강사
해커스 주택관리사 민법 동영상강의 대표강사

전 | 해커스 공인중개사 민법 강사 역임
EBS · 랜드프로(노원) · 새롬 공인중개사(강남, 송파, 분당,
주안 등) 강사 역임

저서

공인중개사 판례특강, 민법 및 민사특별법, 해커스패스, 2020~2022
공인중개사 7일완성 회차별 기출문제집(민법), 해커스패스, 2022
공인중개사 시험에 꼭 나오는 핵심테마 정리, 민법 및 민사특별법, 해커스패스, 2020
공인중개사 핵심을 잡는 민법 체계도, 민법 및 민사특별법, 해커스패스, 2022
주택관리사 민법(기본서), 해커스패스, 2025
주택관리사 민법(문제집), 해커스패스, 2025
주택관리사 기초입문서(민법) 1차, 해커스패스, 2025
주택관리사 핵심요약집(민법) 1차, 해커스패스, 2025
주택관리사 기출문제집(민법) 1차, 해커스패스, 2025

2025 해커스 주택관리사 출제예상문제집
1차 민법

초판 1쇄 발행	2025년 2월 11일
지은이	민희열, 해커스 주택관리사시험 연구소
펴낸곳	해커스패스
펴낸이	해커스 주택관리사 출판팀
주소	서울시 강남구 강남대로 428 해커스 주택관리사
고객센터	1588-2332
교재 관련 문의	house@pass.com
	해커스 주택관리사 사이트(house.Hackers.com) 1:1 수강생상담
학원강의	house.Hackers.com/gangnam
동영상강의	house.Hackers.com
ISBN	979-11-7244-796-0(13360)
Serial Number	01-01-01

저작권자 ⓒ 2025, 해커스 주택관리사
이 책의 모든 내용, 이미지, 디자인, 편집 형태는 저작권법에 의해 보호받고 있습니다.
서면에 의한 저자와 출판사의 허락 없이 내용의 일부 혹은 전부를 인용, 발췌하거나 복제, 배포할 수 없습니다.

주택관리사 시험 전문,
해커스 주택관리사(house.Hackers.com)

해커스 주택관리사

· 해커스 주택관리사학원 및 인터넷강의
· 해커스 주택관리사 무료 온라인 전국 실전모의고사
· 해커스 주택관리사 무료 학습자료 및 필수 합격정보 제공
· 해커스 주택관리사 문제풀이 단과강의 30% 할인쿠폰 수록

합격을 좌우하는
최종 마무리,

핵심문제 풀이를
한 번에!

민법은 주택관리사(보) 시험합격을 위한 중요한 과목으로 방대한 양 때문에 학습하기가 쉽지 않습니다. 우선 기본서로 체계적인 정리가 필요하고, 키워드나 암기법으로 부담을 줄여 줄 필요가 있습니다. 나아가 문제풀이 연습을 통해서 문제 적응력을 높이고 학습한 것들을 확인하는 과정이 필요합니다.

최근 주택관리사(보) 민법 시험의 난도가 높아지고 있는데, 그 이유는 민법 시험의 출제범위가 점점 넓어지고 있기 때문입니다. 기존에도 많이 출제된 민법총칙뿐만 아니라 물권법과 채권법에서도 그 출제범위가 넓어지고 있습니다. 또한 조문·판례 중심의 단순 암기형이나 단답형 문제에서 민법의 전 범위가 결합된 종합형·사례형·박스형 문제가 다수 출제되고 있습니다.

본 저자는 이러한 주택관리사(보) 시험의 최근 출제경향을 철저히 분석하여 주택관리사(보) 수험생들의 합격을 위하여 최적화된 문제집을 집필하였습니다.

1 단원별 대표예제를 선별하여 중요한 주제를 한눈에 파악할 수 있도록 하였고, 기출문제를 철저히 분석하여 반영함으로써 출제경향을 파악하여 시험에 완벽하게 대비하도록 하였습니다.

2 다른 국가고시의 민법 기출문제를 분석하여 반영함으로써 신유형·고난도 문제에 대비할 수 있도록 하였습니다.

3 주택관리사(보) 민법 시험은 주로 판례형과 사례형, 종합형 문제 형식으로 출제되는 것을 감안하여 중요한 판례·사례 및 종합형 문제들을 많이 수록하였습니다.

더불어 주택관리사(보) 시험전문 **해커스 주택관리사**(house.Hackers.com)에서 학원강의나 인터넷 동영상강의를 함께 이용하여 꾸준히 수강한다면 학습효과를 극대화할 수 있습니다.

저와 함께 학습하시는 수험생 여러분들이 더 많이 합격할 수 있도록 끝까지 강의와 교재를 통해 최선을 다하겠습니다.

시험 합격을 위하여 공부에 매진하시는 수험생 여러분들의 꿈을 진심으로 응원합니다.

2025년 1월
민희열, 해커스 주택관리사시험 연구소

이 책의 차례

제1편 | 민법총칙

제2편 | 물권법

이 책의 특징

01 전략적인 문제풀이를 통하여 합격으로 가는 실전 문제집

2025년 주택관리사(보) 시험 합격을 위한 실전 문제집으로 꼭 필요한 문제만을 엄선하여 수록하였습니다. 매 단원마다 출제 가능성이 높은 예상문제를 풀어볼 수 있도록 구성함으로써 주요 문제를 전략적으로 학습하여 단기간에 합격에 이를 수 있도록 하였습니다.

02 실전 완벽 대비를 위한 다양한 문제와 상세한 해설 수록

최근 10개년 기출문제를 분석하여 출제포인트를 선정하고, 각 포인트별 자주 출제되는 핵심 유형을 대표예제로 엄선하였습니다. 그리고 출제가 예상되는 다양한 문제를 상세한 해설과 함께 수록하여 개념을 다시 한번 정리하고 실력을 향상시킬 수 있도록 하였습니다.

03 최신 개정법령 및 출제경향 반영

최신 개정법령 및 시험 출제경향을 철저하게 분석하여 문제에 모두 반영하였습니다. 또한 기출문제의 경향과 난이도가 충실히 반영된 고난도 · 종합 문제를 수록하여 다양한 문제 유형에 충분히 대비할 수 있도록 하였습니다. 추후 개정되는 내용들은 해커스 주택관리사(house.Hackers.com) '개정자료 게시판'에서 쉽고 빠르게 확인할 수 있습니다.

04 교재 강의 · 무료 학습자료 · 필수 합격정보 제공(house.Hackers.com)

해커스 주택관리사(house.Hackers.com)에서는 주택관리사 전문 교수진의 쉽고 명쾌한 온 · 오프라인 강의를 제공하고 있습니다. 또한 각종 무료 강의 및 무료 온라인 전국 실전모의고사 등 다양한 학습자료와 시험 안내자료, 합격가이드 등 필수 합격정보를 확인할 수 있도록 하였습니다.

이 책의 구성

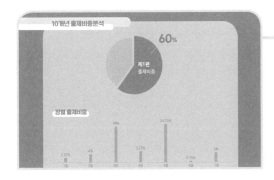

출제비중분석 그래프

최근 10개년 주택관리사(보) 시험을 심층적으로 분석한 편별·장별 출제비중을 각 편 시작 부분에 시각적으로 제시함으로써 단원별 출제경향을 한눈에 파악하고 학습전략을 수립할 수 있도록 하였습니다.

대표예제

주요 출제포인트에 해당하는 대표예제를 수록하여 출제유형을 파악할 수 있도록 하였습니다. 또한 정확하고 꼼꼼한 해설 및 기본서 페이지를 수록하여 부족한 부분에 대하여 충분한 이론 학습을 할 수 있도록 하였습니다.

다양한 유형의 문제

최신 출제경향을 반영하여 다양한 유형의 문제를 단원별로 수록하였습니다. 또한 고난도·종합 문제를 수록하여 더욱 깊이 있는 학습을 할 수 있도록 하였습니다.

주택관리사(보) 안내

주택관리사(보)의 정의

주택관리사(보)는 공동주택을 안전하고 효율적으로 관리하고 공동주택 입주자의 권익을 보호하기 위하여 운영 · 관리 · 유지 · 보수 등을 실시하고 이에 필요한 경비를 관리하며, 공동주택의 공용부분과 공동소유인 부대시설 및 복리시설의 유지 · 관리 및 안전관리 업무를 수행하기 위하여 주택관리사(보) 자격시험에 합격한 자를 말합니다.

주택관리사의 정의

주택관리사는 주택관리사(보) 자격시험에 합격한 자로서 다음의 어느 하나에 해당하는 경력을 갖춘 자로 합니다.

① 사업계획승인을 받아 건설한 50세대 이상 500세대 미만의 공동주택(「건축법」 제11조에 따른 건축허가를 받아 주택과 주택 외의 시설을 동일 건축물로 건축한 건축물 중 주택이 50세대 이상 300세대 미만인 건축물을 포함)의 관리사무소장으로 근무한 경력이 3년 이상인 자
② 사업계획승인을 받아 건설한 50세대 이상의 공동주택(「건축법」 제11조에 따른 건축허가를 받아 주택과 주택 외의 시설을 동일 건축물로 건축한 건축물 중 주택이 50세대 이상 300세대 미만인 건축물을 포함)의 관리사무소 직원(경비원, 청소원, 소독원은 제외) 또는 주택관리업자의 직원으로 주택관리 업무에 종사한 경력이 5년 이상인 자
③ 한국토지주택공사 또는 지방공사의 직원으로 주택관리 업무에 종사한 경력이 5년 이상인 자
④ 공무원으로 주택 관련 지도 · 감독 및 인 · 허가 업무 등에 종사한 경력이 5년 이상인 자
⑤ 공동주택관리와 관련된 단체의 임직원으로 주택 관련 업무에 종사한 경력이 5년 이상인 자
⑥ ①~⑤의 경력을 합산한 기간이 5년 이상인 자

주택관리사 전망과 진로

주택관리사는 공동주택의 관리 · 운영 · 행정을 담당하는 부동산 경영관리분야의 최고 책임자로서 계획적인 주택관리의 필요성이 높아지고, 주택의 형태 또한 공동주택이 증가하고 있는 추세로 볼 때 업무의 전문성이 높은 주택관리사 자격의 중요성이 높아지고 있습니다.
300세대 이상이거나 승강기 설치 또는 중앙난방방식의 150세대 이상 공동주택은 반드시 주택관리사 또는 주택관리사(보)를 채용하도록 의무화하는 제도가 생기면서 주택관리사(보)의 자격을 획득 시 안정적으로 취업이 가능하며, 주택관리시장이 확대됨에 따라 공동주택관리업체 등을 설립 · 운영할 수도 있고, 주택관리법인에 참여하는 등 다양한 분야로의 진출이 가능합니다.
공무원이나 한국토지주택공사, SH공사 등에 근무하는 직원 및 각 주택건설업체에서 근무하는 직원의 경우 주택관리사(보) 자격증을 획득하게 되면 이에 상응하는 자격수당을 지급받게 되며, 승진에 있어서도 높은 고과점수를 받을 수 있습니다.
정부의 신주택정책으로 주택의 관리측면이 중요한 부분으로 부각되고 있는 실정이므로, 앞으로 주택관리사의 역할은 더욱 중요해질 것입니다.

① 공동주택, 아파트 관리소장으로 진출
② 아파트 단지 관리사무소의 행정관리자로 취업
③ 주택관리업 등록업체에 진출
④ 주택관리법인 참여
⑤ 주택건설업체의 관리부 또는 행정관리자로 참여
⑥ 한국토지주택공사, 지방공사의 중견 간부사원으로 취업
⑦ 주택관리 전문 공무원으로 진출

주택관리사의 업무

구분	분야	주요업무
행정관리업무	회계관리	예산편성 및 집행결산, 금전출납, 관리비 산정 및 징수, 공과금 납부, 회계상의 기록유지, 물품 구입, 세무에 관한 업무
	사무관리	문서의 작성과 보관에 관한 업무
	인사관리	행정인력 및 기술인력의 채용 · 훈련 · 보상 · 통솔 · 감독에 관한 업무
	입주자관리	입주자들의 요구 · 희망사항의 파악 및 해결, 입주자의 실태파악, 입주자 간의 친목 및 유대 강화에 관한 업무
	홍보관리	회보발간 등에 관한 업무
	복지시설관리	노인정 · 놀이터 관리 및 청소 · 경비 등에 관한 업무
	대외업무	관리 · 감독관청 및 관련 기관과의 업무협조 관련 업무
기술관리업무	환경관리	조경사업, 청소관리, 위생관리, 방역사업, 수질관리에 관한 업무
	건물관리	건물의 유지 · 보수 · 개선관리로 주택의 가치를 유지하여 입주자의 재산을 보호하는 업무
	안전관리	건축물설비 또는 작업에서의 재해방지조치 및 응급조치, 안전장치 및 보호구설비, 소화설비, 유해방지시설의 정기점검, 안전교육, 피난훈련, 소방 · 보안경비 등에 관한 업무
	설비관리	전기설비, 난방설비, 급 · 배수설비, 위생설비, 가스설비, 승강기설비 등의 관리에 관한 업무

주택관리사(보) 시험안내

응시자격

1. **응시자격**: 연령, 학력, 경력, 성별, 지역 등에 제한이 없습니다.
2. **결격사유**: 시험시행일 현재 다음 중 어느 하나에 해당하는 사람과 부정행위를 한 사람으로서 당해 시험시행으로부터 5년이 경과되지 아니한 사람은 응시 불가합니다.
   - 피성년후견인 또는 피한정후견인
   - 파산선고를 받은 사람으로서 복권되지 아니한 사람
   - 금고 이상의 실형을 선고받고 그 집행이 종료되거나(집행이 끝난 것으로 보는 경우 포함) 집행을 받지 아니하기로 확정된 후 2년이 지나지 아니한 사람
   - 금고 이상의 형의 집행유예를 선고받고 그 집행유예기간 중에 있는 사람
   - 주택관리사 등의 자격이 취소된 후 3년이 지나지 아니한 사람
3. 주택관리사(보) 자격시험에 있어서 부정한 행위를 한 응시자는 그 시험을 무효로 하고, 당해 시험시행일로부터 5년간 시험 응시자격을 정지합니다.

시험과목

구분	시험과목	시험범위
1차 (3과목)	회계원리	세부과목 구분 없이 출제
	공동주택시설개론	• 목구조 · 특수구조를 제외한 일반 건축구조와 철골구조, 장기수선계획 수립 등을 위한 건축적산 • 홈네트워크를 포함한 건축설비개론
	민법	• 총칙 • 물권, 채권 중 총칙 · 계약총칙 · 매매 · 임대차 · 도급 · 위임 · 부당이득 · 불법행위
2차 (2과목)	주택관리관계법규	다음의 법률 중 주택관리에 관련되는 규정 「주택법」, 「공동주택관리법」, 「민간임대주택에 관한 특별법」, 「공공주택 특별법」, 「건축법」, 「소방기본법」, 「소방시설 설치 및 관리에 관한 법률」, 「화재의 예방 및 안전관리에 관한 법률」, 「승강기 안전관리법」, 「전기사업법」, 「시설물의 안전 및 유지관리에 관한 특별법」, 「도시 및 주거환경정비법」, 「도시재정비 촉진을 위한 특별법」, 「집합건물의 소유 및 관리에 관한 법률」
	공동주택관리실무	시설관리, 환경관리, 공동주택 회계관리, 입주자관리, 공동주거관리이론, 대외업무, 사무 · 인사관리, 안전 · 방재관리 및 리모델링, 공동주택 하자관리(보수공사 포함) 등

* 시험과 관련하여 법률 · 회계처리기준 등을 적용하여 정답을 구하여야 하는 문제는 시험시행일 현재 시행 중인 법령 등을 적용하여 그 정답을 구하여야 함

* 회계처리 등과 관련된 시험문제는 한국채택국제회계기준(K-IFRS)을 적용하여 출제됨

시험시간 및 시험방법

구분	시험과목 수		입실시간	시험시간	문제형식
1차 시험	1교시	2과목(과목당 40문제)	09:00까지	09:30~11:10(100분)	객관식 5지 택일형
	2교시	1과목(과목당 40문제)		11:40~12:30(50분)	
2차 시험	2과목(과목당 40문제)		09:00까지	09:30~11:10(100분)	객관식 5지 택일형 (과목당 24문제) 및 주관식 단답형 (과목당 16문제)

*주관식 문제 괄호당 부분점수제 도입
  1문제당 2.5점 배점으로 괄호당 아래와 같이 부분점수로 산정함
  • 3괄호: 3개 정답(2.5점), 2개 정답(1.5점), 1개 정답(0.5점)
  • 2괄호: 2개 정답(2.5점), 1개 정답(1점)
  • 1괄호: 1개 정답(2.5점)

원서접수방법

1. 한국산업인력공단 큐넷 주택관리사(보) 홈페이지(www.Q-Net.or.kr/site/housing)에 접속하여 소정의 절차를 거쳐 원서를 접수합니다.
2. 원서접수시 최근 6개월 이내에 촬영한 탈모 상반신 사진을 파일(JPG 파일, 150픽셀×200픽셀)로 첨부합니다.
3. 응시수수료는 1차 21,000원, 2차 14,000원(제27회 시험 기준)이며, 전자결제(신용카드, 계좌이체, 가상계좌) 방법을 이용하여 납부합니다.

합격자 결정방법

1. **제1차 시험**: 과목당 100점을 만점으로 하여 모든 과목 40점 이상이고, 전 과목 평균 60점 이상의 득점을 한 사람을 합격자로 합니다.
2. **제2차 시험**
   • 1차 시험과 동일하나, 모든 과목 40점 이상이고 전 과목 평균 60점 이상의 득점을 한 사람의 수가 선발예정인 원에 미달하는 경우 모든 과목 40점 이상을 득점한 사람을 합격자로 합니다.
   • 제2차 시험 합격자 결정시 동점자로 인하여 선발예정인원을 초과하는 경우 그 동점자 모두를 합격자로 결정하고, 동점자의 점수는 소수점 둘째 자리까지만 계산하며 반올림은 하지 않습니다.

최종 정답 및 합격자 발표

시험시행일로부터 1차 약 1달 후, 2차 약 2달 후 한국산업인력공단 큐넷 주택관리사(보) 홈페이지(www.Q-Net. or.kr/site/housing)에서 확인 가능합니다.

학습플랜

전 과목 8주 완성 학습플랜

일주일 동안 3과목을 번갈아 학습하여, 8주에 걸쳐 1차 전 과목을 1회독할 수 있는 학습플랜입니다.

구분	월 회계원리	화 공동주택 시설개론	수 민법	목 회계원리	금 공동주택 시설개론	토 민법	일 복습
1주차	1편 1장~ 2장 문제 11	1편 1장~ 2장 문제 11	1편 1장~ 3장 문제 09	1편 1장 문제 12~ 3장 문제 08	1편 2장 대표예제 07~ 3장	1편 3장 대표예제 10~ 문제 34	
2주차	1편 3장 문제 09~ 4장 문제 13	1편 4장~ 문제 40	1편 3장 대표예제 19~ 문제 63	1편 4장 대표예제 14~ 문제 36	1편 4장 대표예제 21~ 5장	1편 3장 대표예제 24~ 5장 문제 10	
3주차	1편 5장~ 문제 26	1편 6장~7장	1편 5장 대표예제 33~ 문제 38	1편 5장 대표예제 21~ 6장	1편 8장~ 9장 문제 15	1편 5장 대표예제 41~ 문제 69	
4주차	1편 7장~ 8장 문제 09	1편 9장 대표예제 36~ 11장	1편 5장 대표예제 47~ 문제 97	1편 8장 대표예제 32~ 9장	1편 12장~ 2편 1장 문제 16	1편 5장 대표예제 53~ 7장 문제 13	
5주차	1편 10장~ 12장 문제 08	2편 1장 대표예제 46~ 2장 문제 10	1편 7장 문제 14~ 2편 2장 문제 14	1편 12장 문제 09~ 13장	2편 2장 대표예제 52~ 3장	2편 2장 문제 15~ 3장	
6주차	1편 14장~ 15장 문제 12	2편 4장~ 6장 문제 12	2편 4장~ 5장 문제 12	1편 15장 대표예제 48~ 2편 2장	2편 6장 문제 13~ 2편 7장	2편 5장 대표예제 76~ 3편 1장	
7주차	2편 3장~4장	2편 8장~ 문제 39	3편 2장~4장	2편 5장	2편 8장 대표예제 73~ 9장 문제 19	3편 5장~ 4편 1장 문제 12	
8주차	2편 6장~7장	2편 9장 대표예제 78~ 문제 52	4편 1장 대표예제 95~ 2장 문제 22	2편 8장~9장	2편 10장	4편 2장 대표예제 99~ 4장	

* 이하 편/장 이외의 숫자는 본문 내의 문제번호입니다.

민법 3주 완성 학습플랜

한 과목씩 집중적으로 공부하고 싶은 수험생을 위한 학습플랜입니다.

구분	월	화	수	목	금	토	일
1주차	1편 1장~ 3장 문제 03	1편 3장 대표예제 09~ 문제 28	1편 3장 문제 29~ 문제 52	1편 3장 대표예제 23~ 4장 문제 12	1편 4장 대표예제 29~ 5장 문제 22	1편 5장 대표예제 37~ 문제 45	1주차 복습
2주차	1편 5장 문제 46~ 문제 74	1편 5장 문제 75~ 대표예제 53	1편 5장 문제 98~7장 대표예제 58	1편 7장 문제 10~ 2편 2장 문제 09	2편 2장 대표예제 64~ 3장 문제 20	2편 3장 대표예제 69~ 5장 문제 02	2주차 복습
3주차	2편 5장 문제 03~ 문제 28	3편 1장~ 2장 문제 15	3편 2장 대표예제 82~ 5장	4편 1장~ 2장 문제 06	4편 2장 문제 07~ 문제 33	4편 2장 문제 34~ 4장	3주차 복습

학습플랜 이용 Tip

- 본인의 학습 진도와 상황에 적합한 학습플랜을 선택한 후, 매일·매주 단위의 학습량을 확인합니다.
- 목표한 분량을 완료한 후에는 ☑과 같이 체크하며 학습 진도를 스스로 점검합니다.

[문제집 학습방법]
- '출제비중분석'을 통해 단원별 출제비중과 해당 단원의 출제경향을 파악하고, 포인트별로 문제를 풀어나가며 다양한 출제 유형을 익힙니다.
- 틀린 문제는 해설을 꼼꼼히 읽어보고 해당 포인트의 이론을 확인하여 확실히 이해하고 넘어가도록 합니다.
- 복습일에 문제집을 다시 풀어볼 때에는 전체 내용을 정리하고, 틀린 문제는 다시 한번 확인하여 완벽히 익히도록 합니다.

[기본서 연계형 학습방법]
- 하루 동안 학습한 내용 중 어려움을 느낀 부분은 기본서에서 관련 이론을 찾아서 확인하고, '핵심 콕! 콕!' 위주로 중요 내용을 확실히 정리하도록 합니다. 기본서 복습을 완료한 후에는 학습플랜에 학습 완료 여부를 체크합니다.
- 복습일에는 한 주 동안 학습한 기본서 이론 중 추가적으로 학습이 필요한 사항을 문제집에 정리하고, 틀린 문제와 관련된 이론을 위주로 학습합니다.

제27회(2024년) 시험 총평

제27회 주택관리사(보) 시험은 기존의 출제비중에 따라서 민법총칙 24문항, 물권법 8문항, 채권법 8문항이 출제되었습니다. 다만, 민법총칙 문제로 출제되었더라도 내용면에서는 물권법·채권법 내용을 포함한 것이 많았다는 것을 알아야 합니다.

이번 시험은 전통적인 조문·판례 문제와 이론을 결합한 문제들이 출제되어서 다소 어렵게 느껴지기도 하였습니다. 특히, 물권법·채권법에서는 청구권보전의 가등기, 저당권의 피담보채권의 범위, 불가분채무, 매매의 예약, 임대인의 동의가 있는 전대차 등 민법상 중요한 제도이지만 그동안은 주택관리사(보) 시험에 출제되지 않았던 것들이 출제되어서 어렵게 느껴지기도 하였습니다. 앞으로도 이런 출제경향은 계속해서 유지되리라고 봅니다.

제27회(2024년) 출제경향분석

구분		제18회	제19회	제20회	제21회	제22회	제23회	제24회	제25회	제26회	제27회	계	비율(%)
민법총칙	민법총칙 서론		1	1	1	1		1	1	1	1	9	2.25
	권리와 법률관계	1	2	2	2		2	2	2	1	2	16	4
	권리의 주체	8	7	7	7	8	7	7	7	7	7	72	18
	물건	2	2	3	2	2	2	2	2	2	2	21	5.25
	법률행위	10	10	9	10	10	9	10	10	12	9	99	24.75
	기간	1				1	1					3	0.75
	소멸시효	2	2	2	2	2	2	2	2		3	20	5
물권법	물권법 서론	1	1	1				1			1	5	1.25
	물권의 변동	2	1	1	2	2	2	1	2	2	1	16	4
	기본물권(점유권·소유권)	2	2	2	2	2	1	1	3	3	2	20	5
	용익물권	1	2	2	2	2	2	2	1	1	2	17	4.25
	담보물권	2	2	2	2	2	3	3	2	3	2	23	5.75
채권총론	채권법 서론												
	채권의 목적								1			1	0.25
	채권의 효력	2		1	1	1	2	1			1	9	2.25
	다수당사자의 채권관계		1							1	1	3	0.75
	채권양도와 채무인수		1	1	1				1	1		5	1.25
	채권의 소멸					1			1			2	0.5
채권각론	채권의 발생							1				1	0.25
	계약총론	1	1	1	2	2	3	2	1	1	1	15	3.75
	계약각론	4	4	4	3	3	1		3	2	3	29	7.25
	부당이득						1		1	1	1	4	1
	불법행위	1	1	1	1	1	1	1	1	1	1	10	2.5
총계		40	40	40	40	40	40	40	40	40	40	400	100

제28회(2025년) 수험대책

❶ 민법총칙

민법총칙은 주택관리사(보) 1차 시험 합격과 민법공부의 출발선이 되는 파트입니다. 따라서 주택관리사(보) 시험 합격을 위해서는 총 24문제가 출제되는 민법총칙을 충실히 학습해야 합니다. 민법총칙은 각칙인 물권법과 채권법의 총칙이므로 물권법과 채권법을 알아야 풀 수 있는 문제들이 많아 물권과 채권을 함께 체계적으로 공부해야 한다는 것을 염두에 두어야 합니다. 또한 물권법과 채권법에 비해 민법총칙의 출제비중이 압도적으로 높기 때문에 고득점을 위해서는 반복적으로 충분하게 학습해야 합니다.

❷ 물권법

보통 물권법 총론에서 2문항, 물권법 각론에서 6문항이 출제되어 총 8문항이 출제됩니다. 물권법은 물권법정주의로 인하여 조문과 판례를 반복하면 좋은 점수를 받을 수 있습니다. 다만, 강약이 있으므로 출제경향분석표를 참고하여, 강의를 토대로 한 충분한 학습이 필요합니다.

❸ 채권법

민법총칙과 물권법에 비해서 공부할 양이 압도적으로 많으므로 강의를 통하여 출제비중이 높은 부분을 전략적으로 학습할 필요가 있습니다. 기출되지 않은 부분도 민법총칙 문제와 연계하여 출제되고 있다는 점에 유의해야 합니다.

60%

제1편
출제비중

장별 출제비중

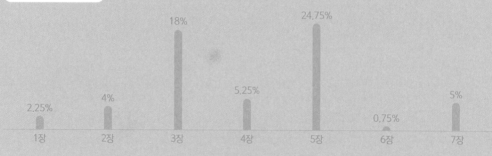

	2.25%	4%	18%	5.25%	24.75%	0.75%	5%
	1장	2장	3장	4장	5장	6장	7장

제1편

민법총칙

제1장 민법총칙 서론

대표예제 01 〉〉〉 **민법의 법원 ★★★**

민법의 법원(法源)에 관련한 설명으로 옳지 않은 것은? (다툼이 있으면 판례에 따름)

① 일단 성립한 관습법이라도 사회 구성원들이 그 관행의 법적 구속력에 대해 확신을 갖지 않게 되면 그 효력이 부정된다.

② 관습법이 헌법에 위반될 때에는 법원(法院)이 그 효력을 부인할 수 있다.

③ 민법 제1조(法源)에서의 '법률'은 국회가 제정한 법률만을 의미한다.

④ 근린공원을 자유롭게 이용한 사정만으로 공원이용권이라는 배타적 권리를 취득하였다고 볼 수는 없다.

⑤ 일반적으로 승인된 국제법규가 민사에 관한 것이면 민법의 법원이 될 수 있다.

해설 | ③⑤ <u>제1조의 법률은 모든 성문법(제정법)을 뜻한다.</u> 명령(대통령의 긴급명령, 긴급재정 · 경제명령 포함)과 대법원규칙, 조례 · 규칙(자치법규), 비준 · 공포된 조약과 일반적으로 승인된 국제법규도 민사에 관한 것일 경우에는 법률과 동일한 효력을 가지므로 민사에 관한 법원이 된다(헌법 제6조 제1항).

① ② 관습법이란 사회의 거듭된 <u>관행</u>으로 생성한 사회생활규범이 <u>사회의 법적 확신과 인식</u>에 의하여 법적 규범으로 승인 · 강행되기에 이른 것을 말하고, 그러한 <u>관습법은 법원(法源)으로서 법령에 저촉되지 아니하는 한 법칙으로서의 효력이 있는 것이고</u>, 또 사회의 거듭된 관행으로 생성한 어떤 사회생활규범이 법적 규범으로 <u>승인</u>되기에 이르렀다고 하기 위하여는 <u>헌법을 최상위 규범으로 하는 전체 법질서에 반하지 아니하는 것으로서 정당성과 합리성이 있다고 인정될 수 있는 것이어야</u> 하고, 그렇지 아니한 사회생활규범은 비록 그것이 사회의 거듭된 관행으로 생성된 것이라고 할지라도 이를 법적 규범으로 삼아 관습법으로서의 효력을 인정할 수 없다. … 사회의 거듭된 관행으로 생성된 사회생활규범이 관습법으로 승인되었다고 하더라도 사회 구성원들이 그러한 관행의 <u>법적 구속력에 대하여 확신을 갖지 않게 되었다</u>거나, 사회를 지배하는 기본적 이념이나 사회질서의 변화로 인하여 그러한 관습법을 적용하여야 할 시점에 있어서의 <u>전체 법질서에 부합하지 않게 되었다</u>면 그러한 관습법은 법적 규범으로서의 효력이 부정될 수밖에 없다[대판 2005.7.21, 2002다1178(전합)].

④ 도시공원법상 근린공원으로 지정된 공원은 일반 주민들이 자유로이 이용할 수 있지만, 그러한 사정만으로 '공원이용권'이라는 배타적인 권리를 취득하는 것은 아니다(대결 1995.5.23, 94마2218).

기본서 p.22~26 정답 ③

01 민법의 법원(法源)에 관련한 설명으로 옳지 않은 것은? (다툼이 있으면 판례에 따름)

① 민사에 관하여는 법률 · 관습법 · 조리의 순서로 적용된다.

② 판례에 의하여 관습법으로 인정되는 것으로는 미분리 과실의 소유권 귀속에 관한 명인방법, 분묘기지권, 관습법상의 법정지상권 등이 있다.

③ 상행위와 관련된 법률관계에서는 민법이 상관습법에 우선한다.

④ 공동선조와 성과 본을 같이하는 후손은 성별의 구별 없이 성년이 되면 당연히 종중의 구성원이 된다고 보는 것이 조리에 합당하다.

⑤ 사실인 관습이 강행규정에 관한 것이더라도, 강행규정에서 관습에 따르도록 위임한 경우라면 그 관습에 대하여 법적 효력을 부여할 수 있다.

02 관습법에 관한 설명으로 옳지 않은 것은? (다툼이 있으면 판례에 따름)

① 관습상의 통행권은 관습법상 물권으로 인정하는 것은 물권법정주의에 위배되기 때문에 허용될 수 없다.

② 미등기 무허가건물의 양수인에게는 소유권에 준하는 관습상의 물권이 인정되지 않는다.

③ 상행위와 관련된 법률관계에서는 상관습법이 민법보다 우선하여 적용된다.

④ 물권은 관습법에 의하여 창설될 수 없다.

⑤ 민사에 관한 대법원규칙은 민법의 법원이 될 수 있다.

정답 및 해설

01 ③ 상사에 관하여 상법에 규정이 없으면 상관습법에 의하고 <u>상관습법이 없으면 민법의 규정에 의한다</u>(상법 제1조).

02 ④ 물권은 법률 또는 관습법에 의하는 외에는 임의로 창설하지 못한다(제185조). 즉, <u>물권은 법률과 관습법에 의하여 인정된다</u>.

03 관습법 등에 관한 설명으로 옳지 않은 것은? (다툼이 있으면 판례에 따름)

① 관습법상 미분리과실에 관한 공시방법이 인정된다.
② 민법은 관습법을 민법의 법원으로서 인정하고 있으나, 판례의 법원성을 인정하는 명문의 규정을 두고 있지는 않다.
③ 관습법이 법규범으로서 효력이 인정되기 위해서는 전체 법질서에 부합하여야 한다.
④ 민사에 관하여 법률에 규정이 없으면 조리에 의하고 조리가 없으면 관습법에 의한다.
⑤ 관습법은 사회의 거듭된 관행이 사회구성원의 법적 확신에 의하여 법규범으로 승인된 것이다.

04 관습법과 사실인 관습에 관한 설명으로 옳지 않은 것은? (다툼이 있으면 판례에 따름)

① 관습법은 성문법에 대하여 보충적 효력만을 갖는 것이 원칙이다.
② 관행이 관습법으로 승인되기 위해서는 헌법을 최상위 규범으로 하는 전체 법질서에 반하지 않아야 한다.
③ 사실인 관습은 관습법과 달리 사회의 법적 확신을 결여한 관행에 지나지 않는다.
④ 당사자의 주장이 없으면 법원(法院)은 관습법의 존재 여부를 판단하여서는 안 된다.
⑤ 사실인 관습은 법률행위 당사자의 의사를 보충하는 기능을 한다.

대표예제 02 │ 민법전의 적용범위 ★

현행 민법에 관한 다음의 설명으로 옳지 않은 것은?

① 현행 민법은 특별한 규정이 있는 경우 외에는 현행 민법 시행일 이전의 사항에 적용되지 않는다.
② 민법은 이미 구민법에 의하여 생긴 효력에 영향을 미치지 않는다.
③ 민법은 대한민국의 영토 내에 있는 외국인에게도 적용된다.
④ 민법은 국외에 있는 대한민국 국민에게도 적용된다.
⑤ 민사에 관하여 특별법은 민법에 우선하여 적용된다.

해설 │ ①② 민법 부칙 제2조 본문에 의하면 "본법에 특별한 규정이 있는 경우 외에는 <u>본법 시행일 전의 사항</u> <u>에 대하여도 이를 적용한다.</u>"고 하여, <u>소급효를 인정</u>하고 있다. 그런데 부칙 제2조 단서에서, "그러 나 이미 구법에 의하여 생긴 효력에 영향을 미치지 아니한다."고 규정하여, 실질적으로는 불소급의 원칙을 채택한 것과 다르지 않다.
　③④ 민법은 우리 국민이 국내에 있든 국외에 있든 적용되며, 이를 속인주의라고 한다. 한편, 민법은 우리 영토 내에 있는 외국인에 대해서도 적용되는데, 이를 속지주의라고 한다.
　⑤ 특별법 우선의 원칙이 적용된다.

기본서 p.28　　　　　　　　　　　　　　　　　　　　　　　　　　　　　　　　　　　　정답 ①

정답 및 해설

03 ④　민사에 관하여 법률에 규정이 없으면 관습법에 의하고 <u>관습법이 없으면 조리에 의한다</u>(제1조).

04 ④　법령과 같은 효력을 갖는 <u>관습법</u>은 당사자의 주장 입증을 기다림이 없이 법원이 <u>직권</u>으로 이를 확정하여야 하고 <u>사실인 관습</u>은 그 존재를 <u>당사자</u>가 주장·입증하여야 하나, <u>관습</u>은 그 존부 자체도 명확하지 않을 뿐 만 아니라 그 관습이 사회의 법적 확신이나 법적 인식에 의하여 법적 규범으로까지 승인되었는지의 여부를 가리기는 더욱 어려운 일이므로, 법원이 이를 알 수 없는 경우 결국은 당사자가 이를 주장 입증할 필요가 있다(대판 1983.6.14, 80다3231).

제2장 권리와 법률관계

차량의 운행자가 아무런 대가를 받지 아니하고 동승자의 편의와 이익을 위하여 동승을 허락하고, 동승자도 그 자신의 편의와 이익을 위하여 그 제공을 받은 경우의 법률관계에 관한 설명으로 옳지 않은 것은? (다툼이 있으면 판례에 따름)

① 차량의 운행자와 동승자 사이의 관계는 채권관계가 아니라 일상생활의 영역에 속하는 호의관계이다.
② 호의관계에서는 이행청구권이나 채무불이행으로 인한 손해배상청구권이 발생하지 않는다.
③ 호의관계에서도 불법행위로 인한 손해배상청구권이 발생할 수 있다.
④ 동승자와 운행자의 인적 관계나 동승을 요구한 목적과 적극성 등 여러 사정을 참조하여 가해자에게 일반 교통사고와 비교하여 불합리하다고 인정될 때에는 신의칙에 의하여 그 배상액을 감경할 수 있다.
⑤ 동승자가 사고 차량에 단순히 호의로 동승하였다는 사실만 가지고도 이를 배상액 감경사유로 삼을 수 있다.

해설 | ④⑤ 운행의 목적, 호의동승자와 운행자의 인적 관계, 피해자가 차량에 동승한 경위, 특히 동승 요구의 목적과 적극성 등의 제반사정에 비추어 가해자에게 일반의 교통사고와 같은 책임을 지우는 것이 신의칙이나 형평의 원칙에 비추어 매우 불합리한 것으로 인정되는 경우에는 그 배상액을 감경할 수 있으나, <u>사고 차량에 단순히 호의로 동승하였다는 사실만 가지고 바로 이를 배상액 경감사유로 삼을 수 있는 것은 아니다</u>(대판 1996.3.22, 95다24302).
  ① 호의동승관계는 당사자 사이에 법적 구속의사가 없이 호의에 의한 이익을 주고받는 전형적인 호의관계의 일례이다.
  ② 호의관계는 법률관계와 구별되어 그 불이행에 대하여 강제적으로 실현시킬 수 없는 관계이다.
  ③ 호의동승의 경우와 같이 그 급부에 수반하여 손해가 발생한 경우에는 법률관계가 되어 손해배상청구권이 발생한다고 한다.

기본서 p.37~38   정답 ⑤

대표예제 04 \ 권리의 종류 ★★

권리를 작용에 따라 분류할 경우 그 성질이 다른 것은?

① 인격권   ② 형성권
③ 항변권   ④ 청구권
⑤ 지배권

해설 | ① 권리를 내용에 따라 분류할 경우 재산권, 가족권, 인격권, 사원권으로 나눈다.
②③④⑤ 권리를 작용에 따라 분류할 경우 지배권, 청구권, 형성권, 항변권으로 나눈다.

기본서 p.39~42   정답 ①

01 사권(私權)에 관한 설명으로 옳지 않은 것은? (다툼이 있으면 판례에 따름)

① 인격권이란 생명, 신체, 신용 등을 독점적으로 그리고 배타적으로 향유할 수 있는 권리를 말한다.

② 재산권에 속하는 권리로는 소유권, 전세권과 같은 물권과 매도인의 대금청구권과 같은 채권, 저작권, 상표권과 같은 지식재산권 등이 있다.

③ 형성권은 권리자의 일방적 의사표시에 의해서 법률관계를 변동시키는 권리로서, 법원의 확정판결에 의해 행사하는 경우도 있다.

④ 청구권은 특정인이 특정인에게 일정한 행위를 할 것을 요구하는 권리로서, 채권뿐만 아니라 물권과 가족권에 의해서도 발생할 수 있다.

⑤ 항변권은 청구권의 행사에 대하여 그 청구에 응해서 급부를 거절할 수 있는 권리로서, 타인의 청구권 자체를 소멸시킬 수 있다.

정답 및 해설

01 ⑤ 항변권이란 청구권의 행사에 대하여 급부하기를 거절할 수 있는 권리를 말한다. 따라서 항변권은 타인의 청구권 자체를 소멸시킬 수 있는 권리가 아니라, 그 작용을 일시적 또는 영구적으로 저지할 수 있는 권리이다.
  ▶ 항변권의 종류

구분	의의	종류
연기적 항변권	상대방의 청구권 행사를 일시적으로 저지할 수 있는 항변권	동시이행의 항변권(제536조), 보증인이 가지는 최고 · 검색의 항변권(제437조)
영구적 항변권	상대방의 권리행사를 영구적으로 저지할 수 있는 항변권	상속인의 한정승인의 항변권(제1028조), 실효의 원칙에 따른 항변권 등

02 사권(私權)과 그 성격이 올바르게 연결되지 않은 것은? (다툼이 있으면 판례에 따름)

① 물권 – 지배권
② 제한능력자의 취소권 – 형성권
③ 매매예약의 완결권 – 형성권
④ 동시이행의 항변권 – 연기적 항변권
⑤ 임차인의 부속물매수청구권 – 청구권

03 다음 중 형성권이 아닌 것은?

① 미성년자의 법정대리인의 동의권
② 무권대리행위에 대한 추인권
③ 채무불이행에 기한 계약해제권
④ 매수인의 매도인에 대한 등기청구권
⑤ 지상권자의 지상물매수청구권

04 사권(私權)에 관한 설명으로 옳은 것은? (다툼이 있으면 판례에 따름)

① 하자담보책임에 기한 토지매수인의 손해배상청구권은 제척기간에 걸리므로, 소멸시효 규정의 적용이 배제된다.
② 매매계약에 기한 소유권이전등기청구권은 물권이다.
③ 저당권은 1필지인 토지의 일부에도 분필하지 않은 상태로 설정할 수 있다.
④ 건물의 소유를 목적으로 한 토지임차인의 건물매수청구권은 형성권이다.
⑤ 보증인의 최고·검색의 항변권은 청구권의 작용을 영구적으로 저지할 수 있는 권리이다.

05 사권(私權)에 관한 설명으로 옳지 않은 것은? (다툼이 있으면 판례에 따름)

① 채권자대위권은 일신전속권이다.
② 채권자취소권은 소로써만 행사할 수 있다.
③ 청구권은 채권뿐만 아니라 물권으로부터도 생긴다.
④ 건물의 소유를 목적으로 한 토지임차인의 건물매수청구권은 형성권이다.
⑤ 물권은 법률 또는 관습법에 의하는 외에는 임의로 창설하지 못한다.

06 권리와 의무에 관한 설명으로 옳지 않은 것은? (다툼이 있으면 판례에 따름)

① 인격권 침해에 대하여는 예방적 구제수단으로서 금지청구권이 인정된다.

② 주된 권리의 소멸시효가 완성한 때에는 종속된 권리에 그 효력이 미친다.

③ 저당권은 그 피담보채권의 주된 권리이다.

④ 계약해제권은 형성권이다.

⑤ 사원총회에서의 결의권은 사원권이다.

정답 및 해설

02 ⑤ ②③⑤ 형성권은 권리자의 일방적 의사표시에 의하여 곧바로 법률관계의 변동(발생 · 변경 · 소멸)을 초래하는 권리이다. 형성권에는 권리자의 의사표시만 있으면 효과가 발생하는 것과 법원의 판결이 있어야 비로소 효과가 발생하는 것이 있다. 전자의 예로는 법률행위의 동의권 · 취소권 · 추인권 · 해제권 · 상계권, 매매예약의 예약완결권, 임차인의 지상물매수청구권 · 부속물매수청구권 등이 있고, 후자의 예로는 채권자취소권 · 재판상 이혼권 · 친생부인권 · 입양취소권 · 재판상 파양권 등이 있다.

　① 지배권은 타인의 행위를 개재시키지 않고서 일정한 객체에 대하여 직접 지배력을 발휘할 수 있는 권리이다. 물권이 가장 전형적인 지배권이고 지식재산권 · 친권 · 후견권 · 인격권도 이에 속한다.

　④ 항변권은 상대방의 청구권의 행사에 대해 그 작용을 저지할 수 있는 권리이다. 항변권에는 청구권의 행사를 저지할 수 있는 연기적 항변권과 영구적으로 저지할 수 있는 영구적 항변권이 있다. 전자의 예로는 쌍무계약의 당사자가 가지는 동시이행의 항변권, 보증인이 가지는 최고 · 검색의 항변권이 있고, 후자의 예로는 상속인의 한정승인의 항변권이 있다.

03 ④ 매수인의 매도인에 대한 등기청구권은 채권적 청구권이다.

04 ④ ④ 건물매수청구권은 법문상 청구권으로 표현되어 있지만 형성권으로 해석한다(다수설).

　① 하자담보에 기한 매수인의 손해배상청구권은 권리의 내용 · 성질 및 취지에 비추어 민법 제162조 제1항의 채권 소멸시효의 규정이 적용되고, 민법 제582조의 제척기간 규정으로 인하여 소멸시효 규정의 적용이 배제된다고 볼 수 없으며, 이때 다른 특별한 사정이 없는 한 무엇보다도 매수인이 매매목적물을 인도받은 때부터 소멸시효가 진행한다고 해석함이 타당하다(대판 2011.10.13, 2011다10266).

　② 매매계약에 기한 매수인의 소유권이전등기청구권은 채권적 청구권이다.

　③ 1필의 토지 · 1동의 건물이 저당권의 객체가 된다. 1필의 토지의 일부에는 저당권을 설정할 수 없다.

　⑤ 보증인의 최고 · 검색의 항변권, 동시이행의 항변권은 청구권의 행사를 일시적으로 저지할 수 있을 뿐이므로 연기적 항변권이며, 상속인의 한정승인의 항변권은 영구적 항변권이다.

05 ① 행사상 일신전속권은 권리자 자신이 직접 행사하지 않으면 의미가 없기 때문에 타인이 권리자를 대리하여 또는 대위하여 행사할 수 없는 권리이며, 따라서 채권자대위권은 비전속권이다.

06 ③ 원본채권과 이자채권, 피담보채권과 질권 · 저당권, 주채무자에 대한 채권과 보증인에 대한 채권은 모두 주된 권리 · 종된 권리이다.

07 법원에 소를 제기하는 방법으로만 행사할 수 있는 권리는?

① 상계권
② 계약해제권
③ 매매예약상 권리자의 예약완결권
④ 채권자취소권
⑤ 보증인의 최고·검색의 항변권

대표예제 05 / **권리의 경합과 충돌 ★**

권리 상호간의 관계에 관한 설명으로 옳은 것을 모두 고른 것은? (다툼이 있으면 판례에 따름)

㉠ 매도인의 하자담보책임이 성립하더라도 착오를 이유로 한 매수인의 취소권은 배제되지 않는다.
㉡ 공무원이 공권력의 행사로 그 직무를 행함에 있어 고의 또는 과실로 위법하게 타인에게 손해를 가한 경우, 국가가 부담하는 민법상 불법행위책임과 국가배상법상 배상책임은 경합하여 병존한다.
㉢ 착오가 타인의 기망행위에 의하여 발생한 경우 표의자는 그 요건을 입증하여 착오 또는 사기를 이유로 의사표시를 취소할 수 있다.

① ㉠
② ㉢
③ ㉠, ㉡
④ ㉠, ㉢
⑤ ㉠, ㉡, ㉢

해설 | ㉡ 공무원이 그 직무를 집행함에 있어서 불법행위를 한 경우에는 제756조가 적용되지 않고 그에 대한 특칙인 국가배상법 제2조가 적용된다(대판 1996.8.23, 96다19833).

기본서 p.42~44   정답 ④

---

08 권리와 의무에 관한 설명으로 옳지 않은 것은? (다툼이 있으면 판례에 따름)

① 일방 당사자의 잘못으로 인해 상대방 당사자가 계약을 취소하거나 불법행위로 인한 손해배상을 청구할 수 있는 경우, 계약 취소로 인한 부당이득반환청구권과 불법행위로 인한 손해배상청구권은 경합하여 병존한다.

② 매매의 목적물에 물건의 하자가 있는 경우, 매도인의 하자담보책임과 채무불이행책임은 별개의 권원에 의하여 경합하여 병존할 수 있다.

③ 매도인이 매수인의 채무불이행을 이유로 계약을 적법하게 해제한 후에는 매수인은 착오를 이유로 취소권을 행사할 수 없다.

④ 인격권은 지배권이다.

⑤ 상속인의 한정승인의 항변권은 영구적 항변권이다.

정답 및 해설

07 ④　④ 채무자가 채권자를 해함을 알고 재산권을 목적으로 한 법률행위를 한 때에는 채권자는 그 취소 및 원상회복을 법원에 청구할 수 있다(제406조 제1항).
　　①②③ 상계권·계약해제권·예약완결권은 형성권으로서 <u>권리자의 일방적인 의사표시에 의하여 법률관계를 발생·변경·소멸시킨다.</u>
　　⑤ 보증인의 최고·검색의 항변권은 연기적 항변권으로서 <u>보증인의 의사표시에 의하여</u> 행사한다.

08 ③　매도인이 매수인의 중도금 미지급을 이유로 매매계약을 적법하게 해제한 후라도 매수인으로서는 채무불이행에 따른 손해배상책임이나 계약금의 반환을 받을 수 없는 불이익을 면하기 위하여 <u>착오를 이유로 하여 취소권을 행사하여 매매계약 전체를 무효로 돌릴 수 있다</u>(대판 1991.8.27, 91다11308).

신의성실의 원칙에 관한 설명으로 옳지 않은 것을 모두 고른 것은? (다툼이 있으면 판례에 따름)

> ㉠ 신의칙은 사법(私法) 전반에 적용되는 일반원칙이다.
> ㉡ 아파트 분양자는 아파트단지 인근에 공동묘지가 조성되어 있다거나 쓰레기 매립장이 건설예
> 정인 사실을 분양계약자에게 고지할 신의칙상 의무가 있고, 그 고지를 하지 않은 경우 부작
> 위에 의한 기망행위가 된다.
> ㉢ 미성년자가 법정대리인의 동의 없이 신용구매계약을 체결한 후 법정대리인의 동의 없음을
> 이유로 그 계약을 취소하는 것은 신의칙에 반하지 않는다.
> ㉣ 강행법규 위반임을 알면서 계약을 체결한 후 이를 이유로 계약의 무효를 주장하는 것은 특
> 별한 사정이 없는 한 신의칙에 반한다.
> ㉤ 소멸시효 완성 후 채무자가 이를 원용하지 않을 것 같은 태도를 보여 이를 신뢰한 권리자가
> 그로부터 시효정지에 준하는 단기간 내에 그의 권리를 행사한 경우 채무자는 시효완성을 주
> 장하지 못한다.

① ㉣
② ㉠, ㉣
③ ㉡, ㉢
④ ㉡, ㉤
⑤ ㉢, ㉤

해설 | ㉣ 특별한 사정이 없는 한, 법령에 위반되어 무효임을 알고서도 그 법률행위를 한 자가 강행법규 위반
을 이유로 무효를 주장하는 것이 <u>신의칙 또는 금반언의 원칙에 반하거나 권리남용에 해당한다고
볼 수는 없는 것이다</u>(대판 2006.6.29, 2005다11602·11619).
㉠ 신의성실의 원칙은 오늘날 민법의 모든 분야에서뿐만 아니라 상법 등 사법 모든 분야에서 적용된
다. 뿐만 아니라 노동법이나 기타 경제법 등 사회법 분야에 있어서도 그 적용이 많으며, 민사소송
법·헌법·행정법·세법 등 공법 분야에 있어서도 그 적용이 있다.
㉡ 우리 사회의 통념상으로는 공동묘지가 주거환경과 친한 시설이 아니어서 분양계약의 체결 여부 및
가격에 상당한 영향을 미치는 요인일 뿐만 아니라 대규모 공동묘지를 가까이에서 조망할 수 있는
곳에 아파트단지가 들어선다는 것은 통상 예상하기 어렵다는 점 등을 감안할 때 <u>아파트 분양자는
아파트단지 인근에 공동묘지가 조성되어 있는 사실을 수분양자에게 고지할 신의칙상의 의무를 부
담한다</u>(대판 2007.6.1, 2005다5812·5829·5836).
㉢ 법정대리인의 동의 없이 신용구매계약을 체결한 미성년자가 사후에 법정대리인의 동의 없음을 사
유로 들어 이를 취소하는 것이 신의칙에 위반된 것이라고 할 수는 없다(대판 2007.11.16, 2005
다71659).
㉤ 채무자가 시효완성 전에 채권자의 권리행사나 시효중단을 불가능 또는 현저히 곤란하게 하였거나,
그러한 조치가 불필요하다고 믿게 하는 행동을 하였거나, 객관적으로 채권자가 권리를 행사할 수 없
는 장애사유가 있었거나, 또는 일단 시효완성 후에 채무자가 시효를 원용하지 아니할 것 같은 태도를
보여 권리자로 하여금 그와 같이 신뢰하게 하였거나, 채권자보호의 필요성이 크고, 같은 조건의 다른
채권자가 채무의 변제를 수령하는 등의 사정이 있어 채무이행의 거절을 인정함이 현저히 부당하거나
불공평하게 되는 등의 특별한 사정이 있는 경우에는 채무자가 소멸시효의 완성을 주장하는 것이 신의
성실의 원칙에 반하여 권리남용으로서 허용될 수 없다(대판 2005.5.13, 2004다71881).

기본서 p.44~58　　　　　　　　　　　　　　　　　　　　　　　　　　　　　정답 ①

09 신의성실의 원칙에 관한 설명으로 옳지 않은 것은? (다툼이 있으면 판례에 따름)

① 병원은 입원계약에 따라 입원환자들의 휴대품이 도난되지 않도록 할 신의칙상 보호의 무를 진다.

② 세무사와 의뢰인 사이에 약정된 보수액이 부당하게 과다하여 신의칙에 반하는 경우, 세무사는 상당하다고 인정되는 범위의 보수액만 청구할 수 있다.

③ 신의성실의 원칙은 법률행위의 해석기준이 될 수 있다.

④ 신의성실의 원칙에 반한다거나 또는 권리남용에 해당된다는 사실은 당사자가 주장하여야 하므로, 법원에서 직권으로 판단해서는 안 된다.

⑤ 법정대리인의 동의 없이 신용구매계약을 체결한 미성년자가 사후에 법정대리인의 동의 없음을 사유로 들어 이를 취소하는 것이 신의칙에 위반된 것이라고 할 수는 없다.

10 신의성실의 원칙에서 도출할 수 없는 것은?

① 사적자치의 원칙
② 권리남용금지의 원칙
③ 실효의 원칙
④ 금반언의 원칙
⑤ 사정변경의 원칙

정답 및 해설

09 ④ 신의성실의 원칙에 반하는 것 또는 권리남용은 강행규정에 위배되는 것이므로 당사자의 주장이 없더라도 법원은 직권으로 판단할 수 있다(대판 1995.12.22, 94다42129).

10 ① ① 사적자치의 원칙은 민법의 기본을 이루는 것으로서, '인간으로서의 존엄과 가치'(헌법 제10조), 그 한 내용인 일반적 행동의 자유라는 이념에 기하여, 법질서가 허용하는 한도에서 각자가 자기의 법률관계를 자기의 의사에 따라 자주적으로 처리할 수 있고, 국가나 법질서는 여기에 직접적으로 개입하거나 간섭하면 안 된다는 원칙이다. 사회적 형평(조정)의 원칙은 사적자치를 비롯한 3대 원리를 제약하는 원리이다. 그 구체적인 예로는 신의성실의 원칙(제2조 제1항), 권리남용금지(제2조 제2항), 사회질서(제103조), 폭리행위금지(제104조), 대물반환의 예약(제607조), 차주에 불이익한 약정의 금지(제608조), 임대차에 있어서의 강행규정(제652조), 정당방위·긴급피난(제761조), 유류분제도(제1112조 이하) 등을 들 수 있다.
②③④⑤ 신의칙의 파생원칙으로 사정변경의 원칙(권리변경적 효과), 권리남용금지의 원칙(권리소멸적 효과), 실효의 원칙, 금반언의 원칙 등이 있다.

11 신의칙에 관한 설명으로 옳은 것은? (다툼이 있으면 판례에 따름)

① 본인의 지위를 단독상속한 무권대리인은 본인의 지위에서 추인거절권을 행사할 수 있다.

② 차임을 증액하지 않기로 하는 특약이 있더라도, 그 특약을 유지시키는 것이 신의칙에 반한다고 인정될 정도의 사정변경이 있는 경우에는 임대인의 차임증액청구를 인정하여야 한다.

③ 법령에 위반되어 무효임을 알면서 법률행위를 한 자는 강행법규 위반을 이유로 그 법률행위의 무효를 주장할 수 없다.

④ 신의칙에 반하는지의 여부는 당사자의 주장이 없는 한, 법원이 직권으로 판단할 수 없다.

⑤ 매매계약의 당사자가 계약체결시에 신의칙 위반을 이유로 매매의 효력을 다투지 않기로 한 특약은 유효하다.

12 신의성실의 원칙에 관한 설명으로 옳지 않은 것은? (다툼이 있으면 판례에 따름)

① 사정변경의 원칙에 기한 계약의 해제가 인정되는 경우, 그 사정에는 계약의 기초가 된 객관적 사정만이 포함된다.

② 이사가 재직 중 회사의 확정채무를 보증한 후 사임한 경우에 사정변경을 이유로 이를 해지할 수 없다.

③ 일반보증의 경우에도 채권자의 권리행사가 신의칙에 반하여 허용될 수 없는 때에는 예외적으로 보증인의 책임을 제한할 수 있다.

④ 관련 법령을 위반하여 무효인 편입허가를 받은 자에 대하여 오랜 기간이 경과한 후 편입학을 취소하는 것은 신의칙 위반이다.

⑤ 임대차계약에 차임을 증액하지 않기로 하는 특약이 있더라도 그 특약을 그대로 유지시키는 것이 신의칙에 반한다고 인정될 정도의 사정변경이 있는 경우에는 임대인에게 차임증액청구가 인정될 수 있다.

13 신의성실의 원칙에 관한 설명으로 옳지 않은 것은? (다툼이 있으면 판례에 따름)

① 신의성실의 원칙은 법률행위의 해석기준이 될 수 있다.

② 법령에 위반되어 무효임을 알고서도 그 법률행위를 한 자가 강행법규 위반을 이유로 무효를 주장한다 하더라도 특별한 사정이 없는 한 신의성실의 원칙에 반한다고 볼 수는 없다.

③ 이사의 지위에서 부득이 회사의 계속적 거래관계로 인한 불확정한 채무에 대하여 보증인이 된 자가 퇴사한 경우, 회사의 구상금채무가 확정된 후에도 사정변경을 이유로 해지권을 행사할 수 있다.

④ 사용자는 피용자에 대하여 특약이 없더라도 신의성실의 원칙상 피용자의 안전을 배려할 보호의무를 진다.

⑤ 신의성실의 원칙에 반하는 것은 강행규정에 위배되는 것으로서 당사자의 주장이 없더라도 법원이 직권으로 판단할 수 있다.

정답 및 해설

11 ② ② 임대차계약에 있어서 차임부증액의 특약이 있더라도 그 약정 후 그 특약을 그대로 유지시키는 것이 <u>신의칙에 반한다고 인정될 정도의 사정변경이 있다고 보여지는 경우에는 형평의 원칙상 임대인에게 차임증액청구를 인정하여야 한다</u>(대판 1996.11.12, 96다34061).

① 본인의 지위를 단독상속한 무권대리인이 본인의 지위에서 상속 전에 행한 무권대리행위의 <u>추인을 거절하는 것은 신의칙에 반한다</u>(대판 1994.9.27, 94다20617).

③ 특별한 사정이 없는 한, <u>법령에 위반되어 무효임을 알고서도 그 법률행위를 한 자가 강행법규 위반을 이유로 무효를 주장하는 것이 신의칙 또는 금반언의 원칙에 반하거나 권리남용에 해당한다고 볼 수는 없는 것이다</u>(대판 2006.6.29, 2005다11602 · 11619).

④⑤ 신의성실의 원칙에 반하는 것 또는 권리남용은 강행규정에 위배되는 것이므로, <u>당사자의 주장이 없더라도 법원은 직권으로 판단할 수 있다</u>(대판 1989.9.29, 88다카17181). 그리고 매매계약의 당사자가 계약 체결시에 신의칙 위반을 이유로 매매의 효력을 다투지 않기로 한 특약은 <u>강행규정 위반이므로 무효이다</u>.

12 ④ 학생에 대한 학교의 편입학허가, 대학교졸업인정, 대학원입학, 공학석사학위 수여 등이 그 자격요건을 규정한 교육법 제111조, 제112조, 제115조에 위반되어 무효라면 이와 같은 당연무효의 행위를 학교법인이 취소하는 것은 그 편입학허가 등의 행위가 처음부터 무효이었음을 당사자에게 통지하여 확인시켜주는 것에 지나지 않으므로 여기에 <u>신의칙 내지 신뢰의 원칙을 적용할 수 없고</u> 그러한 뜻의 취소권은 시효로 인하여 소멸하지도 않는다(대판 1989.4.11, 87다카131).

13 ③ 회사의 이사의 지위에서 부득이 회사와 제3자 사이의 계속적 거래로 인한 회사의 채무에 대하여 보증인이 된 자가 그 후 퇴사하여 이사의 지위를 떠난 때에는 보증계약 성립 당시의 사정에 현저한 변경이 생긴 경우에 해당하므로 이를 이유로 보증계약을 해지할 수 있는 것이고, 한편 계속적 보증계약의 보증인이 장차 그 보증계약에 기한 보증채무를 이행할 경우 피보증인이 계속적 보증계약의 보증인에게 부담하게 될 불확정한 구상금채무를 보증한 자에게도 사정변경이라는 해지권의 인정 근거에 비추어 마찬가지로 해지권을 인정하여야 할 것이나, 이와 같은 경우에도 보증계약이 해지되기 전에 계속적 거래가 종료되거나 그 밖의 사유로 <u>주채무 내지 구상금채무가 확정된 경우라면 보증인으로서는 더 이상 사정변경을 이유로 보증계약을 해지할 수 없다</u>(대판 2002.5.31, 2002다1673).

제2장 권리와 법률관계 **31**

14 신의성실의 원칙에 대한 설명으로 틀린 것을 모두 고른 것은? (다툼이 있으면 판례에 따름)

> ㉠ 계약교섭의 부당한 중도파기는 신의칙에 비추어 볼 때 불법행위를 구성한다.
> ㉡ 민법 제135조 제1항에 의해 계약이행의 책임이 있는 무권대리인이 본인의 지위를 상속한 후 본인의 지위에서 추인거절권을 행사하는 것은 신의칙에 반한다.
> ㉢ 이사가 재직 중 회사의 확정채무를 보증한 후 사임한 경우에 사정변경을 이유로 이를 해지할 수 없다.
> ㉣ 법령에 위반되어 무효임을 알고서도 법률행위를 한 자가 강행법규 위반을 이유로 무효를 주장하는 것은 특별한 사정이 없는 한 신의칙에 반한다.

① ㉢   ② ㉣
③ ㉠, ㉡   ④ ㉡, ㉢
⑤ ㉢, ㉣

15 신의성실의 원칙에 관한 설명으로 옳은 것은? (다툼이 있으면 판례에 따름)

① 강행법규 위반임을 알면서 법률행위를 한 자가 그 후에 그 법률행위가 강행법규 위반으로 인하여 무효임을 주장하는 것은, 특별한 사정이 없는 한 신의칙에 반한다.
② 본인의 지위를 단독으로 상속한 무권대리인이 본인의 지위에서 상속 전에 행한 무권대리행위의 추인을 거절하여도 신의칙에 반하지 않는다.
③ 사정변경원칙에서의 '사정'은 계약의 기초가 된 일방당사자의 주관적 사정을 말한다.
④ 취득시효 완성 후 그 사실을 모르고 권리를 주장하지 않기로 하였다가 후에 시효주장을 하는 것은 특별한 사정이 없는 한 신의칙상 허용된다.
⑤ 법원은 당사자의 주장이 없더라도 직권으로 신의칙에 반하는 것임을 판단할 수 있다.

16 실효의 원칙에 관한 설명으로 옳지 않은 것은? (다툼이 있으면 판례에 따름)

① 소멸시효의 대상이 아닌 권리도 실효의 원칙이 적용될 수 있다.

② 실효의 원칙의 적용 여부는 당사자의 주장이 없더라도 법원이 직권으로 판단할 수 있다.

③ 인지청구권의 포기는 허용되지 않지만, 인지청구권에는 실효의 법리가 적용될 수 있다.

④ 권리자가 장기간 권리를 행사하지 않았다는 사실만으로는 권리가 실효되는 것은 아니다.

⑤ 실효의 원칙이 인정되기 위하여는 의무자인 상대방이 더 이상 권리자가 그 권리를 행사하지 아니할 것으로 믿을 만한 정당한 사유가 있어야 한다.

정답 및 해설

14 ② ㉣ 특별한 사정이 없는 한, 법령에 위반되어 무효임을 알고서도 그 법률행위를 한 자가 강행법규 위반을 이유로 무효를 주장하는 것이 신의칙 또는 금반언의 원칙에 반하거나 권리남용에 해당한다고 볼 수는 없는 것이다(대판 2006.6.29, 2005다11602·11619).

㉠ 어느 일방이 교섭단계에서 계약이 확실하게 체결되리라는 정당한 기대 내지 신뢰를 부여하여 상대방이 그 신뢰에 따라 행동하였음에도 상당한 이유 없이 계약의 체결을 거부하여 손해를 입혔다면 이는 신의성실의 원칙에 비추어 볼 때 계약자유원칙의 한계를 넘는 위법한 행위로서 불법행위를 구성한다(대판 2003.4.11, 2001다53059).

㉡ 대리권한 없이 타인의 부동산을 매도한 자가 그 부동산을 상속한 후 소유자의 지위에서 자신의 대리행위가 무권대리로 무효임을 주장하여 등기말소 등을 구하는 것은 금반언의 원칙이나 신의칙에 위배되어 허용될 수 없다(대판 1994.9.27, 94다20617).

㉢ 사정변경을 이유로 보증계약을 해지할 수 있는 것은 포괄근보증이나 한정근보증과 같이 채무액이 불확정적이고 계속적인 거래로 인한 채무에 대하여 한 보증에 한하는바, 회사의 이사로 재직하면서 보증 당시 그 채무액과 변제기가 특정되어 있는 회사의 확정채무에 대하여 보증을 한 후 이사직을 사임하였다 하더라도, 사정변경을 이유로 보증계약을 해지할 수 없다(대판 1996.2.9, 95다27431).

15 ⑤ ① 특별한 사정이 없는 한, 법령에 위반되어 무효임을 알고서도 그 법률행위를 한 자가 강행법규 위반을 이유로 무효를 주장하는 것이 신의칙 또는 금반언의 원칙에 반하거나 권리남용에 해당한다고 볼 수는 없는 것이다(대판 2006.6.29, 2005다11602·11619).

② 본인의 지위를 단독상속한 무권대리인이 본인의 지위에서 상속 전에 행한 무권대리행위의 추인을 거절하는 것은 신의칙에 반한다(대판 1994.9.27, 94다20617).

③ 여기에서 말하는 '사정'이라 함은 계약의 기초가 되었던 객관적인 사정으로서, 일방당사자의 주관적 또는 개인적 사정을 의미하는 것은 아니다(대판 2007.3.29, 2004다31302).

④ 취득시효 완성 후에 그 사실을 모르고 당해 토지에 관하여 어떠한 권리도 주장하지 않기로 하였다 하더라도 이에 반하여 시효주장을 하는 것은 특별한 사정이 없는 한 신의칙상 허용되지 않는다(대판 1998.5.22, 96다24101).

16 ③ 인지청구권은 본인의 일신전속적인 신분관계상의 권리로서 포기할 수도 없으며 포기하였더라도 그 효력이 발생할 수 없는 것이고, 이와 같이 인지청구권의 포기가 허용되지 않는 이상 거기에 실효의 법리가 적용될 여지도 없다(대판 2001.11.27, 2001므1353).

17 권리남용금지의 원칙에 관한 설명으로 옳지 않은 것을 모두 고른 것은? (다툼이 있으면 판례에 따름)

> ㉠ 권리의 행사가 상대방에게 고통이나 손해를 주기 위한 것이라는 주관적 요건은 권리자의 정당한 이익을 결여한 권리행사로 보여지는 객관적인 사정에 의하여 추인할 수 있다.
> ㉡ 권리남용이 불법행위에 해당하면 상대방은 그로 인한 손해배상을 청구할 수 있다.
> ㉢ 채무자가 시효완성 전에 스스로 채권자의 시효중단을 현저히 곤란하게 하여 채권자가 시효중단을 할 수 없었던 경우, 채무자가 소멸시효의 완성을 주장하는 것은 권리남용으로서 허용될 수 없다.
> ㉣ 신의성실의 원칙에 반한다거나 권리남용에 해당한다는 사실은 당사자가 주장하여야 하므로 법원에서 직권으로 판단해서는 안 된다.
> ㉤ 항변권이 남용된 경우, 권리의 행사가 저지될 뿐 항변권 자체가 박탈되는 것은 아니다.

① ㉠, ㉣   ② ㉡, ㉢
③ ㉡, ㉤   ④ ㉢, ㉤
⑤ ㉣, ㉤

대표예제 07 \ 권리의 보호 ★

권리침해에 대하여 민법상 인정되고 있는 구제수단이 아닌 것은?

① 손해배상청구권   ② 소유물방해배제청구권
③ 자력구제권   ④ 채무자의 재산공개청구권
⑤ 긴급피난

해설 | 민법상 채무자의 재산공개청구권은 인정되지 않는다. 다만, 민사집행법에서 금전채무불이행의 경우에 '재산명시신청'에 관한 규정을 두고 있다.

기본서 p.59   정답 ④

정답 및 해설

17 ⑤ ㉣ 신의성실의 원칙에 반하는 것 또는 권리남용은 강행규정에 위배되는 것이므로 당사자의 주장이 없더라도 법원은 직권으로 판단할 수 있다(대판 1989.9.29, 88다카17181).
㉤ 권리남용에 해당하더라도 권리가 종국적으로 박탈되지는 않으나 법률규정에 의해 권리를 박탈하는 경우가 있다(예 제924조의 친권상실의 선고).

제3장 권리의 주체

대표예제 08 │ 자연인의 권리능력 ★★★

권리능력에 관한 설명으로 옳지 않은 것은?

① 민법 제3조에서 '사람은 생존한 동안 권리와 의무의 주체가 된다'고 규정한 것은 자연인의 권리능력의 시기와 종기에 대하여 규정한 것이다.

② 자연인은 성별·종교·기형 여부 등을 묻지 않고 평등하게 권리능력을 취득한다.

③ 민법은 태아의 권리능력에 관하여 개별적 보호주의를 취하고 있다.

④ 사람이 출생한 후 출생신고에 의하여 가족관계등록부에 기재되어야 권리능력을 취득한다.

⑤ 반려동물은 위자료청구권의 귀속주체가 될 수 없다.

해설 | ④ 사람의 권리능력은 출생으로 시작된다. 사람이 출생하면 출생신고를 하며, 이 <u>출생신고는 보고적 신고이다.</u>

①② 제3조는 모든 사람은 평등하게 권리능력을 가지고(권리능력 평등의 원칙), 또 출생한 때부터 사망한 때까지(즉, 생존한 동안) 권리능력을 가지는 것으로 규정한다.

③ 태아는 아직 출생 전의 단계에 있으므로 민법상 사람이 아니며, 따라서 권리능력을 가지지 못한다(제3조). 이렇게 되면 태아에게 불리한 경우가 생기게 된다. 따라서 법은 예외적으로 태아의 권리능력을 인정한다. 우리 민법은 개별적 보호주의를 취하고 있다.

⑤ 우리 민법상 권리능력자는 모든 살아 있는 사람과, 사람이 아니면서 법에 의하여 권리능력이 인정되어 있는 법인이다. 따라서 반려동물은 권리능력이 없으므로 위자료청구권의 귀속주체가 될 수 없다.

기본서 p.71~76　　　　　　　　　　　　　　　　　　　　　　　　　　　　정답 ④

01 민법상 권리능력에 관한 설명으로 옳은 것은?

① 민사소송법상 당사자능력자는 항상 민법상 권리능력의 주체다.
② 우리나라 민법은 모든 법률관계에 관하여 일반적으로 태아가 출생한 것으로 본다.
③ 자연인의 권리능력을 제한하는 약정은 무효이다.
④ 태아는 증여와 유증에 관하여 이미 출생한 것으로 본다.
⑤ 외국인의 권리능력은 상호주의에 의해서만 제한된다.

02 권리능력에 관한 설명으로 옳지 않은 것은?

① 사람은 생존하는 동안 권리와 의무의 주체가 된다.
② 2인 이상이 동일한 위난으로 사망한 경우에는 동시에 사망한 것으로 추정한다.
③ 실종선고가 있더라도 당사자가 생존하는 한 권리능력이 상실되는 것은 아니다.
④ 2인 이상이 동일한 위난으로 사망한 경우에는 동시에 사망한 것으로 간주된다.
⑤ 실종선고가 있더라도 당사자가 생존하는 한 권리능력이 상실되는 것은 아니다.

03 권리능력에 관한 설명으로 옳은 것은? (다툼이 있으면 판례에 따름)

① 태아는 법정대리인에 의한 수증행위를 할 수 있다.
② 실종선고가 있더라도 당사자가 생존하는 한 권리능력이 상실되는 것은 아니다.
③ 인정사망 후 그에 대한 반증만으로 사망의 추정력이 상실되는 것은 아니다.
④ 권리능력은 사망신고에 의해 상실된다.
⑤ 제3자의 불법행위로 태아가 사산된 경우에는 母가 태아의 손해배상청구권을 상속한다.

01 ③ ① 민사소송절차의 당사자가 될 수 있는 일반적 지위 또는 자격을 말하는 당사자능력은 민법상의 권리능력
과 반드시 일치하지는 않는다. 민법상 권리능력자(자연인, 법인)는 당사자능력을 가지나, 당사자능력자
가 모두 권리능력을 가지는 것은 아니다(예 권리능력 없는 사단).

　② 우리 민법은 개별적 보호주의를 취하고 있다. 우리 민법상 태아의 권리능력이 인정되는 경우로는 ㉠
불법행위에 의한 손해배상청구(제762조), ㉡ 재산상속(제1000조 제3항) 및 대습상속, 유류분권(제
1001조, 제1112조), ㉢ 유증(제1064조), ㉣ 인지(제858조), ㉤ 사인증여(다수설)에 있어서 태아의 권리
능력을 인정한다. 개별주의는 적용범위가 명확하다는 장점이 있으나 태아의 보호에 충분하지 못하다는
단점이 있다.

　④ 유증에 관하여 태아는 이미 출생한 것으로 본다(제1064조). 그러나 판례는 의용민법하의 사건에 관하여
태아의 수증능력을 인정할 수 없다고 한다(대판 1982.2.9, 81다534).

　⑤ 외국인의 권리능력이 부정되거나, 국회의 동의나 정부의 허가를 필요로 하는 경우도 있다.

02 ④ 2인 이상이 동일한 위난으로 사망한 경우에는 동시에 사망한 것으로 추정한다(제30조). 동시사망 추정은
법률상의 추정이다.

03 ② ② 자연인에게는 사망이 유일한 권리능력의 소멸사유이다. 따라서 인정사망이나 실종선고가 있더라도 당
사자가 생존하고 있는 한 권리능력을 잃게 되지는 않는다.

　① 판례는 의용민법하의 사건에 관하여 태아의 수증능력을 인정할 수 없다고 한다(대판 1982.2.9, 81다
534). 따라서 법정대리인에 의한 수증행위도 불가능하다.

　③ 인정사망은 사망의제의 효력이 없으며 강한 사망추정적 효과가 있다. 따라서 반증에 의하여 이를 번복
할 수 있다.

　④ 자연인에게는 사망이 유일한 권리능력의 소멸사유이다. 출생신고 · 사망신고는 보고적 신고이다.

　⑤ 판례는 "태아로 있는 동안은 권리능력을 취득할 수 없으므로, 살아서 출생한 때에 출생시기가 문제의
사건의 시기까지 소급하여 그때에 태아가 출생한 것과 같이 법률상 보아준다고 해석하여야 상당하다."
라고 하여 정지조건설의 입장이다(대판 1976.9.14, 76다1365; 대판 1982.2.9, 81다254). 즉, 태아가
최소한 살아서 출생하는 것을 전제로 하며, 태아가 사산된 경우에는 태아의 손해배상청구권은 인정되지
않으므로, 母가 상속할 수 없다.

▶ 실종선고와 인정사망의 비교

구분	실종선고	인정사망
규정	민법 제27조 이하	가족관계의 등록 등에 관한 법률 제87조
청구 요부	○	×
공시최고 요부	○	×
기간경과 요부	○	×
사망의 의미	사망간주	사망추정
발생시기	실종기간 만료시	가족관계등록부 사망기재일
번복	가정법원의 실종선고 취소로 번복	사실의 증명으로 번복

태아의 권리능력에 관한 설명으로 옳은 것은? (다툼이 있으면 판례에 따름)

① 태아는 유류분권에 관하여 이미 출생한 것으로 본다.

② 태아인 동안에는 母가 법정대리인으로서 법률행위를 할 수 있다.

③ 태아가 타인의 불법행위로 인하여 사산된 경우, 태아의 손해배상청구권은 그 법정상속인에게 상속된다.

④ 태아는 증여에 관하여 이미 출생한 것으로 본다.

⑤ 운전자 甲의 과실에 의한 교통사고로 母가 충격되어 태아가 사산(死産)된 경우, 母는 태아의 甲에 대한 손해배상청구권을 상속받아 甲에게 행사할 수 있다.

해설 | 유증에 관하여 태아는 이미 출생한 것으로 본다(제1064조). 유류분권도 같다.

오답
체크 | ② 판례는 정지조건설이다(대판 1976.9.14, 76다1365). 정지조건설은 태아로 있는 동안에는 아직 권리능력을 취득하지 못하나 살아서 출생한 때에는 권리능력 취득의 효과가 문제의 사건이 발생한 시기까지 소급한다고 하고(그래서 인격소급설이라고 함), 태아인 동안에는 법정대리인이 있을 수 없다고 한다.

　　③ 판례는 "태아로 있는 동안은 권리능력을 취득할 수 없으므로, 살아서 출생한 때에 출생시기가 문제의 사건의 시기까지 소급하여 그때에 태아가 출생한 것과 같이 법률상 보아준다고 해석하여야 상당하다."라고 하여 정지조건설의 입장이다(대판 1976.9.14, 76다1365; 대판 1982.2.9, 81다254). 즉, 태아가 최소한 살아서 출생하는 것을 전제로 하며, 태아가 사산된 경우에는 태아의 손해배상청구권은 인정되지 않으므로, 母가 상속할 수 없다.

　　④ 유증에 관하여 태아는 이미 출생한 것으로 본다(제1064조). 그러나 판례는 의용민법하의 사건에 관하여 태아의 수증능력을 인정할 수 없다고 한다(대판 1982.2.9, 81다534).

　　⑤ 판례는 "태아로 있는 동안은 권리능력을 취득할 수 없으므로, 살아서 출생한 때에 출생시기가 문제의 사건의 시기까지 소급하여 그때에 태아가 출생한 것과 같이 법률상 보아준다고 해석하여야 상당하다."라고 하여 정지조건설의 입장이다(대판 1976.9.14, 76다1365; 대판 1982.2.9, 81다254). 운전자 甲의 과실에 의한 교통사고로 母가 충격되어 태아가 사산(死産)된 경우, 권리능력을 갖지 못한다. 따라서 母는 태아의 甲에 대한 손해배상청구권을 상속받을 수 없다.

기본서 p.72~73　　　　　　　　　　　　　　　　　　　　　　　　　　　　　　　　　정답 ①

04 민법상 태아의 권리능력이 인정되는 경우가 아닌 것은? (다툼이 있으면 판례에 따름)

① 유증   ② 재산상속
③ 대습상속   ④ 태아의 인지청구권
⑤ 불법행위에 기한 손해배상

05 태아의 권리능력에 관한 설명으로 옳은 것을 모두 고른 것은? (다툼이 있으면 판례에 따름)

ㄱ 직계존속의 생명침해에 대해 태아는 위자료를 청구할 수 있다.
ㄴ 태아는 대습상속에 관하여는 이미 출생한 것으로 본다.
ㄷ 현행민법상 父는 태아를 인지할 수 있지만, 태아에게는 父에 대한 인지청구권이 없다.
ㄹ 정지조건설에 의하면 태아의 보호를 위한 법정대리인을 인정할 수 있다.

① ㄷ   ② ㄹ
③ ㄱ, ㄴ   ④ ㄷ, ㄹ
⑤ ㄱ, ㄴ, ㄷ

정답 및 해설

04 ④ 우리 민법은 중요한 법률관계를 열거하여 이에 관하여만 태아가 출생한 것으로 보는 입법태도(이른바 개별적 보호주의)를 취하고 있다. 민법상 태아의 권리능력이 인정되는 경우로는 ㉠ 불법행위에 의한 손해배상청구(제762조), ㉡ 재산상속(제1000조 제3항) 및 대습상속, 유류분권(제1001조, 제1112조), ㉢ 유증(제1064조), ㉣ 인지(제858조), ㉤ 사인증여(다수설)에 있어서 태아의 권리능력을 인정한다. 특히 태아의 인지청구권, 증여계약에서 수증능력에 관하여 논의가 있는데, 태아에게 권리능력이 인정되지 않는다(통설·판례).

05 ⑤ ㉣ 해제조건설에 의하면 태아인 동안에도 권리능력이 있기 때문에 법정대리인도 있을 수 있다. 정지조건설을 취하는 판례에 의하면 태아인 동안 법정대리인도 있을 수 없다.
㉠ 직계존속의 생명침해로 인한 태아 자신의 위자료청구권을 가진다(제752조). 판례도 "태아도 손해배상청구권에 관하여는 이미 출생한 것으로 보는바, 父가 교통사고로 상해를 입을 당시 태아가 출생하지 아니하였다고 하더라도 그 뒤에 출생한 이상 父의 부상으로 인하여 입게 될 정신적 고통에 대한 위자료를 청구할 수 있다(대판 1993.4.27, 93다4663)."고 판시하였다.
㉡ 태아에게 재산상속에 있어서 상속순위(제1000조), 대습상속(제1001조), 유류분반환청구권은 인정된다.
㉢ 父는 태아를 인지할 수 있다(제858조). 태아에게 인지청구권을 인정하지 않으며, 유추적용을 부정하는 것이 다수설이다.

06 태아 甲을 임신 중인 乙이 자동차 운전자 丙의 과실로 교통사고를 당했다. 이에 관한 설명으로 옳지 않은 것은? (다툼이 있으면 판례에 따름)

① 甲이 출생한 때에는 乙의 중상으로 인해 자신이 겪을 고통에 대하여 丙에게 위자료를 청구할 수 있다.

② 乙이 교통사고의 후유증으로 사망한 경우, 사망신고를 하여야 乙의 권리능력이 상실된다.

③ 甲이 아직 태아인 동안에 乙이 사망한 경우, 해제조건설에 따르면 甲은 출생 전에도 상속권이 인정된다.

④ 甲이 아직 태아인 동안에 乙이 사망한 경우, 정지조건설에 따르면 甲은 출생 전에는 상속받을 수 없다.

⑤ 甲이 사산된 경우에는 해제조건설과 정지조건설의 대립과 상관없이 甲의 丙에 대한 손해배상청구권은 존재하지 않는다.

07 2025년 3월 2일에 횡단보도를 건너던 甲과 그의 아들 乙은 신호위반을 한 A의 차에 치어 현장에서 사망하였다. 사망 당시 甲에게는 배우자 丙, 태아 丁이 있었으며, 丁은 2025년 5월 20일에 태어났다. 다음 설명으로 옳은 것은? (다툼이 있으면 판례에 따름)

① 甲과 乙은 동시에 사망한 것으로 간주한다.

② 재산상속에 있어 丁은 2025년 3월 2일에 태어난 것으로 추정한다.

③ 丙은 2025년 3월 2일부터 태아 丁의 법정대리인이 된다.

④ 丁은 2025년 3월 2일부터 모든 법률관계에서 권리능력을 취득한다.

⑤ 丁은 A에 대하여 甲의 사망으로 인한 위자료청구권을 가진다.

08 사람의 능력에 관한 설명으로 옳은 것은?

① 인정사망의 경우에 실종선고와 동일한 효력이 발생한다.

② 권리능력은 사망신고에 의해 상실된다.

③ 태아를 피보험자로 하는 상해보험계약은 그 효력이 인정되지 않는다.

④ 동시사망의 추정은 법률상의 추정이 아니라 사실상의 추정이다.

⑤ 태아 乙의 출생 전에 甲의 불법행위로 乙의 父가 사망한 경우, 출생한 乙은 甲에 대하여 父의 사망에 따른 자신의 정신적 손해에 대한 배상을 청구할 수 있다.

제3장

정답 및 해설

06 ② 사람의 권리능력은 출생으로 시작되며, 사망으로 종료된다. 출생신고 · 사망신고는 보고적 신고이다.

07 ⑤ ⑤ 태아도 손해배상의 청구권에 관하여는 이미 출생한 것으로 보고 또 위자료는 그 청구권자가 피해 당시 정신상 고통에 대한 감수성을 갖추고 있지 않더라도 장래 이를 감수할 것임이 현재 합리적으로 기대할 수 있는 경우에는 즉시 그 청구를 할 수 있다(대판 1962.3.15, 4294민상903).
　① 2인 이상이 동일한 위난으로 사망한 경우에는 동시에 사망한 것으로 추정한다(제30조). 甲과 乙은 차에 치어 동시에 사망한 것으로 추정한다.
　②③ 태아는 상속순위에 관하여는 이미 출생한 것으로 본다(제1000조 제3항). 태아가 이미 '출생한 것으로 본다'고 하는 의미에 대하여(주의할 것은 이하의 논의는 태아가 살아서 출생한 경우에만 의미를 가지며, 태아가 사산된 경우에는 학설의 대립과 관계없이 태아의 권리능력이 인정되지 않는다), 정지조건설(판례)은 태아로 있는 동안에는 아직 권리능력을 취득하지 못하나 살아서 출생한 때에는 권리능력 취득의 효과가 문제의 사건이 발생한 시기까지 소급한다고 하고(그래서 인격소급설이라고 함), 태아인 동안에는 법정대리인이 있을 수 없다고 한다.
　④ 태아 보호를 위한 입법주의 중에서, 일반적 보호주의는 모든 법률관계에 있어서 일반적으로 태아를 이미 출생한 것으로 보는 것이고(스위스, 로마법), 개별적 보호주의는 중요한 법률관계에 관하여서만 개별적으로 출생한 것으로 보는 것인데(독일, 프랑스, 일본), 우리 민법은 개별적 보호주의를 취하고 있다.

08 ⑤ ① 인정사망은 실종선고와는 달리 사망의제의 효력이 없으며 강한 사망추정적 효과가 있다. 따라서 반증에 의하여 이를 번복할 수 있으며, 사망의 대세적 효과를 인정하기 위해서는 다시 실종선고를 필요로 한다.
　② 자연인에게는 사망이 유일한 권리능력의 소멸사유이다. 출생신고 · 사망신고는 보고적 신고이다.
　③ 상해보험계약을 체결할 때 약관 또는 보험자와 보험계약자의 개별 약정으로 태아를 상해보험의 피보험자로 할 수 있다. 이처럼 약관이나 개별 약정으로 출생 전 상태인 태아의 신체에 대한 상해를 보험의 담보범위에 포함하는 것이 보험제도의 목적과 취지에 부합하고 보험계약자나 피보험자에게 불리하지 않으므로 상법 제663조에 반하지 아니하고 민법 제103조의 공서양속에도 반하지 않는다(대판 2019.3.28, 2016다211224).
　④ 민법 제30조에 의하면, 2인 이상이 동일한 위난으로 사망한 경우에는 동시에 사망한 것으로 추정하도록 규정하고 있는바, 이 추정은 법률상 추정이다(대판 1998.8.21, 98다8974).

제3장 권리의 주체　**41**

09 민법상 자연인의 능력에 관한 설명으로 옳지 않은 것은? (다툼이 있으면 판례에 따름)

① 법원은 인정사망이나 실종선고에 의하지 않고 경험칙에 의거하여 사람의 사망사실을 인정할 수 없다.

② 사람은 생존하는 동안 권리와 의무의 주체가 된다.

③ 자연인의 권리능력은 출생이라는 사실에 의하여 취득하는 것이고, 출생신고에 의하여 취득하는 것은 아니다.

④ 실종선고가 있더라도 당사자가 생존하는 한 권리능력이 상실되는 것은 아니다.

⑤ 태아가 불법행위로 인해 사산된 경우, 태아는 가해자에 대하여 자신의 생명침해로 인한 손해배상을 청구할 수 없다.

대표예제 10 \ 의사능력 ★★

의사능력에 관한 설명으로 옳은 것을 모두 고른 것은? (다툼이 있으면 판례에 따름)

> ㉠ 의사무능력자의 법률행위에 대하여 법률적 효과가 인정되지 아니하는 근본적인 이유는 사적자치의 원칙에 기초하는 것이다.
> ㉡ 의사능력의 유무는 구체적인 법률행위와 관련하여 개별적으로 판단되어야 한다.
> ㉢ 의사무능력을 이유로 법률행위의 무효를 주장하는 자는 의사무능력에 대하여 증명책임을 부담한다.
> ㉣ 의사무능력을 이유로 법률행위가 무효로 된 경우, 의사무능력자가 선의인 때에 한하여 현존이익을 상환할 책임이 있다.

① ㉢   ② ㉣
③ ㉠, ㉡   ④ ㉢, ㉣
⑤ ㉠, ㉡, ㉢

해설 | ㉠ 민법의 기본원리인 사적자치는 당사자의 의사에 대해 민법이 법적 효과를 부여하고 이를 승인하는 것인데, 이것은 당사자가 한 의사의 표시가 어떠한 효과를 가져오는지에 대해 이해 내지는 판단할 수 있는 능력을 가지고 있음을 전제로 하는 것이다.
㉡ 의사능력의 유무는 구체적인 법률행위와 관련하여 개별적으로 판단되어야 할 것이다(대판 2006.9.22, 2006다29358).
㉢ 의사능력이란 자기 행위의 의미나 결과를 정상적인 인식력과 예기력을 바탕으로 합리적으로 판단할 수 있는 정신적 능력이나 지능을 말하고, 의사무능력을 이유로 법률행위의 무효를 주장하는 측은 그에 대하여 증명책임을 부담한다(대판 2022.12.1, 2022다261237).

ㄹ 제한능력자의 책임을 제한하는 민법 제141조 단서는 부당이득에 있어 수익자의 반환범위를 정한 민법 제748조의 특칙으로서 제한능력자의 보호를 위해 그 <u>선의·악의를 묻지 아니하고</u> 반환범위를 현존이익에 한정시키려는 데 그 취지가 있으므로, 의사능력의 흠결을 이유로 법률행위가 무효가 되는 경우에도 유추적용되어야 할 것이다(대판 2009.1.15, 2008다58367). 즉, 의사무능력자는 현존이익만 반환하면 된다.

기본서 p.77   정답 ⑤

10 사용자 甲이 의사능력 없는 상태에서 乙과 근로계약을 체결하였다. 이에 관한 설명으로 옳은 것은? (다툼이 있으면 판례에 따름)

① 甲은 乙과의 근로계약을 취소할 수 있다.
② 甲이 의사무능력 상태에서 乙과의 근로계약을 추인하더라도 그 계약은 무효이다.
③ 甲이 의사능력을 회복한 후에 추인하면, 다른 약정이 없더라도 그 근로계약은 소급하여 유효하다.
④ 甲과 乙의 근로계약은 추인 여부와 상관없이 甲이 의사능력을 회복한 때로부터 유효하다.
⑤ 甲이 의사능력을 회복한 후에 상당한 기간 내에 취소하지 않으면 근로계약은 유효하다.

정답 및 해설

09 ① 갑판원이 시속 30노트 정도의 강풍이 불고 파도가 5~6미터 가량 높게 일고 있는 등 기상조건이 아주 험한 북태평양의 해상에서 어로작업 중 갑판 위로 덮친 파도에 휩쓸려 찬 바다에 추락하여 행방불명이 되었다면 <u>비록 시신이 확인되지 않았다 하더라도 그 사람은 그 무렵 사망한 것으로 확정함이 우리의 경험칙과 논리칙에 비추어 당연하다.</u> 수난, 전란, 화재 기타 사변에 편승하여 타인의 불법행위로 사망한 경우에 있어서는 확정적인 증거의 포착이 손쉽지 않음을 예상하여 법은 인정사망, 위난실종선고 등의 제도와 그 밖에도 보통 실종선고제도도 마련해 놓고 있으나 그렇다고 하여 위와 같은 자료나 제도에 의함이 없는 사망사실의 인정을 수소법원이 절대로 할 수 없다는 법리는 없다(대판 1989.1.31, 87다카2954).

10 ② ② 무효인 법률행위는 추인하여도 그 효력이 생기지 아니한다. 그러나 당사자가 그 무효임을 알고 추인한 때에는 새로운 법률행위로 본다(제139조). 이러한 추인이 인정되려면 객관적으로 무효원인이 해소되고 있어야 한다. 따라서 甲이 의사무능력 상태에서 乙과의 근로계약을 추인하더라도 그 계약은 무효이다.
①⑤ 의사무능력자가 한 의사표시에 대해서는 <u>법적 효과를 부여할 수 없으며, 무효이다</u>(대판 2002.10.11, 2001다10113).
③④ 무효행위를 추인함으로써 새로운 법률행위가 성립한다(통설). 예컨대, 가장매매의 당사자가 그 무효인 매매를 <u>추인하면 그때부터 유효한 매매가 된다.</u> 즉, 그때부터 유효하게 되는 것이므로 원칙적으로 <u>소급효가 인정되지 않는 것이다</u>(대판 1983.9.27, 83므22).

제한능력자 등에 관한 설명으로 옳은 것은?

① 미성년자가 제한능력을 이유로 자신의 법률행위를 취소한 경우, 악의인 미성년자는 받은 이익에 이자를 붙여 반환해야 한다.

② 의사능력이 없는 자는 성년후견개시의 심판 없이도 피성년후견인이 된다.

③ 가정법원은 피한정후견인에 대하여 한정후견의 종료 심판 없이 성년후견개시의 심판을 할 수 있다.

④ 특정후견심판으로 특정후견인이 선임되더라도 피특정후견인의 행위능력은 제한되지 않는다.

⑤ 미성년자가 법정대리인의 동의 없이 한 재산행위는 취소되면 원칙적으로 장래에 향하여 효력을 잃는다.

해설 | 특정후견의 심판이 있어도 피특정후견인은 행위능력에 전혀 영향을 받지 않는다. 그리고 특정한 법률행위를 위하여 특정후견인이 선임되고 법정대리권이 부여된 경우에도 행위능력은 제한되지 않는다.

오답 체크
① 제한능력자는 선의·악의를 묻지 않고 취소된 행위에 의하여 받은 이익이 현존하는 한도에서 반환할 책임이 있다(제141조 단서).
② 피성년후견인은 '질병, 장애, 노령 그 밖의 사유로 인한 정신적 제약으로 사무를 처리할 능력이 지속적으로 결여된 사람'으로서 일정한 자의 청구에 의하여 가정법원으로부터 '성년후견개시의 심판'을 받은 자이다(제9조 제1항). 사무처리능력이 지속적으로 결여된 사람이라도 성년후견개시의 심판을 받기 전에는 피성년후견인이 아니다(대판 1992.10.13, 92다6433 참조).
③ 가정법원이 피한정후견인에 대하여 성년후견개시의 심판을 할 때에는 종전의 한정후견의 종료 심판을 한다(제14조의3 제1항).
⑤ 취소된 법률행위는 처음부터 무효인 것으로 본다(제141조 본문).

기본서 p.77~78   정답 ④

대표예제 12 　미성년자 ★★★

미성년자에 관한 설명으로 옳지 않은 것은? (다툼이 있으면 판례에 따름)

① 미성년자가 자신의 채무를 면제하는 것만을 내용으로 하는 채무면제계약에 관해 승낙의 의사표시를 하는 것은 법정대리인의 동의가 없어도 확정적으로 유효하다.

② 법정대리인이 미성년자에게 범위를 정하여 재산의 처분을 허락하는 것은 묵시적으로도 가능하다.

③ 미성년자는 법정대리인으로부터 허락을 얻은 특정한 영업에 관하여 성년자와 동일한 행위능력이 있다.

④ 미성년자는 타인의 임의대리인이 될 수 없다.

⑤ 미성년자가 제한능력을 이유로 자신이 행한 법률행위를 단독으로 취소한 경우, 그 법정대리인은 미성년자가 행한 취소의 의사표시를 다시 취소할 수 없다.

해설 | ④ 대리인은 행위능력자임을 요하지 않는다(제117조). 따라서 미성년자도 대리인이 될 수 있다.

① 미성년자가 법률행위를 함에는 법정대리인의 동의를 얻어야 한다. 그러나 권리만을 얻거나 의무만을 면하는 행위는 그러하지 아니하다(제5조 제1항).

② 미성년자가 법률행위를 함에 있어서 요구되는 법정대리인의 동의는 언제나 명시적이어야 하는 것은 아니고 묵시적으로도 가능한 것이며, 한편 민법은, 범위를 정하여 처분을 허락한 재산의 처분 등의 경우와 같이 미성년자가 법정대리인의 동의 없이 단독으로 법률행위를 할 수 있는 예외적인 경우를 규정하고 있고, 미성년자의 행위가 위와 같이 법정대리인의 묵시적 동의가 인정되거나 처분허락이 있는 재산의 처분 등에 해당하는 경우라면, 미성년자로서는 더 이상 제한능력을 이유로 그 법률행위를 취소할 수는 없다(대판 2007.11.16, 2005다71659).

③ 미성년자는 '성년자와 동일한 행위능력'을 가지므로 이 범위에서 개별적인 영업관련행위에 대해 법정대리인의 동의를 얻을 필요가 없을 뿐만 아니라, 법정대리인의 대리권도 소멸한다.

⑤ 미성년자는 단독으로 법률행위를 취소할 수 있다(제140조). 그리고 이 미성년자의 취소는 제한능력을 이유로 취소할 수 없다(이설 없음).

기본서 p.79~84　　　　　　　　　　　　　　　　　　　　　　　　　　　　　　　　　　정답 ④

11 미성년자의 행위능력에 관한 설명으로 옳지 않은 것은? (다툼이 있으면 판례에 따름)

① 미성년자는 자신의 노무제공에 따른 임금을 독자적으로 청구할 수 있다.

② 법정대리인이 사용목적을 정하여 처분을 허락한 재산에 대하여 미성년자는 그 목적과 다른 용도로 유효하게 처분할 수 있다.

③ 미성년자는 단독으로 부동산경매절차에서 매수인(경락인)이 될 수 없다.

④ 법정대리인인 부모는 자(子)의 동의를 얻어 자(子)의 근로계약을 대리할 수 있다.

⑤ 혼인을 한 미성년자의 행위에 있어 미성년자는 성년자와 같은 행위능력을 가진다.

12 미성년자의 행위능력에 관한 설명으로 옳은 것은? (다툼이 있으면 판례에 따름)

① 혼인한 미성년자라 하더라도 협의상 이혼을 할 경우에는 법정대리인의 동의를 얻어야 한다.

② 미성년자가 부담 없는 증여를 수락하는 데에는 법정대리인의 동의를 요하지 아니한다.

③ 법정대리인의 동의 없이 계약을 체결한 미성년자는 단독으로 그 계약을 취소할 수 없다.

④ 미성년자가 법정대리인의 동의 없이 시가보다 저렴한 가격으로 컴퓨터를 매수한 경우, 법정대리인은 이를 취소할 수 없다.

⑤ 미성년자임을 이유로 한 취소의 경우 미성년자와의 거래상대방이 그 목적물을 제3자에게 처분하여 제3자가 선의취득의 요건을 구비하더라도, 미성년자는 제3자에 대해 취소의 사실을 이유로 목적물의 반환을 청구할 수 있다.

13 미성년자의 법률행위에 관한 설명으로 옳은 것을 모두 고른 것은? (다툼이 있으면 판례에 따름)

> ㉠ 2020년 12월 1일 오후 4시에 출생한 자는 2039년 12월 1일 0시에 성년이 된다.
> ㉡ 미성년자의 법정대리인은 그를 대리하여 근로계약을 체결할 수 있다.
> ㉢ 법정대리인의 동의 없이 미성년자가 자신을 수증자로 하는 부담부 증여계약을 체결한 경우, 이는 확정적으로 유효한 법률행위이다.
> ㉣ 법정대리인이 미성년자에게 영업을 허락함에는 반드시 영업의 종류를 특정하여야 한다.
> ㉤ 혼인한 미성년자는 법정대리인의 동의 없이 확정적으로 이혼할 수 있다.

① ㉣
② ㉠, ㉤
③ ㉡, ㉢
④ ㉠, ㉣, ㉤
⑤ ㉡, ㉢, ㉣

정답 및 해설

11 ④ 친권자나 후견인은 미성년자의 <u>근로계약을 대리할 수 없다</u>(근로기준법 제67조). 법정대리인의 동의를 얻어 미성년자가 근로계약을 체결하여야 한다(다수설).

12 ② ① 혼인한 미성년자는 성년으로 의제되므로 협의 이혼할 경우에도 <u>법정대리인의 동의가 필요 없으며</u>, 혼인이 해소된 후에도 그 미성년자는 행위능력을 계속 가진다.
③ 제한능력자인 미성년자는 <u>단독으로 법률행위를 취소할 수 있다</u>(제140조).
④ 미성년자가 법률행위를 함에는 법정대리인의 동의를 얻어야 한다. 그러나 권리만을 얻거나 의무만을 면하는 행위는 그러하지 아니하다(제5조 제1항). 어떤 행위에 의하여 미성년자가 권리만을 얻거나 의무만을 면하는지는 경제적인 관점이 아니고, 오로지 '법률적인 결과'만을 가지고 판단한다. 따라서 경제적으로 유리한 쌍무계약의 체결은 단독으로 할 수 없다. 미성년자가 법정대리인의 동의 없이 시가보다 저렴한 가격으로 컴퓨터를 매수한 경우, <u>법정대리인은 이를 취소할 수 있다.</u>
⑤ 제한능력을 이유로 한 취소의 경우에는 선의의 제3자라도 보호를 받을 수 없다. 그러나 <u>제3자가 선의취득이나, 취득시효의 요건을 갖춘 경우에는 제3자는 완전한 권리를 취득하게 된다.</u> 선의취득이나 취득시효는 그 법적 성격이 원시취득에 해당하기 때문이다.

13 ④ ㉡ <u>친권자나 후견인은 미성년자의 근로계약을 대리할 수 없으며</u>(근로기준법 제67조 제1항), 법정대리인의 동의를 얻어 미성년자 자신이 직접 체결하여야 한다(다수설).
㉢ 미성년자가 권리만을 얻거나 의무만을 면하는 행위를 함에는 법정대리인의 동의를 얻지 않고 단독으로 할 수 있다(제5조 제1항 단서). 어떤 행위에 의하여 미성년자가 권리만을 얻거나 의무만을 면하는지는 경제적인 관점이 아니고, 오로지 '법률적인 결과'만을 가지고 판단한다. 따라서 경제적으로 유리한 쌍무계약의 체결, 상속의 승인, <u>부담부 증여 등</u>은 의무도 부담하므로 이에 해당하지 않으며, <u>단독으로 할 수 없다.</u>
㉠ 연령은 출생일을 산입하여 역(曆)에 의하여 계산한다(제158조).
㉣ 미성년자가 법정대리인으로부터 허락을 얻은 특정한 영업에 관하여는 성년자와 동일한 행위능력이 있다(제8조 제1항). 영업을 허락하는 데는 반드시 영업의 종류를 특정해야 하며, 포괄적 허락이나 하나의 영업단위의 일부에 대한 허락은 허용되지 않는다.
㉤ 미성년자가 혼인을 한 때에는 성년자로 보므로(제826조의2), 혼인한 미성년자는 이혼을 단독으로 할 수 있다.

제한능력자에 관한 설명으로 옳지 않은 것은?

① 가정법원이 한정후견개시의 심판을 하는 경우 본인의 의사를 고려할 필요는 없다.
② 가정법원이 성년후견개시의 심판을 하는 경우 취소할 수 없는 피성년후견인의 법률행위의 범위를 정할 수 있다.
② 제한능력을 이유로 취소할 수 있는 법률행위는 제한능력자가 단독으로 취소할 수 있다.
④ 가정법원이 취소할 수 없는 피성년후견인의 법률행위의 범위를 정한 경우, 피성년후견인은 그 범위에서 단독으로 유효한 법률행위를 할 수 있다.
⑤ 가정법원이 피한정후견인에 대하여 성년후견개시의 심판을 할 때에는 종전의 한정후견의 종료심판을 해야 한다.

해설 | 가정법원은 한정후견개시의 심판을 할 때 <u>본인의 의사를 고려하여야 한다</u>(제12조 제2항, 제9조 제2항).
보충 | 피성년후견인·피한정후견인·피특정후견인의 비교

구분	피성년후견인	피한정후견인	피특정후견인
제한능력자	심판을 받은 자(미성년자는 19세 미만의 자)		행위능력자
심판의 요건	질병, 장애, 노령, 그 밖의 사유로 인한 정신적 제약으로		
	사무처리 능력이 지속적으로 결여된 사람	사무처리 능력이 부족한 사람	일시적 후원 또는 특정한 사무에 관한 후원이 필요한 사람
	일정한 자(본·배·4·후·검사·장)의 청구		
	본인의 의사를 고려		본인의 의사에 반하여 할 수 없다.
심판의 절차	가정법원의 필요적 심판, 후견등기부에 기재		
행위능력	• 원칙: 취소 ○ • 예외: 취소할 수 없는 범위, 일용품의 구입 등	• 원칙: 행위능력 ○ • 예외: 동의유보 – 동의 없이 하면 취소 ○, 일용품의 구입은 취소 ×	행위능력 ○
법정대리인	• 성년후견인: 직권으로 선임 • 권한: 대리권·취소권 ○ (동의권 ×)	• 한정후견인: 직권으로 선임 • 동의권·취소권: 원칙적 ×, 동의가 유보된 경우 ○ • 대리권: 원칙적 ×, 대리권 수여 심판 ○	• 특정후견인: 가정법원의 필요한 처분 • 법정대리인: 특정후견인에게 대리권 수여 심판
후견종료의 심판	• 성년후견종료의 심판: 장래효 • 한정후견개시의 심판	• 한정후견종료의 심판: 장래효 • 성년후견개시의 심판	• 특정후견종료의 심판 × • 성년·한정후견개시의 심판: 특정후견종료심판 ○

기본서 p.84~91   정답 ①

14 제한능력자에 관한 설명으로 옳지 않은 것은?

① 피성년후견인이 성년후견인의 동의를 얻어 단독으로 체결한 토지매매계약은 취소할 수 없다.

② 가정법원은 성년후견개시의 심판을 할 때 본인의 의사를 고려하여야 한다.

③ 피한정후견인은 동의를 필요로 하는 행위가 아닌 이상 확정적으로 유효한 법률행위를 할 수 있다.

④ 가정법원은 피한정후견인이 한정후견인의 동의를 받아야 하는 행위의 범위를 정할 수 있다.

⑤ 특정후견은 본인의 의사에 반하여 할 수 없다.

15 제한능력자에 관한 설명으로 옳지 않은 것은?

① 가정법원은 질병, 장애, 노령, 그 밖의 사유로 인한 정신적 제약으로 사무를 처리할 능력이 부족한 사람에 대하여 일정한 자의 청구로 성년후견개시의 심판을 한다.

② 성년후견개시의 원인이 소멸된 경우, 본인은 가정법원에 성년후견종료의 심판을 청구할 수 있다.

③ 가정법원이 피성년후견인에 대하여 한정후견개시의 심판을 할 때에는 종전의 성년후견의 종료심판을 한다.

④ 특정후견개시의 요건이 갖추어진 경우, 본인은 가정법원에 특정후견개시의 심판을 청구할 수 있다.

⑤ 법정대리인의 동의에 대한 증명책임은 법률행위의 유효를 주장하는 상대방에게 있다.

정답 및 해설

14 ① 피성년후견인의 법률행위는 원칙적으로 취소할 수 있다(제10조 제1항). 즉, 두 가지 예외를 제외하고, 성년후견인의 동의 없이 한 경우는 물론이고 그 동의를 얻어서 한 행위라도 취소할 수 있다.

15 ① 가정법원은 질병, 장애, 노령, 그 밖의 사유로 인한 정신적 제약으로 사무를 처리할 능력이 지속적으로 결여된 사람에 대하여 본인, 배우자, 4촌 이내의 친족, 미성년후견인, 미성년후견감독인, 한정후견인, 한정후견감독인, 특정후견인, 특정후견감독인, 검사 또는 지방자치단체의 장의 청구에 의하여 성년후견개시의 심판을 한다(제9조 제1항). 가정법원은 질병, 장애, 노령, 그 밖의 사유로 인한 정신적 제약으로 사무를 처리할 능력이 부족한 사람에 대하여 본인, 배우자, 4촌 이내의 친족, 미성년후견인, 미성년후견감독인, 성년후견인, 성년후견감독인, 특정후견인, 특정후견감독인, 검사 또는 지방자치단체의 장의 청구에 의하여 한정후견개시의 심판을 한다(제12조 제1항).

16 제한능력자에 관한 설명으로 옳은 것은? (다툼이 있으면 판례에 따름)

① 미성년자에 대한 처분동의의 취소와 영업허락의 취소는 처음부터 효력이 없다.

② 미성년자가 법정대리인의 동의를 얻지 않고 행한 법률행위를 직접 취소하는 것은 금반언의 원칙상 허용되지 않는다.

③ 피성년후견인이 속임수로써 상대방으로 하여금 성년후견인의 동의가 있는 것으로 믿게 하여 체결한 토지매매계약은 제한능력을 이유로 취소할 수 없다.

④ 가정법원이 특정후견의 심판을 하는 경우에는 특정후견의 기간 또는 사무의 범위를 정하여야 한다.

⑤ 제한능력자의 취소권은 재판 외에서 의사표시를 하는 방법으로는 행사할 수 없다.

대표예제 14 | **제한능력자의 상대방보호 ★★★**

제한능력자의 상대방보호에 관한 설명으로 옳지 않은 것은? (다툼이 있으면 판례에 따름)

① 법정대리인의 동의 없이 자기 소유의 토지를 매도한 제한능력자가 능력자가 된 후 그 대금청구권을 제3자에게 양도하였다면 그 매매계약을 추인한 것으로 본다.

② 미성년자가 속임수로써 법정대리인의 동의가 있는 것으로 믿게 하고 자신의 부동산을 매도한 경우, 그 매매계약은 취소할 수 없다.

③ 피성년후견인이 법정대리인의 동의서를 위조하여 주택 매매계약을 체결한 경우, 성년후견인은 이를 취소할 수 있다.

④ 선의의 상대방은 제한능력자 측에서 추인하기 전까지 그 의사표시를 철회할 수 있는데, 이때 철회의 상대방에 제한능력자는 포함되지 않는다.

⑤ 확답촉구를 받은 자가 유예기간 내에 추인 또는 취소의 확답을 하면 각각 그에 따른 효과가 생기며, 확답촉구의 효과는 유예기간 내에 확답을 발하지 않은 경우에 발생한다.

해설 | 상대방이 제한능력자와 계약을 체결한 경우에, 제한능력자 쪽에서 추인이 있을 때까지 상대방이 그 의사표시를 철회할 수 있다. 다만, 상대방이 계약 당시에 제한능력자임을 알았을 경우에는 그러하지 아니하다(제16조 제1항). 이 철회의 의사표시는 수령능력 없는 제한능력자에게도 할 수 있다(제16조 제3항).

보충 | 최고권 · 철회권 · 거절권의 비교

구분	상대방의 요건	대상 행위	행사의 상대방
최고권 (확답촉구권)	선 · 악 불문	법률행위(계약, 단독행위)	법정대리인, 능력자 (제한능력자에 대한 최고는 무효)
철회권	선의자	계약	법정대리인 또는 제한능력자
거절권	선 · 악 불문	제한능력자의 단독행위	법정대리인 또는 제한능력자

기본서 p.91~94

정답 ④

17 제한능력자에 관한 설명으로 옳지 않은 것은? (다툼이 있으면 판례에 따름)

① 제한능력자가 맺은 계약은 추인이 있을 때까지 상대방이 그 의사표시를 철회할 수 있지만, 상대방이 계약 당시에 제한능력자임을 알았을 경우에는 철회할 수 없다.

② 법정대리인이 확답촉구를 받았으나 기간 내에 확답을 발하지 않은 때에는 그 행위를 추인한 것으로 본다.

③ 제한능력자도 확답촉구와 철회의 상대방이 될 수 있다.

④ 미성년자가 속임수로써 법정대리인의 동의가 있는 것으로 믿게 한 경우에는 그 행위를 취소하지 못한다.

⑤ 거절권의 경우에는, 상대방이 제한능력자임을 아는 경우에도 행사할 수 있다.

정답 및 해설

16 ④ ① 미성년자가 법률행위를 하기 전에는 법정대리인은 그가 한 동의나 허락을 취소할 수 있다(제7조). 이러한 취소는 소급효가 없으므로 강학상 철회의 뜻이다. 법정대리인은 그가 준 영업의 허락을 취소 또는 제한할 수 있다(제8조 제2항 본문). 영업의 취소는 철회의 의미이며, 제한은 예컨대 두 개 이상의 단위의 영업을 허락하였는데 그중 어느 것을 장래에 향하여 허락이 없었던 것으로 하는 것이다.

② 신용구매계약을 미성년자 스스로 취소하는 것을 신의칙 위반을 이유로 배척한다면, 이는 오히려 위 규정에 의해 배제하려는 결과를 실현시키는 셈이 되어 미성년자 제도의 입법취지를 몰각시킬 우려가 있다고 할 것이므로, 법정대리인의 동의 없이 신용구매계약을 체결한 미성년자가 사후에 법정대리인의 동의 없음을 사유로 들어 이를 취소하는 것이 신의칙에 위반된 것이라고 할 수는 없다(대판 2007.11.16, 2005다71659).

③ 미성년자나 피한정후견인이 법정대리인의 동의가 있는 것으로 믿게 하려고 하였어야 한다[피성년후견인은 제외된다(제17조 제2항)]. 피성년후견인은 법정대리인의 동의를 얻었더라도 단독으로 유효한 행위를 할 수 없으므로 언제나 취소할 수 있다.

⑤ 법률행위를 취소할 수 있는 권리는 형성권으로서 민법 제146조에 규정된 취소권의 존속기간은 제척기간이라고 보아야 할 것이지만, 그 제척기간 내에 소를 제기하는 방법으로 권리를 재판상 행사하여야만 되는 것은 아니고, 재판 외에서 의사표시를 하는 방법으로도 권리를 행사할 수 있다(대판 1993.7.27, 92다52795).

17 ③ 제한능력자는 능력자가 된 후 확답촉구의 상대방이 될 수 있으며, 제한능력자에 대한 확답촉구는 무효이다. 제한능력자인 동안에는 법정대리인이 확답촉구의 상대방이 된다. 이에 비하여 철회나 거절의 의사표시는 제한능력자에 대하여도 할 수 있다(제16조 제3항).

18 미성년자 甲과 행위능력자 乙간의 매매계약에 관한 설명으로 옳은 것은? (다툼이 있으면 판례에 따름)

① 甲의 법정대리인이 동의하면 위 계약은 확정적으로 유효하게 되는데 이때 그 동의는 명시적으로 행해져야 한다.

② 乙은 계약체결시 甲이 미성년자임을 알았더라도 추인이 있기 전까지 자신의 의사표시를 철회할 수 있다.

③ 甲이 단독으로 乙과 계약을 체결한 후, 제한능력을 이유로 甲 스스로 위 계약을 취소하는 것은 신의칙에 반한다.

④ 계약체결시 乙이 甲에게 나이를 물었을 때 甲이 만 20세라 답하였다고 하더라도 甲의 법정대리인은 위 계약을 취소할 수 있다.

⑤ 甲의 법정대리인에 의하여 위 계약이 甲의 제한능력을 이유로 취소되었다면, 甲의 부당이득반환범위는 그 법정대리인의 선의·악의에 따라 달라진다.

19 행위능력에 관한 설명으로 옳은 것을 모두 고른 것은?

㉠ 미성년자가 매매계약을 체결한 후 친권자의 동의를 얻어 상대방에 대하여 이행을 청구한 경우 계약을 추인한 것으로 볼 수 있다.
㉡ 피성년후견인이 적극적으로 속임수를 써서 자기를 능력자로 믿게 한 경우에는 그 행위를 취소할 수 있다.
㉢ 제한능력자의 단독행위는 추인이 있더라도 상대방이 거절할 수 있다.
㉣ 피성년후견인이 매매계약을 체결하면서 성년후견인의 동의가 있는 것으로 믿게 속임수를 쓴 경우에도 그 계약을 취소할 수 있다.

① ㉠, ㉡   ② ㉠, ㉢
③ ㉠, ㉣   ④ ㉡, ㉢
⑤ ㉡, ㉣

대표예제 15 　　주소 ★

민법상 주소에 관한 설명으로 옳지 않은 것은?

① 주소란 사람의 생활의 근거가 되는 곳으로, 동시에 두 곳 이상 있을 수 있다.

② 국내에 주소가 없는 자에 대하여는 국내에 있는 거소를 주소로 본다.

③ 어느 거래와 관련하여 가주소를 정했을 때에는 그 거래관계에 관하여는 이를 주소로 본다.

④ 현재지는 장소적 관계가 거소보다 희박한 곳을 말한다.

⑤ 주민등록지는 주민등록법에 의하여 등록한 장소로서 주소로 추정되지 않는다.

해설 | 주민등록지란 30일 이상 거주할 목적으로 일정한 장소에 주소 또는 거소를 가지는 자가 주민등록법에 의하여 등록한 장소를 말한다. 반증이 없는 한 주민등록지는 주소로 추정된다.

기본서 p.95~96　　　　　　　　　　　　　　　　　　　　　　　　　　　　　　　　　정답 ⑤

정답 및 해설

18 ④　① 미성년자가 법률행위를 함에 있어서 요구되는 법정대리인의 동의는 언제나 명시적이어야 하는 것은 아니고 묵시적으로도 가능한 것이다(대판 2007.11.16, 2005다71659).

　　② 제한능력자가 맺은 계약은 추인이 있을 때까지 상대방이 그 의사표시를 철회할 수 있다. 다만, 상대방이 계약 당시에 제한능력자임을 알았을 경우에는 그러하지 아니하다(제16조 제1항).

　　③ 법정대리인의 동의 없이 신용구매계약을 체결한 미성년자가 사후에 법정대리인의 동의 없음을 사유로 들어 이를 취소하는 것이 신의칙에 위반된 것이라고 할 수는 없다(대판 2007.11.16, 2005다71659).

　　⑤ 취소된 법률행위는 처음부터 무효인 것으로 본다. 다만, 제한능력자는 그 행위로 인하여 받은 이익이 현존하는 한도에서 상환(償還)할 책임이 있다(제141조).

19 ③　㉠ 이의를 보류하지 않고 취소권자가 채권자로서 상대방에게 채무이행을 청구하면 법정추인이 인정된다(통설). 법정추인사유가 '추인할 수 있는 후'에, 즉 취소의 원인이 종료한 후에 있어야 한다. 즉, 미성년자는 능력자로 된 후에 추인할 수 있으나, 한편 미성년자는 능력자가 되기 전이라도 법정대리인의 동의를 얻어 유효하게 추인을 할 수 있다(통설).

　　㉣ 제한능력자의 취소권이 배제되는 것은 제한능력자가 자기를 능력자로 믿게 하려고 하였거나(제17조 제1항), 미성년자나 피한정후견인이 법정대리인의 동의가 있는 것으로 믿게 하려고 하였어야 한다[피성년후견인은 제외된다(제17조 제2항)]. 피성년후견인은 법정대리인의 동의를 얻었더라도 단독으로 유효한 행위를 할 수 없으므로 언제나 취소할 수 있다. 따라서 비록 피성년후견인이 위조된 성년후견인의 동의서를 제시하고 법률행위를 한 경우에도 취소권이 배제되지 않는다(통설).

　　㉡ 제한능력자(피성년후견인도 포함)가 속임수로써 자기를 능력자로 믿게 한 경우에는 그 행위를 취소할 수 없다(제17조 제1항).

　　㉢ 제한능력자의 단독행위는 추인이 있을 때까지 상대방이 거절할 수 있다(제16조 제2항).

---

20 주소에 관한 설명으로 옳지 않은 것은?

① 주소는 동시에 두 곳 이상 있을 수 없다.
② 주소를 알 수 없으면 거소를 주소로 본다.
③ 주민등록지는 민법상 주소로 추정된다.
④ 법인의 주소는 그 주된 사무소의 소재지에 있는 것으로 한다.
⑤ 국내에 주소가 없는 자에 대하여는 국내에 있는 거소를 주소로 본다.

21 민법상 주소에 관한 설명으로 옳은 것을 모두 고른 것은?

> ㉠ 주소는 정주의 의사를 요건으로 한다.
> ㉡ 주소는 부재와 실종의 표준이 된다.
> ㉢ 주민등록지는 민법상 주소로 추정된다.
> ㉣ 거래안전을 위해 주소는 동시에 두 곳 이상 둘 수 없다.

① ㉠, ㉡   ② ㉠, ㉢
③ ㉡, ㉢   ④ ㉡, ㉣
⑤ ㉢, ㉣

대표예제 16   **부재자의 재산관리 ★★★**

부재자의 재산관리에 관한 설명으로 옳은 것은? (다툼이 있으면 판례에 따름)

① 부재자 스스로 선임한 재산관리인은 일종의 법정대리인이다.
② 법원이 선임한 부재자의 재산관리인은 부재자의 재산을 자기 재산과 동일한 주의의무로 관리하여야 한다.
③ 법원이 선임한 부재자의 재산관리인은 그 부재자의 사망이 확인되면 즉시 관리인으로서의 권한을 잃는다.
④ 재산관리인의 처분행위에 관한 법원의 허가는 재산관리인의 과거의 처분행위를 추인하는 방법으로 할 수 있다.
⑤ 법원의 처분허가를 얻은 경우, 부재자와 관계없는 타인의 채무를 위하여 부재자 재산에 저당권을 설정하는 행위도 원칙적으로 부재자를 위한 처분행위로서 유효하다.

해설 | 재산관리인이 부재자 재산의 처분(대판 1960.6.30, 4292민상751), 재판상 화해(대판 1968.4.30, 62다2117) 등과 같이 관리행위를 넘는 행위, 즉 처분행위를 할 경우에는 법원의 허가를 얻어야 한다(제25조). 법원의 허가와 관련하여, 허가는 장래의 처분행위뿐만 아니라 이미 한 처분행위를 추인하는 의미로도 할 수 있다(대판 1982.12.14, 80다1872·1873).

**오답
체크 |** ① 부재자 스스로 선임한 재산관리인은 임의대리인이다.
② 부재자와 법원이 선임한 관리인은 그 직무의 성질상 수임인에 대한 민법의 규정을 유추적용하여 관리인은 선량한 관리자의 주의의무를 다하여 직무를 처리하여야 한다(제681조).
③ 재산관리인의 선임결정이 있는 이상 부재자가 사망한 사실이 판명되었더라도 그 결정이 취소되지 않는 한 재산관리인의 권한은 당연히 소멸하는 것은 아니다(대판 1971.3.23, 71다189).
⑤ 법원의 허가를 얻은 처분행위라 할지라도 부재자를 위한 것이 아니라면 효력이 없다(대결 1976.12.21, 75마551).

기본서 p.96~99   정답 ④

22 부재자 재산관리인에 관한 설명으로 옳지 않은 것은? (다툼이 있으면 판례에 따름)

① 부재자가 재산관리인을 정한 경우에 부재자의 생사가 분명하지 않은 때에는 법원은 재산관리인을 개임할 수 있다.
② 법원의 허가범위를 넘은 처분행위는 무권대리행위이다.
③ 법원이 선임한 재산관리인의 권한은 부재자가 사망하면 선임결정이 취소되지 않더라도 소멸한다.
④ 법원이 선임한 재산관리인은 관리할 재산목록을 작성하여야 한다.
⑤ 부재자의 생사가 분명하지 않은 경우, 법원은 부재자가 정한 재산관리인에게 재산의 관리 및 반환에 관하여 상당한 담보를 제공하게 할 수 있다.

정답 및 해설

20 ① 주소는 동시에 두 곳 이상 있을 수 있다(제18조 제2항). 민법은 주소에 관하여 실질주의, 복수주의를 채택하고 있다.

21 ③ ㉠ 주소 결정과 관련하여 정주(定住)의 사실만을 요건으로 하는 객관주의와 정주의 사실 외에 정주의 의사를 요건으로 하는 의사주의가 있다. 우리 민법은 객관주의를 채용한 것으로 해석된다.
㉢ 민법은 주소는 동시에 두 곳 이상 있을 수 있다고 하여(제18조 제2항), 복수주의를 취하고 있다.

22 ③ 재산관리가 불필요하게 된 때에 가정법원은 본인 또는 이해관계인의 청구에 의하여 종전의 처분명령을 취소하여야 한다(제22조 제2항). 따라서 재산관리인의 권한은, 그의 선임결정이 취소되지 않는 한, 설사 부재자에 대한 실종기간이 만료되거나(대판 1981.7.28, 80다2668), 부재자의 사망이 확인된 후에도(대판 1991.11.26, 91다11810) 소멸하지 않는다.

---

23 부재자의 재산관리에 관한 설명으로 옳은 것은? (다툼이 있으면 판례에 따름)

① 부재자란 종래의 주소 또는 거소를 떠나서 생사불명인 관계로 그의 재산을 관리하여야 할 필요가 있는 자를 뜻한다.

② 법인에 대해서는 부재자의 개념을 인정할 수 없다.

③ 재산관리인은 자기 재산과 동일한 주의로 직무를 수행하여야 한다.

④ 법원이 부재자의 재산관리인을 선임한 경우, 부재자는 재산관리인을 통하여서만 법률행위를 하여야 한다.

⑤ 실종선고가 확정되면 실종선고를 받은 자는 실종기간이 만료한 때에 사망한 것으로 추정한다.

24 부재자의 재산관리에 관한 설명으로 옳은 것은? (다툼이 있으면 판례에 따름)

① 재산관리인이 법원의 허가를 받아 행한 처분행위는 후에 그 허가가 취소되더라도 유효하다.

② 부재자가 사망하면 재산관리인의 선임결정이 취소되지 않더라도 그의 권한은 당연히 소멸한다.

③ 부재자의 재산관리인이 법원으로부터 부재자 소유 부동산의 매각처분행위를 허락받았다면, 부재자와 관계없는 타인의 채무담보를 위해 저당권을 설정하더라도 이는 유효하다.

④ 법원이 부재자의 재산관리인을 선임한 경우, 부재자는 재산관리인을 통하여서만 법률행위를 하여야 한다.

⑤ 재산관리인은 불법하게 경료된 소유권이전등기의 말소를 법원의 허가 없이 단독으로 할 수 없다.

25 부재자의 재산관리에 관한 설명으로 옳지 않은 것은? (다툼이 있으면 판례에 따름)

① 외국에 장기 체류하더라도 그 소재가 분명하고 소유재산을 타인을 통하여 직접 관리하고 있는 자는 민법상 부재자라고 할 수 없다.

② 법원은 그가 선임한 재산관리인에 대하여 부재자의 재산으로 보수를 지급할 수 있다.

③ 부재자 재산관리인이 법원의 허가를 얻지 않고서 한 처분행위는 무효이다.

④ 법원이 선임한 재산관리인이 부재자의 사망을 확인하였다면, 그 선임결정이 취소되지 않아도 재산관리인은 권한을 행사할 수 없다.

⑤ 법원의 부재자 재산관리인 선임 결정이 취소된 경우, 그 취소의 효력은 장래에 향하여서만 생긴다.

정답 및 해설

23 ② ② 부재자는 성질상 자연인에 한하며 법인은 이에 해당되지 않는다(대판 1953.5.21, 4286민재항7).

① 부재자는 종래의 주소나 거소를 떠나 당분간 돌아올 가능성이 없어서 그의 재산이 관리되지 못하고 있는 자를 말한다(대결 1960.4.21, 4292민상252). 이러한 부재자는 생사불명일 필요는 없다.

③ 법원이 선임한 부재자 재산관리인은 부재자 본인의 의사에 의하는 것이 아니라 법률에 규정된 자의 청구로 법원에 의하여 선임되는 일종의 법정대리인으로서 법정위임관계가 있다 할 것이니 모름지기 위 취지에 따른 선량한 관리자의 주의의무로서 그 직무수행을 하여야 할 것이다.

④ 부재자의 재산관리인이 선임되어 있다 하더라도, 부재자 본인의 권리능력이나 행위능력이 제한받는 것은 아니므로 부재자 본인은 독립하여 유효한 법률행위를 할 수 있다.

⑤ 실종선고가 확정되면 실종선고를 받은 자는 실종기간이 만료한 때에 사망한 것으로 본다(제28조).

24 ① ② 재산관리인의 권한은, 그의 선임결정이 취소되지 않는 한, 설사 부재자에 대한 실종기간이 만료되거나(대판 1981.7.28, 80다2668), 부재자의 사망이 확인된 후에도(대판 1991.11.26, 91다11810) 소멸하지 않는다.

③ 법원의 허가를 얻어서 처분행위를 하는 경우에도, 그것은 부재자의 이익을 위하여 행하여져야 하는 것을 전제로 한다(대결 1976.12.21, 75마551).

④ 부재자의 재산관리인이 선임되어 있다 하더라도, 부재자 본인의 권리능력이나 행위능력이 제한받는 것은 아니므로 부재자 본인은 독립하여 유효한 법률행위를 할 수 있다.

⑤ '부재자 소유 부동산이 제3자 명의로 등기된 것의 말소청구나 토지인도청구'(대판 1964.7.23, 64다108)는 보존행위로서 법원의 허가 없이 재산관리인의 단독으로 할 수 있다.

25 ④ 재산관리인의 권한은, 그의 선임결정이 취소되지 않는 한, 설사 부재자에 대한 실종기간이 만료되거나(대판 1981.7.28, 80다2668), 부재자의 사망이 확인된 후에도(대판 1991.11.26, 91다11810) 소멸하지 않는다.

실종선고에 관한 설명으로 옳지 않은 것은?

① 민법이 정하는 특별실종기간은 1년이다.

② 실종선고의 효과는 실종자를 사망한 것으로 간주하므로 실종자는 실종선고를 취소하지 않고는 공법상 선거권이나 피선거권을 가질 수 없다.

③ 실종선고가 취소되지 않는 한 반증을 들어 실종선고의 효과를 다툴 수 없다.

④ 실종선고의 취소가 있을 때에 실종의 선고를 직접원인으로 하여 재산을 취득한 자의 반환범위는 원칙적으로 부당이득에 있어서의 수익자의 반환범위와 같다.

⑤ 실종선고를 할 때에는 공시최고가 필요하나, 실종선고 취소를 할 때에는 공시최고를 요하지 아니한다.

해설 | ② 실종선고가 사망의 효과를 발생시키기는 하지만, 사망에서와 같이 권리능력이 종국적 · 절대적으로 소멸하는 것은 아니다. 그 효과가 생기는 범위는 실종자의 종래의 주소를 중심으로 하는 사법적 법률관계에 국한된다. 따라서 공법상의 법률관계, 예컨대 <u>선거권 · 피선거권의 유무나 범죄의 성립 등은 실종선고와는 관계없이 결정된다.</u>

　① 제27조 제2항

　③ 실종선고는 간주주의를 취하고 있으므로, 본인의 생존 기타의 반증을 들어서 선고의 효과를 다투지 못하며, 사망의 효과를 뒤집으려면 실종선고를 취소하여야 한다.

　④ 제29조 제2항

　⑤ 실종선고의 취소는 사건 본인의 주소지의 가정법원의 전속관할에 속한다(가사소송법 제44조 제1호). 그 취소절차에는 실종선고의 경우와 달리 공시최고를 요하지 않는다.

기본서 p.100~103　　　　　　　　　　　　　　　　　　　　　　　　　　　　　　정답 ②

26　실종선고에 관한 설명으로 옳지 않은 것은? (다툼이 있으면 판례에 따름)

① 선순위의 재산상속인이 있는 경우에는 그보다 후순위 재산상속인은 실종선고 청구의 이해관계인이 아니다.

② 본인의 생존 및 기타의 반증이 있더라도 실종선고의 취소가 없는 한, 사망의 효과를 다툴 수 없다.

③ 보통실종의 실종기간은 5년이고, 특별실종의 실종기간은 1년이다.

④ 실종선고가 취소된 경우, 실종기간 만료 후 실종선고 취소 전에 선의로 한 행위의 효력에는 영향을 미치지 않는다.

⑤ 실종선고가 취소된 경우 실종선고를 직접원인으로 하여 재산을 취득한 자가 선의인 때에는 그 받은 이익이 현존하는 한도에서 반환할 의무가 있다.

27 실종선고에 관한 설명으로 옳지 않은 것은? (다툼이 있으면 판례에 따름)

① 선박침몰로 인한 실종기간은 1년이고, 그 기간은 선박이 침몰한 때부터 기산한다.

② 실종선고가 취소되지 않는 한, 실종선고의 효과가 반증을 통하여 번복되는 것은 아니다.

③ 법원이 실종선고 및 그 취소를 할 때에는 반드시 공시최고의 절차를 거쳐야 한다.

④ 실종선고를 받은 자는 실종기간이 만료한 때에 사망한 것으로 본다.

⑤ 실종선고에 의한 사망의 효과는 실종자의 종래의 주소나 거소를 중심으로 하는 사법적 법률관계에 국한된다.

28 부재와 실종에 관한 설명으로 옳은 것은? (다툼이 있으면 판례에 따름)

① 법원이 선임한 재산관리인은 그 부재자의 사망이 확인되면 선임결정이 취소되지 않더라도 관리인으로서의 권한이 소멸된다.

② 법원이 선임한 부재자의 재산관리인은 일종의 법정대리인이므로 자유로이 사임할 수 없다.

③ 법원이 선임한 부재자의 재산관리인은 법원에 의한 별도의 허가가 없더라도 부재자의 재산에 대한 처분행위를 자유롭게 할 수 있다.

④ 실종선고를 받은 자가 종전의 주소에서 새로운 법률행위를 하기 위해서는 실종선고를 취소하여야 한다.

⑤ 잠수장비를 착용하고 바다에 입수한 후 행방불명이 되었다고 하여 이를 특별실종의 원인 되는 사유에 해당한다고 할 수 없다.

정답 및 해설

26 ④ 실종자의 생존한 사실 또는 전조의 규정과 상이한 때에 사망한 사실의 증명이 있으면 법원은 본인, 이해관계인 또는 검사의 청구에 의하여 실종선고를 취소하여야 한다. 그러나 실종선고 후 그 취소 전에 선의로 한 행위의 효력에 영향을 미치지 아니한다(제29조 제1항).

27 ③ 실종선고를 할 때는 공시최고를 하여야 하며, 그 기간은 6개월 이상이다. 실종선고 취소절차에는 일정한 사실이 증명되었으므로 공시최고를 요하지 않는다.

28 ⑤ ① 재산관리인의 권한은, 그의 선임결정이 취소되지 않는 한, 설사 부재자에 대한 실종기간이 만료되거나(대판 1981.7.28, 80다2668), 부재자의 사망이 확인된 후에도(대판 1991.11.26, 91다11810) 소멸하지 않는다.

② 부재자 재산관리인은 일종의 법정대리인이다. 재산관리인은 언제든지 사임할 수 있고, 법원도 언제든지 재산관리인을 개임할 수 있다(가사소송규칙 제42조).

③ 재산관리인이 관리행위를 넘는 행위, 즉 처분행위를 할 경우에는 법원의 허가를 얻어야 한다(제25조).

④ 신주소에서의 법률관계나, 돌아온 후의 법률관계에 관하여는 사망의 효과가 미치지 않으며, 공법상의 법률관계는 실종선고와는 관계없이 결정된다.

29 부재와 실종에 관한 설명으로 옳지 않은 것은? (다툼이 있으면 판례에 따름)

① 실종선고를 받은 자는 실종기간이 만료한 때에는 사망한 것으로 본다.

② 전쟁으로 인한 특별실종기간은 3년이다.

③ 법원은 자신이 선임한 부재자의 재산관리인으로 하여금 재산의 관리 및 반환에 관하여 상당한 담보를 제공하게 할 수 있다.

④ 실종기간이 만료한 때와 다른 시점에 사망한 사실이 증명되면, 법원은 이해관계인 또는 검사의 청구에 의하여 실종선고를 취소하여야 한다.

⑤ 법원이 선임한 재산관리인이 법원의 허가 없이 부재자 소유의 부동산을 매각한 후에 법원의 허가를 얻었다면, 그 처분행위는 추인한 것으로 된다.

30 건물을 소유하고 있는 甲은 재산관리인을 두지 않고 해외여행을 떠났는데, 甲이 탄 비행기가 2018년 4월 22일 오전 10시부터 행방이 묘연하게 되었다. 그 후 법원에 의하여 乙이 甲의 재산관리인으로 선임되었다. 다음 설명으로 옳은 것은? (다툼이 있으면 판례에 따름)

① 甲은 2018년 4월 22일 사망한 것으로 간주된다.

② 乙이 건물의 관리 및 개량행위를 하기 위해서는 법원의 허가를 받아야 한다.

③ 乙이 법원의 허가를 받아 한 건물의 처분행위는 甲이 실종선고를 받게 되면 그 효력을 잃는다.

④ 乙이 건물의 처분에 대하여 법원의 허가를 받은 경우, 甲과 아무 관계가 없는 타인의 채무담보를 위해 저당권을 설정하더라도 유효하다.

⑤ 만약 甲의 실종선고로 인해 건물을 상속한 선의의 丙이 그 건물을 매도하고 양도하였는데, 그 후 甲이 생환하여 실종선고가 취소되면 丙은 甲에 대해 그가 받은 이익이 현존하는 범위 내에서 반환할 의무가 있다.

31 2012년 4월 15일 선박침몰로 甲이 실종되었다. 甲의 배우자 乙은 2020년 1월경 甲에 대한 실종선고를 청구하여 2020년 7월 5일 실종선고가 내려졌다. 실종선고로 甲 소유의 X아파트는 乙에게 단독으로 상속되었고, 乙은 실종선고 후 그 취소 전에 X아파트를 丙에게 매도하고 소유권이전등기를 해 주었다. 다음 설명으로 옳지 않은 것은?

① 甲에 대하여 실종선고를 하기 위해서는 1년의 실종기간이 경과하여야 한다.

② 실종선고가 취소되더라도 乙과 丙이 선의라면 매매계약과 소유권이전등기는 유효하다.

③ 실종선고로 인해 甲은 2020년 7월 5일 사망한 것으로 간주된다.

④ 실종선고가 취소된 경우, 乙이 선의인 때에는 그 받은 이익이 현존하는 한도에서 甲에게 반환하면 된다.

⑤ 甲이 생환하여 실종선고가 취소되기 전에 종래의 주소지에서 체결한 계약은 유효하다.

정답 및 해설

29 ② 특별실종의 실종기간은 1년이며, 그 기산점은 전쟁실종의 경우 전쟁이 종지한 때부터 기산한다(제27조 제2항).

30 ⑤ ⑤ 실종선고를 직접원인으로 재산을 취득한 자는 선의인 경우 현존이익을 반환하여야 하고, 악의인 경우 받은 이익에 이자를 붙여 반환하고 손해가 있으면 배상하여야 한다(제29조 제2항).

① 특별실종의 실종기간은 1년이며, 그 기산점은 항공실종은 항공기가 추락한 때부터 기산한다(제27조 제2항). 비행기가 2018년 4월 22일 오전 10시부터 행방이 묘연하게 되었으므로, 2018년 4월 23일부터 기산하여 1년이 경과한 2019년 4월 22일 자정에 사망한 것으로 간주된다.

② 재산관리인의 권한은 법원의 명령에 의해 정해지지만, 그 정함이 없는 경우에는 제118조에 정한 이른바 관리행위만을 할 수 있는 것이 원칙이다. 관리행위는 부재자를 위하여 그 재산을 보존·이용·개량하는 범위로 한정되며(제25조 전문), 법원의 허가 없이 재산관리인 단독으로 할 수 있다.

③ 가정법원의 처분명령의 취소의 효력은 소급하지 않고 장래에 향하여서만 생기는 것이다(대판 1970.1.27, 69다719). 따라서 관리인이 법원의 허가를 얻어 부재자의 재산을 매각한 후, 법원이 관리인 선임결정을 취소하여도 관리인의 처분행위는 유효하며, 재산처분이 있은 뒤 법원의 허가결정이 취소된 때에도 마찬가지이다(대판 1960.2.4, 4291민상636).

④ 법원의 허가를 얻어서 처분행위를 하는 경우에도, 그것은 부재자의 이익을 위하여 행하여져야 하는 것을 전제한다(대결 1976.12.21, 75마551).

31 ③ ①③ 甲은 선박침몰로 인하여 실종된 것이므로 특별실종에 해당하고(제27조 제2항), 선박이 침몰한 때부터 1년이 경과한 때에 사망한 것으로 본다(제28조). 따라서 2012년 4월 16일부터 기산하여[초일불산입의 원칙(제157조)] 2013년 4월 15일 사망한 것으로 본다.

32 甲은 2020년 8월 1일 해상에서 물놀이를 하던 중 수영 미숙으로 행방불명되어 생사를 알 수 없다. 이에 관한 설명으로 옳은 것은? (다툼이 있으면 판례에 따름)

① 2021년 8월 1일까지도 甲의 생사가 불명일 경우 이해관계인은 실종선고를 청구할 수 있다.
② 甲에게 제1순위 상속인이 있다고 해도 제4순위의 상속인은 실종선고를 청구할 수 있다.
③ 甲이 실종선고를 받은 경우 실종기간이 만료한 때에 사망한 것으로 본다.
④ 甲의 생존 사실이 밝혀져 실종선고가 취소되면 그때부터 실종선고의 효력이 상실된다.
⑤ 甲의 실종선고로 인해 선의로 생명보험금을 수령한 자는 실종선고가 취소되더라도 반환의무가 없다.

대표예제 18 ▶ **법인 총설 ★★**

법인에 관한 설명으로 옳은 것은?

① 이사는 법인의 업무에 관하여 공동으로 법인을 대표한다.
② 대법원은 법인격의 남용이 문제된 사안에서 법인격 부인론을 채택하였다.
③ 사단법인은 반드시 이사를 두어야 하나 재단법인에서 이사는 임의기관이다.
④ 법인의 대표에는 표현대리에 관한 규정이 적용되지 않는다.
⑤ 판례에 따르면 권리능력 없는 재단의 재산소유관계는 총유이다.

오답
체크
① 이사는 법인의 사무에 관하여 각자 법인을 대표한다(각자대표의 원칙). 그러나 정관에 규정한 취지에 위반할 수 없고, 특히 사단법인은 총회의 의결에 의하여야 한다(제59조).
③ 법인은 이사를 두어야 한다(제57조). 즉 이사는 법인의 상설적 필요기관이다. 사단법인은 물론 재단법인에서도 이사는 필요기관이다.
④ 법인의 대표에 관하여는 대리에 관한 규정을 준용한다(제59조 제2항). 대리행위의 방식(제114조)·권한을 넘은 표현대리(제126조)·대리권 소멸 후의 표현대리(제129조) 등이 준용될 주요 조문이다.
⑤ 권리능력 없는 재단의 재산권의 귀속관계에 관하여는 아무런 규정이 없다. 재단은 구성원이 없으므로 공동소유관계를 인정할 수 없으며, 권리능력 없는 재단의 단독소유로 보는 것이 타당하다(다수설·판례). "종래부터 존재하여 오던 사찰의 재산을 기초로 구 불교재산관리법에 따라 불교단체 등록을 한 사찰은 권리능력 없는 재단으로서의 성격을 가지고 있다고 볼 것이므로, 비록 그 신도들이 그 사찰의 재산을 조성하는 데 공헌을 하였다 할지라도 그 사찰의 재산은 신도와 승려의 총유에 속하는 것이 아니라 권리능력 없는 사찰 자체에 속한다(대판 1994.12.13, 93다43545)."

기본서 p.104~106   정답 ②

33 사단법인과 재단법인에 관한 설명으로 옳지 않은 것은?

① 사단법인은 2인 이상이 설립하여야 하나, 재단법인은 1인이 설립할 수도 있다.

② 사단법인은 자율적인 법인이지만, 재단법인은 타율적인 법인이다.

③ 사단법인은 사원총회의 해산결의가 있으면 해산되나, 재단법인은 그러한 방법으로 해산될 수 없다.

④ 사단법인의 정관은 변경할 수 있으나, 재단법인의 정관은 원칙적으로 변경하지 못한다.

⑤ 사단법인의 정관은 반드시 서면으로 작성하여야 하는 것은 아니나, 재단법인의 정관은 반드시 서면으로 작성하여야 한다.

정답 및 해설

32 ③ ① 보통실종의 실종기간은 5년이며, 부재자의 생존을 증명할 수 있는 최후의 시기(최후의 소식이 있은 때)를 기산점으로 한다(제27조 제1항). 위난실종은 특별실종으로서 실종기간은 1년이다(제27조 제2항). 여기서 '사망의 원인이 될 위난'이라고 함은 화재·홍수·지진·화산폭발 등과 같이 일반적·객관적으로 사람의 생명에 명백한 위험을 야기하여 사망의 결과를 발생시킬 가능성이 현저히 높은 외부적 사태 또는 상황을 가리킨다[甲이 잠수장비를 착용한 채 바다에 입수하였다가 부상하지 아니한 채 행방불명되었다 하더라도, 이는 '사망의 원인이 될 위난'이라고 할 수 없다(대결 2011.1.31, 2010스165)]. 수영 미숙으로 행방불명된 경우는 위난실종이라고 볼 수 없다.

② 제27조 소정의 실종선고를 청구할 수 있는 이해관계인이라 함은 법률상뿐만 아니라 경제적·신분적 이해관계인이어야 할 것이므로 부재자의 제1순위 재산상속인이 있는 경우에 제4순위의 재산상속인은 위 부재자에 대한 실종선고를 청구할 이해관계인이 될 수 없다(대결 1980.9.8, 80스27).

④ 실종선고로 생긴 법률관계는 소급하여 무효로 되어(통설), 종래의 주소를 중심으로 한 실종자의 사법적 법률관계는 선고 전의 상태로 돌아간다.

⑤ 실종선고를 직접원인으로 재산을 취득한 자는 선의인 경우 현존이익을 반환하여야 하고, 악의인 경우 받은 이익에 이자를 붙여 반환하고 손해가 있으면 배상하여야 한다(제29조 제2항). 실종선고를 '직접원인'으로 하여 재산을 취득한 자라 함은 상속인, 유증의 수증자, 생명보험금 수령자 등을 가리킨다.

33 ⑤ 사단법인(제40조)과 재단법인(제43조) 모두 정관은 서면으로 작성을 하고 설립자가 기명날인하여야 한다.

34 법인에 관한 설명으로 옳은 것은?

① 사단법인과 재단법인의 이사는 사원이다.

② 재단법인에는 재산이 출연되지만, 사단법인에는 재산이 출연될 수 없다.

③ 사단법인은 비영리법인이나, 재단법인은 영리법인이다.

④ 재단법인과 사단법인의 설립과정에는 공히 2인 이상의 설립자가 정관을 작성하여야 한다.

⑤ 재단법인과 사단법인의 성립시기는 공히 설립등기시이다.

대표예제 19   **권리능력 없는 사단 ★★★**

법인 아닌 사단에 관한 설명으로 옳지 않은 것은? (다툼이 있으면 판례에 따름)

① 어떤 임야가 임야조사령에 의하여 동(洞) · 리(里)의 명의로 사정(査定)된 경우 특별한 사정이 없는 한 그 동 · 리는 법인 아닌 사단이다.

② 권리능력 없는 사단의 대표자가 정관을 위반하여 사원총회의 결의를 거치지 않고 거래행위를 한 경우, 그 거래상대방이 대표권 제한 사실을 알았거나 알 수 있었던 경우가 아니라면 그 거래행위는 유효하다.

③ 권리능력 없는 사단에게도 소송상 당사자능력 및 등기능력이 인정될 수 있다.

④ 종중은 자연발생적 단체로서 특별한 조직행위가 없더라도 법인 아닌 사단이 될 수 있다.

⑤ 교회의 대표자가 권한 없이 교회재산을 처분한 경우 권한을 넘은 표현대리에 관한 제126조의 규정이 적용된다.

해설 | 비법인사단인 교회의 대표자는 총유물인 교회재산의 처분에 관하여 교인총회의 결의를 거치지 아니하고는 이를 대표하여 행할 권한이 없다. 그리고 교회의 대표자가 권한 없이 행한 교회재산의 처분행위에 대하여는 <u>민법 제126조의 표현대리에 관한 규정이 준용되지 아니한다</u>(대판 2009.2.12, 2006다23312).

보충 | 단체의 비교

구분	단체성	개인성	내부규율	권리 능력	당사자 능력	등기능력	재산	부채 (구성원의 책임)
사단법인 (등기 O)	강	약	정관/ 민법 규정적용	○	○	○	단독 소유	유한책임

등기 X	비법인사단 (당사자능력 O, 이익분배 X)	강	약	정관/민법 유추적용	△?	O (민소법 제52조)	O (부등법 제26조)	총유	유한책임
	조합 (당사자능력 X, 이익분배 O)	약	강	계약/민법 규정적용	X	X	X 합유등기	합유	무한책임 (원칙: 분할채무/㉠ 상행위로 인한 경우 연대채무)

기본서 p.106~116   정답 ⑤

35 법인 아닌 사단의 법률관계에 대한 설명 중 옳지 않은 것은?

① 법인 아닌 사단의 채무에 대하여는 사단재산 외에 구성원이 자신의 고유재산으로 책임을 져야 한다.

② 법인 아닌 사단에 대하여는 사단법인에 관한 규정 가운데에서 정관에 정함이 없다면 법인격을 전제로 하는 것을 제외하고는 모두 이를 유추적용하여야 한다.

③ 고유한 의미의 종중의 경우에는 종중원이 중중을 임의로 탈퇴할 수 없다.

④ 대표자가 직무에 관하여 타인에게 불법행위를 한 경우, 법인 아닌 사단은 손해배상책임이 있다.

⑤ 구성원 개인은 총유재산의 보존을 위한 소를 제기할 수 없다.

정답 및 해설

34 ⑤ ⑤ 법인은 그 주된 사무소의 소재지에서 설립등기를 함으로써 성립한다(제33조).
　① 사단법인이나 재단법인에 있어서 이사는 대표기관이다. 그리고 재단법인에 있어서 사원은 존재하지 않는다.
　② 사단법인에서 자산에 관한 규정은 정관의 필요적 기재사항이다(제40조). 따라서 사단법인에도 재산의 출연은 필요하다.
　③ 영리법인은 전부가 사단법인이며, 그중 전형적인 것은 주식회사로 상법의 규율을 받는다(제39조 참조). 반면 비영리법인은 영리를 목적으로 하지 않는 사단법인 또는 재단법인이고, 민법의 규율을 받는다. 사원이 없는 재단법인은 모두 비영리법인이다.
　④ 사단법인과 달리 재단법인의 경우에는 1인만으로도 설립이 가능하다.

35 ① 비법인사단의 채무는 그 구성원의 준총유이며, 그 결과 단체의 재산만이 책임을 지고, 각 구성원이 고유재산으로 책임을 지지 않는다(구성원의 유한책임). 즉, 비법인사단인 선어중매조합의 대표자의 위임에 따른 어음행위로 인한 어음금의 지급책임이 독립한 권리의무의 주체인 위 조합에게 귀속되는 것이지 그 구성원들이 이를 부담하는 것은 아니다(대판 1992.7.10, 92다2431).

36 법인 아닌 사단에 관한 설명으로 옳지 않은 것은? (다툼이 있으면 판례에 따름)

① 이사에 결원이 생겨 손해가 생길 염려가 있는 경우, 임시이사의 선임에 관한 민법 제63조가 유추적용될 수 있다.

② 법인 아닌 사단이 그 명의로 총유재산에 관한 소송을 제기할 때에는 특별한 사정이 없는 한 사원총회의 결의를 거쳐야 한다.

③ 대표자로부터 사단의 제반 업무처리를 포괄적으로 위임받은 자의 대행행위의 효력은 원칙적으로 법인 아닌 사단에 미친다.

④ 대표자가 정관에 규정된 대표권 제한을 위반하여 법률행위를 한 경우, 그 상대방이 대표권 제한 사실을 알았거나 알 수 있었을 경우가 아니라면 그 법률행위는 유효하다.

⑤ 사원이 존재하지 않게 된 경우, 법인 아닌 사단은 청산사무가 완료될 때까지 청산의 목적 범위 내에서 권리의무의 주체가 된다.

37 법인 아닌 사단에 관한 설명으로 옳지 않은 것은? (다툼이 있으면 판례에 따름)

① 교회가 그 실체를 갖추어 법인 아닌 사단으로 성립한 후 교회의 대표자가 교회를 위하여 취득한 권리의무는 교회에 귀속된다.

② 법인 아닌 사단의 채무에 대해서는 특별한 사정이 없는 한, 구성원 각자가 그 지분비율에 따라 개인재산으로 책임을 진다.

③ 사단법인의 하부조직이라도 스스로 단체로서의 실체를 갖추고 독자적인 활동을 하고 있다면 사단법인과 별개의 독립된 법인 아닌 사단이 될 수 있다.

④ 법인 아닌 사단이 그 소유토지의 매매를 중개한 중개업자에게 중개수수료를 지급하기로 한 약정은 총유물의 관리·처분행위에 해당하지 않는다.

⑤ 사원총회의 결의에 의하여 총유물에 대한 매매계약이 체결된 후, 그 채무의 존재를 승인하여 소멸시효를 중단시키는 행위는 총유물의 관리·처분행위에 해당하지 않는다.

38 비법인사단에 관한 설명으로 옳지 않은 것은? (다툼이 있으면 판례에 따름)

① 비법인사단의 대표자로부터 포괄적 위임을 받은 수임인의 대행행위는 비법인사단에 효력을 미치지 않는다.

② 비법인사단 대표자의 대표권이 정관으로 제한된 경우, 비법인사단은 그 등기가 없더라도 그 거래상대방이 악의라면 이로써 대항할 수 있다.

③ 법인의 불법행위책임에 관한 민법 제35조 제1항은 비법인사단에 유추적용된다.

④ 비법인사단의 구성원들이 집단으로 탈퇴하면 2개의 비법인사단으로 분열되고, 이때 각 비법인사단은 종전의 재산을 구성원수의 비율로 총유한다.

⑤ 사원총회 결의를 거치지 않아 무효가 되는 비법인사단 대표자의 총유물 처분행위에 대해서는 '권한을 넘은 표현대리'의 법리가 적용되지 않는다.

정답 및 해설

36 ③ 대표자는 타인으로 하여금 특정한 행위를 대리하게 할 수 있을 뿐 제반 업무처리를 포괄적으로 위임할 수는 없다 할 것이므로, 비법인사단 대표자가 행한 타인에 대한 업무의 포괄적 위임과 그에 따른 포괄적 수임인의 대행행위는 민법 제62조의 규정에 위반된 것이어서 비법인사단에 대하여는 그 효력이 미치지 아니한다(대판 1996.9.6, 94다18522).

37 ② 법인 아닌 사단의 채무는 총사원의 준총유이다. 그 결과 단체의 재산만이 책임을 지고, 각 구성원은 그의 고유재산으로 책임을 질 필요는 없다(구성원의 유한책임).

38 ④ 법인 아닌 사단의 구성원들의 집단적 탈퇴로써 사단이 2개로 분열되고 분열되기 전 사단의 재산이 분열된 각 사단들의 구성원들에게 각각 총유적으로 귀속되는 결과를 초래하는 형태의 법인 아닌 사단의 분열은 허용되지 않는다. 교회가 법인 아닌 사단으로서 존재하는 이상, 그 법률관계를 둘러싼 분쟁을 소송적인 방법으로 해결함에 있어서는 법인 아닌 사단에 관한 민법의 일반 이론에 따라 교회의 실체를 파악하고 교회의 재산 귀속에 대하여 판단하여야 하고, 이에 따라 법인 아닌 사단의 재산관계와 그 재산에 대한 구성원의 권리 및 구성원 탈퇴, 특히 집단적인 탈퇴의 효과 등에 관한 법리는 교회에 대하여도 동일하게 적용되어야 한다. 따라서 교인들은 교회재산을 총유의 형태로 소유하면서 사용·수익할 것인데, 일부 교인들이 교회를 탈퇴하여 그 교회 교인으로서의 지위를 상실하게 되면 탈퇴가 개별적인 것이든 집단적인 것이든 이와 더불어 종전 교회의 총유재산의 관리처분에 관한 의결에 참가할 수 있는 지위나 그 재산에 대한 사용·수익권을 상실하고, 종전 교회는 잔존 교인들을 구성원으로 하여 실체의 동일성을 유지하면서 존속하며 종전 교회의 재산은 그 교회에 소속된 잔존 교인들의 총유로 귀속됨이 원칙이다[대판 2006.4.20, 2004다37775(전합)].

39 법인 아닌 사단에 관한 설명으로 옳은 것은? (다툼이 있으면 판례에 따름)

① 성년의 남자만이 종중의 구성원이 될 수 있다.

② 법인 아닌 사단의 대표가 총회 결의 없이 법인 아닌 사단의 이름으로 제3자의 금전채무를 보증한 경우, 특별한 사정이 없는 한 법인 아닌 사단은 보증채무를 부담하지 않는다.

③ 종중재산의 분배에 관한 종중총회의 결의 내용이 자율적으로 결정되었다고 하더라도 종원의 고유하고 기본적인 권리의 본질적인 내용을 침해하는 경우, 그 결의는 무효이다.

④ 법인 아닌 사단의 대표자의 직무상 불법행위에 대하여는 법인의 불법행위능력에 관한 민법 제35조 제1항이 적용되지 않는다.

⑤ 교인들이 집단적으로 교회를 탈퇴한 경우, 법인 아닌 사단인 교회가 2개로 분열되고, 분열되기 전 교회의 재산은 분열된 각 교회의 구성원들에게 각각 총유적으로 귀속된다.

40 종중(문중)에 대한 설명으로 옳은 것은? (다툼이 있으면 판례에 따름)

① 특별한 결의나 약정에 의하여 일부 종원의 자격을 제한하거나 박탈할 수 있다.

② 종중이 법인 아닌 사단이 되기 위해서는 특별한 조직행위와 이를 규율하는 성문의 규약이 있어야 한다.

③ 종중의 대표가 종중명의로 타인의 금전채무를 보증하는 행위는 총유물의 처분행위에 해당하므로 종중총회의 결의가 필요하다.

④ 종중의 토지에 대한 수용보상금의 분배는 총유물의 처분에 해당한다.

⑤ 공동선조의 후손 중 성년 이상의 남자만이 종중의 구성원인 종원이 된다.

39 ③ ① 공동선조와 성과 본을 같이하는 후손은 성별의 구별 없이 성년이 되면 당연히 그 구성원이 된다고 보는 것이 조리에 합당하다[대판 2005.7.21, 2002다1178(전합)].

② 총유물의 관리 및 처분이라 함은 총유물 그 자체에 관한 이용 · 개량행위나 법률적 · 사실적 처분행위를 의미하는 것이므로, 비법인사단이 타인간의 금전채무를 보증하는 행위는 총유물 그 자체의 관리 · 처분이 따르지 아니하는 단순한 채무부담행위에 불과하여 이를 총유물의 관리 · 처분행위라고 볼 수는 없다. 따라서 비법인사단인 재건축조합의 조합장이 채무보증계약을 체결하면서 조합규약에서 정한 조합임원회의 결의를 거치지 아니하였다거나 조합원총회 결의를 거치지 않았다고 하더라도 그것만으로 바로 그 보증계약이 무효라고 할 수는 없다[대판 2007.4.19, 2004다60072(전합)].

④ 제35조 제1항은 권리능력 없는 사단에도 유추적용된다. 판례도 동조를 유추적용하여 비법인사단인 종중(대판 1994.4.12, 92다49300) · 노동조합(대판 1994.3.25, 93다32828) · 주택조합(대판 2003.7.25, 2002다27088)의 불법행위책임을 인정한 바 있다.

⑤ 법인 아닌 사단의 구성원들의 집단적 탈퇴로써 사단이 2개로 분열되고 분열되기 전 사단의 재산이 분열된 각 사단들의 구성원들에게 각각 총유적으로 귀속되는 결과를 초래하는 형태의 법인 아닌 사단의 분열은 허용되지 않는다[대판 2006.4.20, 2004다37775(전합)].

40 ④ ① 일부 종원을 임의로 그 구성원에서 배제할 수 없고, 고유의미의 종중 외에 공동선조의 후손 중 일정한 범위의 종족집단이 사회적 조직체로서 성립하여 고유의 재산을 소유 관리하면서 독자적인 활동을 하고 있다면 단체로서의 실체를 부인할 수 없다고 할 것이나 이는 고유의미의 종중과는 다른 것이다(대판 1992.9.22, 92다15048).

② 종중이란 공동선조의 후손들에 의하여 선조의 분묘수호 및 봉제사와 후손 상호간의 친목을 목적으로 형성되는 자연발생적인 종족단체로서 선조의 사망과 동시에 후손에 의하여 성립하는 것이며, 그 성립을 위해 특별한 조직행위를 필요로 하는 것이 아니고, 반드시 특별한 명칭의 사용 및 서면화된 종중규약이 있어야 하거나 종중대표자가 선임되어 있는 등 조직을 갖추어야 성립하는 것은 아니다(대판 1997.11.14, 96다25715).

③ 비법인사단이 타인간의 금전채무를 보증하는 행위는 총유물 그 자체의 관리 · 처분이 따르지 아니하는 단순한 채무부담행위에 불과하여 이를 총유물의 관리 · 처분행위라고 볼 수는 없다[대판 2007.4.19, 2004다60072(전합)].

⑤ 공동선조의 후손 중 성년 남자만을 종중의 구성원으로 하고 여성은 종중의 구성원이 될 수 없다는 종래의 관습은, 공동선조의 분묘수호와 봉제사 등 종중의 활동에 참여할 기회를 출생에서 비롯되는 성별만에 의하여 생래적으로 부여하거나 원천적으로 박탈하는 것으로서, 위와 같이 변화된 우리의 전체 법질서에 부합하지 아니하여 정당성과 합리성이 있다고 할 수 없으므로, 종중 구성원의 자격을 성년 남자만으로 제한하는 종래의 관습법은 이제 더 이상 법적 효력을 가질 수 없게 되었다. 종중이란 공동선조의 분묘수호와 제사 및 종원 상호간의 친목 등을 목적으로 하여 구성되는 자연발생적인 종족집단이므로, 종중의 이러한 목적과 본질에 비추어 볼 때 공동선조와 성과 본을 같이하는 후손은 성별의 구별 없이 성년이 되면 당연히 그 구성원이 된다고 보는 것이 조리에 합당하다[대판 2005.7.21, 2002다1178(전합)].

41 관습법상 인정되는 종중에 관한 설명으로 옳지 않은 것은? (다툼이 있으면 판례에 따름)

① 미성년자는 특별한 사정이 없는 한 종원 자격이 있다.

② 특정지역 내에 거주하는 종원에 한하여 의결권을 주는 규약은 무효이다.

③ 종중이 소유하는 토지가 수용된 경우, 그 종중에 속하는 성년 여성도 보상금을 분배받을 수 있다.

④ 종중 소유 임야에 종원이 분묘를 설치하기 위해서는 특별한 사정이 없는 한 종중총회의 결의가 필요하다.

⑤ 종원은 규약에 다른 규정이 없는 한 서면이나 대리인에 의하여 의결권을 행사할 수 있다.

대표예제 20 　　 법인의 설립 ★★

민법상 법인의 설립에 관한 설명으로 옳은 것은? (다툼이 있으면 판례에 따름)

① 사단법인 정관의 법적 성질은 자치법규이다.

② 사단법인의 정관은 어느 시점의 사단법인의 사원들이 정관의 규범적인 의미 내용과 다른 해석을 사원총회의 결의라는 방법으로 표명하였다면 그 결의에 의한 해석은 그 사단법인의 구성원인 사원들이나 법원을 구속하는 효력이 있다.

③ 사단법인의 정관변경은 총사원 3분의 2 이상의 동의가 있으면 주무관청의 허가가 없더라도 그 효력이 생긴다.

④ 출연재산이 부동산인 경우 법인의 설립등기만으로도 그 재산은 제3자에 대한 관계에서 법인에게 귀속된다.

⑤ 사단법인 사원의 지위는 정관에 의하여도 상속할 수 없다.

오답
체크
①② 사단법인의 정관의 법적 성질은 계약이 아니라 자치법규로 보는 것이 타당하므로, 이는 어디까지나 객관적인 기준에 따라 그 규범적인 의미 내용을 확정하는 법규해석의 방법으로 해석되어야 하는 것이지, 작성자의 주관이나 해석 당시의 사원의 다수결에 의한 방법으로 자의적으로 해석될 수는 없다(대판 2000.11.24, 99다12437).

③ 사단법인이 정관을 변경하기 위해서는 사원총회에서 3분의 2 이상의 결의와 주무관청의 허가가 있어야 한다(제42조).

④ 출연재산이 부동산인 경우에도 출연자와 법인 사이에는 법인의 성립 외에 등기를 필요로 하는 것은 아니지만, 제3자에 대한 관계에 있어서, 출연행위는 법률행위이므로 출연재산의 법인에의 귀속에는 부동산의 권리에 관한 것일 경우 등기를 필요로 한다[대판 1979.12.11, 78다481·482(전합)].

⑤ 사원권의 양도 · 상속을 부인하는 민법규정(제56조)은 강행규정이라고 할 수 없으므로, 비법인사단에서도 사원의 지위는 <u>규약이나 관행에 의하여 양도 또는 상속될 수 있다</u>(대판 1997.9.26, 95다6205).

기본서 p.116~123   정답 ①

42 민법상 법인의 설립에 관한 설명으로 옳지 않은 것은? (다툼이 있으면 판례에 따름)

① 법인은 법률의 규정에 의하지 않으면 성립하지 못한다.
② 사단법인 설립행위는 2인 이상의 설립자가 정관을 작성하여 기명날인하여야 하는 요식행위이다.
③ 재단법인 설립시 출연자가 출연재산의 소유명의만을 재단법인에 귀속시키고 실질적 소유권은 자신에게 유보하는 부관을 붙여서 이를 기본재산으로 출연하는 것도 가능하다.
④ 법인의 설립등기는 특별한 사정이 없는 한 주된 사무소 소재지에서 하여야 한다.
⑤ 재단법인의 설립을 위하여 서면에 의한 증여를 하였더라도, 착오에 기한 의사표시를 이유로 증여의 의사표시를 취소할 수 있다.

정답 및 해설

41 ① 종중이란 공동선조의 분묘수호와 제사 및 종원 상호간의 친목 등을 목적으로 하여 구성되는 자연발생적인 종족집단이므로, 종중의 이러한 목적과 본질에 비추어 볼 때 공동선조와 성과 본을 같이하는 후손은 성별의 구별 없이 <u>성년이 되면</u> 당연히 그 구성원이 된다고 보는 것이 조리에 합당하다[대판 2005.7.21, 2002다1178(전합)].

42 ③ 재단법인의 기본재산은 재단법인의 실체를 이루는 것이므로, 재단법인 설립을 위한 기본재산의 출연행위에 관하여 그 재산출연자가 소유명의만을 재단법인에 귀속시키고 실질적 소유권은 출연자에게 유보하는 등의 부관을 붙여서 출연하는 것은 재단법인 설립의 취지에 어긋나는 것이어서 <u>관할 관청은 이러한 부관이 붙은 출연재산을 기본재산으로 하는 재단법인의 설립을 허가할 수 없다</u>(대판 2011.2.10, 2006다65774).

43 민법상 비영리사단법인의 설립과 관련하여 옳지 않은 것은?

① 비영리사단법인의 설립행위는 2인 이상의 설립자가 기명날인하여 사단법인의 정관을 작성하는 서면에 의한 요식행위이다.

② 정관에는 목적, 명칭, 사무소의 소재지, 자산에 관한 규정, 이사의 임면에 관한 규정, 사원자격의 득실에 관한 규정, 존립시기나 해산사유를 정하는 때에는 그 시기 또는 사유를 반드시 기재하여야 한다.

③ 비영리사단법인은 학술·종교·자선·기예·사교 기타 공익을 목적으로 하여야 한다.

④ 비영리사단법인을 설립하기 위해서는 반드시 주무관청의 허가를 받아야 한다.

⑤ 법인은 그 주된 사무소의 소재지에서 설립등기를 함으로써 성립한다.

44 민법상 법인의 설립에 관한 설명으로 옳지 않은 것은? (다툼이 있으면 판례에 따름)

① 사단법인을 설립하려면 2인 이상의 설립자가 정관을 작성하고 기명날인하여야 한다.

② 1인의 설립자에 의한 재단법인 설립행위는 상대방 없는 단독행위이다.

③ 부동산의 생전처분으로 재단법인을 설립하는 경우, 법인의 성립 외에 부동산에 대한 등기가 있어야 법인은 제3자에 대한 관계에서 소유권을 취득한다.

④ 재단법인의 설립자가 자산에 관한 규정을 정하지 아니하고 사망한 경우에는 이해관계인 또는 검사의 청구에 의하여 법원이 이를 정한다.

⑤ 생전처분으로 재단법인을 설립하는 경우에는 증여에 관한 규정이 준용되고, 유언으로 재단법인을 설립하는 경우에는 유증에 관한 규정이 준용된다.

45 재단법인의 정관의 필요적 기재사항이 아닌 것은?

① 목적과 명칭

② 사무소의 소재지

③ 자산에 관한 규정

④ 이사의 임면에 관한 규정

⑤ 해산사유

46 민법상 법인의 설립등기사항이 아닌 것은?

① 설립허가의 연월일

② 존립시기를 정한 경우 그 시기

③ 자산의 총액

④ 사원자격의 득실에 관한 내용

⑤ 출자방법을 정한 경우 그 방법

정답 및 해설

43 ③ 비영리사단법인은 영리 아닌 사업을 목적으로 하여야 한다(제32조). 비영리이면 되고, <u>반드시 공익을 목적으로 할 필요는 없다.</u> 영리법인에 있어서 영리를 목적으로 한다는 것은 법인이 영리적인 사업을 한다는 의미가 아니라 구성원(즉, 사원)에게 이익을 분배한다는 것을 말한다. 따라서 공익적인 사업을 한다 하더라도 그 사업에 따른 이익을 사원에게 분배함으로써 구성원의 사익을 도모하는 경우에 그 법인은 영리법인이고, 반대로 법인인 동창회가 기금을 확충하기 위하여 동창회관의 일부를 임대하더라도 그 이익을 사원에게 분배하지 않는다면 비영리법인이다.

44 ④ 정관의 필요적 기재사항 중 <u>목적과 자산만 정하고</u> 나머지 사항(명칭, 사무소 소재지 또는 이사임면의 방법)을 정하지 않고서 사망한 경우에 이해관계인 또는 검사의 청구에 의하여 법원이 나머지 사항을 정하여 정관을 보충함으로써 법인을 성립시킬 수 있다(제44조).

45 ⑤ 재단법인의 정관의 필요적 기재사항(사단법인의 정관의 필요적 기재사항과 비교정리)

사단법인의 정관의 필요적 기재사항	재단법인의 정관의 필요적 기재사항
㉠ 목적 ㉡ 명칭 ㉢ 사무소의 소재지 ㉣ 자산에 관한 규정 ㉤ 이사의 임면에 관한 규정 ㉥ 사원자격의 득실에 관한 규정 ㉦ 존립시기나 해산사유를 정하는 때에는 그 시기 또는 사유	㉠ 목적 ㉡ 명칭 ㉢ 사무소의 소재지 ㉣ 자산에 관한 규정 ㉤ 이사의 임면에 관한 규정 * ㉥~㉦은 필요적 기재사항이 아니다. 특히 재단법인은 사원이 없으므로 당연히 사원자격의 득실에 관한 규정도 없다.

46 ④ ④ 사원자격의 득실에 관한 내용은 등기사항이 아니며, <u>사단법인의 정관의 필요적 기재사항이</u> 될 뿐이다. ①②③⑤ 법인의 설립등기사항은 ㉠ 목적, ㉡ 명칭, ㉢ 사무소, ㉣ 설립허가의 연월일, ㉤ 존립시기나 해산사유를 정한 때에는 그 시기 또는 사유, ㉥ 자산의 총액, ㉦ 출자의 방법을 정한 때에는 그 방법, ㉧ 이사의 성명·주소, ㉨ 이사의 대표권을 제한한 때에는 그 제한(제49조 제2항) 등이다.

47 甲은 2020년 3월 2일 그 소유의 X부동산을 乙재단법인의 설립을 위하여 출연하기로 약정하였고, 2020년 5월 6일 乙법인 설립등기를 마쳤다. 乙법인이 X부동산에 대한 소유권이전등기를 하지 않고 있던 중 2020년 5월 27일 甲이 사망하였고, 甲의 단독상속인 丙은 X부동산을 선의의 丁에게 처분하고 丁은 2020년 6월 10일 이전등기를 마쳤다. X부동산의 소유권은 최종적으로 '언제', '누구'에게 귀속되는가? (다툼이 있으면 판례에 따름)

① 2020년 3월 2일 乙에게 귀속　　② 2020년 5월 6일 乙에게 귀속
③ 2020년 5월 27일 丙에게 귀속　　④ 2020년 5월 27일 乙에게 귀속
⑤ 2020년 6월 10일 丁에게 귀속

대표예제 21　　**법인의 능력 ★★**

법인의 능력에 관한 설명으로 옳은 것은? (다툼이 있으면 판례에 따름)

① 법인의 이사가 대표권 없이 한 행위에는 민법의 무권대리 및 표현대리의 규정이 준용된다.
② 재단법인의 권리능력은 설립자가 재산을 출연하고 정관을 작성한 때부터 인정된다.
③ 대표이사의 불법행위가 법인의 불법행위로 되는 경우에 대표이사는 자기의 불법행위책임을 면한다.
④ 법인의 대표권을 가진 자가 하는 법률행위는 성립상 효과만 법인에게 귀속할 뿐 그 위반의 효과인 채무불이행책임까지 법인에 귀속하는 것은 아니다.
⑤ 감사의 직무행위에 관하여 법인은 민법 제35조의 불법행위책임을 부담한다.

해설 | 법인의 대표에 관해서는 대리에 관한 규정(제114조 이하)이 준용되므로, 이사가 대표권 없이 법인의 이름으로 한 법률행위는 무권대리 또는 표현대리가 된다(제59조 제2항).

오답 체크 |
② 법인은 그 주된 사무소의 소재지에서 설립등기를 함으로써 성립한다(제33조).
③ 법인이 배상책임을 지는 경우에도 대표기관은 자기의 손해배상책임을 면하지 못한다(제35조 제1항 후단).
④ 법인이 대표기관을 통하여 법률행위를 한 때에는 대리에 관한 규정이 준용된다(민법 제59조 제2항). 따라서 적법한 대표권을 가진 자와 맺은 법률행위의 효과는 대표자 개인이 아니라 본인인 법인에 귀속하고, 마찬가지로 그러한 법률행위상의 의무를 위반하여 발생한 채무불이행으로 인한 손해배상책임도 대표기관 개인이 아닌 법인만이 책임의 귀속주체가 되는 것이 원칙이다(대판 2019.5.30, 2017다53265).
⑤ 민법 제35조의 법인의 불법행위책임은 이사 등 대표기관의 행위일 것을 요한다.

기본서 p.123~124　　　　　　　　　　　　　　　　　　　　　　　　정답 ①

48 법인의 권리능력에 관한 설명으로 옳지 않은 것은? (다툼이 있으면 판례에 따름)

① 법인의 권리능력은 정관으로 정한 목적의 범위 내로 제한된다.

② 법인에게는 상속권이 인정되지 않는다.

③ 법인도 명예에 관한 권리를 가질 수 있다.

④ 재단법인의 권리능력은 설립자가 재산을 출연하고 정관을 작성한 때부터 인정된다.

⑤ 법인은 권리능력의 범위 내에서 행위능력을 갖는다.

49 법인의 대표기관이 아닌 자는?

① 감사　　　　　　　　　　　② 청산인

③ 임시이사　　　　　　　　　④ 직무대행자

⑤ 특별대리인

정답 및 해설

47 ⑤　유언으로 재단법인을 설립하는 경우에도 제3자에 대한 관계에서는 출연재산이 부동산인 경우는 그 법인에의 귀속에는 법인의 설립 외에 등기를 필요로 하는 것이므로, 재단법인이 그와 같은 등기를 마치지 아니하였다면 유언자의 상속인의 한 사람으로부터 부동산의 지분을 취득하여 이전등기를 마친 선의의 제3자에 대하여 대항할 수 없다(대판 1993.9.14, 93다8054). 즉 판례에 의하면, 甲의 단독상속인 丙은 X부동산을 丁에게 처분하고 2020년 6월 10일 이전등기를 마쳤으므로 丁이 소유자가 된다.

48 ④　④ 법인은 그 주된 사무소의 소재지에서 설립등기를 함으로써 성립한다(제33조).

　　① 법인은 법률의 규정에 좇아 정관으로 정한 목적의 범위 내에서 권리와 의무의 주체가 된다(제34조).

　　②③ 자연인을 전제로 하는 권리, 즉 생명권 · 상속권 · 친권 · 정조권 · 육체상의 자유권 등은 법인이 가질 수 없다. 그러나 재산권 · 특허권 · 명예권 · 성명권 · 신용권 · 정신적 자유권은 가질 수 있고, 포괄유증을 받음으로써 상속과 동일한 결과를 얻을 수 있다(제1078조).

　　⑤ 법인은 의사능력의 불완전을 문제삼을 필요가 없기 때문에 법인은 권리능력이 있는 모든 범위에서 행위능력을 가진다.

49 ①　① 감사는 대표기관이 아니다.

　　②③④⑤ 법인의 대표기관으로는 이사, 임시이사, 특별대리인, 청산인, 직무대행자가 있다.

법인의 불법행위능력에 관한 설명으로 옳지 않은 것은? (다툼이 있으면 판례에 따름)

① 비법인사단의 대표자가 직무에 관하여 타인에게 손해를 가한 때에도 법인의 불법행위책임에 관한 규정이 유추적용된다.

② 대표기관의 직무행위에 의하여 법인이 불법행위책임을 지는 경우에, 실제 행위를 한 이사 자신도 책임을 진다.

③ 법인의 불법행위가 성립하지 않는 경우에도, 그 사항의 의결에 찬성하거나 그 의결을 집행한 사원, 이사 기타 대표자는 연대하여 책임을 진다.

④ 감사는 법인의 대표기관이 아니지만, 감사업무의 중요성에 비추어 감사의 직무행위에 관하여 법인이 민법 제35조의 불법행위책임을 부담한다고 해석하는 것이 일반적이다.

⑤ 대표기관의 대리인의 가해행위가 있는 경우, 대리인은 대표기관이 아니므로 법인에게 민법 제35조상의 불법행위책임은 성립하지 않지만, 제756조의 사용자책임이 성립할 수는 있다.

해설 | ④ 민법 제35조의 법인의 불법행위책임은 이사, 임시이사, 특별대리인, 청산인, 직무대행자 등 '대표기관'의 행위일 것을 요한다. <u>감사</u>는 그에 해당하지 않으므로, <u>법인의 불법행위가 성립하지 않는다.</u>
　① 판례는 비법인사단으로서 종중(대판 1994.4.12, 92다49300), 노동조합에 대한 불법행위책임을 인정한 바 있다(대판 1994.3.25, 93다32828).
　② 법인은 이사 기타 대표자가 그 직무에 관하여 타인에게 가한 손해를 배상할 책임이 있다. 이사 기타 대표자는 이로 인하여 자기의 손해배상책임을 면하지 못한다(제32조 제1항).
　③ 법인의 목적범위 외의 행위로 인하여 타인에게 손해를 가한 때에는 그 사항의 의결에 찬성하거나 그 의결을 집행한 사원, 이사 및 기타 대표자가 연대하여 배상하여야 한다(제32조 제2항).
　⑤ 대표기관이 아닌 지배인이나 임의대리인의 불법행위에 대해서는 법인이 제35조의 책임이 아니라, 제756조의 사용자책임을 부담한다(통설).

기본서 p.125~127 　　　　　　　　　　　　　　　　　　　　　　　　　　　　　정답 ④

50 법인의 불법행위책임에 관한 설명으로 옳은 것은? (다툼이 있으면 판례에 따름)

① 비법인사단에 대해서는 법인의 불법행위책임을 규정한 민법 제35조가 유추적용되지 않는다.

② 민법 제35조 제1항에 의한 법인의 불법행위책임이 인정되는 경우, 이사 기타 대표자는 이로 인하여 자기의 손해배상책임을 면하지 못한다.

③ 법인이 대표자에 대한 선임·감독상의 주의의무를 다한 경우에는 민법 제35조에 의한 불법행위책임을 면할 수 있다.

④ 법인은 대표권 없는 이사의 불법행위에 대하여도 민법 제35조에 의한 불법행위책임을 진다.

⑤ 노동조합의 대표기관이 아닌 간부들의 주도하에 이루어진 불법쟁의행위가 조합의 집행기관으로서의 행위라고 볼 수 있는 경우에도 노동조합은 사용자가 입은 손해에 대하여 배상책임을 지지 않는다.

정답 및 해설

50 ② ① 제35조 제1항은 권리능력 없는 사단에도 유추적용된다. 판례도 동조를 유추적용하여 비법인사단인 종중(대판 1994.4.12, 92다49300)·노동조합(대판 1994.3.25, 93다32828)·주택조합(대판 2003.7.25, 2002다27088)의 불법행위책임을 인정한 바 있다.

③ 법인의 불법행위책임은 기관의 사용자로서 지는 책임이 아니라 법인 자신의 책임이다. 따라서 그 선임·감독에 과실이 없음을 입증하여도 면책되지 않는다.

④ 제35조에서 말하는 '이사 기타 대표자'는 법인의 대표기관을 의미하는 것이고 대표권이 없는 이사는 법인의 기관이기는 하지만 대표기관은 아니기 때문에 그들의 행위로 인하여 법인의 불법행위가 성립하지 않는다(대판 2005.12.23, 2003다30159).

⑤ 노동조합의 간부들이 불법쟁의행위를 기획, 지시, 지도하는 등으로 주도한 경우에 이와 같은 간부들의 행위는 조합의 집행기관으로서의 행위라 할 것이므로 이러한 경우 민법 제35조 제1항의 유추적용에 의하여 노동조합은 그 불법쟁의행위로 인하여 사용자가 입은 손해를 배상할 책임이 있다(대판 1994.3.25, 93다32828·32835).

51 법인의 불법행위책임에 관한 설명으로 옳지 않은 것은? (다툼이 있으면 판례에 따름)

① 행위의 외형상 대표기관의 직무행위라고 인정될 수 있다면, 법령에 위반된 것이라도 직무에 관한 행위에 해당한다.

② 법인은 대표기관의 불법행위에 대해 선임·감독상의 과실이 없음을 증명하더라도 책임을 면할 수 없다.

③ 노동조합의 대표자들이 불법쟁의행위를 주도한 경우, 노동조합은 법인의 불법행위책임을 질 수 있다.

④ 대표권이 없는 이사의 행위에 대하여도 법인은 불법행위책임을 진다.

⑤ 법인의 불법행위가 성립하는 경우, 가해행위를 한 이사의 책임과 법인의 손해배상책임은 부진정연대관계에 있다.

52 법인의 불법행위에 관한 설명으로 옳지 않은 것은? (다툼이 있으면 판례에 따름)

① 대표권이 없는 이사가 그 직무에 관하여 타인에게 손해를 가한 경우에도 법인의 불법행위가 성립한다.

② 법인의 대표자가 직무에 관하여 타인에게 불법행위를 한 경우, 사용자책임에 관한 민법규정이 적용되지 않는다.

③ 법인의 대표자가 법인의 목적범위 외의 행위로 인하여 타인에게 손해를 가한 때에는 그 사항의 의결에 찬성하거나 그 의결을 집행한 사원, 이사 및 기타 대표자는 연대하여 배상하여야 한다.

④ 법인의 불법행위가 성립하려면 대표자의 상대방은 대표자의 행위가 직무집행에 관한 것이 아니라는 점에 관하여 선의이고 중대한 과실이 없어야 한다.

⑤ 대표자의 가해행위가 위법하지 않다면 손해가 발생하더라도 법인의 불법행위가 성립하지 않는다.

대표예제 23   법인의 기관 ★★★

민법상 법인의 이사에 관한 설명으로 옳은 것은? (다툼이 있으면 판례에 따름)

① 법인과 이사의 이익이 상반하는 사항에 관하여는 임시이사를 선임하여야 한다.

② 법인의 이사는 법인의 제반 사무처리를 타인에게 포괄적으로 위임할 수 있다.

③ 정관에 이사의 해임사유에 관한 규정이 있는 경우, 특별한 사정이 없는 한 정관에서 정하지 아니한 사유로 이사를 해임할 수 없다.

④ 법원의 직무집행정지 가처분결정으로 대표권이 정지된 대표이사가 그 정지기간 중에 체결한 계약은 후에 그 가처분신청이 취하되면 유효하게 된다.

⑤ 법인의 이사회 결의에 무효 등 하자가 있는 경우, 법률에 별도의 규정이 없으므로 이해관계인은 그 무효를 주장할 수 없다.

해설 | 법인의 정관에 이사의 해임사유에 관한 규정이 있는 경우 법인으로서는 이사의 중대한 의무위반 또는 정상적인 사무집행 불능 등의 특별한 사정이 없는 이상, 정관에서 정하지 아니한 사유로 이사를 해임할 수 없다(대판 2013.11.28, 2011다41741).

오답 체크 | ① 법인과 이사의 이익이 상반하는 사항에 관하여는 <u>이사는 대표권이 없다</u>. 이 경우에는 법원은 이해관계인이나 검사의 청구에 의하여 <u>특별대리인을 선임하여야 한다</u>(제64조).

② 대표자는 타인으로 하여금 특정한 행위를 대리하게 할 수 있을 뿐 <u>제반 업무처리를 포괄적으로 위임할 수는 없다</u>(대판 1996.9.6, 94다18522).

④ 법원의 직무집행정지 가처분결정에 의해 회사를 대표할 권한이 정지된 대표이사가 그 정지기간 중에 체결한 계약은 절대적으로 무효이고, 그 후 가처분신청의 취하에 의하여 보전집행이 취소되었다 하더라도 집행의 효력은 장래를 향하여 소멸할 뿐 소급적으로 소멸하는 것은 아니라 할 것이므로, <u>가처분신청이 취하되었다 하여 무효인 계약이 유효하게 되지는 않는다</u>(대판 2008.5.29, 2008다4537).

⑤ 민법상 법인의 이사회의 결의에 부존재 혹은 무효 등 하자가 있는 경우 법률에 별도의 규정이 없으므로 이해관계인은 언제든지 또 어떤 방법에 의하든지 <u>그 무효를 주장할 수 있다</u>(대판 2003.4.25, 2000다60197).

기본서 p.128~136   정답 ③

정답 및 해설

51 ④ 법인은 이사 기타 대표자가 그 직무에 관하여 타인에게 가한 손해를 배상할 책임이 있으므로 <u>대표기관이 아닌 자의 행위는 제35조 책임을 물을 수 없다</u>.

52 ① 민법 제35조에서 말하는 '이사 기타 대표자'는 법인의 대표기관을 의미하는 것이고 대표권이 없는 이사는 법인의 기관이기는 하지만 대표기관은 아니기 때문에 그들의 행위로 인하여 <u>법인의 불법행위가 성립하지 않는다</u>(대판 2005.12.23, 2003다30159).

53 민법상 사단법인 甲과 그 대표이사 乙에 관한 설명으로 옳은 것을 모두 고른 것은? (다툼이 있으면 판례에 따름)

> ⊙ 甲과 乙의 이익이 상반하는 사항에 관하여는 乙은 대표권이 없다.
> ⓛ 甲의 정관에 이사의 해임사유에 관한 규정이 있는 경우, 甲은 乙의 중대한 의무위반 등 특별한 사정이 없는 한 정관에서 정하지 아니한 사유로 乙을 해임할 수 없다.
> ⓒ 乙이 丙에게 대표자로서의 모든 권한을 포괄적으로 위임하여 丙이 甲의 사무를 집행한 경우, 丙의 그 사무집행행위는 원칙적으로 甲에 대하여 효력이 있다.

① ⊙

② ⓒ

③ ⊙, ⓛ

④ ⓛ, ⓒ

⑤ ⊙, ⓛ, ⓒ

54 법인의 이사에 관한 설명으로 옳지 않은 것은? (다툼이 있으면 판례에 따름)

① 법인 대표권의 제한에 관한 규정이 등기되어 있지 않다면 법인은 그 정관 규정에 대하여 악의인 제3자에 대하여도 대항할 수 없다.

② 후임이사가 유효하게 선임되었다고 하더라도 그 선임의 효력을 둘러싼 다툼이 있다면, 그 다툼이 해결되기 전까지는 구(舊) 이사만이 직무수행권을 가진다.

③ 정관에 다른 규정이 없는 경우, 법인은 정당한 이유 없이도 이사를 언제든지 해임할 수 있다.

④ 법인의 대표이사가 그 대표권의 범위 내에서 한 행위는 자기의 이익을 도모할 목적으로 그 권한을 남용한 것이라 할지라도, 특별한 사정이 없는 한 법인의 행위로서 유효하다.

⑤ 이사가 그 임무를 해태한 때에는 그 이사는 법인에 대하여 연대하여 손해배상의 책임이 있다.

55 민법상 법인의 이사에 관한 설명으로 옳지 않은 것은?

① 이사의 직무대행자가 법원의 허가를 얻지 아니하고 법인의 통상사무에 속하지 않은 행위를 한 경우, 법인은 제3자에 대하여 책임이 없다.

② 이사는 법인에 대하여 선량한 관리자의 주의의무를 부담한다.

③ 이사는 정관 또는 총회의 결의로 금지하지 아니한 사항에 한하여 타인에게 특정행위를 대리하게 할 수 있다.

④ 이사가 없거나 결원으로 인하여 손해가 발생할 염려가 있는 때에는 법원은 이해관계인이나 검사의 청구에 의하여 임시이사를 선임하여야 한다.

⑤ 법인과 이사의 이익이 충돌하는 경우 특별대리인을 선임하는 절차와 청구권자는 임시이사를 선임하는 경우와 같다.

정답 및 해설

53 ③ ⓒ 비법인사단의 대표자는 정관 또는 총회의 결의로 금지하지 아니한 사항에 한하여 타인으로 하여금 특정한 행위를 대리하게 할 수 있을 뿐 비법인사단의 제반 업무처리를 포괄적으로 위임할 수는 없으므로 비법인사단 대표자가 행한 타인에 대한 업무의 포괄적 위임과 그에 따른 포괄적 수임인의 대행행위는 민법 제62조를 위반한 것이어서 <u>비법인사단에 대하여 그 효력이 미치지 않는다</u>(대판 2011.4.28, 2008다15438).

54 ② 후임이사가 유효히 선임되었는데도 그 선임의 효력을 둘러싼 다툼이 있다고 하여 <u>그 다툼이 해결되기 전까지는 후임이사에게는 직무수행권한이 없고 임기가 만료된 구 이사만이 직무수행권한을 가진다고 할 수는 없다</u>(대판 2006.4.27, 2005도8875).

55 ① 직무대행자는 가처분명령에 다른 정함이 있는 경우 외에는 법인의 통상사무에 속하지 아니한 행위를 하지 못한다. 다만, 법원의 허가를 얻은 경우에는 그러하지 아니하다. 직무대행자가 이에 위반한 행위를 한 경우에도 <u>법인은 선의의 제3자에 대하여 책임을 진다</u>(제60조의2).

---

56 법인의 이사에 관한 설명으로 옳은 것은? (다툼이 있으면 판례에 따름)

① 법인은 이사를 두어야 하는 것이 원칙이지만, 정관으로 이사를 두지 않도록 할 수 있다.

② 이사가 여러 명일 경우 원칙적으로 법인의 사무에 관하여 공동으로 대표한다.

③ 법인과 이사의 이익이 상반하는 경우 이사의 대표권이 부정된다.

④ 정관에 대표권 제한에 관한 규정이 있다면 그것이 등기되어 있지 않더라도 악의의 제 3자에게 대항할 수 있다.

⑤ 감사에게는 총회를 소집할 수 있는 권한이 없다.

57 법인의 기관에 관한 설명으로 옳지 않은 것은? (다툼이 있으면 판례에 따름)

① 이사는 정관이나 총회의 결의로 금지되지 않은 이상 타인으로 하여금 포괄적 대리를 하게 할 수 있다.

② 법인 대표권의 제한에 관한 규정이 등기되어 있지 않다면 법인은 그 정관 규정에 대하여 악의인 제3자에 대하여도 대항할 수 없다.

③ 이사는 법인의 사무에 관하여 법인을 각자 대표함이 원칙이다.

④ 사단법인의 이사장 직무대행자가 개인의 입장에서 사단법인을 상대로 소송을 하는 것은 이익상반 사항이다.

⑤ 일부 종중원에 대한 소집통지를 결여한 종중총회 결의는 무효이다.

58 민법상 법인에 관한 설명으로 옳지 않은 것은?

① 이사는 선량한 관리자의 주의로 그 직무를 행하여야 한다.

② 이사는 정관 또는 총회의 결의로 금지하지 아니한 사항에 한하여 타인으로 하여금 특정한 행위를 대리하게 할 수 있다.

③ 법인은 정관 또는 총회의 결의로 감사를 둘 수 있다.

④ 해산한 법인은 청산의 목적범위 내에만 권리가 있고 의무를 부담한다.

⑤ 이사가 없거나 결원이 있는 경우에 이로 인하여 손해가 생길 염려 있는 때에는 법원은 이해관계인이나 검사의 청구에 의하여 특별대리인을 선임하여야 한다.

59 민법상의 법인에 관한 설명으로 옳지 않은 것은? (다툼이 있으면 판례에 따름)

① 정관변경에 대한 주무관청의 허가의 법적 성질은 인가이다.

② 이사의 대표권 제한을 등기하지 않은 경우에도 이를 알고 있는 제3자에 대해서는 대항할 수 있다.

③ 비영리법인을 설립하기 위해서는 주무관청의 허가를 받아야 한다.

④ 이사회는 임의기관이다.

⑤ 사단법인의 임의해산은 사원총회에서만 의결할 수 있다.

정답 및 해설

56 ③ ① 이사는 대외적으로 법인을 대표하고(대표기관), 대내적으로는 법인의 업무를 집행하는(집행기관) <u>상설적 필요기관</u>이다.

② 이사는 법인의 사무에 관하여 <u>각자 법인을 대표</u>한다. 그러나 정관에 규정한 취지에 위반할 수 없고 특히 사단법인은 총회의 의결에 의하여야 한다(제59조 제1항).

④ 법인의 정관에 법인 대표권의 제한에 관한 규정이 있으나 그와 같은 취지가 등기되어 있지 않다면 법인은 그와 같은 정관의 규정에 대하여 선의냐 악의냐에 관계없이 <u>제3자에 대하여 대항할 수 없다</u>(대판 1992.2.14, 91다24564).

⑤ 임시총회 소집권자는 <u>이사, 감사, 소수사원</u>이다.

57 ① 이사는 정관 또는 총회의 결의로 금지하지 아니한 사항에 한하여 타인으로 하여금 특정한 행위를 대리하게 할 수 있다(제62조). <u>포괄적 대리는 허용되지 않는다.</u>

58 ⑤ ⑤ 이사가 없거나 결원이 있는 경우에 이로 인하여 손해가 생길 염려 있는 때에는 법원은 이해관계인이나 검사의 청구에 의하여 <u>임시이사를 선임</u>하여야 한다(제63조). 법인과 이사의 이익이 상반하는 사항에 관하여는 이사는 대표권이 없다. 이 경우 법원은 이해관계인이나 검사의 청구에 의하여 특별대리인을 선임하여야 한다(제64조).

③ 감사는 임의기관이다(제66조).

59 ② 법인의 정관에 법인 대표권의 제한에 관한 규정이 있으나 그와 같은 취지가 등기되어 있지 않다면 법인은 그와 같은 정관의 규정에 대하여 선의냐 악의냐에 관계없이 <u>제3자에 대하여 대항할 수 없다</u>(대판 1992. 2.14, 91다24564).

60 민법상 법인에 관한 설명으로 옳지 않은 것은? (다툼이 있으면 판례에 따름)

① 법인은 이사를 두어야 한다.

② 대표자의 임기만료 후 대표자의 개임이 없었다면, 유임 내지 중임이 금지되지 않는 한, 그 대표자를 묵시적으로 다시 선임한 것으로 볼 수 있다.

③ 법인은 정관 또는 총회의 결의로 감사를 둘 수 있다.

④ 사단법인의 사원의 지위는 규약이나 관행에 의하더라도 양도하거나 상속할 수 없다.

⑤ 이사의 대표권에 대한 제한은 등기하지 않으면 제3자에게 대항하지 못한다.

61 사원총회에 관한 설명으로 옳은 것은?

① 사원총회는 사단법인 및 재단법인의 필수기관이다.

② 정관에 다른 규정이 없는 경우, 사원은 서면이나 대리인으로 결의권을 행사할 수 있다.

③ 사원총회는 소집통지에 의해 통지한 사항에 대해서만 결의할 수 있으나, 총회의 결의로 이와 달리 정할 수 있다.

④ 사원총회를 소집하려고 하는 경우, 1주간 전에 그 회의의 목적사항을 기재한 통지가 도달해야 한다.

⑤ 임시총회의 소집을 요구할 수 있는 사원의 수는 정관으로 증감할 수 없다.

62 5월 20일 10시에 A사단법인의 사원총회가 열린다면 그 소집통지는 언제까지 해야 하는가?

① 늦어도 5월 12일 자정까지 소집통지서를 발송해야 한다.

② 늦어도 5월 12일 자정까지 소집통지서가 도착해야 한다.

③ 늦어도 5월 13일 자정까지 소집통지서를 발송해야 한다.

④ 늦어도 5월 13일 자정까지 소집통지서가 도착해야 한다.

⑤ 늦어도 5월 5일 자정까지 소집통지서가 도착해야 한다.

63 법인에 관한 설명으로 옳지 않은 것은? (다툼이 있으면 판례에 따름)

① 아파트 입주자대표회의는 특별한 사정이 없는 한 법인 아닌 사단이다.

② 법인의 이사가 수인인 경우 정관에 다른 정함이 없으면 법인의 사무집행은 이사의 과반수로써 결정한다.

③ "사단법인의 사원의 지위는 양도 또는 상속할 수 없다."는 민법 규정은 임의규정이다.

④ 이사의 대표권에 대한 제한은 등기를 하지 않더라도 정관에 기재함으로써 제3자에게 대항할 수 있다.

⑤ 법인의 해산 및 청산은 법원이 검사ㆍ감독한다.

정답 및 해설

60 ④ 사원권의 양도ㆍ상속을 부인하는 민법 규정(제56조)은 강행규정이라고 할 수 없으므로, 비법인사단에서도 사원의 지위는 규약이나 관행에 의하여 양도 또는 상속될 수 있다(대판 1997.9.26, 95다6205).

61 ② ① 사원총회는 사단법인의 사원 전원으로 구성되는 필요기관이므로 정관으로도 이를 폐지할 수 없다. 재단법인에는 사원이 없으므로 사원총회가 있을 수 없으며, 재단법인의 최고의사는 정관에 정하여져 있다.
③ 총회는 전조의 규정에 의하여 통지한 사항에 관하여서만 결의할 수 있다. 그러나 정관에 다른 규정이 있는 때에는 그 규정에 의한다(제72조).
④ 총회의 소집은 1주간 전에 그 회의의 목적사항을 기재한 통지를 발하고 기타 정관에 정한 방법에 의하여야 한다(제71조).
⑤ 총사원의 5분의 1 이상으로부터 회의의 목적사항을 제시하여 청구한 때에는 이사는 임시총회를 소집하여야 한다. 이 정수는 정관으로 증감할 수 있다(제70조 제2항).

62 ① 총회의 소집은 1주간 전에 그 회의의 목적사항을 기재한 통지를 발하고 기타 정관에 정한 방법에 의하여야 한다(제71조). 우리 민법은 역일을 단위로 하는 기간, 즉 기간을 일ㆍ주ㆍ월 또는 연으로 정한 때에는 역법적 계산방법을 규정하고 있다. 기간의 초일은 산입하지 않고(제157조), 제71조는 발신주의를 규정하고 있다. 사원총회일이 5월 20일이므로, 19일이 기산점이 되어 그날로부터 역으로 7일을 계산한 날의 말일인 13일의 오전 0시에 만료하므로 늦어도 5월 12일 자정까지는 소집통지서를 발송해야 한다.

63 ④ 이사의 대표권은 정관에 의하여 제한될 수 있지만(제59조 제1항 단서), 이 제한은 등기하지 않으면 제3자에게 대항하지 못한다(제60조). 정관기재는 효력요건(제41조)이고, 등기는 대항요건(제60조)이다.

민법상 법인의 정관에 관한 설명으로 옳지 않은 것은? (다툼이 있으면 판례에 따름)

① 재단법인이 정관으로 그 변경방법을 정하지 않았다면 정관규정은 변경될 수 없다.

② 사단법인의 정관의 변경은 정관에 달리 정함이 없다면 총사원 3분의 2 이상의 동의가 필요하다.

③ 법인의 정관을 변경할 때에는 주무관청의 허가를 얻어야만 그 효력이 있다.

④ 재단법인의 정관을 변경하기 위해서는 주무관청의 허가를 받아야 하는데, 이 경우 '허가'의 법적 성격은 인가라고 보아야 한다.

⑤ 새로운 재산을 재단법인의 기본재산으로 편입하는 행위는 정관변경을 초래하므로 주무관청의 허가가 있어야 한다.

해설 | ① 재단법인은 설립자가 정한 정관에 의하여 타율적으로 운영되기 때문에 그 정관을 변경할 수 없는 것이 원칙이다. 다만, 예외적으로 정관변경이 가능하다(제45조, 제46조). 설립자가 정관에 그 변경방법을 정하고 있다면, 그 방법에 따라 재단법인의 정관을 변경할 수 있다(제45조 제1항). 이는 정관내용의 실현에 불과하다. 그 밖에 재단법인의 목적달성 또는 재산보전을 위하여 적당한 경우에 명칭이나 사무소의 소재지를 변경할 수 있고(제45조 제2항), 재단법인의 목적을 달성할 수 없으면 설립자나 이사가 설립의 취지를 참작하여 목적 기타 정관의 규정을 변경할 수 있다(제46조).

② 사단법인이 정관을 변경하기 위해서는 사원총회에서 3분의 2 이상의 결의와 주무관청의 허가가 있어야 한다(제42조).

③ 제42조, 제45조 제3항

④ 재단법인의 정관변경 허가의 법적 성질 : 민법 제45조와 제46조에서 말하는 재단법인의 정관변경 '허가'는 법률상의 표현이 허가로 되어 있기는 하나, 그 성질에 있어 법률행위의 효력을 보충해 주는 것이지 일반적 금지를 해제하는 것이 아니므로, 그 법적 성격은 인가라고 보아야 한다[대판 1996. 5.16, 95누4810(전합)].

⑤ 재단의 기본재산을 처분하거나(대판 1969.2.18, 68다2323), 증가시키는 경우(대판 1969.7.22, 67다568)도 정관의 변경에 해당한다고 볼 것이므로 주무관청의 허가를 받아야 한다(대판 1991.5.28, 90다8558).

기본서 p.137~139　　　　　　　　　　　　　　　　　　　　　　　　　　　　　　　　정답 ①

64 민법상 법인의 정관에 관한 설명으로 옳지 않은 것은? (다툼이 있으면 판례에 따름)

① 사단법인의 정관은 이를 작성한 사원 이외에 그 후에 가입한 사원을 구속한다.

② 사원총회의 결의에 의한 정관해석은 구성원인 사원들이나 법원을 구속하는 효력이 없다.

③ 재단법인의 목적을 달성할 수 없다고 하여 이사가 주무관청의 허가를 얻어 정관을 변경할 수는 없다.

④ 재단법인의 기본재산에 관한 저당권 설정행위는 특별한 사정이 없는 한 정관의 변경을 필요로 하지 않으므로 주무관청의 허가를 얻을 필요가 없다.

⑤ 재단법인의 기본재산이 경매절차에 의하여 매각된 경우, 주무관청의 허가가 없는 한 매수인은 소유권을 취득할 수 없다.

65 법인의 등기에 관한 설명으로 옳지 않은 것은?

① 법인의 그 주된 사무소의 소재지에서 설립등기를 함으로써 성립한다.

② 법인의 청산사무가 종결되지 않았더라도 법인에 대한 청산종결등기가 마쳐지면 법인은 소멸한다.

③ 대표권이 있는 이사의 성명과 주소는 등기사항이다.

④ 청산이 종결한 때에는 감사는 3주간 내에 이를 등기하고 주무관청에 신고해야 한다.

⑤ 법인이 동일한 등기소의 관할구역 내에서 사무소를 이전한 때에는 그 이전한 것을 등기하면 된다.

정답 및 해설

64 ③ 재단법인의 목적을 달성할 수 없는 때에는 설립자나 이사는 주무관청의 허가를 얻어 설립의 취지를 참작하여 그 목적 기타 정관의 규정을 변경할 수 있다(제46조).

65 ④ 청산이 종결한 때에는 청산인은 3주간 내에 이를 등기하고 주무관청에 신고하여야 한다(제94조).

민법상 법인의 해산 및 청산에 관한 설명으로 옳은 것은? (다툼이 있으면 판례에 따름)

① 법인의 목적달성이 불가능한 경우, 법인의 설립허가가 취소되어야 해산할 수 있다.
② 해산한 법인은 청산의 목적범위 내에서만 권리가 있고 의무를 부담한다.
③ 해산한 법인의 재산은 정관으로 지정한 자에게 귀속하고, 정관에 정함이 없으면 출연자에게 귀속한다.
④ 재단법인의 해산사유는 정관의 필요적 기재사항이다.
⑤ 법인의 청산사무가 종결되지 않았더라도 법인에 대한 청산종결등기가 마쳐지면 법인은 소멸한다.

**오답\
체크** ① 법인은 존립기간의 만료, 법인의 목적의 달성 또는 달성의 불능 기타 정관에 정한 해산사유의 발생, 파산 또는 설립허가의 취소로 해산한다(제77조 제1항). 따라서 법인의 목적달성이 불가능하면 법인설립허가 취소와 상관없이 해산한다.
③ 해산한 법인의 재산은 정관으로 지정한 자에게 귀속한다. 정관으로 귀속권리자를 지정하지 아니하거나 이를 지정하는 방법을 정하지 아니한 때에는 이사 또는 청산인은 주무관청의 허가를 얻어 그 법인의 목적에 유사한 목적을 위하여 그 재산을 처분할 수 있다. 그러나 사단법인에 있어서는 총회의 결의가 있어야 한다. 위 방법에 의하여 처분되지 아니한 재산은 국고에 귀속한다(제80조).
④ 재단법인의 정관의 필요적 기재사항은 '목적, 명칭, 사무소의 소재지, 자산에 관한 규정, 이사의 임면에 관한 규정'이며, 사원 자격의 득실에 관한 규정과 법인의 존립시기나 해산사유는 필요적 기재사항이 아니다(제43조, 제40조).
⑤ 청산종결의 등기가 되었을지라도 청산사무가 종료되지 않은 경우에는 청산법인은 존속한다(대판 1980.4.8, 79다2036).

기본서 p.140~143   정답 ②

66 민법상 비영리법인의 해산 및 청산에 관한 설명으로 옳은 것은?

① 법인의 해산 및 청산은 주무관청이 검사·감독한다.

② 청산 중인 법인은 변제기에 이르지 않은 채권에 대하여 변제할 수 없다.

③ 청산절차에 관한 규정에 반하는 잔여재산의 처분행위는 특별한 사정이 없는 한 무효이다.

④ 청산인은 현존사무의 종결, 채권의 추심 및 채무의 변제, 잔여재산의 인도만 할 수 있다.

⑤ 청산인은 알고 있는 채권자에게 채권신고를 최고하여야 하고, 최고를 받은 그 채권자가 채권신고를 하지 않으면 청산으로부터 제외하여야 한다.

67 민법상 법인의 해산과 청산에 관한 설명으로 옳지 않은 것은? (다툼이 있으면 판례에 따름)

① 청산절차에 관한 규정은 강행규정이다.

② 사단법인의 사원이 없게 되면 이는 법인의 해산사유가 될 뿐 이로써 곧 법인의 권리능력이 소멸하는 것은 아니다.

③ 사단법인의 청산인은 필요하다고 인정한 때에는 임시총회를 소집할 수 있다.

④ 재단법인은 사원이 없게 되거나 총회의 결의로도 해산한다.

⑤ 해산한 법인이 정관에 반하여 잔여재산을 처분한 경우, 그 처분행위는 특단의 사정이 없는 한 무효이다.

정답 및 해설

66 ③ ① 법인의 해산 및 청산은 <u>법원이 검사·감독</u>한다(제95조).

② 청산 중의 법인은 변제기에 이르지 아니한 채권에 대하여도 <u>변제할 수 있다</u>(제91조 제1항).

④ 청산인은 현존사무의 종결, 채권의 추심 및 채무의 변제, 잔여재산의 인도, <u>파산신청, 청산종결의 등기와 신고 등</u>을 할 수 있다. 그러나 <u>이것이 전부는 아니다</u>.

⑤ 청산인은 알고 있는 채권자에게 대하여는 각각 그 채권신고를 최고하여야 한다. 알고 있는 채권자는 청산으로부터 <u>제외하지 못한다</u>(제89조).

67 ④ <u>사단법인</u>은 사원이 없게 되거나 총회의 결의로도 해산한다(제77조 제2항).

제4장 물건

권리의 객체에 관한 설명으로 옳지 않은 것은? (다툼이 있으면 판례에 따름)

① 유체물이 아니라도 관리할 수 있다면 전기, 열 등의 자연력도 민법상 물건이 된다.

② 일반적으로 인체에 부착되어 있는 의수나 의족은 물건이 아니라고 보지만, 인체에서 분리된 모발, 치아는 물건으로 본다.

③ 종물은 주물의 처분에 따르는바, 여기서의 주물과 종물은 모두 동일한 소유자에게 속함을 전제로 한다.

④ 토지와 그 정착물은 부동산인데, 토지의 정착물 중 건물을 제외한 것은 토지와는 별개의 독립한 물건이 될 수 없다.

⑤ 분묘에 안치되어 있는 피상속인의 유골은 제사주재자에게 승계된다.

해설| ④ 건물, 입목법의 적용을 받는 수목의 집단, 명인방법에 의해 공시된 수목의 집단, 명인방법에 의해 공시된 미분리과실, 농작물은 토지의 정착물 중 <u>토지와 별개의 부동산이 된다</u>.

① 물건이 되려면 관리할 수 있는 것이어야 한다. 즉, 유체물과 무체물 중 자연력으로서 관리가능성이 있으면 물건이 된다.

② 인격절대주의를 취하는 현대의 법률제도에서는 인격을 가진 사람 및 인격의 일부분에 대한 배타적 지배를 인정하지 않는다. 따라서 물건은 사람이 아닌 외계의 일부이어야 한다. 그러나 인체의 일부이더라도 분리된 것은 물건으로 인정된다.

③ 주물·종물 모두 동일한 소유자에게 속하여야 한다. 따라서 주물의 소유자가 아닌 자의 물건은 종물이 될 수 없다(대판 2008.5.8, 2007다36933·36940).

⑤ 분묘에 안치되어 있는 선조의 유체·유골은 민법 제1008조의3 소정의 제사용 재산인 분묘와 함께 그 제사주재자에게 승계되고, 피상속인 자신의 유체·유골 역시 위 제사용 재산에 준하여 그 제사주재자에게 승계된다[대판 2008.11.20, 2007다27670(전합)].

기본서 p.185~188   정답 ④

01 권리의 객체에 관한 설명으로 옳지 않은 것은? (다툼이 있으면 판례에 따름)

① 명인방법을 갖춘 수목의 집단은 토지와는 별개의 부동산이 되며, 이에 대하여는 저당권의 설정이 가능하다.

② 특정이 가능하다면 증감·변동하는 유동집합물도 하나의 물건으로 다루어질 수 있다.

③ 매매목적물의 인도 전에 목적물로부터 생긴 과실은 원칙적으로 매도인에게 속한다.

④ 사람의 유체·유골은 매장·관리·제사·공양의 대상이 될 수 있는 유체물로서 그 제사주재자에게 승계된다.

⑤ '종물은 주물의 처분에 따른다'는 민법의 규정은 강행규정이 아닌 임의규정으로 해석하여야 한다.

정답 및 해설

01 ① 입목에 관한 법률의 적용을 받지 않는 그 밖의 수목의 집단(개개의 수목 포함)이더라도 '명인방법'이라는 관습법상의 공시방법을 갖추면 독립한 부동산으로서 '소유권'의 객체가 된다. 그러나 <u>저당권 설정은 불가능하다</u>.

02 물건에 관한 설명으로 옳은 것은?

① 의치는 인체에 고착되어 있더라도 여전히 물건으로 다루어진다.
② 현행법상 물건의 일부는 권리의 객체가 되지 못한다.
③ 합성물은 법률상 하나의 물건으로서 다루어진다.
④ 특정물과 부대체물, 불특정물과 대체물은 일치한다.
⑤ 사인의 소유에 속하는 공용물도 있을 수 있다.

03 권리의 객체에 관한 설명으로 옳은 것을 모두 고른 것은? (다툼이 있으면 판례에 따름)

> ㉠ 독립된 부동산으로서의 건물이라고 하기 위해서는 최소한 기둥과 지붕 그리고 주벽이 이루어지면 된다.
> ㉡ 특정할 수 있는 집합물은 양도담보의 대상이 될 수 있다.
> ㉢ 부동산 매수인이 매매대금을 완제한 후, 그 부동산이 인도되지 않은 상태에서 그로부터 발생한 과실은 특별한 사정이 없는 한 매도인에게 귀속된다.
> ㉣ 냉동창고에 공급·관리되는 냉기는 물건이 아니다.

① ㉠
② ㉠, ㉡
③ ㉠, ㉢
④ ㉡, ㉢
⑤ ㉠, ㉡, ㉢

02 ③ ① 인격절대주의를 취하는 현대의 법제하에서는 물건은 사람이 아닌 외계의 일부이어야 한다. 인위적으로 인체에 부착시킨 의치·의수·의족·의안 등도 신체에 부착되어 있는 한 신체의 일부가 된다. 그러나 인체의 일부이더라도 분리된 것, 예컨대 모발·치아·혈액·장기 등은 사회관념상 독립된 물건으로 취급하더라도 사회질서에 반하지 않는 경우에는 물건으로 인정된다.

② 물권의 객체는 하나의 물건으로 다루어지는 독립물이어야 하며, 물건의 일부나 구성부분 또는 물건의 집단은 원칙적으로 물권의 객체가 되지 못한다. 이를 일물일권주의(一物一權主義)라고 한다. 그러나 물건의 일부나 집단 위에 물권을 인정하여야 할 사회적 필요성이나 실익이 있고, 어느 정도 공시가 가능하거나 또는 공시와 관계가 없는 때에는 예외가 인정된다. 예컨대, 용익물권이나 건물의 구분소유는 물건의 일부에 대해 인정되며, 집합물에 특정성이 있으면 집합물양도담보가 인정된다.

④ 특정물·불특정물의 구별은 당사자의 의사에 의해 구별되며, 대체물·부대체물은 물건의 개성에 의해 객관적으로 구별된다. 특정물은 구체적인 거래에서 당사자가 특정의 물건을 지정하고 다른 물건으로 바꿀 것을 허용하지 않는 물건이고, 이에 대해 동종·동질·동량의 것이면 어느 것이라도 무방하다는 것이 불특정물이다. 대체물은 일반거래관념상 물건의 개성이 중시되지 않고 동종·동질·동량의 물건으로 바꾸어도 급부의 동일성이 바뀌지 않는 물건이고, 부대체물은 그 물건의 개성이 중시되어 대체성이 없는 물건이다. 따라서 특정물과 부대체물, 불특정물과 대체물은 일치하는 것이 아니다.

⑤ 물건을 강학상 분류할 때, 사법상 거래의 객체가 될 수 있느냐에 따라 융통물·불융통물로 나눌 수 있다. 불융통물에는 공용물·공공용물·금제물이 있다. 공용물이란 국가나 공공단체의 소유에 속하며, 공적 목적을 위하여 국가나 공공단체 자신의 사용에 제공되는 물건이다. 공공용물은 일반공중의 공동사용에 제공되는 물건으로서, 공용물과 달라서 반드시 국가·공공단체의 소유에 속하여야 하는 것은 아니며, 사유공물인 도로처럼 개인의 소유를 인정하면서 도로로 지정하여 그에 대한 사권의 행사를 금지하는 경우도 있다. 금제물은 법령에 의해 거래가 금지되는 물건으로서, 거래뿐만 아니라 소유 내지 소지까지 금지되는 것과 소유는 허용되지만 거래가 금지 또는 제한되는 것이 있다.

03 ② ⓒ 매매계약이 있은 후 목적물의 인도 이전에 발생하는 과실은 매도인에게 귀속한다(제587조 전단). 매수인이 매매대금을 이미 지급하였다면, 인도 전이라도 과실은 매수인에게 속한다(대판 2004.4.23, 2004다8210).

ⓔ 냉동창고에 공급·관리되는 냉기는 관리할 수 있는 유체물이므로 물건이다.

▶ 단일물·합성물·집합물

단일물	형체상 단일한 일체를 이루고 각 구성부분이 개성을 잃고 있는 물건으로서, 당연히 한 개의 물건이다. 예컨대 임야 내에 자연석을 조각하여 제작한 석불(대판 1970.9.22, 70다1494), 1필의 토지, 명인방법을 갖춘 미분리 천연과실이나 수목의 집단은 단일물이다.
물건의 일부	하나의 물건의 일부는 독립한 물건이 아니며, 따라서 그것은 원칙적으로 물권의 객체가 되지 못한다. 건물의 옥개부분(대판 1960.8.18, 4292민상859), 논의 논뚝(대판 1964.6.23, 64다120), 시설부지에 정착된 레일(대결 1972.7.27, 72마741)은 단일물이 아니고, 물건의 일부이다.
합성물	건물, 선박, 차량, 보석반지 등과 같이 구성부분이 개성을 잃지 않고 결합하여 단일한 형체를 이루는 것으로서, 법률상 하나의 물건으로 다루어진다. 첨부(부합·혼화·가공) 규정에 의하여 소유권의 귀속을 규율한다.
집합물	경제적으로 단일한 가치를 가지는 수개의 물건의 집합으로서, 원칙적으로 한 개의 물건이 아니므로 1개 물권의 객체가 될 수 없다. 그러나 특별법(공장 및 광업재단저당법, 동산·채권 등의 담보에 관한 법률 등)이 있는 경우, 특별법이 없더라도 경제적 독립성이 있고 공시방법이 갖추어져 그 범위를 특정할 수 있다면 물권의 성립을 인정할 수 있다(집합물 양도담보).

부동산과 동산에 관한 설명으로 옳지 않은 것은? (다툼이 있으면 판례에 따름)

① 토지의 정착물이 모두 토지와 별개의 부동산이 되는 것은 아니다.

② 건물이 아직 미완성이라고 하더라도 최소한의 기둥과 지붕 그리고 주벽을 갖추면 건물로서
의 독립성을 갖추었다고 볼 수 있다.

③ 전기 기타 관리할 수 있는 자연력은 동산이다.

④ 동산 중에도 등기나 등록에 의하여 물권을 공시하는 물건이 있다.

⑤ 임야에 있는 자연석을 조각하여 제작한 석불은 그 임야의 일부분이 된다.

해설 | ⑤ 임야에 있는 자연석을 조각하여 제작한 석불이라도 <u>그 임야의 일부분을 구성하는 것이라고는 할
수 없고 임야와 독립된 소유권의 대상이 된다</u>(대판 1970.9.22, 70다1494).
① 토지의 정착물은 모두 부동산이지만, 그 가운데에는 토지와는 별개의 부동산이 되는 것(예 건물)도
있고, 토지의 일부에 불과한 것(예 다리 · 돌담 · 연못 · 도로의 포장 등)도 있다.
② 건물 여부의 판단은 사회관념에 의하여 결정하여야 할 것이며, 판례는 최소한의 '기둥 · 지붕 · 주
벽' 시설이 이루어지면 된다고 한다(대판 2003.5.30, 2002다21592).
③ 부동산 외의 물건은 모두 동산이다(제99조 제2항). 따라서 전기 기타 관리할 수 있는 자연력도
동산이다.
④ 동산의 공시방법은 점유이다. 그러나 선박 · 자동차 · 항공기 · 건설기계는 동산임에도 불구하고 등
기나 등록에 의하여 공시된다.

기본서 p.189~193   정답 ⑤

04 민법상 물건에 관한 설명으로 옳지 않은 것은? (다툼이 있으면 판례에 따름)

① 입목에 관한 법률에 따라 등기된 입목이나 명인방법을 갖춘 수목의 경우에는 독립하
여 거래의 객체가 된다.

② 주물에 설정된 저당권의 효력은 종물에도 미친다.

③ 자기 소유의 금전을 타인이 점유한 경우에는 채권적 반환청구권을 행사할 수 있다.

④ 종류물의 매매에는 담보책임에 관한 규정이 적용될 수 없다.

⑤ 미분리의 천연과실도 명인방법을 갖추면 독립한 물건이 된다.

05 물건에 관한 설명으로 옳지 않은 것은? (다툼이 있으면 판례에 따름)

① 권원 없이 타인의 토지에 식재한 수목은 토지소유자에게 귀속한다.

② 농작물이 토지와 별개의 독립한 물건이 되려면 명인방법을 갖추어야 한다.

③ 임시로 심어 놓은 수목은 동산이다.

④ 토지에서 분리된 수목은 동산이다.

⑤ 명인방법을 갖춘 미분리의 과실은 토지나 수목과는 별개의 독립한 물건이다.

정답 및 해설

04 ④ 민법은 매매의 목적물에 하자가 있는 경우에도 매도인에게 담보책임을 지우고 있으며, <u>매도인의 하자담보</u> <u>책임은</u> 특정물매매에서뿐만 아니라(제580조), <u>종류물매매에서도 인정한다</u>(제581조). 특히 종류물매매에서 특정이 있기 전에는 매도인이 하자 없는 물건을 인도할 의무를 부담하므로, 이 단계에서는 담보책임이 문제될 여지가 없고, 특정되고 난 후에 그 물건에 하자가 있는 경우에 담보책임이 문제된다.

▶ 토지의 정착물

토지의 정착물	토지와 독립된 부동산과 토지의 일부에 지나지 않는 것이 있다.
건물	토지로부터 완전히 독립한 별개의 부동산이다. 건물 여부의 판단은 사회관념에 의하여 결정하여야 할 것이며, 판례는 최소한의 '기둥·지붕·주벽' 시설이 이루어지면 된다고 한다(대판 2003.5.30, 2002다21592).
수목	• 토지로부터 분리되면 동산. 분리되지 않은 상태에서는 토지의 구성부분으로 토지의 일부 • 입목에 관한 법률에 의하여 소유권보존등기를 한 수목의 집단은 '입목'으로서 독립한 부동산. 토지와 분리하여 '소유권·저당권'의 객체 ○(동법 제311조) • 입목에 관한 법률의 적용을 받지 않는 그 밖의 수목의 집단(개개의 수목 포함)이더라도 '명인방법'이라는 관습법상의 공시방법을 갖추면 독립한 부동산으로서 '소유권'의 객체가 된다(∴ 양도 ○ ↔ 저당 ×).
미분리의 과실	수목의 일부이지만, 명인방법을 갖추면 토지와 독립하여 거래할 수 있다. 다수설·판례는 부동산으로 본다.
농작물	권원 없이 나아가 위법하게 타인의 토지에 농작물을 경작·재배한 경우에도, 그 농작물이 성숙하여 독립한 물건으로서의 존재를 갖추었다면 그 농작물의 소유권은 경작자에게 있다. 명인방법을 갖출 필요도 없다(판례).

05 ② 적법한 경작권 없이 타인의 토지를 경작하였더라도 그 경작한 입도가 성숙하여 독립한 물건으로서의 존재를 갖추었으면 입도의 소유권은 경작자에게 귀속하고, 이때 <u>명인방법을 갖추었는지 여부는 문제되지 않는다</u> (대판 1979.8.28, 79다784).

주물·종물에 관한 설명으로 옳은 것은? (다툼이 있으면 판례에 따름)

① 주유기는 주유소 건물의 종물이 아니라 부합물이다.

② 주유소의 지하에 매설된 유류저장탱크는 주유소 건물의 종물이다.

③ 주물의 소유자가 아닌 다른 사람의 물건은 원칙적으로 종물이 될 수 없다.

④ 호텔의 객실에 설치된 텔레비전, 전화기는 호텔건물의 종물이다.

⑤ 증축부분이 물리적 구조뿐만 아니라 용도와 기능면에서도 기존건물과 독립한 별개의 소유권의 객체가 될 수 없는 경우에는 기존건물의 종물로 본다.

해설 | 종물은 물건의 소유자가 그 물건의 상용에 공하기 위하여 자기 소유인 다른 물건을 이에 부속하게 한 것을 말하므로(민법 제100조 제1항) 주물과 다른 사람의 소유에 속하는 물건은 종물이 될 수 없다(대판 2008.5.8, 2007다36933).

오답
체크 | ① 주유소의 주유기는 건물의 종물이다(대판 1993.12.10, 93다42399).
② 주유소의 지하 유류저장탱크는 토지의 부합물이다(대판 1995.6.29, 94다6345).
④ 호텔의 각 방실에 시설된 텔레비전, 전화기는 위 호텔의 경영자나 이용자의 상용에 공여됨은 별론으로 하고 주물인 부동산 자체의 경제적 효용에 직접 이바지하지 아니함은 경험칙상 명백하므로 위 부동산에 대한 종물이라고는 할 수 없다(대판 1985.3.26, 84다카269).
⑤ 증축부분이 물리적 구조뿐만 아니라 용도와 기능면에서도 기존건물과 독립한 별개의 소유권의 객체가 될 수 없는 경우에는 부합물에 해당한다(대판 1981.11.10, 80다2757).

보충 | 종물 여부

종물 인정례	• 배와 노, 시계와 시곗줄, 가옥과 덧문, 안채와 사랑채, 농장과 농구소가옥 등 • 농지에 부속한 양수시설은 농지의 종물이다(대판 1967.3.7, 66누176). • 낡은 가재도구 등의 보관장소로 사용되고 있는 방과 연탄창고 및 공동변소는 본채에서 떨어져 축조되어 있기는 하나 본채의 종물이다(대판 1991.5.14, 91다2779). • 횟집으로 사용할 점포건물에 붙여서 생선을 보관하기 위하여 신축한 수족관건물은 점포건물의 종물이다(대판 1993.2.12, 92다3234). • 백화점건물의 지하 2층 기계실에 설치되어 있는 전화교환설비는 10층 백화점의 효용과 기능을 다하기에 필요불가결한 시설물로서 위 건물의 상용에 제공된 종물이라 할 것이다(대판 1993.9.13, 92다43142). • 주유소의 주유기는 주유소의 종물이다(대판 1995.6.29, 94다6345).
종물 부정례	• 주유소의 지하에 매설된 유류저장탱크를 토지로부터 분리하는 데 과다한 비용이 들고, 이를 분리하여 발굴하는 경우 그 경제적 가치가 현저히 감소할 것이 분명한 경우에 그 유류저장탱크는 토지에 부합된다(대판 1995.6.29, 94다6345). • 정화조는 건물의 대지가 아닌 인접한 다른 필지의 지하에 설치되어 있다 하더라도 독립된 물건으로서 종물이라기보다는 건물의 구성부분으로 보아야 할 것이다(대판 1993.12.10, 93다42399). • 호텔의 각 방실에 시설된 텔레비전·전화기, 호텔세탁실에 시설된 세탁기·탈수기·드라이크리닝기, 호텔주방에 시설된 냉장고·제빙기, 호텔방송실에 시설된 브이티알(비디오)·앰프 등은 적어도 호텔의 경영자나 이용자의 상용에 공여됨은 별론으로 하고, 주물인 부동산 자체의 경제적 효용에 직접 이바지하지 아니함은 경험칙상 명백하므로 위 부동산에 대한 종물이라고 할 수는 없다(대판 1985.3.26, 84다카269).

> • 신·구폐수처리시설이 그 기능면에서는 전체적으로 결합하여 유기적으로 작용함으로써 하나의 폐수처리장을 형성하고 있지만, 신폐수처리시설이 구폐수처리시설 그 자체의 경제적 효용을 다하게 하는 시설이라고 할 수 없다(대판 1997.10.10, 97다3750).

기본서 p.193~196 정답 ③

06 주물·종물에 관한 설명으로 옳은 것은? (다툼이 있으면 판례에 따름)

① 일시적으로 어떤 물건의 효율을 돕는 물건도 종물이다.
② 주물과 종물 사이에 장소적으로 밀접한 관련이 있을 필요는 없다.
③ 횟집에 거의 붙여서 횟감용 생선을 보관하기 위한 수족관은 횟집건물의 종물이다.
④ 부동산은 종물이 될 수 없다.
⑤ 종물은 주물의 처분에 따르고, 그와 다른 약정은 무효이다.

정답 및 해설

06 ③ ③ 횟집으로 사용할 점포건물에 거의 붙여서 횟감용 생선을 보관하기 위하여, 즉 위 점포건물의 상용에 공하기 위하여 신축한 수족관건물은 위 점포건물의 종물이라고 해석할 것이다(대판 1993.2.12, 92도3234).
① 종물은 주물의 상용(常用)에 공(供)하여야 하는데, 상용에 공한다는 것은 사회관념상 계속하여 주물 자체의 경제적 효용을 높이는 관계에 있다는 것을 의미한다. 따라서 가령 난로와 같이 일시적으로 어떤 물건(사무실)의 효용을 돕고 있을 뿐인 것은 종물이 아니다.
② 종물은 주물에 부속되어 있어야 하므로, 주물과 종물 사이에 밀접한 장소적 관련성이 있어야 한다(대판 1956.5.24, 4288민상526).
④ 종물은 동산·부동산을 따지지 않는다. 예컨대, 주택에 딸린 광은 부동산이지만 종물이다. 판례도 연탄창고와 공동변소를 본채의 종물로 보았다(대판 1991.5.14, 91다2779).
⑤ 종물은 주물의 처분에 따른다(제100조 제2항). 동 규정은 강행규정이 아니므로, 당사자는 특약으로 주물을 처분할 때에 종물을 제외할 수 있고, 종물만을 따로 처분할 수 있다(대판 1978.12.26, 78다2028).

07 주물·종물에 관한 설명으로 옳지 않은 것은? (다툼이 있으면 판례에 따름)

① 주물과 종물은 원칙적으로 동일한 소유자에게 속하여야 한다.
② 주물과 종물에 관한 민법 제100조 제2항의 법리는 압류와 같은 공법상 처분에는 적용되지 않는다.
③ 당사자는 주물을 처분할 때에 특약으로 종물을 제외하거나 종물만 별도로 처분할 수 있다.
④ 주물·종물 관계는 특별한 사정이 없는 한 동일인 소유의 물건 사이에서 인정된다.
⑤ 주물·종물 법리는 타인 소유 토지 위에 존재하는 건물의 소유권과 그 건물의 부지에 관한 건물소유자의 토지임차권 사이에도 유추적용될 수 있다.

08 주물과 종물에 관한 설명으로 옳지 않은 것은? (다툼이 있으면 판례에 따름)

① 종물은 주물의 처분에 따르므로 종물만을 별도로 처분하기로 하는 약정은 무효이다.
② 주물 소유자의 소유가 아닌 물건은 종물이 될 수 없다.
③ 건물에 대한 저당권의 효력은, 특별한 사정이 없는 한, 그 건물의 소유를 목적으로 하는 지상권에도 미친다.
④ 주물 소유자의 사용에 공여되고 있더라도 주물 그 자체의 효용과 직접 관계가 없는 물건은 종물이 아니다.
⑤ 어떤 권리를 다른 권리에 대하여 종된 권리라고 할 수 있으려면 종물과 마찬가지로 다른 권리의 경제적 효용에 이바지하는 관계에 있어야 한다.

09 권리의 객체에 관한 설명으로 옳지 않은 것은? (다툼이 있으면 판례에 따름)

① 주물 자체의 효용과 직접 관계없는 물건은 종물이 아니다.
② 주물에 설정된 저당권의 효력은 특별한 사정이 없으면 종물에 미친다.
③ 입목에 관한 법률에 의하여 입목등기를 한 수목의 집단은 토지와 별개의 부동산이다.
④ 호텔의 객실에 설치된 텔레비전, 전화기는 호텔건물의 종물이다.
⑤ 주물에 설정된 저당권의 효력은 종물에도 미친다.

10 물건에 관한 설명으로 옳지 않은 것은? (다툼이 있으면 판례에 따름)

① 부동산 외의 물건은 모두 동산이다.
② 임대료는 법정과실에 해당한다.
③ 종물은 주물의 구성부분이 아닌 독립한 물건이어야 한다.
④ 부동산은 주물뿐만 아니라 종물도 될 수 있다.
⑤ 주유소의 지하에 매설된 유류저장탱크는 주유소건물의 종물이다.

11 물건에 관한 설명으로 옳지 않은 것은? (다툼이 있으면 판례에 따름)

① 주물과 다른 사람의 소유에 속하는 물건은 종물이 될 수 없다.
② 주물을 처분할 때 당사자간의 특약으로 종물만을 별도로 처분할 수도 있다.
③ 국립공원의 입장료는 법정과실에 해당한다.
④ 관리할 수 있는 자연력은 동산이다.
⑤ 명인방법을 갖춘 수목의 경우 토지와 독립된 물건으로서 거래의 객체가 된다.

정답 및 해설

07 ② 민법 제100조 제2항의 종물과 주물의 관계에 관한 법리는 물건 상호간의 관계뿐 아니라 권리 상호간에도 적용되고, 위 규정에서의 처분은 처분행위에 의한 권리변동뿐 아니라 주물의 권리관계가 압류와 같은 공법상의 처분 등에 의하여 생긴 경우에도 적용되어야 한다(대판 2006.10.26, 2006다29020).

08 ① 종물은 주물의 처분에 수반된다는 민법 제100조 제2항은 임의규정이므로, 당사자는 주물을 처분할 때에 특약으로 종물을 제외할 수 있고 종물만을 별도로 처분할 수도 있다(대판 2012.1.26, 2009다76546).

09 ④ 호텔의 각 방실에 시설된 텔레비전, 전화기는 위 호텔의 경영자나 이용자의 상용에 공여됨은 별론으로 하고 주물인 부동산 자체의 경제적 효용에 직접 이바지하지 아니함은 경험칙상 명백하므로 위 부동산에 대한 종물이라고는 할 수 없다(대판 1985.3.26, 84다카269).

10 ⑤ 주유소의 지하 유류저장탱크는 토지의 부합물이다(대판 1995.6.29, 94다6345).

11 ③ 국립공원의 입장료는 토지의 사용대가라는 민법상 과실이 아니라 수익자 부담의 원칙에 따라 국립공원의 유지·관리비용의 일부를 국립공원 입장객에게 부담시키고자 하는 것이다(대판 2001.12.28, 2000다27749).

12 물건에 관한 설명으로 옳은 것은? (다툼이 있으면 판례에 따름)

① 국립공원의 입장료는 토지의 사용대가로서 민법상의 과실이다.

② 주물과 종물의 관계에 관한 법리는 특별한 사정이 없는 한 권리 상호간의 관계에도 미친다.

③ 주물의 소유자 아닌 자의 물건도 원칙적으로 종물이 될 수 있다.

④ 주유소 지하에 콘크리트를 타설하여 매설한 유류저장탱크는 토지의 종물이다.

⑤ 수목의 집단이 관계법규에 따라 등기된 경우에도 특별한 사정이 없는 한 토지소유권을 취득한 자는 입목의 소유권도 취득한다.

대표예제 29 \ **원물과 과실 ★★**

원물과 과실에 관한 설명으로 옳지 않은 것은? (다툼이 있으면 판례에 따름)

① 물건의 사용대가로 받는 물건은 법정과실이다.

② 물건의 용법에 따라 수취하는 산출물은 천연과실이다.

③ 법정과실의 귀속에 관한 민법 규정은 강행규정이다.

④ 천연과실의 귀속에 관한 민법 규정은 임의규정이다.

⑤ 건물을 사용함으로써 얻는 이득은 그 건물의 과실에 준한다.

해설ㅣ③④ 과실의 귀속에 관한 규정은 <u>임의규정</u>이다.
　　① 제101조 제2항
　　② 제101조 제1항
　　⑤ 가옥에 거주하는 것과 같이 원물을 그대로 이용하는 경우, 즉 물건을 현실적으로 사용하여 얻는 이익을 '사용이익'이라고 한다. 그 실질은 과실과 다르지 않으므로, 과실에 관한 민법의 규정이 유추적용된다(통설·판례).

기본서 p.196~198　　　　　　　　　　　　　　　　　　　　　　　　　　　　　　　　정답 ③

---

13 물건에 관한 설명으로 옳지 않은 것은? (다툼이 있으면 판례에 따름)

① 주물과 종물은 원칙적으로 동일한 소유자에게 속하여야 한다.

② 주물과 종물에 관한 민법 제100조 제2항의 법리는 압류와 같은 공법상 처분에는 적용되지 않는다.

③ 당사자는 주물을 처분할 때에 특약으로 종물을 제외하거나 종물만 별도로 처분할 수 있다.

④ 노동의 대가인 임금은 법정과실이 아니다.

⑤ 매매목적물이 인도되지 않았고 매수인도 대금을 완제하지 않은 경우, 특별한 사정이 없는 한 매도인의 이행지체가 있더라도 매매목적물로부터 발생하는 과실은 매도인에게 귀속된다.

정답 및 해설

12 ② ② 주물·종물 이론은 물건 상호간에 관한 것이지만 그것은 권리 상호간에도 유추적용되어야 한다(이설 없음).

① 국립공원의 입장료는 토지의 사용대가라는 민법상 과실이 아니라 수익자 부담의 원칙에 따라 국립공원의 유지·관리비용의 일부를 국립공원 입장객에게 부담시키고자 하는 것이다(대판 2001.12.28, 2000다27749).

③ 주물·종물 모두 동일한 소유자에게 속하여야 한다. 따라서 주물의 소유자가 아닌 자의 물건은 종물이 될 수 없다(대판 2008.5.8, 2007다36933·36940).

④ 주유소의 지하에 매설된 유류저장탱크를 토지로부터 분리하는 데 과다한 비용이 들고, 이를 분리하여 발굴하는 경우 그 경제적 가치가 현저히 감소할 것이 분명한 경우에 그 유류저장탱크는 토지에 부합된다(대판 1995.6.29, 94다6345).

⑤ 입목에 관한 법률에 의하여 소유권보존등기를 한 수목의 집단은 '입목'으로서 독립한 부동산이며, 토지와 분리하여 소유권·저당권의 객체가 된다.

13 ② 민법 제100조 제2항의 종물과 주물의 관계에 관한 법리는 물건 상호간의 관계뿐 아니라 권리 상호간에도 적용되고, 위 규정에서의 처분은 처분행위에 의한 권리변동뿐 아니라 주물의 권리관계가 압류와 같은 공법상의 처분 등에 의하여 생긴 경우에도 적용되어야 한다(대판 2006.10.26, 2006다29020).

14 물건에 관한 설명으로 옳지 않은 것은?

① 임금은 법정과실이다.

② 종물은 주물의 처분에 따른다.

③ 법정과실은 수취할 권리의 존속기간 일수의 비율로 취득한다.

④ 천연과실은 물건의 용법에 의하여 수취하는 산출물이다.

⑤ 천연과실은 그 원물로부터 분리된 때 이를 수취할 권리자에게 속한다.

15 물건에 관한 설명으로 옳지 않은 것은? (다툼이 있으면 판례에 따름)

① 건물의 개수는 공부상의 등록뿐만 아니라 거래관념에 따라 제반사정을 참작하여 결정한다.

② 대출금에 대한 이자는 천연과실이다.

③ 천연과실은 그 원물로부터 분리할 때 이를 수취할 권리자에게 속한다.

④ 법정과실은 수취할 권리의 존속기간 일수의 비율로 취득한다.

⑤ 토석은 토지의 기본적 구성부분이므로 특별한 사정이 없는 한 토지와 별개로 권리의 객체로 되지 못한다.

정답 및 해설

14 ① 물건으로부터 생기는 수익을 과실이라고 하고, 과실을 생기게 하는 물건을 원물이라고 한다. 과실은 물건이어야 하고, 또 물건인 원물로부터 생긴 것이어야 한다. 따라서 권리의 과실이나(예 주식배당금 · 특허권의 사용료 등), 임금과 같은 노동의 대가, 원물의 사용대가로서 노무를 제공받는 것 등은 민법상의 과실이 아니다 (통설).

15 ② 법정과실이란 물건의 사용대가로 받는 금전 기타 물건을 말한다(제101조 제2항). 예컨대 임료, 지료, 이자 등이 법정과실이다.

제5장 법률행위

대표예제 30 　권리변동 ★★

권리변동에 관한 연결이 옳지 않은 것은?

① 원시취득 – 선의취득, 유실물습득에 의한 소유권취득
② 포괄승계 – 상속, 사인증여
③ 특정승계 – 매매에 의한 소유권취득
④ 설정적 승계 – 지상권이나 저당권의 설정
⑤ 내용의 변경 – 물건의 증감, 소유권 위의 제한물권의 설정

해설 | 증여는 증여자의 재산권을 수증자에게 이전케 하는 일종의 계약으로 유증에 관한 규정을 준용하는바 (제562조), 포괄유증과 포괄적 증여는 '포괄승계'에 해당하나, 특정유증과 사인증여는 '특정승계'에 해당한다.

보충 | 1. 권리취득의 모습

원시취득	특정한 권리가 타인의 권리에 기초함이 없이 특정인에게 새롭게 발생하는 권리변동이다. 예 신축건물 소유권취득 · 선점 · 유실물습득 · 선의취득 · 시효취득 · 인격권 · 가족권 등		
승계취득	이전적 승계	특정 승계	특정권리가 그에 맞는 취득원인에 의해서만 특정인에게 취득되는 경우 예 매매에 의한 소유권취득 · 특정유증 · 사인증여 등
		포괄 승계	하나의 원인에 의해 다수의 권리가 포괄적으로 취득되는 경우 예 상속 · 포괄유증 · 회사합병 등
	설정적 승계		구권리자의 권리를 그대로 존속시키면서 새로운 권리자가 새로운 권리를 취득하는 경우 예 지상권 · 전세권 · 저당권의 설정 등

2. 권리변경의 모습

주체변경		이전적 승계에 해당한다.
내용변경	질적 변경	선택채권의 선택, 물상대위, 대물변제, 일반채권의 손해배상채권화 등
	양적 변경	물건의 증감, 첨부, 소유권의 객체에 대한 제한물권의 설정 등
작용변경		저당권의 순위가 변동하는 경우, 대항력이 없던 부동산임차권의 등기완료 등

기본서 p.209~211　　　　　　　　　　　　　　　　　　　　　　　　　　　　정답 ②

01 권리의 원시취득에 해당하지 않는 것은? (다툼이 있으면 판례에 따름)

① 건물의 신축에 의한 소유권취득
② 유실물의 습득에 의한 소유권취득
③ 무주물의 선점에 의한 소유권취득
④ 부동산점유취득시효에 의한 소유권취득
⑤ 금원을 대여하면서 채무자 소유의 건물에 저당권을 설정받은 경우

02 다음 중 그 법적 성질이 다른 법률사실은?

① 사원총회의 소집통지
② 시효중단사유로서의 채무의 승인
③ 공탁의 통지
④ 무권대리의 상대방에 대한 본인의 추인거절
⑤ 채무자의 채권양도의 승낙

03 다음 중 그 법적 성질이 법률행위인 것은?

① 상계
② 청약
③ 채권양도의 통지
④ 불법행위
⑤ 채무이행의 최고

04 법률행위의 성립요건에 해당하는 것은?

① 요물계약에서 물건의 인도
② 대리행위에서 대리권의 존재
③ 당사자의 행위능력
④ 시기부 법률행위에서 기한의 도래
⑤ 토지거래허가구역 내의 토지거래계약에 관한 관할관청의 허가

정답 및 해설

01 ⑤ 금원을 대여하면서 채무자 소유의 건물에 저당권을 설정받은 경우, 설정적 승계이다.

02 ④ ①②③⑤는 관념의 통지이고, ④는 의사의 통지이다.

▶ 법률사실의 분류

용태	외부적 용태	적법행위	법률행위		의사표시를 불가결한 구성요소로 하는 법률요건으로, 단독행위, 계약, 합동행위(多) 등이 있다.
			준법률행위	표현행위	의사통지	각종 최고, 각종 거절
					관념통지	사원총회소집통지, 채무승인, 채권양도통지·승낙, 공탁통지, 승낙연착통지
					감정표시	용서(제556조 제2항, 제841조)
				비표현행위 (사실행위)	순수사실	매장물발견, 주소의 설정, 가공, 유실물습득, 특허법상의 발명 등
					혼합사실	점유의 취득상실, 선점, 물건의 인도 * 사무관리·부부동거(의사사실행위설)
		위법행위	채무불이행(제390조 이하), 불법행위(제750조 이하)
	내부적 용태	관념적 용태	선의, 악의, 정당한 대리인이라는 인식(제126조)
		의사적 용태	소유의 의사(제197조), 제3자의 변제에 있어서 채무자의 허용·불허용의 의사(제469조), 사무관리의 본인의 의사(제734조) 등
사건	사람의 정신작용에 기하지 않는 법률사실로, 사람의 출생과 사망, 실종, 시간의 경과, 물건의 자연적인 발생과 소멸, 사람에 의한 천연과실의 분리, 물건의 파괴, 혼화·부합, 부당이득 등이 있다.

03 ① ① 상계는 채무자가 채권자에 대하여 가지는 동종의 채권에 대하여 그 채권과 채무를 대등액에서 소멸시키는 '채무자의 단독행위'로 한 개의 의사표시만으로도 성립하는 법률행위이다(제492조).
② 법률사실, ③ 관념의 통지, ④ 위법행위, ⑤ 의사의 통지

04 ① ① 요물계약에서 물건의 인도는 법률행위의 특별성립요건이다.
②③④⑤ 법률행위의 효력요건이다.

법률행위에 관한 설명으로 옳지 않은 것을 모두 고른 것은?

> ㉠ 쌍무계약은 언제나 유상계약이다.
> ㉡ 교환은 요식행위이다.
> ㉢ 저당권설정계약은 금전소비대차계약의 주된 계약이다.
> ㉣ 추심을 위한 채권양도는 민법학상 신탁행위이다.

① ㉠, ㉣   ② ㉡, ㉢
③ ㉡, ㉣   ④ ㉠, ㉢, ㉣
⑤ ㉡, ㉢, ㉣

해설 | ㉡ 교환은 쌍무 · 유상 · 낙성 · 불요식행위이다.
　　　㉢ 저당권설정계약은 금전소비대차계약의 종된 계약이다.

기본서 p.213~215

정답 ②

05 상대방 없는 단독행위는?

① 해제
② 추인
③ 유언
④ 한정후견인의 동의
⑤ 법인의 이사를 사임하는 행위

06 상대방 없는 단독행위인 것은?

① 상계
② 사기에 의한 매매계약의 취소
③ 해지
④ 공유지분의 포기
⑤ 1인의 설립자에 의한 재단법인 설립행위

07 법률행위에 관한 설명으로 옳지 않은 것은? (다툼이 있으면 판례에 따름)

① 처분권 없이 한 채권행위와 물권행위는 모두 무효이다.

② 단독행위 중에는 형성권의 행사로서 행해지는 의사표시에 의하여 이루어지지 않는 것도 있다.

③ 제2매수인이 매도인의 제1매수인에 대한 배임행위에 적극 가담하여 매매계약을 체결한 경우에 그 매매행위는 무효이다.

④ 법률행위의 분류로서 출연행위와 비출연행위의 구별이 있는데, 매매계약은 출연행위에 속한다.

⑤ 상대방 없는 단독행위는 요식행위로 되어 있는 경우가 많다.

정답 및 해설

05 ③ ③ 유언 · 재단법인 설립행위 · 상속의 포기 · 소유권의 포기 등은 <u>상대방 없는 단독행위</u>이다.
①②④⑤ 동의 · 철회 · 상계 · 추인 · 취소 · 해제 · 해지 · 채무면제 · 제한물권의 포기 · 시효이익의 포기 · 공유지분의 포기 · 합유지분의 포기 등은 <u>상대방 있는 단독행위</u>이다.

06 ⑤ 단독행위에는 동의 · 철회 · 상계 · 추인 · 취소 · 해제 · 해지 · 채무면제 · 제한물권의 포기 · 시효이익의 포기 · 공유지분의 포기 · 합유지분의 포기 등 상대방 있는 단독행위와, 유언 · <u>재단법인 설립행위</u> · 상속의 포기 · 소유권의 포기 등 <u>상대방 없는 단독행위</u>의 둘이 있다.

07 ① 처분행위가 유효하기 위해서는 처분자에게 처분권한이 있어야 하고, 그렇지 않은 경우에는 그 처분행위는 무효이다. <u>채권행위는 처분권 없이 이루어져도 유효이다</u>(제569조 참조).

법률행위의 해석에 관한 설명으로 옳은 것은? (다툼이 있으면 판례에 따름)

① 사실인 관습은 법령으로서의 효력이 없는 단순한 관행이므로, 당사자의 주장이나 증명이 없으면 법원이 직권에 의하여 판단할 수 없다.

② 유언의 경우 우선적으로 규범적 해석이 이루어져야 한다.

③ 법률행위의 성립이 인정되는 경우에만 보충적 해석이 가능하다.

④ 처분문서가 존재한다면 처분문서의 기재내용과 다른 묵시적 약정이 있는 사실이 인정되더라도 그 기재내용을 달리 인정할 수는 없다.

⑤ 계약당사자 쌍방이 X토지를 계약목적물로 삼았으나, 계약서에는 착오로 Y토지를 기재하였다면, Y토지에 관하여 계약이 성립한 것이다.

해설 | 보충적 해석은 법률행위의 성립이 자연적 · 규범적 해석을 통하여 긍정된 후에 개시된다.

오답
체크
① 입증책임에 관하여, 판례는 "사실인 관습은 일반생활에 있어서의 일종의 경험칙에 속한다 할 것이고, 법관은 당사자의 주장이나 입증에 구애받지 않고 법관 스스로 직권에 의하여 경험칙의 유무를 판단할 수 있다(대판 1976.7.13, 76다983)"고 한다. 그러나 "법원이 이를 알 수 없는 경우 결국은 당사자가 이를 주장 입증할 필요가 있다(대판 1983.6.14, 80다3231)."고 한다.

② 유언과 같은 상대방 없는 의사표시의 경우에는 표의자의 진정한 의사가 탐구되어야 한다.

④ 처분문서의 진정성립이 인정되면 작성자가 거기에 기재된 법률상의 행위를 한 것이 직접 증명된다고 하겠으나, 처분문서라 할지라도 그 기재내용과 다른 명시적 · 묵시적 약정이 있는 사실이 인정될 경우에는 그 기재내용과 다른 사실을 인정할 수 있고, 작성자의 행위를 해석할 때에도 경험칙과 논리칙에 반하지 않는 범위 내에서 자유로운 심증으로 판단할 수 있다(대판 2013.1.16, 2011다102776).

⑤ 부동산의 매매계약에 있어 쌍방당사자가 모두 특정의 X토지를 계약의 목적물로 삼았으나 그 목적물의 지번 등에 관하여 착오를 일으켜 계약을 체결함에 있어서는 계약서상 그 목적물을 X토지와는 별개인 Y토지로 표시하였다 하여도 X토지에 관하여 이를 매매의 목적물로 한다는 쌍방당사자의 의사합치가 있은 이상 위 매매계약은 X토지에 관하여 성립한 것으로 보아야 할 것이다(대판 1993. 10.26, 93다2629).

기본서 p.216~220

정답 ③

08 법률행위의 해석에 관한 설명으로 옳지 않은 것은? (다툼이 있으면 판례에 따름)

① 오표시무해의 원칙은 법률행위 해석 중 자연적 해석에 따른 것이다.

② 비전형의 혼합계약을 해석함에는 사용된 문언의 내용에 의하여 당사자가 그 표시행위에 부여한 객관적 의미를 있는 그대로 확정하는 것이 필요하다.

③ 당사자가 특정토지를 계약목적물로 합의하였으나 그 지번의 표시에 관한 착오로 인하여 계약서에 그 토지와 다른 토지로 표시한 경우, 계약서에 표시된 토지에 대하여 계약이 성립한다.

④ 사실인 관습은 당사자의 주장에 구애됨이 없이 법원이 스스로 직권에 의하여 판단할 수 있다.

⑤ 계약을 체결한 자가 타인의 이름으로 법률행위를 한 경우, 계약당사자의 확정에 관한 행위자와 상대방의 의사가 일치하면 그 일치한 의사대로 행위자 또는 명의인을 계약의 당사자로 확정하여야 한다.

09 甲과 乙은 甲 소유의 X토지와 그 토지에 인접한 Y토지 중 X토지에 대한 매매계약을 체결하였지만, 그 지번에 착오를 일으켜 매매계약서상 그 목적물을 Y토지로 표시하였고, 甲은 乙에게 Y토지를 인도하고 그 소유권이전등기를 해 주었다. 다음 중 옳지 않은 것은?

① 甲과 乙 사이의 매매계약은 유효하다.

② 乙은 甲에 대하여 담보책임을 주장할 수 없다.

③ 乙은 甲에게 X토지의 소유권이전등기를 청구할 수 있다.

④ 甲은 Y토지에 대한 매매계약을 착오를 이유로 취소할 수 있다.

⑤ 乙은 Y토지에 대한 소유권을 취득하지 못한다.

정답 및 해설

08 ③ 부동산의 매매계약에 있어 쌍방당사자가 모두 특정의 甲토지를 계약의 목적물로 삼았으나 그 목적물의 지번 등에 관하여 착오를 일으켜 계약을 체결함에 있어서는 계약서상 그 목적물을 甲토지와는 별개인 乙토지로 표시하였다 하여도 甲토지에 관하여 이를 매매의 목적물로 한다는 쌍방당사자의 의사합치가 있는 이상 위 매매계약은 甲토지에 관하여 성립한 것으로 보아야 할 것이고 乙토지에 관하여 매매계약이 체결된 것으로 보아서는 안 될 것이며, 만일 乙토지에 관하여 위 매매계약을 원인으로 하여 매수인 명의로 소유권이전등기가 경료되었다면 이는 원인이 없이 경료된 것으로서 무효이다(대판 1993.10.26, 93다2629).

09 ④ 자연적 해석의 경우에는 그릇된 표시에도 불구하고 당사자가 일치하여 생각한 의미로 효력이 생기기 때문에(의사와 표시의 일치), 착오 취소는 인정될 여지가 없다.

10 사실인 관습에 관한 설명으로 옳지 않은 것은? (다툼이 있으면 판례에 따름)

① 사실인 관습은 관습법과 달리 사회의 법적 확신을 결여하는 관행에 지나지 않는다.

② 사실인 관습은 사적 자치가 인정되는 분야에서는 법률행위의 해석기준으로서 또는 의사를 보충하는 기능으로서 이를 재판의 자료로 할 수 있다.

③ 사실인 관습은 임의법규에 우선하여 법률행위 해석의 기준이 된다.

④ 당사자의 의사가 명확하지 않은 경우에 임의규정과 다른 관습이 있으면 그 관습에 따른다.

⑤ 재판에서 법원은 사실인 관습의 존재를 직권으로 판단할 수 없다.

대표예제 33 \ 법률행위의 목적 ★★

법률행위의 목적에 관한 설명으로 옳지 않은 것은? (다툼이 있으면 판례에 따름)

① 법률행위의 목적은 이미 확정되어 있거나 장차 확정될 수 있어야 한다.

② 법률행위의 목적이 물리적으로는 실현될 수 있어도 사회통념상 실현될 수 없는 것은 불능에 해당한다.

③ 주택의 매매계약에 있어서 계약체결 전날에 주택이 화재로 멸실된 경우는 원시적 불능에 해당한다.

④ 중간생략등기의 합의에 관한 사법상 효력은 무효가 아니다.

⑤ 법률행위의 목적이 사회적 타당성을 결여하였더라도 개별적인 강행법규에 위반하지 않았다면 그 법률행위는 유효하다.

해설 | ⑤ 법률행위가 강행규정에 위반하지 않더라도 '선량한 풍속 기타 사회질서'에 위반하면 무효이다(제103조).

　① 법률행위의 성립 당시부터 확정성을 갖출 필요는 없으며, 이를 사후에라도 구체적으로 확정할 수 있는 방법과 기준이 정하여져 있으면 족하다(대판 1996.4.26, 94다34432).

　② 목적의 불능은 물리적 불능이나 법률적 불능뿐만 아니라 사회관념상의 불능도 포함한다. 따라서 한강에 가라앉은 반지를 찾아주기로 하는 약정은 무효이다.

　③ 원시적 불능은 법률행위의 성립 당시에 이미 불능인 것이고, 후발적 불능은 법률행위의 성립 이후에 불능으로 된 것이다. 예컨대, 가옥의 매매계약에 있어서 매매계약 전날에 가옥이 불타 버린 경우는 원시적 불능이고, 계약이 체결된 후 이행이 있기 전에 불탄 경우는 후발적 불능이다. 원시적·전부 불능은 무효이지만, 계약체결상 과실책임이 문제될 수 있다(제535조).

　④ 부동산등기 특별조치법상 조세포탈과 부동산투기 등을 방지하기 위하여 위 법률 제2조 제2항 및 제8조 제1호에서 등기하지 아니하고 제3자에게 전매하는 행위를 일정 목적범위 내에서 형사처벌 하도록 되어 있으나 이로써 순차매도한 당사자 사이의 중간생략등기 합의에 관한 사법상 효력까지 무효로 한다는 취지는 아니다(대판 1993.1.26, 92다39112).

기본서 p.221   정답 ⑤

11 법률행위의 목적에 관한 설명으로 옳지 않은 것은?

① 법률행위의 목적은 법률행위의 성립 당시에 반드시 확정되어 있어야 한다.

② 법령 중의 선량한 풍속 기타 사회질서에 관계있는 규정에 위반한 법률행위는 무효이다.

③ 민법상의 권리능력, 행위능력에 관한 규정은 강행규정이다.

④ 후발적 불능이 있으면 법률행위 자체는 무효로 되지 않으나 계약의 이행불능 또는 위험부담의 문제가 발생한다.

⑤ 법률행위의 일부불능은 원칙적으로 법률행위의 전부를 무효로 한다.

정답 및 해설

10 ⑤ 사실인 관습은 일반생활에 있어서의 일종의 경험칙에 속한다 할 것이고 경험칙은 일종의 법칙인 것이므로 법관은 어떠한 경험칙의 유무를 판단함에 있어서는 <u>당사자의 주장이나 입증에 구애됨이 없이 스스로 직권에 의하여 판단할 수 있다</u>(대판 1976.7.13, 76다983).

11 ① <u>장차 확정할 수 있는 것이면 족하다</u>. 법률행위가 유효하기 위해서는 법률행위의 해석을 거쳐 그 내용을 확정할 수 있어야만 한다. 그러한 작업을 거치고서도 그 내용을 확정할 수 없는 경우에는 그 법률행위는 무효이다.

대표예제 34 / **목적의 가능성 ★★**

불능에 관한 설명으로 옳은 것은?

① 목적의 불능을 알았던 계약당사자는 이를 알 수 있었던 상대방에 대하여 신뢰이익의 배상 책임을 지지 않는다.

② 수령지체 중 채무자의 경과실로 이행불능이 된 경우에 채무자는 반대급부를 청구하지 못한다.

③ 이행불능에 관하여 귀책사유 있는 채무자는 상대방의 이행을 청구하지 못한다.

④ 이행이 계약 성립 당시 이미 불능인 경우 그에 관하여 귀책사유 없는 채무자는 상대방에 대하여 반대급부를 청구할 수 있다.

⑤ 정지조건이 법률행위 성립 당시 이미 성취할 수 없는 경우에는 조건 없는 법률행위로 한다.

해설| 목적이 불능한 계약을 체결할 때에 그 불능을 알았거나 알 수 있었을 자는 선의·무과실의 상대방이 그 계약의 유효를 믿었음으로 인하여 받은 손해를 배상하여야 한다(제535조). 즉, 계약체결상의 과실 책임은 상대방이 그 불능을 알았거나 알 수 있었을 경우에는 인정되지 않는다.

오답 체크|
② 수령지체 중에는 채무자는 고의 또는 중대한 과실이 없으면 불이행으로 인한 책임이 없으므로 <u>반 대급부를 청구할 수 있다</u>(제401조).

③ 이행불능으로 인하여 채무자의 채무는 동일성을 유지하며 손해배상채무로 변하므로 채권자가 해 제권을 행사하여, 즉 법률관계를 소급적으로 해소되지 않는 한 <u>귀책사유 있는 채무자도 계약의 이 행을 청구할 수 있다.</u>

④ 계약 성립 당시 이미 불능(원시적 불능)인 계약은 무효이다. 무효이기 때문에 <u>상대방은 이행을 청 구할 수 없다.</u> 단, 계약체결상의 과실문제로 신뢰이익은 배상하여야 한다(제535조 참조).

⑤ <u>무효이다</u>(제151조 제3항).

기본서 p.221~222 정답 ①

12 매매계약의 불능에 관한 설명으로 옳지 않은 것은? (다툼이 있으면 판례에 따름)

① 계약목적이 원시적·객관적 전부불능인 경우, 악의의 매도인은 매수인이 그 계약의 유효를 믿었음으로 인하여 받은 손해를 배상하여야 한다.

② 계약목적이 원시적·주관적 전부불능인 경우, 선의 매수인은 악의의 매도인에게 계약상 급부의 이행을 청구할 수 있다.

③ 당사자 쌍방의 귀책사유 없이 매도인의 채무가 후발적·객관적 전부불능된 경우, 매도인은 매수인에게 매매대금의 지급을 구하지 못한다.

④ 매도인의 귀책사유로 그의 채무가 후발적·객관적 전부불능된 경우, 매수인은 매도인에게 전보배상을 청구할 수 있다.

⑤ 대상(代償)을 발생시키는 매매목적물의 후발적 불능에 대하여 매도인의 귀책사유가 존재하는 경우, 매수인은 대상청구권을 행사하지 못한다.

강행규정에 관한 설명으로 옳은 것은? (다툼이 있으면 판례에 따름)

① 법률행위가 강행규정에 위반하여 무효인 경우에는 언제나 불법원인급여에 해당한다.

② 임차인의 비용상환청구권에 관한 민법 제626조는 강행규정이다.

③ 강행규정 위반의 무효는 원칙적으로 선의의 제3자에게도 주장할 수 있다.

④ 강행규정을 위반하여 무효인 법률행위는 추인하면 유효로 될 수 있다.

⑤ 강행규정에 위반한 자가 스스로 그 약정의 무효를 주장하는 것은 특별한 사정이 없는 한, 신의칙에 반하는 행위로 허용될 수 없다.

해설 | 강행규정에 위반하는 법률행위는 무효이다. 그 무효는 절대적이므로 선의의 제3자에게도 주장할 수 있다.

오답
체크 |
① 부당이득의 반환청구가 금지되는 사유로 민법 제746조가 규정하는 불법원인이라 함은 그 원인되는 행위가 선량한 풍속 기타 사회질서에 위반하는 경우를 말하는 것으로서, 법률의 금지에 위반하는 경우라 할지라도 그것이 선량한 풍속 기타 사회질서에 위반하지 않는 경우에는 <u>이에 해당하지 않는다</u>(대판 2011.1.13, 2010다77477).

② 임차인의 비용상환청구권에 관한 민법 제626조는 <u>강행규정이 아니므로</u>(제652조 참조), 당사자의 약정으로 임차인이 그 비용상환청구권을 포기하는 것으로 정하는 것은 유효하다.

④ 강행규정을 위반하여 무효인 법률행위는 확정적 무효이므로 <u>추인이 있더라도 유효로 될 수 없다</u>.

⑤ 특별한 사정이 없는 한, 법령에 위반되어 무효임을 알고서도 그 법률행위를 한 자가 강행법규 위반을 이유로 무효를 주장하는 것이 신의칙 또는 금반언의 원칙에 반하거나 권리남용에 해당한다고 볼 수는 없는 것이다(대판 2006.6.29, 2005다11602·11619).

기본서 p.222~225 　　　　　　　　　　　　　　　　　　　　　　　　　정답 ③

정답 및 해설

12 ⑤ 후발적 불능인 한, <u>채무자에게 책임 있는 사유로 인한 것이냐의 여부는 문제되지 않는다</u>(대판 1996.6.25, 95다6601).

13 다음 약정 중 강행규정에 위반되어 그 효력이 인정되지 않는 것을 모두 고른 것은? (다툼이 있으면 판례에 따름)

> ㉠ 사단법인의 사원의 지위를 양도하거나 상속할 수 있다는 약정
> ㉡ 증권회사 직원이 정당한 사유 없이 고객에게 증권거래와 관련하여 발생하는 손실을 보전하여 주기로 하는 고객과의 약정
> ㉢ 허가 없이 음식점을 경영하는 사람과 체결한 음식물매매계약
> ㉣ 지명채권의 양도를 금지하는 특약

① ㉡
② ㉠, ㉡
③ ㉡, ㉢
④ ㉢, ㉣
⑤ ㉠, ㉡, ㉢, ㉣

14 다음 약정 중 강행규정에 위반되어 그 효력이 인정되지 않는 것을 모두 고른 것은? (다툼이 있으면 판례에 따름)

> ㉠ 채권자의 과실로 채무자가 제공한 담보물의 가치가 감소되더라도 보증인의 면책 주장을 배제하는 채권자와 보증인 사이의 약정
> ㉡ 건물의 임차인이 비용을 지출하여 개조한 부분에 대한 원상회복의무를 면하는 대신 그 개조비용의 상환청구권을 포기하기로 하는 임대인과 임차인 사이의 약정
> ㉢ 식목을 목적으로 하는 토지임대차의 임차인이 차임의 감액을 청구할 수 없다는 약정

① ㉡
② ㉢
③ ㉠, ㉡
④ ㉡, ㉢
⑤ ㉠, ㉡, ㉢

15 법률행위의 목적에 관한 설명 중 옳은 것은? (다툼이 있으면 판례에 따름)

① 유동적 무효의 상태에 있는 토지거래계약의 당사자는 토지거래계약의 효력을 완성시 키기 위한 상대방의 협력의무의 불이행을 이유로 토지거래계약을 해제할 수 있다.

② 법령에서 정한 한도를 초과하는 부동산 중개수수료 약정은 그 초과한 부분뿐만 아니라 약정 전체가 무효이다.

③ 건물의 임차인이 비용을 지출하여 개조한 부분에 대한 원상회복의무는 면하는 대신 그 비용의 상환청구권을 포기하기로 하는 임대인과 임차인의 약정은 강행규정에 반하므로 무효이다.

④ 부동산 이중매매에서 제2매수인이 매도인의 배임행위에 적극 가담한 경우, 제2매매는 반사회적 법률행위로서 무효이다.

⑤ 법원은 당사자의 주장이 없으면 신의칙에 반하는 것인지를 직권으로 판단할 수 없다.

정답 및 해설

13 ① ㄴ 증권회사 직원이 과거 자신의 잘못으로 고객의 계좌에 발생한 손해를 보전하여 주기 위한 방법으로 고객에게 향후 증권거래 계좌 운용에서 일정한 최소한의 수익을 보장할 것을 약정한 것은 공정한 증권거래질서의 확보를 위하여 구 증권거래법(2000.1.21. 법률 제6176호로 개정되기 전의 것) 제52조 제1호 및 제3호에서 금지하고 있는 것에 해당하여 <u>무효라고 할 것</u>이고, 손실보전약정이 유효함을 전제로 일정기간동안 법적 조치 등을 취하지 않기로 하는 약정도 당연히 <u>무효로 된다</u>(대판 2003.1.24, 2001다2129).

14 ② ㄷ 제628조의 차임증감청구권은 편면적 강행규정이므로 차임감액을 청구할 수 없다는 약정은 임차인에게 불리하여 이는 <u>효력이 없다</u>고 할 것이다(제653조).

15 ② ① 협력할 의무를 이행하지 아니하였음을 들어 일방적으로 유동적 무효의 상태에 있는 <u>거래계약 자체를 해제할 수 없다</u>(대판 2006.1.27, 2005다52047).

② 부동산 중개수수료에 관한 규정들은 중개수수료 약정 중 소정의 한도를 초과하는 부분에 대한 사법상의 효력을 제한하는 이른바 강행법규에 해당하고, 따라서 구 부동산중개업법 등 관련 법령에서 정한 한도를 초과하는 부동산 중개수수료 약정은 <u>그 한도를 초과하는 범위 내에서 무효이다</u>[부동산중개업법 제20조, 대판 2007.12.20, 2005다32159(전합)].

③ 임차인이 임차건물을 증·개축 기타 필요한 시설을 하되 임대인에게 그 투입비용의 변상이나 일체의 권리주장을 포기하기로 특약하였다면 이는 임차인이 임차건물을 반환시에 <u>비용상환청구 등 일체의 권리를 포기하는 대신 원상복구의무도 부담하지 아니한다</u>는 내용을 포함하는 약정으로 볼 것이므로, 동 임차계약서상에 "임차인은 임대인의 승인하에 가옥을 개축 또는 변조할 수 있으나 차가를 반환할 기일 전에 임차인이 일체의 비용을 부담하여 원상복구키로 함"이라는 인쇄된 부동문구가 그대로 남아 있다 하여 이에 기하여 임차인의 원상복구의무를 인정할 수 없다(대판 1981.11.24, 80다320·321).

⑤ 신의성실의 원칙에 반하는 것 또는 권리남용은 강행규정에 위배되는 것이므로, <u>당사자의 주장이 없더라도 법원은 직권으로 판단할 수 있다</u>(대판 1989.9.29, 88다카17181).

반사회질서의 법률행위에 관한 설명으로 옳지 않은 것은? (다툼이 있으면 판례에 따름)

① 과도한 위약벌 약정은 법원의 직권감액이 가능하므로 선량한 풍속 기타 사회질서에 반할 여지가 없다.

② 부동산 매매계약에서 계약금을 수수한 후 당사자가 매매계약의 이행에 착수하기 전에 제3자가 매도인을 적극 유인하여 해당 부동산을 매수하였다면 매도인과 제3자 사이의 그 매매계약은 반사회질서의 법률행위가 아니다.

③ 보험사고를 가장하여 보험금을 부정취득할 목적으로 체결된 다수의 생명보험계약은 그 목적에 대한 보험자의 인식 여부를 불문하고 무효이다.

④ 공무원의 직무에 관하여 특별한 청탁을 하고 이에 대하여 보수의 지급을 내용으로 하는 계약은 반사회적 법률행위로서 무효이다.

⑤ 선량한 풍속 기타 사회질서에 반하는 법률행위의 무효는 그 법률행위를 기초로 하여 새로운 이해관계를 맺은 선의의 제3자에 대해서도 주장할 수 있다.

해설ㅣ ① 위약벌의 약정은 채무의 이행을 확보하기 위하여 정해지는 것으로서 손해배상의 예정과는 그 내용이 다르므로 손해배상의 예정에 관한 민법 제398조 제2항을 유추적용하여 <u>그 액을 감액할 수는 없고</u>, 다만 그 의무의 강제에 의하여 얻어지는 채권자의 이익에 비하여 약정된 벌이 과도하게 무거울 때에는 <u>그 일부 또는 전부가 공서양속에 반하여 무효로 된다</u>(대판 1993.3.23, 92다46905).

② 부동산의 이중매매가 반사회적 법률행위로서 무효가 되기 위하여는 매도인의 배임행위와 매수인이 매도인의 배임행위에 적극 가담한 행위로 이루어진 매매로서, 그 적극 가담하는 행위는 매수인이 다른 사람에게 매매목적물이 매도된 것을 안다는 것만으로는 부족하고, 적어도 그 매도사실을 알고도 매도를 요청하여 매매계약에 이르는 정도가 되어야 한다(대판 1994.3.11, 93다55289). 한편, 이중매매에 있어서 매도인이 매수인의 사무를 처리하는 자로서 배임죄의 주체가 되기 위하여는 매도인이 계약금을 받은 것만으로는 부족하고 적어도 중도금을 받는 등 매도인이 더 이상 임의로 계약을 해제할 수 없는 상태에 이르러야 한다(대판 2007.6.14, 2007도379).

③ 보험계약자가 다수의 보험계약을 통하여 보험금을 부정취득할 목적으로 보험계약을 체결한 경우, 이러한 목적으로 체결된 보험계약에 의하여 보험금을 지급하게 하는 것은 보험계약을 악용하여 부정한 이득을 얻고자 하는 사행심을 조장함으로써 사회적 상당성을 일탈하게 될 뿐만 아니라, 또한 합리적인 위험의 분산이라는 보험제도의 목적을 해치고 위험발생의 우발성을 파괴하며 다수의 선량한 보험가입자들의 희생을 초래하여 보험제도의 근간을 해치게 되므로, 이와 같은 보험계약은 민법 제103조 소정의 선량한 풍속 기타 사회질서에 반하여 무효이다(대판 2005.7.28, 2005다23858).

④ 당사자 일방이 상대방에게 공무원의 직무에 관한 사항에 관하여 특별한 청탁을 하게 하고 그에 대한 보수로 돈을 지급할 것을 내용으로 한 약정은 사회질서에 반하는 무효의 계약이라고 할 것이다(대판 1971.10.11, 71다1645).

⑤ 사회질서에 반하는 법률행위는 절대적 무효이어서 선의의 제3자에게도 대항할 수 있다. 예컨대, 부동산의 이중매매가 반사회적 법률행위에 해당하는 경우에는 이중매매계약은 절대적으로 무효이므로, 당해 부동산을 제2매수인으로부터 다시 취득한 제3자는 설사 제2매수인이 당해 부동산의 소유권을 유효하게 취득한 것으로 믿었더라도 이중매매계약이 유효하다고 주장할 수 없다(대판 1996.10.25, 96다29151).

기본서 p.225~233   정답 ①

16 반사회질서의 법률행위에 관한 설명으로 옳지 않은 것은? (다툼이 있으면 판례에 따름)

① 명의신탁약정 그 자체는 반사회질서의 법률행위에 해당한다고 볼 수 없다.

② 강제집행을 면할 목적으로 부동산에 허위의 근저당권설정등기를 경료하는 행위는 반사회질서의 법률행위에 해당하지 않는다.

③ 국가기관이 헌법상 보장된 국민의 기본권을 침해하는 위헌적인 공권력을 행사한 결과 국민이 그 공권력의 행사에 외포되어 자유롭지 못한 의사표시를 하였더라도, 그 의사표시의 효력이 항상 반사회성을 띠게 되어 당연히 무효로 되는 것은 아니다.

④ 도박자금을 제공할 목적으로 하는 금전소비대차계약은 반사회적 법률행위로서 무효이다.

⑤ 부동산의 이중매매에 있어서 제2매매계약은 제2매수인의 매도인의 배임행위에 대한 가담 여부에 관계없이 반사회적 법률행위로서 무효로 된다.

17 선량한 풍속 기타 사회질서 위반으로 무효로 되지 않는 것은? (다툼이 있으면 판례에 따름)

① 보험계약자가 다수의 보험계약을 통하여 보험금을 부정취득할 목적으로 체결한 보험계약

② 참고인이 수사기관에 허위의 진술을 하는 대가로 일정한 급부를 받기로 한 약정

③ 행정기관에 진정서를 제출하여 상대방을 궁지에 빠뜨린 다음 이를 취하하는 조건으로 거액의 급부를 받기로 한 약정

④ 부동산 매매계약 체결시 매도인의 양도소득세를 절감하기 위하여 소유권이전등기를 일정기간 이후에 하기로 한 약정

⑤ 형사사건에서 변호사가 성공보수금을 약정한 경우

정답 및 해설

16 ⑤ 이중양도가 사회질서에 반하여 무효로 되기 위하여는 보통 제2양수인이 양도인의 배임행위에 적극 가담하여야 한다(대판 1994.3.11, 93다55289). 적극 가담이란 목적물이 다른 사람에게 양도된 사실을 제2양수인이 안다는 것만으로 부족하고(대판 1981.1.13, 80다1034), 양도인의 배임행위에 공모 내지 협력하거나 양도사실을 알면서 제2양도행위를 요청하거나 유도하여 계약에 이르게 하는 정도가 되어야 한다(대판 2002.9.6, 2000다41820). 대리인이 본인을 대리하여 부동산을 2중으로 매수한 경우에는 대리인이 매도인의 배임행위에 가담하였으면 본인이 그러한 사정을 몰랐더라도 무효이다(대판 1998.2.27, 97다45532).

17 ④ 양도소득세의 회피 및 투기의 목적으로 자신 앞으로 소유권이전등기를 하지 아니하고 미등기인 채로 매매계약을 체결하였다 하여 그것만으로 그 매매계약이 사회질서에 반하는 법률행위로서 무효로 된다고 할 수 없다(대판 1993.5.25, 93다296).

18 민법 제103조의 반사회적 법률행위에 해당하여 무효인 것을 모두 고른 것은? (다툼이 있으면 판례에 따름)

> ⊙ 뇌물로 받은 금전을 소극적으로 은닉하기 위하여 이를 임치하는 약정
> ⓛ 표시되거나 상대방에게 알려진 동기가 반사회적인 약정
> ⓒ 증인이 사실을 증언하는 조건으로 그 소송의 일방 당사자로부터 통상적으로 용인될 수 있는 수준을 넘어서는 대가를 지급받기로 약정한 경우
> ⓔ 해외파견 후 귀국일로부터 상당기간 동안 소속회사에서 근무하지 않으면 해외파견 소요 경비를 배상한다는 사규나 약정

① ⊙
② ⓛ
③ ⊙, ⓛ
④ ⓛ, ⓒ
⑤ ⓒ, ⓔ

19 반사회질서의 법률행위에 관한 설명으로 옳지 않은 것은? (다툼이 있으면 판례에 따름)

① 공무원의 직무에 관하여 특별한 청탁을 하고 이에 대하여 보수의 지급을 내용으로 하는 계약은 반사회적 법률행위로서 무효이다.

② 보험계약자가 다수의 보험계약을 통하여 보험금을 부정취득할 목적으로 보험계약을 체결한 경우 이러한 보험계약은 선량한 풍속 기타 사회질서에 위반하여 무효이다.

③ 타인의 소송에서 사실을 증언하는 증인이 그 증언을 조건으로 그 소송의 일방 당사자 등으로부터 통상적으로 용인될 수 있는 수준을 넘어서는 대가를 제공받기로 하는 약정은 반사회질서의 법률행위에 해당한다.

④ 부동산의 이중매매에 있어서 제2매매계약은 제2매수인의 매도인의 배임행위에 대한 가담 여부에 관계없이 반사회적 법률행위로서 무효로 된다.

⑤ 도박채무의 변제를 위하여 채무자가 그 소유의 부동산 처분에 관하여 도박채권자에게 대리권을 수여한 행위는 무효라고 볼 수는 없다.

20 반사회질서의 법률행위로 무효인 것을 모두 고른 것은? (다툼이 있으면 판례에 따름)

> ㉠ 도박채무의 변제를 위하여 채무자로부터 부동산의 처분을 위임받은 도박채권자가 이를 모르는 제3자와 체결한 매매계약
> ㉡ 변호사 아닌 자가 승소 조건의 대가로 소송당사자로부터 소송목적물 일부를 양도받기로 한 약정
> ㉢ 부첩관계인 부부생활의 종료를 해제조건으로 하는 증여계약
> ㉣ 부첩관계를 단절하면서 그 자녀의 생활비와 교육비를 지급하기로 하는 계약

① ㉠, ㉡   ② ㉠, ㉣

③ ㉡, ㉢   ④ ㉡, ㉣

⑤ ㉢, ㉣

제5장

정답 및 해설

18 ④ ㉡ 민법 제103조에 의하여 무효로 되는 법률행위는 법률행위의 내용이 선량한 풍속 기타 사회질서에 위반되는 경우뿐만 아니라, 그 내용 자체는 반사회질서적인 것이 아니라고 하여도 법률적으로 이를 강제하거나 법률행위에 반사회질서적인 조건 또는 금전적인 대가가 결부됨으로써 반사회질서적 성질을 띠게 되는 경우 및 표시되거나 상대방에게 알려진 법률행위의 동기가 반사회질서적인 경우를 포함한다(대판 2001.2.9, 99다38613).

㉢ 타인의 소송에서 사실을 증언하는 증인이 그 증언을 조건으로 그 소송의 일방 당사자 등으로부터 통상적으로 용인될 수 있는 수준(예컨대, 증인에게 일당 및 여비가 지급되기는 하지만 증인이 증언을 위하여 법원에 출석함으로써 입게 되는 손해에는 미치지 못하는 경우 그러한 손해를 전보하여 주는 정도)을 넘어서는 대가를 제공받기로 하는 약정은 국민의 사법참여행위가 대가와 결부됨으로써 사법작용의 불가매수성 내지 대가무관성이 본질적으로 침해되는 경우로서 반사회적 법률행위에 해당하여 무효라고 할 것이다. 이는 증언거부권이 있는 증인이 그 증언거부권을 포기하고 증언을 하는 경우라고 하여 달리 볼 것이 아니다(대판 2010.7.29, 2009다56283).

19 ④ 이중매매가 무효가 되기 위해서는 제2매수인이 매도인의 배임 또는 횡령에 적극적으로 가담해야 한다(대판 1995.6.30, 94다52416 참고). 또한 "이른바 적극 가담하는 행위는 타인과의 매매사실을 알면서 매도를 요청하여 매매계약에 이르는 정도로 족하다."고 한다(대판 1981.12.22, 81다카197 참고).

20 ③ ㉡ 변호사 아닌 甲과 소송당사자인 乙이 甲은 乙이 소송당사자로 된 민사소송사건에 관하여 乙을 승소시켜주고 乙은 소송물의 일부인 임야지분을 그 대가로 甲에게 양도하기로 약정한 경우, 위 약정은 강행법규인 변호사법 제78조 제2호에 위반되는 반사회적 법률행위로서 무효이다(대판 1990.5.11, 89다카10514).

㉢ 부첩관계인 부부생활의 종료를 해제조건으로 하는 증여계약은 그 조건만이 무효인 것이 아니라 증여계약 자체가 무효이다(대판 1966.6.21, 66다530).

21 반사회질서의 법률행위에 관한 설명으로 옳지 않은 것은? (다툼이 있으면 판례에 따름)

① 어떠한 일이 있어도 이혼하지 않겠다는 약정은 반사회질서의 법률행위이다.

② 강제집행을 면할 목적으로 부동산에 허위의 근저당권설정등기를 하는 행위는 반사회질서의 법률행위이다.

③ 무허가 호텔에 투숙계약은 반사회질서의 법률행위가 아니다.

④ 의무의 강제에 의하여 얻어지는 채권자의 이익에 비하여 위약벌이 과도하게 무거울 때에는 그 일부 또는 전부가 반사회질서의 법률행위로서 무효이다.

⑤ 해외파견된 근로자가 귀국일로부터 일정기간 소속회사에 근무하여야 한다는 약정은 반사회질서의 법률행위가 아니다.

22 반사회질서의 법률행위에 관한 설명으로 옳은 것은? (다툼이 있으면 판례에 따름)

① 소송사건에 증인으로서 증언에 대한 대가를 약정하였다면 그 자체로 반사회질서행위로서 무효이다.

② 반사회질서 법률행위에 해당되는 매매계약을 원인으로 한 소유권이전등기명의자의 물권적 청구권 행사에 대하여 상대방은 법률행위의 무효를 주장할 수 없다.

③ 제2양수인이 양도인의 배임행위에 적극 가담하여 이루어진 부동산 이중매매약정은 반사회질서행위로서 무효이다.

④ 전통사찰의 주지직을 거액의 금품을 대가로 양도·양수하기로 하는 약정이 있음을 알고도 이를 묵인 혹은 방조한 상태에서 한 종교법인의 주지임명행위는 반사회질서의 법률행위로서 무효이다.

⑤ 민사사건에 관한 변호사의 성공보수약정은 선량한 풍속 기타 사회질서에 위배되어 무효이다.

정답 및 해설

21 ② 강제집행을 면할 목적으로 부동산에 허위의 근저당권설정등기를 경료하는 행위는 민법 제103조의 <u>선량한 풍속 기타 사회질서에 위반한 사항을 내용으로 하는 법률행위로 볼 수 없다</u>(대판 2004.5.28, 2003다70041).

22 ③ ① 타인의 소송에서 사실을 증언하는 증인이 그 증언을 조건으로 그 소송의 일방당사자 등으로부터 <u>통상적으로 용인될 수 있는 수준</u>(예 증인에게 일당 및 여비가 지급되기는 하지만 증인이 증언을 위하여 법원에 출석함으로써 입게 되는 손해에는 미치지 못하는 경우 그러한 손해를 전보하여 주는 정도)<u>을 넘어서는 대가를 제공받기로 하는 약정</u>은 국민의 사법참여행위가 대가와 결부됨으로써 사법작용의 불가매수성 내지 대가무관성이 본질적으로 침해되는 경우로서 <u>반사회적 법률행위에 해당하여 무효</u>라고 할 것이다. 이는 증언거부권이 있는 증인이 그 증언거부권을 포기하고 증언을 하는 경우라고 하여 달리 볼 것이 아니다(대판 2010.7.29, 2009다56283).

　② 거래상대방이 배임행위를 유인·교사하거나 배임행위의 전 과정에 관여하는 등 배임행위에 적극 가담하는 경우에는 실행행위자와 체결한 계약이 반사회적 법률행위에 해당하여 무효로 될 수 있고, 선량한 풍속 기타 사회질서에 위반한 사항을 내용으로 하는 법률행위의 무효는 이를 주장할 이익이 있는 자는 누구든지 무효를 주장할 수 있다. 따라서 반사회질서 법률행위를 원인으로 하여 부동산에 관한 소유권 이전등기를 마쳤더라도 그 등기는 원인무효로서 말소될 운명에 있으므로 등기명의자가 소유권에 기한 물권적 청구권을 행사하는 경우에, <u>권리행사의 상대방은 법률행위의 무효를 항변으로서 주장할 수 있다</u> (대판 2016.3.24, 2015다11281).

　④ 전통사찰의 주지직을 거액의 금품을 대가로 양도·양수하기로 하는 약정이 있음을 알고도 이를 묵인 혹은 방조한 상태에서 한 종교법인의 주지임명행위는 민법 제103조 소정의 <u>반사회질서의 법률행위에 해당하지 않는다</u>(대판 2001.2.9, 99다38613).

　⑤ 형사사건에서의 성공보수약정은 수사·재판의 결과를 금전적인 대가와 결부시킴으로써, 기본적 인권의 옹호와 사회정의의 실현을 그 사명으로 하는 변호사 직무의 공공성을 저해하고, 의뢰인과 일반 국민의 사법제도에 대한 신뢰를 현저히 떨어뜨릴 위험이 있으므로, 선량한 풍속 기타 사회질서에 위반되는 것으로 평가할 수 있다[대판 2015.7.23, 2015다200111(전합)]. 그러나 <u>민사사건에 관한 성공보수약정은 선량한 풍속 기타 사회질서에 위반이 아니다.</u>

불공정한 법률행위에 대한 설명으로 옳지 않은 것을 모두 고른 것은? (다툼이 있으면 판례에 따름)

ㄱ 불공정한 법률행위에 관한 제104조는 증여와 같이 대가적 의미의 출연이 없는 무상행위에는 적용되지 않는다.
ㄴ 매도인의 대리인이 매매계약을 체결한 경우, 궁박상태 여부는 본인을 기준으로, 그리고 경솔, 무경험은 그 대리인을 기준으로 하여 판단하여야 한다.
ㄷ 불공정한 법률행위를 이유로 무효를 주장하는 자는 궁박·경솔이나 무경험의 존재, 상대방의 악의, 급부와 반대급부의 현저한 불균형을 모두 입증하여야 한다.
ㄹ 불공정한 법률행위로서 무효인 법률행위는 추인에 의하여 유효로 될 수 없다.
ㅁ 폭리행위가 성립하기 위해서 피해자의 궁박, 경솔 또는 무경험의 사정을 이용하려는 의사가 폭리자에게 있어야 하는 것은 아니다.

① ㅁ
② ㄱ, ㄴ
③ ㄴ, ㄷ
④ ㄴ, ㄹ
⑤ ㄷ, ㅁ

해설 | ㅁ 판례는 "상대방 당사자에게 위와 같은 피해 당사자측의 사정을 알면서 이를 이용하려는 의사, 즉 폭리행위의 악의가 없었다면 불공정법률행위는 성립하지 않는다(대판 1997.7.25, 97다15371)."고 하여 원칙적으로 폭리자의 악의를 요구한다.
ㄱ 민법 제104조가 규정하는 현저히 공정을 잃은 법률행위라 함은 자기의 급부에 비하여 현저하게 균형을 잃은 반대급부를 하게 하여 부당한 재산적 이익을 얻는 행위를 의미하는 것이므로, 증여계약과 같이 아무런 대가관계 없이 당사자 일방이 상대방에게 일방적인 급부를 하는 법률행위는 그 공정성 여부를 논의할 수 있는 성질의 법률행위가 아니다(대판 2000.2.11, 99다56833).
ㄴ (매도인의 대리인이 매매시, 불공정한 법률행위인가를 판단함에는 매도인의 경솔·무경험은 그 대리인을 기준으로 하여 판단하여야 하고, 궁박상태에 있었는지의 여부는 매도인 본인의 입장에서 판단되어야 한다(대판 1972.4.25, 71다2255).
ㄷ 불공정한 법률행위로서 매매계약의 무효를 주장하려면 법률행위가 폭리행위로서 무효라고 주장하는 자가 궁박·경솔 또는 무경험의 상태에 있었다는 사실, 상대방이 이를 인식하고 있었다는 사실, 급부와 반대급부가 현저하게 불균형한 사실을 모두 입증하여야 한다(대판 1991.5.28, 90다19770).
ㄹ 불공정한 법률행위로서 무효인 경우 추인에 의하여 그 무효인 법률행위가 유효로 될 수 없다(대판 1994.6.24, 94다10900).

기본서 p.234~237

정답 ①

23 불공정한 법률행위에 관한 설명으로 옳은 것을 모두 고른 것은? (다툼이 있으면 판례에 따름)

> ㉠ 급부 상호간에 현저한 불균형이 있는지의 여부는 법률행위시를 기준으로 판단한다.
> ㉡ 무경험은 거래 일반에 관한 경험부족을 말하는 것이 아니라 특정영역에 있어서의 경험부족을 의미한다.
> ㉢ 불공정한 법률행위로서 무효인 법률행위는 원칙적으로 법정추인에 의하여 유효로 될 수 없다.
> ㉣ 대가관계 없는 일방적 급부행위에 대해서는 불공정한 법률행위에 관한 민법 제104조가 적용되지 않는다.

① ㉠
② ㉡, ㉢
③ ㉡, ㉣
④ ㉠, ㉢, ㉣
⑤ ㉠, ㉡, ㉢, ㉣

제1편 민법총칙

제5장

24 불공정한 법률행위에 관한 설명으로 옳지 않은 것은? (다툼이 있으면 판례에 따름)

① 법률행위가 대리인에 의해서 행해진 경우, 궁박 상태는 본인을 기준으로 판단하여야 한다.
② 불공정한 법률행위의 무효는 선의의 제3자에게 대항할 수 없다.
③ 불공정한 법률행위의 무효는 원칙적으로 추인에 의해 유효로 될 수 없다.
④ 경매절차에서 매각대금이 시가보다 현저히 저렴하더라도 불공정한 법률행위를 이유로 무효를 주장할 수 없다.
⑤ 매매계약이 불공정한 법률행위에 해당하여 무효인 경우, 특별한 사정이 없는 한 그 계약에 관한 부제소 합의도 무효가 된다.

정답 및 해설

23 ④ '무경험'이라 함은 일반적인 생활체험의 부족을 의미하는 것으로서 어느 특정영역에 있어서의 경험부족이 아니라 거래 일반에 대한 경험부족을 뜻한다(대판 2002.10.22, 2002다38927).

24 ② 불공정한 법률행위 내지 폭리행위는 절대적 무효이다. 따라서 폭리행위로 취득한 부동산을 전득한 제3자가 선의일지라도 그 소유권을 취득할 수 없다(대판 1963.11.7, 63다479).

25 민법 제104조(불공정한 법률행위)에 관한 설명으로 옳은 것은? (다툼이 있으면 판례에 따름)

① 증여계약은 민법 제104조에서의 공정성 여부를 논의할 수 있는 성질의 법률행위가 아니다.

② 급부와 반대급부가 현저히 균형을 잃은 경우에는 법률행위가 궁박, 경솔, 무경험으로 인해 이루어진 것으로 추정된다.

③ 대리인에 의하여 법률행위가 이루어진 경우 경솔과 무경험은 본인을 기준으로, 궁박은 대리인을 기준으로 판단한다.

④ 불공정한 법률행위의 성립요건인 궁박, 경솔, 무경험은 모두 구비되어야 한다.

⑤ 불공정한 법률행위로서 무효인 경우라도 당사자의 추인에 의하여 유효로 된다.

26 민법 제104조의 불공정한 법률행위에 관한 설명으로 옳은 것은? (다툼이 있으면 판례에 따름)

① '무경험'이란 일반적인 생활체험의 부족이 아니라 어느 특정영역에서의 경험부족을 의미한다.

② 급부와 반대급부 사이의 '현저한 불균형'은 당사자의 주관적 가치가 아닌 거래상의 객관적 가치에 의하여 판단한다.

③ '궁박'에는 정신적 또는 심리적 원인에 기인한 것은 포함되지 않는다.

④ 불공정한 법률행위가 성립하기 위해서는 피해자에게 궁박, 경솔, 무경험 요건이 모두 구비되어야 한다.

⑤ 법률행위가 현저하게 공정을 잃은 경우, 그 행위는 궁박, 경솔, 무경험으로 이루어진 것으로 추정된다.

27 불공정한 법률행위에 관한 설명으로 옳은 것은? (다툼이 있으면 판례에 따름)

① 불공정한 법률행위로 인한 무효는 절대적 무효이므로 그 법률행위에는 무효행위의 전환에 관한 민법 제138조가 적용될 수 없다.

② 계약체결시를 기준으로 불공정한 행위가 아니라면 그 후 외부환경의 급격한 변화로 계약당사자 일방에게 큰 손실이 발생하고 상대방에게 그에 상응하는 큰 이익이 발생한다 하더라도 불공정한 법률행위가 되지 않는다.

③ 대리인에 의한 법률행위에서 무경험과 궁박은 대리인을 기준으로 판단하여야 한다.

④ 경매에도 불공정한 법률행위가 성립할 수 있다.

⑤ 급부와 반대급부 사이에 현저한 불균형이 있으면 당사자의 궁박, 경솔 또는 무경험으로 인한 법률행위가 추정된다.

정답 및 해설

25 ① ② 법률행위가 현저하게 공정을 잃었다고 하여 곧 그것이 <u>궁박·경솔하게 이루어진 것으로 추정되지 않는다</u>(대판 1969.12.30, 69다1873).

③ 대리인에 의하여 법률행위가 이루어진 경우 그 법률행위가 제104조의 불공정한 법률행위에 해당하는지 여부를 판단함에 있어서 <u>경솔과 무경험은 대리인을 기준</u>으로 하여 판단하고, <u>궁박은 본인의 입장에서 판단하여야</u> 한다(대판 2002.10.22, 2002다38927).

④ 불공정한 법률행위가 성립하기 위한 요건인 궁박, 경솔, 무경험은 모두 구비되어야 하는 요건이 아니라 <u>그중 일부만 갖추어져도 충분하다</u>(대판 2002.10.22, 2002다38927).

⑤ 불공정한 법률행위로서 무효인 경우에는 추인에 의하여 무효인 법률행위가 <u>유효로 될 수 없다</u>(대판 1994.6.24, 94다10900).

26 ② ① '무경험'이라 함은 '일반적인 생활체험의 부족'을 의미하는 것으로서 <u>어느 특정영역에 있어서의 경험부족이 아니라 거래 일반에 대한 경험부족</u>을 뜻한다(대판 2002.10.22, 2002다38927).

③ '궁박'이라 함은 '급박한 곤궁'을 의미하는 것으로서 경제적 원인에 기인할 수도 있고 <u>정신적 또는 심리적 원인에 기인할 수도 있으며</u>, 당사자가 궁박의 상태에 있었는지 여부는 그의 신분과 재산 상태 및 그가 처한 상황의 절박성의 정도 등 제반 상황을 종합하여 구체적으로 판단하여야 한다(대판 1997.7.25, 97다15371).

④ 당사자 일방의 궁박, 경솔, 무경험은 모두 구비하여야 하는 요건이 아니고 <u>그중 어느 하나만 갖추어져도 충분하다</u>(대판 1993.10.12, 93다19924).

⑤ 법률행위가 현저하게 공정을 잃었다고 하여 곧 그것이 <u>궁박·경솔하게 이루어진 것으로 추정되지 않는다</u>(대판 1969.12.30, 69다1873).

27 ② ① 판례는 "매매계약이 약정된 매매대금의 과다로 말미암아 민법 제104조에서 정하는 '불공정한 법률행위'에 해당하여 무효인 경우에도 무효행위의 전환에 관한 <u>민법 제138조가 적용될 수 있다</u>."고 한다(대판 2010.7.15, 2009다50308).

③ 대리인에 의한 불공정 법률행위시 <u>경솔·무경험은 그 대리인을 기준으로 판단하고 궁박상태 여부는 본인을 기준으로 판단</u>한다(대판 1972.4.25, 71다2255).

④ 경매에서는 <u>불공정한 법률행위</u> 또는 채무자에게 불리한 약정에 관한 것으로서 효력이 없다는 민법 제104조 및 제608조는 <u>적용될 여지가 없다</u>(대결 1980.3.21, 80마77).

⑤ 법률행위가 현저하게 공정을 잃었다고 하여 곧 그것이 <u>궁박·경솔하게 이루어진 것으로 추정되지 않는다</u>(대판 1969.12.30, 69다1873).

의사표시에 관한 설명으로 옳지 않은 것은? (다툼이 있으면 판례에 따름)

① 매매계약이 착오로 취소된 경우 특별한 사정이 없는 한 당사자 쌍방의 원상회복의무는 동시이행관계에 있다.

② 동기의 착오가 상대방의 부정한 방법에 의하여 유발된 경우, 동기가 표시되지 않았더라도 표의자는 착오를 이유로 의사표시를 취소할 수 있다.

③ 통정허위표시로 무효인 법률행위도 채권자취소권의 대상이 될 수 있다.

④ 사기에 의해 화해계약이 체결된 경우 표의자는 화해의 목적인 분쟁에 관한 사항에 착오가 있더라도 사기를 이유로 화해계약을 취소할 수 있다.

⑤ 경과실에 의한 착오를 이유로 의사표시를 취소한 자는 상대방이 그 의사표시의 유효를 믿었음으로 인하여 발생한 손해에 대하여 불법행위책임을 진다.

해설 | ⑤ 민법 제109조에서 중과실이 없는 착오자의 착오를 이유로 한 의사표시의 취소를 허용하고 있는 이상, 과실로 인하여 착오에 빠진 것이나 그 착오를 이유로 보증계약을 취소한 것이 위법하다고 할 수는 없으므로 <u>착오자가 불법행위책임을 질 것은 아니다</u>(대판 1997.8.22, 97다13023).

① 매매계약이 취소된 경우에 당사자 쌍방의 원상회복의무는 동시이행의 관계에 있다(대판 2001.7.10, 2001다3764).

② 동기가 상대방의 부정한 방법에 의해 유발된 경우(대판 1987.7.21, 85다카2339) 또는 동기가 상대방으로부터 제공된 경우(대판 1978.7.11, 78다719), 그 동기는 법률행위 내용의 중요부분의 착오에 해당한다.

③ 채무자의 법률행위가 통정허위표시인 경우에도 채권자취소권의 대상이 되고, 한편 채권자취소권의 대상으로 된 채무자의 법률행위라도 통정허위표시의 요건을 갖춘 경우에는 무효라고 할 것이다(대판 1998.2.27, 97다50985).

④ 화해계약이 사기로 인하여 이루어진 경우에는 화해의 목적인 분쟁에 관한 사항에 착오가 있는 때에도 민법 제110조에 따라 이를 취소할 수 있다(대판 2008.9.11, 2008다15278).

기본서 p.254

정답 ⑤

28 의사표시에 관한 설명으로 옳지 않은 것은? (다툼이 있으면 판례에 따름)

① 비진의 의사표시의 무효를 주장하는 자가 상대방의 악의 또는 과실에 대한 증명책임을 진다.

② 허위표시의 당사자는 선의의 제3자에게 과실이 있다면 의사표시의 무효를 그 제3자에게 주장할 수 있다.

③ 표의자에게 중대한 과실이 있는지 여부에 관한 증명책임은 그 의사표시를 취소하게 하지 않으려는 상대방에게 있다.

④ 사기에 의한 의사표시에서 상대방에 대한 고지의무가 없다면 침묵과 같은 부작위는 기망행위가 아니다.

⑤ 강박에 의하여 의사결정의 자유가 완전히 박탈된 상태에서 이루어진 의사표시는 무효이다.

정답 및 해설

28 ② 제3자가 보호되기 위하여 선의이면 족하고, <u>무과실까지 요구하는 것은 아니다</u>(대판 2004.5.28, 2003다70041).

비진의 의사표시에 관한 설명으로 옳지 않은 것은? (다툼이 있으면 판례에 따름)

① 근로자가 회사의 경영방침에 따라 사직원을 제출하고 퇴사 후 즉시 재입사하여 근로자가 그 퇴직 전후에 걸쳐 실질적인 근로관계의 단절이 없이 계속 근무하였다면 그 사직원 제출은 비진의 의사표시에 해당한다.

② 근로자가 희망퇴직의 권고를 받고 제반 사항 등을 종합적으로 고려하여 심사숙고한 결과 사직서를 제출한 경우라면 그 사직서 제출은 비진의 의사표시에 해당한다.

③ 근로자들이 사용자의 지시에 따라 사직의 의사 없이 사직서를 제출하였고 사용자가 선별적으로 수리하여 의원면직처리하였다면 그 사직서의 제출은 비진의 의사표시에 해당한다.

④ 학교법인이 그 학교의 교직원의 명의로 금융기관으로부터 금전을 차용한 경우, 명의대여자의 의사표시는 비진의 의사표시가 아니므로 주채무자로서 책임이 있다.

⑤ 장관의 지시에 따라 공무원이 일괄사표를 제출하여 일부 공무원에 대해 의원면직처분이 이루어진 경우 그 사직원 제출행위는 비진의 의사표시로 당연 무효가 된다고 볼 수 없다.

해설 | ② 원고(근로자)들이 당시 희망퇴직의 권고를 선뜻 받아들일 수는 없었다고 할지라도 그 당시의 국내 경제상황, 피고의 구조조정계획, 피고가 제시하는 희망퇴직의 조건, 퇴직할 경우와 계속 근무할 경우에 있어서의 이해관계 등을 종합적으로 고려하여 심사숙고한 결과 당시의 상황으로는 희망퇴직을 하는 것이 최선이라고 판단하여 본인의 의사에 기하여 희망퇴직신청원을 제출한 것이라고 봄이 상당하다 할 것이므로, 원고들의 희망퇴직신청이 피고의 강요에 의하여 어쩔 수 없이 내심의 의사와 다르게 이루어진 것이라고 할 수는 없고, 따라서 원고들과 피고(사용자) 사이의 근로관계는 원고들이 피고의 권유에 따라 희망퇴직의 의사표시를 하고 피고가 이를 받아들임으로써 유효하게 합의해지되었다(대판 2005.9.9, 2005다34407).

① 근로자가 회사의 경영방침에 따라 사직원을 제출하고 회사가 이를 받아들여 퇴직처리를 하였다가 즉시 재입사하는 형식을 취함으로써 근로자가 그 퇴직 전후에 걸쳐 실질적인 근로관계의 단절이 없이 계속 근무하였다면 그 사직원 제출은 근로자가 퇴직을 할 의사 없이 퇴직의사를 표시한 것으로서 비진의 의사표시에 해당하고 재입사를 전제로 사직원을 제출케 한 회사 또한 그와 같은 진의 아님을 알고 있었다고 봄이 상당하다 할 것이므로 위 사직원 제출과 퇴직처리에 따른 퇴직의 효과는 생기지 아니한다(대판 2005.4.29, 2004두14090).

③ 진의 아닌 의사표시인지의 여부는 효과의사에 대응하는 내심의 의사가 있는지 여부에 따라 결정되는 것인바, 근로자가 사용자의 지시에 좇아 일괄하여 사직서를 작성 제출할 당시 그 사직서에 기하여 의원면직처리될지 모른다는 점을 인식하였다고 하더라도 이것만으로 그의 내심에 사직의 의사가 있는 것이라고 할 수 없다(대판 1991.7.12, 90다11554).

④ 학교법인이 사립학교법상의 제한규정 때문에 그 학교의 교직원들인 소외인들의 명의를 빌려서 피고로부터 금원을 차용한 경우에 피고 역시 그러한 사정을 알고 있었다고 하더라도 위 소외인들의 의사는 위 금전의 대차에 관하여 그들이 주채무자로서 채무를 부담하겠다는 뜻이라고 해석함이 상당하므로 이를 진의 아닌 의사표시라고 볼 수 없다(대판 1980.7.8, 80다639).

⑤ 공무원이 사직의 의사표시를 하여 의원면직처분을 하는 경우 그 사직의 의사표시는 그 법률관계의 특수성에 비추어 외부적·객관적으로 표시된 바를 존중하여야 할 것이므로, 비록 사직원 제출자의 내심의 의사가 사직할 뜻이 아니었다고 하더라도 진의 아닌 의사표시에 관한 민법 제107조는 그 성질상 사직의 의사표시와 같은 사인의 공법행위에는 준용되지 아니하므로 그 의사가 외부에 표시된 이상 그 의사는 표시된 대로 효력을 발한다(대판 1997.12.12, 97누13962).

기본서 p.254~257   정답 ②

29 진의 아닌 의사표시에 관한 설명으로 옳지 않은 것은? (다툼이 있으면 판례에 따름)

① 비진의표시에서 '진의'란 특정한 내용의 의사표시를 하고자 하는 표의자의 생각을 말하는 것이지, 진정으로 마음속에서 바라는 사항을 뜻하는 것은 아니다.

② 법률상의 장애로 자기 명의로 대출받을 수 없는 자를 위하여 대출금채무자로서 명의를 빌려준 자는 특별한 사정이 없는 한 채무부담의사를 가지지 않으므로 그가 행한 대출계약상의 의사표시는 비진의표시이다.

③ 재산을 강제로 뺏긴다는 인식을 하고 있는 자가 고지된 해악이 두려워 어쩔 수 없이 증여의 의사표시를 한 경우, 이는 비진의표시라 할 수 없다.

④ 근로자가 회사의 경영방침에 따라 사직원을 제출하고 회사가 이를 받아들여 퇴직처리를 하였다가 즉시 재입사하는 형식으로 실질적 근로관계의 단절 없이 계속 근무하였다면 그 사직의 의사표시는 무효이다.

⑤ 비리공무원이 감사기관의 사직권고를 받고 사직의 의사표시를 하여 의원면직처분이 된 경우, 그 사표 제출자의 내심에 사직할 의사가 없었더라도 그 사직의 의사표시는 효력이 발생한다.

정답 및 해설

29 ② 법률상 또는 사실상의 장애로 자기 명의로 대출받을 수 없는 자를 위하여 대출금채무자로서의 명의를 빌려준 자에게 그와 같은 <u>채무부담의 의사가 없는 것이라고는 할 수 없으므로 그 의사표시를 비진의표시에 해당한다고 볼 수 없고</u>, 설령 명의대여자의 의사표시가 비진의표시에 해당한다고 하더라도 그 의사표시의 상대방인 상호신용금고로서는 명의대여자가 전혀 채무를 부담할 의사 없이 진의에 반한 의사표시를 하였다는 것까지 알았다거나 알 수 있었다고 볼 수도 없다고 보아, 그 명의대여자는 표시행위에 나타난 대로 대출금 채무를 부담한다(대판 1996.9.10, 96다18182).

30 비진의 의사표시에 관한 설명 중 옳지 않은 것은? (다툼이 있으면 판례에 따름)

① 공무원이 진정으로 사직의 의사가 없음에도 사직서를 제출하여 의원면직처분된 경우에는 그대로 효력이 발생한다.

② 표의자가 의사표시 당시의 상황에서 그것이 최선이라고 판단하여 의사표시를 하였더라도 그 의사표시의 내용을 진정으로 의욕하지 않았다면 비진의 의사표시에 해당한다.

③ 사용자가 사직의 의사가 없는 근로자로 하여금 사직서를 제출케 하여 의원면직한 경우 그 의사표시는 무효이다.

④ 대리행위에서 진의 아닌 의사표시인지의 여부 및 상대방이 진의 아님을 알았거나 알 수 있었는지 여부는 대리인을 기준으로 한다.

⑤ 비진의 의사표시의 상대방이 진의 아님을 알았거나 알 수 있었을 경우 그 의사표시는 무효이다.

31 진의 아닌 의사표시에 관한 설명으로 옳지 않은 것을 모두 고른 것은? (다툼이 있으면 판례에 따름)

> ㉠ 진의 아닌 의사표시에서 상대방이 표의자의 진의 아님을 알았다면 표의자는 그 의사표시를 취소할 수 있다.
> ㉡ 진의 아닌 의사표시가 예외적으로 무효인 경우 상대방 측에서 선의·무과실을 입증해야 한다.
> ㉢ 근로자가 회사방침에 따라 사직서를 제출한 후 계속해서 근무하였다면 이는 비진의표시로서 퇴직의 효과는 발생하지 않는다.

① ㉠   ② ㉡
③ ㉢   ④ ㉠, ㉡
⑤ ㉠, ㉡, ㉢

32 진의 아닌 의사표시에 관한 설명으로 옳지 않은 것은? (다툼이 있으면 판례에 따름)

① 사인의 공법행위에는 진의 아닌 의사표시의 무효에 관한 규정이 적용되지 않는다.

② 혼인과 입양에는 진의 아닌 의사표시에 관한 민법 규정이 적용되지 않는다.

③ 표의자가 의사표시의 내용을 진정으로 바라지는 않았더라도, 당시 상황에서는 그것을 최선이라고 판단하여 의사표시를 하였다면 진의 아닌 의사표시라고 할 수 없다.

④ 재산을 강제로 빼앗긴다는 것이 표의자의 본심에 잠재되어 있었다 하여도 표의자가 강박에 의하여 증여의 의사표시를 한 이상, 그 의사표시는 진의 아닌 의사표시라고 할 수 없다.

⑤ 진의 아닌 의사표시에서 진의는 표의자가 진정으로 마음속에서 바라는 사항을 말한다.

정답 및 해설

30 ② 진의 아닌 의사표시에 있어서의 '진의'란 특정한 내용의 의사표시를 하고자 하는 표의자의 생각을 말하는 것이지, 표의자가 진정으로 마음속에서 바라는 사항을 뜻하는 것은 아니므로, 표의자가 의사표시의 내용을 진정으로 마음속에서 바라지는 아니하였다고 하더라도 당시의 상황에서는 그것을 최선이라고 판단하여 그 의사표시를 하였을 경우에는 이를 내심의 효과의사가 결여된 진의 아닌 의사표시라고 할 수 없다(대판 2000.4.25, 99다34475).

31 ④ ㉠㉡ 의사표시는 표의자가 진의 아님을 알고 한 것이라도 그 효력이 있다. 그러나 상대방이 표의자의 진의 아님을 알았거나 이를 알 수 있었을 경우에는 무효로 한다(제107조 제1항). 표의자가 상대방의 악의 또는 과실을 입증하여 무효를 주장할 수 있다.

32 ⑤ ④⑤ '진의'란 특정한 내용의 의사표시를 하고자 하는 표의자의 생각을 말하는 것이지, 표의자가 진정으로 마음속에서 바라는 사항을 뜻하는 것은 아니라고 할 것이므로, 비록 재산을 강제로 뺏긴다는 것이 표의자의 본심으로 잠재되어 있었다 하여도 표의자가 강박에 의하여서나마 증여를 하기로 하고 그에 따른 증여의 의사표시를 한 이상 증여의 내심의 효과의사가 결여된 것이라고 할 수는 없다(대판 1993.7.16, 92다41528).

통정허위표시에 관한 설명으로 옳지 않은 것은? (다툼이 있으면 판례에 따름)

① 통정허위표시가 성립하기 위해서는 표의자의 진의와 표시의 불일치에 관하여 상대방과의 사이에 합의가 있어야 한다.

② 통정허위표시로 무효인 법률행위는 채권자취소권의 대상이 될 수 있다.

③ 통정허위표시로서 의사표시가 무효라고 주장하는 자는 그 무효사유에 해당하는 사실을 증명할 책임이 있다.

④ 가장근저당권설정계약이 유효하다고 믿고 그 피담보채권을 가압류한 자는 통정허위표시의 무효로 대항할 수 없는 제3자에 해당하지 않는다.

⑤ 가장양수인으로부터 소유권이전등기청구권 보전을 위한 가등기를 경료받은 자는 특별한 사정이 없는 한 선의로 추정된다.

해설 | ④ 통정한 허위표시에 의하여 외형상 형성된 법률관계로 생긴 채권을 가압류한 경우, 그 가압류권자는 허위표시에 기초하여 새로운 법률상 이해관계를 가지게 되므로 민법 제108조 제2항의 제3자에 해당한다(대판 2004.5.28, 2003다70041).
① 대판 1998.9.4, 98다17909
② 통정허위표시인 경우에도 채권자취소권의 대상이 되고, 한편 채권자취소권의 대상으로 된 채무자의 법률행위라도 통정허위표시의 요건을 갖춘 경우에는 무효라고 할 것이다(대판 1998.2.27, 97다50985).
③ 대판 2017.8.18, 2014다87595
⑤ 제3자는 특별한 사정이 없는 한 선의로 추정할 것이므로, 제3자가 악의라는 사실에 관한 주장·입증책임은 그 허위표시의 무효를 주장하는 자에게 있다(대판 2006.3.10, 2002다1321).

기본서 p.257~264   정답 ④

33 통정허위표시에서 보호되는 제3자에 대한 설명으로 옳지 않은 것은? (다툼이 있으면 판례에 따름)

① 가장소비대차의 대주가 파산선고를 받은 경우 선의의 파산관재인은 허위표시의 무효로 대항할 수 없는 제3자에 해당한다.

② 채권을 담보할 목적으로 매매의 형식을 취하여 채권자에게 소유권이전등기를 해주는 행위는 허위표시라고 할 수 없다.

③ 가장양수인으로부터 목적물을 양수하거나 저당권을 취득한 자는 제3자에 해당된다.

④ 가장양수인의 일반채권자나 채권의 가장양수인으로부터 추심을 위하여 채권을 양수한 자는 제3자에 해당하지 않는다.

⑤ 제3자는 선의·무과실이어야 하고, 이는 법률상 새로운 이해관계를 맺은 때를 기준으로 판단한다.

33 ⑤ 제3자가 보호되기 위하여 선의이면 족하고, 무과실까지 요구하는 것은 아니다(대판 2004.5.28, 2003다70041). 제3자의 선의·악의를 결정하는 표준이 되는 시기는 법률상 새로운 이해관계를 맺은 때이다.

▶ 선의의 제3자

제3자의 범위	통정허위표시의 무효를 대항할 수 없는 제3자란 허위표시의 '당사자 및 포괄승계인' 이외의 자로서, 허위표시에 의하여 외형상 형성된 법률관계를 토대로 새로운 법률원인으로써 이해관계를 갖게 된 자를 말한다(대판 1982.5.25, 80다1403).
해당하는 예	• 가장매매의 매수인으로부터 그 목적부동산을 다시 매수한 자(대판 1996.4.26, 94다12074), 매매계약에 의한 소유권이전등기청구권 보전을 위한 가등기를 취득한 자(대판 1970.9.29, 70다466), 저당권을 설정받은 자, 임대차계약을 체결한 자, 압류채권자(대판 2004.5.28, 2003다70041) • 가장매매에 기한 대금채권의 양수인 • 가장저당권설정행위에 의한 저당권의 실행에 의하여 부동산을 경락받은 자(대판 1957.3.23, 4289민상580) • 가장근저당권설정행위에 기한 근저당권을 양수한 자 • 가장근저당권설정계약이 유효하다고 믿고 그 피담보채권을 가압류한 자(대판 2004.5.28, 2003다70041) • 가장전세권에 대한 저당권자(대판 2008.3.13, 2006다29372) • 가장전세권부채권을 가압류한 자(대판 2010.3.25, 2009다35743) • 가장소비대차에 기한 대여금채권의 양수인(대판 2004.1.15, 2002다31537) • 임금채권의 가장양도에 있어서 양수인의 전부채권자(대판 1983.1.18, 82다594) • 가장소비대차의 대주가 파산선고를 받았을 때의 파산관재인(대판 2006.11.10, 2004다10299) • 허위의 보증채무를 이행하여 구상권을 취득한 보증인(대판 2000.7.6, 99다51258) • 제3자로부터의 전득자
해당하지 않는 예	• 가장매매의 매수인으로부터 그 지위를 상속받은 자(포괄승계인) • 가장행위로서의 '제3자를 위한 계약'에서 제3자 • 대리인이나 대표기관이 상대방과 허위표시를 한 경우의 본인이나 법인 • 가장양수인의 일반채권자 • 채권의 가장양도에 있어서의 채무자(다수설) • 저당권 등 제한물권이 가장포기된 경우의 기존의 후순위 제한물권자 • 채권의 가장양수인으로부터 추심을 위하여 채권을 양수한 자 • 허위표시의 당사자로부터 계약이전을 받은 자(대판 2004.1.15, 2002다31537)
제3자의 선의	• 제3자의 선의는 추정되므로 제3자의 악의를 주장하는 자가 이를 입증하여야 한다(통설·판례). • 선의의 제3자에게 무과실을 요구하지 않는다(대판 2006.3.10, 2002다1321). • 악의의 전득자라도 선의의 제3자의 권리를 승계한다(이견 없음).

34 통정허위표시에 관한 설명으로 옳은 것은? (다툼이 있으면 판례에 따름)

① 통정허위표시의 무효로 대항할 수 없는 제3자는 선의이고 무과실이어야 한다.
② 통정허위표시인 법률행위는 무효이므로 채권자취소권의 대상인 사해행위로 될 수 없다.
③ 표의자의 진의와 표시가 불일치함을 상대방이 명확하게 인식하였다면 그 불일치에 대하여 양자간에 합의가 없더라도 통정허위표시가 성립한다.
④ 파산관재인이 통정허위표시와 관련하여 보호받는 제3자로 등장하는 경우, 모든 파산채권자가 선의인 경우에 한하여 그의 선의가 인정된다.
⑤ 채권의 가장양도에서 가장양수인에게 채무를 변제하고 있지 않던 채무자는 허위표시의 무효로 대항할 수 없는 제3자가 아니다.

35 통정허위표시의 무효로 대항할 수 없는 선의의 제3자로 될 수 없는 자는? (다툼이 있으면 판례에 따름)

① 가장매매의 매수인으로부터 목적부동산을 다시 매수한 자
② 제한물권이 가장포기된 경우에 기존의 후순위 제한물권자
③ 가장매수한 부동산에 대하여 저당권을 취득한 자
④ 가장저당권이 설정된 후 그 저당권의 실행에 의하여 부동산을 매각받은 자
⑤ 가장매매의 매수인으로부터 매매계약에 의한 소유권이전청구권 보전을 위한 가등기를 취득한 자

36 통정허위표시에 따라 형성된 법률관계를 기초로 하여 새로운 법률상의 이해관계를 가진 제3자에 해당하지 않는 자는? (다툼이 있으면 판례에 따름)

① 허위의 채무를 보증하고 그 보증채무를 이행한 보증인
② 가장매매의 매수인으로부터 소유권이전청구권 보전을 위한 가등기를 경료받은 자
③ 허위표시의 당사자로부터 계약상 지위를 이전받은 자
④ 가장저당권에 기한 저당권의 실행에 의해 저당목적물을 경락·취득한 자
⑤ 허위의 전세권설정계약에 기한 가장전세권 위에 저당권을 취득한 자

37 甲은 강제집행을 면할 목적으로 자기 소유의 X토지에 관하여 乙과 짜고 허위의 매매계약을 체결한 후 乙명의로 소유권이전등기를 마쳐 주었다. 그 후 乙은 丙에게 금전을 차용하면서 X토지 위에 저당권을 설정하였다. 이에 관한 설명으로 옳지 않은 것은? (다툼이 있으면 판례에 따름)

① 甲과 乙 사이의 매매계약은 무효이다.

② 丙은 특별한 사정이 없는 한 선의로 추정된다.

③ 丙이 보호받기 위해서는 허위표시에 대하여 선의이면 족하고 무과실일 필요는 없다.

④ 丙이 악의인 경우, 甲은 丙의 저당권등기의 말소청구를 할 수 있다.

⑤ 丙이 선의인 경우, 甲은 乙에게 X토지의 진정명의회복을 위한 소유권이전등기를 청구할 수 없다.

정답 및 해설

34 ⑤ ① 제108조 제2항의 선의라 함은 의사표시가 허위표시임을 알지 못하는 것이다. 제3자가 보호되기 위하여 선의이면 족하고, 무과실까지 요구하는 것은 아니다(대판 2004.5.28, 2003다70041).

② 채무자의 법률행위가 통정허위표시인 경우에도 채권자취소권의 대상이 되고, 한편 채권자취소권의 대상으로 된 채무자의 법률행위라도 통정허위표시의 요건을 갖춘 경우에는 무효라고 할 것이다(대판 1998.2.27, 97다50985).

③ 통정허위표시가 성립하기 위하여는 의사표시의 진의와 표시가 일치하지 아니하고, 그 불일치에 관하여 상대방과 사이에 합의가 있어야 한다(대판 1998.9.4, 98다17909).

④ 파산관재인의 선의·악의는 파산관재인 개인의 선의·악의를 기준으로 할 수는 없고, 총파산채권자를 기준으로 하여 파산채권자 모두가 악의로 되지 않는 한 파산관재인은 선의의 제3자라고 할 수밖에 없다(대판 2007.1.11, 2006다9040).

35 ② 저당권 가장포기시 후순위 저당권자는 통정허위표시의 무효로 대항할 수 없는 선의의 제3자가 아니다.

36 ③ 계약이전을 받은 금융기관은 계약이전을 요구받은 금융기관과 대출채무자 사이의 통정허위표시에 따라 형성된 법률관계를 기초로 하여 새로운 법률상 이해관계를 가지게 된 민법 제108조 제2항의 제3자에 해당하지 않는다(대판 2004.1.15, 2002다31537).

37 ⑤ 진정한 등기명의의 회복을 위한 소유권이전등기청구는 이미 자기 앞으로 소유권을 표상하는 등기가 되어 있었거나 법률에 의하여 소유권을 취득한 자가 진정한 등기명의를 회복하기 위한 방법으로 현재의 등기명의인을 상대로 그 등기의 말소를 구하는 것에 갈음하여 허용된다[대판 2001.9.20, 99다37894(전합)].

38 무자력한 甲은 乙에게 3억원의 금전채무를 부담하고 있으나, 乙의 강제집행을 피하기 위해 자신의 유일한 재산인 A부동산을 丙에게 가장매매하고 소유권이전등기를 해주었다. 이에 관한 설명으로 옳은 것은? (다툼이 있으면 판례에 따름)

① 乙은 甲에 대한 자신의 채권을 보전하기 위하여 甲의 丙에 대한 소유권이전등기의 말소등기청구권을 대위행사할 수 있다.

② 甲과 丙간의 가장매매는 무효이므로 乙은 이것이 사해행위라는 것을 이유로 하여 채권자취소권을 행사할 수 없다.

③ 허위표시는 불법원인이므로 甲은 丙에게 자신의 소유권에 기하여 A부동산의 반환을 청구할 수 없다.

④ 만약 丙이 丁에게 A부동산을 매도하였다면, 丁은 선의 · 무과실이어야 제3자로서 보호를 받을 수 있다.

⑤ 甲과 丙이 A부동산의 가장매매계약을 추인하면 그 계약은 원칙적으로 체결시로 소급하여 유효한 것이 된다.

대표예제 41 \ 착오로 인한 의사표시 ★★★

착오로 인한 의사표시에 관한 설명으로 옳은 것은? (다툼이 있으면 판례에 따름)

① 상대방이 표의자의 착오를 알고 이를 이용한 경우, 표의자에게 중과실이 있으면 그 의사표시를 취소할 수 없다.

② 착오의 존재와 그 착오가 법률행위의 중요부분에 관한 것이라는 점은 표의자의 상대방이 증명하여야 한다.

③ 신원보증서류에 서명날인한다는 착각에 빠진 상태로 연대보증서면에 서명날인한 것은 동기의 착오이다.

④ 재단법인 설립을 위한 출연행위는 상대방 없는 단독행위이므로 착오를 이유로 취소할 수 없다.

⑤ 표시상 착오가 제3자의 기망행위에 의하여 일어난 경우, 표의자는 제3자의 기망행위를 상대방이 알았는지 여부를 불문하고 착오를 이유로 의사표시를 취소할 수 있다.

해설 | ③⑤ 신원보증서류에 서명날인한다는 착각에 빠진 상태로 연대보증의 서면에 서명날인한 경우, 결국 위와 같은 행위는 강학상 <u>기명날인의 착오(또는 서명의 착오)</u>, 즉 어떤 사람이 자신의 의사와 다른 법률효과를 발생시키는 내용의 서면에, 그것을 읽지 않거나 올바르게 이해하지 못한 채 기명날인을 하는 이른바 <u>표시상의 착오에 해당</u>하므로, 비록 위와 같은 착오가 제3자의 기망행위에 의하여 일어난 것이라 하더라도 그에 관하여는 사기에 의한 의사표시에 관한 법리, 특히 상대방이 그러한 제3자의 기망행위 사실을 알았거나 알 수 있었을 경우가 아닌 한 의사표시자가 취소권을 행사할 수 없다는 민법 제110조 제2항의 규정을 적용할 것이 아니라, 착오에 의한 의사표시에 관한 법리만을 적용하여 취소권 행사의 가부를 가려야 한다(대판 2005.5.27, 2004다43824).

오답 체크 | ① 상대방이 표의자의 착오를 알고 이를 이용한 경우에는 착오가 표의자의 중대한 과실로 인한 것이라고 하더라도 <u>표의자는 의사표시를 취소할 수 있다</u>(대판 2014.11.27, 2013다49794).

② 적극요건인 착오의 존재와 그 착오가 법률행위 내용의 중요부분에 존재한다는 것은 <u>표의자가 증명책임을 진다</u>(대판 2008.1.17, 2007다74188). 반면 소극요건인 "중대한 과실에 관한 주장과 입증책임은 의사표시를 취소하게 하지 않으려는 상대방에게 있다(대판 2005.5.12, 2005다6228)."

④ 제109조는 원칙적으로 모든 사법상의 의사표시에 적용된다. 그리하여 재단법인 설립행위와 같은 <u>상대방 없는 단독행위에도 적용된다</u>(대판 1999.7.9, 98다9045).

기본서 p.264~273   정답 ⑤

정답 및 해설

38 ① ② 채무자의 법률행위가 통정허위표시인 경우에도 <u>채권자취소권의 대상이 된다</u>(대판 1998.2.27, 97다50985).

③ 불법원인급여를 규정한 제746조 소정의 '불법의 원인'이란 재산을 급여한 원인이 선량한 풍속 기타 사회질서에 위반하는 경우를 가리키는 것으로서, 강제집행을 면할 목적으로 부동산의 소유자명의를 신탁하는 것이 위와 같은 <u>불법원인급여에 해당한다고 볼 수는 없다</u>(대판 2001.5.8, 2000다9611).

④ 통정허위표시에 있어서의 제3자는 그 선의 여부가 문제이지 <u>이에 관한 과실 유무를 따질 것이 아니다</u>(대판 2006.3.10, 2002다1321).

⑤ 당사자가 그 무효임을 알고 추인한 때에는 <u>새로운 법률행위로 본다</u>(제139조).

39 의사표시를 한 자가 착오를 이유로 그 의사표시를 취소할 수 없는 경우를 모두 고른 것은? (단, 표의자의 중대한 과실은 없으며, 다툼이 있으면 판례에 따름)

> ㉠ 매매에서 매도인이 목적물의 시가를 몰라서 대금과 시가에 근소한 차이가 있는 경우
> ㉡ 주채무자의 차용금반환채무를 보증할 의사로 공정증서에 서명·날인하였으나 그 공정증서가 주채무자의 기존의 구상금채무에 관한 준소비대차계약의 공정증서이었던 경우
> ㉢ 건물 및 부지를 현상태대로 매수하였으나 그 부지의 지분이 근소하게 부족한 경우

① ㉠
② ㉢
③ ㉠, ㉡
④ ㉡, ㉢
⑤ ㉠, ㉡, ㉢

40 착오로 인한 의사표시에 관한 설명으로 옳지 않은 것은?

① 동기는 의사표시를 하게 된 원인으로서 의사표시의 구성요건이 아니므로 법률행위의 효과에 영향을 미칠 수 없음이 원칙이다.
② 예외적으로 동기를 계약의 내용으로 하는 의사를 표시한 경우 이의 착오를 이유로 하는 의사표시의 취소는 허용된다.
③ 물건의 하자로 매도인의 하자담보책임이 성립하는 경우, 매수인은 매매계약 내용의 중요부분에 착오가 있더라도 그 계약을 취소할 수 없다.
④ 법률행위의 내용의 중요부분에 착오가 있더라도 표의자에게 중대한 과실이 있으면 취소권은 배제된다.
⑤ 표의자의 중대한 과실에 대한 입증책임은 취소권의 배제를 주장하는 의사표시의 상대방에게 있다.

41 착오에 의한 의사표시에 관한 설명으로 옳은 것은? (다툼이 있으면 판례에 따름)

① 매도인의 담보책임이 성립하는 경우, 매수인은 매매계약 내용의 중요부분에 착오가 있더라도 이를 취소할 수 없다.

② 소송행위에도 특별한 사정이 없는 한 착오를 이유로 하는 취소가 허용된다.

③ 착오로 인하여 표의자가 경제적 불이익을 입지 않은 경우에는 법률행위 내용의 중요부분의 착오라고 볼 수 없다.

④ 표의자에게 중대한 과실이 있다는 사실은 법률행위의 효력을 부인하는 자가 증명하여야 한다.

⑤ 매도인이 매수인의 채무불이행을 이유로 매매계약을 적법하게 해제한 경우에는 매수인은 착오를 이유로 그 매매계약을 취소할 수 없다.

제5장

정답 및 해설

39 ⑤ ㉠ 부동산 매매에 있어서 시가에 관한 착오는 부동산을 매매하려는 의사를 결정함에 있어 동기의 착오에 불과할 뿐 법률행위의 중요부분에 관한 착오라고 할 수 없다(대판 1992.10.23, 92다29337).

㉡ 주채무자의 차용금반환채무를 보증할 의사로 공정증서에 연대보증인으로 서명·날인하였으나 그 공정증서가 주채무자의 기존의 구상금채무 등에 관한 준소비대차계약의 공정증서이었던 경우, 소비대차계약과 준소비대차계약의 법률효과는 동일하므로 공정증서가 연대보증인의 의사와 다른 법률효과를 발생시키는 내용의 서면이라고 할 수 없어 표시와 의사의 불일치가 객관적으로 현저한 경우에 해당하지 않을 뿐만 아니라, 연대보증인은 주채무자가 채권자에게 부담하는 차용금반환채무를 연대보증할 의사가 있었던 이상 착오로 인하여 경제적인 불이익을 입었거나 장차 불이익을 당할 염려도 없으므로 위와 같은 착오는 연대보증계약의 중요부분의 착오가 아니다(대판 2006.12.7, 2006다41457).

㉢ 대판 1976.4.27, 75다1218

40 ③ 매매계약 내용의 중요부분에 착오가 있는 경우 매수인은 매도인의 하자담보책임이 성립하는지와 상관없이 착오를 이유로 매매계약을 취소할 수 있다(대판 2018.9.13, 2015다78703).

41 ③ ① 매매계약 내용의 중요부분에 착오가 있는 경우 매수인은 매도인의 하자담보책임이 성립하는지와 상관없이 착오를 이유로 매매계약을 취소할 수 있다(대판 2018.9.13, 2015다78703).

② 민법상의 법률행위에 관한 규정은 민사소송법상의 소송행위에는 특별한 규정 또는 특별한 사정이 없는 한 적용이 없으므로 사기 또는 착오를 원인으로 하여 소취하 등 소송행위를 취소할 수 없다(대판 1964.9.15, 64다92).

④ 중대한 과실에 관한 주장과 입증책임은 의사표시를 취소하게 하지 않으려는 상대방에게 있다(대판 2005.5.12, 2005다6228).

⑤ 매도인이 매수인의 중도금 지급채무 불이행을 이유로 매매계약을 적법하게 해제한 후라도 ⋯ 착오를 이유로 한 취소권을 행사하여 매매계약 전체를 무효로 돌리게 할 수 있다(대판 1996.12.6, 95다24982).

42 착오에 관한 설명으로 옳지 않은 것은? (다툼이 있으면 판례에 따름)

① 화해의 목적인 분쟁 이외의 사항에 착오가 있는 때에는 착오를 이유로 화해계약을 취소할 수 있다.

② 소송대리인의 사무원의 착오로 소를 취하한 경우, 착오를 이유로 취소하지 못한다.

③ 매도인이 매매계약을 적법하게 해제한 후 매수인은 착오를 이유로 매매계약을 취소할 수 없다.

④ 상대방이 착오자의 진의에 동의한 것으로 인정될 때에는 계약의 취소가 허용되지 않는다.

⑤ 출연재산이 재단법인의 기본재산인지 여부는 착오에 의한 출연행위의 취소에 영향을 주지 않는다.

43 착오로 인한 의사표시에 관한 설명으로 옳은 것은? (다툼이 있으면 판례에 따름)

① 토지매매계약에 있어 토지의 현황·경계에 관한 착오는 법률행위의 중요부분에 관한 착오로 볼 수 없다.

② 귀속재산이 아닌데도 공무원이 귀속재산이라고 하여 토지소유자가 토지를 국가에 증여한 경우, 이는 상대방에 의해 유발된 동기의 착오로서 착오에 의한 취소가 인정된다.

③ 매도인이 매매계약을 적법하게 해제한 이상 매수인은 착오를 이유로 매매계약을 취소할 수 없다.

④ 의사표시의 착오가 표의자의 중대한 과실로 발생한 경우, 상대방이 표의자의 착오를 알고 이용하였더라도 표의자는 그 의사표시를 취소할 수 없다.

⑤ 매매계약의 쌍방 당사자가 계약의 목적물로 삼은 X토지의 지번에 착오를 일으켜 계약서에 목적물을 Y토지로 표시한 경우 매매계약은 Y토지에 관하여 성립한다.

대표예제 42 사기 · 강박에 의한 의사표시 ★★

사기 · 강박에 의한 의사표시에 관한 설명 중 옳지 않은 것은? (다툼이 있으면 판례에 따름)

① 사기에 의한 의사표시는 의사와 표시에 불일치가 없다는 점에서 착오에 의한 의사표시와 구별된다.

② 강박으로 인해 표의자가 스스로 의사결정을 할 수 있는 여지를 완전히 박탈당한 상태에서 의사표시가 이루어져 단지 법률행위의 외형만이 만들어진 것에 불과한 정도에 이른 경우 그 법률행위는 무효이다.

③ 매도인의 기망에 의하여 타인의 물건을 매도인의 것으로 잘못 알고 매수한다는 의사표시를 하였고, 만일 타인의 물건인 줄 알았더라면 매수하지 않았을 사정이 있는 경우, 매수인은 매매계약을 취소할 수 있다.

④ 제3자의 기망행위에 의하여 신원보증서류에 서명 · 날인한 자는 상대방이 제3자의 기망행위를 알 수 있었다면 사기를 이유로 이를 취소할 수 있다.

⑤ 건물임차권양도계약의 체결시에 임대차기간의 연장이나 임차권 양도에 대한 임대인의 동의 여부가 불확실한 상태에서 임대인으로부터 몇 차례에 걸쳐 명도요구를 받았던 양도인이 이 사실을 양수인에게 설명하지 않고 임차권을 양도한 행위는 기망행위이다.

정답 및 해설

42 ③ 매도인이 매수인의 중도금 지급채무 불이행을 이유로 매매계약을 적법하게 해제한 후라도 매수인으로서는 상대방이 한 계약해제의 효과로서 발생하는 손해배상책임을 지거나 매매계약에 따른 계약금의 반환을 받을 수 없는 불이익을 면하기 위하여 착오를 이유로 한 취소권을 행사하여 매매계약 전체를 무효로 돌리게 할 수 있다(대판 1996.12.6, 95다24982).

43 ② ① 판례는 토지의 현황 · 경계에 관한 착오의 경우에 중요부분의 착오를 인정하여 취소를 인정한다. 가령 토지 1,389평을 경작할 수 있는 농지인 줄 알고 매입하였으나 상당부분(600평)이 하천을 이루고 있거나(대판 1968.3.26, 67다2160), 농지로 알고 매수했으나 일부가 하천부지인 경우(대판 1974.4.23, 74다54)에 그렇다.

③ 매도인이 매수인의 중도금 지급채무 불이행을 이유로 매매계약을 적법하게 해제한 후라도 매수인으로서는 상대방이 한 계약해제의 효과로서 발생하는 손해배상책임을 지거나 매매계약에 따른 계약금의 반환을 받을 수 없는 불이익을 면하기 위하여 착오를 이유로 한 취소권을 행사하여 매매계약 전체를 무효로 돌리게 할 수 있다(대판 1996.12.6, 95다24982).

④ 상대방이 표의자의 착오를 알면서 이를 이용한 경우에는 표의자의 중대한 과실이 있더라도 표의자는 그 의사표시를 취소할 수 있다(대판 1955.11.10, 4288민상321).

⑤ 매매계약의 쌍방 당사자가 계약의 목적물로 삼은 X토지의 지번에 착오를 일으켜 계약서에 목적물을 Y토지로 표시한 경우, 오표시무해의 원칙에 의하여 매매계약은 X토지에 관하여 성립한다(대판 1993.10.26, 93다2629).

해설 | ④ 신원보증서류에 서명날인한다는 착각에 빠진 상태로 연대보증의 서면에 서명날인한 경우, 결국 위와 같은 행위는 강학상 기명날인의 착오(또는 서명의 착오), 즉 어떤 사람이 자신의 의사와 다른 법률효과를 발생시키는 내용의 서면에, 그것을 읽지 않거나 올바르게 이해하지 못한 채 기명날인을 하는 이른바 표시상의 착오에 해당하므로, 비록 위와 같은 착오가 제3자의 기망행위에 의하여 일어난 것이라 하더라도 그에 관하여는 사기에 의한 의사표시에 관한 법리, 특히 상대방이 그러한 제3자의 기망행위 사실을 알았거나 알 수 있었을 경우가 아닌 한 의사표시자가 취소권을 행사할 수 없다는 민법 제110조 제2항의 규정을 적용할 것이 아니라, 착오에 의한 의사표시에 관한 법리만을 적용하여 취소권 행사의 가부를 가려야 한다(대판 2005.5.27, 2004다43824).

① 사기나 강박에 의한 의사표시는 의사표시가 타인의 부당한 간섭으로 말미암아 방해된 상태에서 자유롭지 못하게 행하여지는 것을 말한다.

② 상대방 또는 제3자의 강박에 의하여 의사결정의 자유가 완전히 박탈된 상태에서 이루어진 의사표시는 효과의사에 대응하는 내심의 의사가 결여된 것이므로 무효라고 볼 수밖에 없으나, 강박이 의사결정의 자유를 완전히 박탈하는 정도에 이르지 아니하고 이를 제한하는 정도에 그친 경우에는 그 의사표시는 취소할 수 있음에 그치고 무효라고까지 볼 수 없다(대판 1984.12.11, 84다카1402).

③ 민법 제569조가 타인의 권리의 매매를 유효로 규정한 것은 선의의 매수인의 신뢰 이익을 보호하기 위한 것이므로, 매수인이 매도인의 기망에 의하여 타인의 물건을 매도인의 것으로 알고 매수한다는 의사표시를 한 것은 만일 타인의 물건인 줄 알았더라면 매수하지 아니하였을 사정이 있는 경우에는 매수인은 민법 제110조에 의하여 매수의 의사표시를 취소할 수 있다고 해석해야 할 것이다(대판 1973.10.23, 73다268).

⑤ 임차권의 양도에 있어서 그 임차권의 존속기간, 임대기간 종료 후의 재계약 여부, 임대인의 동의 여부는 그 계약의 중요한 요소를 이루는 것이므로 양도인으로서는 이에 관계되는 모든 사정을 양수인에게 알려주어야 할 신의칙상의 의무가 있는데, 임차권양도계약이 체결될 당시에 임차건물에 대한 임대차기간의 연장이나 임차권 양도에 대한 임대인의 동의 여부가 확실하지 않은 상태에서 몇 차례에 걸쳐 명도요구를 받고 있었던 임차권 양도인이 그 여부를 확인하여 양수인에게 설명하지 아니한 채 임차권을 양도한 행위는 기망행위에 해당한다(대판 1996.6.14, 94다41003).

기본서 p.273~278

정답 ④

44 사기에 의한 의사표시에 관한 설명으로 옳지 않은 것은? (다툼이 있으면 판례에 따름)

① 교환계약의 당사자가 자기 소유 목적물의 시가를 묵비한 것은, 특별한 사정이 없는 한, 위법한 기망행위가 되지 않는다.

② 제3자의 사기로 상대방 없는 의사표시를 한 표의자는 그 의사표시를 취소할 수 있다.

③ 제3자의 사기로 계약을 체결한 자는 그 계약을 취소하지 않고 그 제3자에 대하여 불법행위로 인한 손해배상만을 청구할 수도 있다.

④ 사기에 의하여 의사표시를 한 자의 포괄승계인은 그 의사표시를 취소할 수 없다.

⑤ 상품의 광고에 있어 다소 과장·허위가 수반되는 것은 그것이 일반 상거래의 관행과 신의칙에 비추어 시인될 수 있는 한 기망행위에 해당하지 않는다.

45 사기에 의한 의사표시에 관한 설명으로 옳지 않은 것은? (다툼이 있으면 판례에 따름)

① 법률행위가 사기에 의한 것으로서 취소되는 경우에 그 법률행위가 동시에 불법행위를 구성하는 때에는 취소의 효과로 생기는 부당이득반환청구권과 불법행위로 인한 손해배상청구권은 경합하여 병존하는 것이므로, 채권자는 어느 것이라도 선택하여 행사할 수 있지만 중첩적으로 행사할 수는 없다.

② 상품의 선전·광고에 있어 다소의 과장·허위가 수반되는 것은 그것이 일반 상거래의 관행과 신의칙에 비추어 시인될 수 있는 한 기망성이 결여된다.

③ 기망행위로 인하여 법률행위의 동기에 착오를 일으킨 경우 표의자는 그 법률행위를 사기에 의한 의사표시로서 취소할 수 있다.

④ 토지거래허가를 받지 않아 유동적 무효상태에 있는 거래계약에 관하여 사기 또는 강박에 의한 계약의 취소를 주장할 수 없다.

⑤ 제3자의 사기행위로 계약을 체결한 경우 그 계약을 취소하지 않고 제3자에 대하여 불법행위로 인한 손해배상을 청구할 수 있다.

정답 및 해설

44 ④ 취소권자로서의 승계인은 포괄승계인이나 특정승계인을 묻지 않지만(제140조), 취소권만의 승계는 인정되지 않는다.

45 ④ 국토이용관리법상 규제구역 내에 속하는 토지거래에 관하여 관할 도지사로부터 거래허가를 받지 아니한 거래계약은 처음부터 위 허가를 배제하거나 잠탈하는 내용의 계약이 아닌 한, 허가를 받기까지는 유동적 무효의 상태에 있고 거래당사자는 거래허가를 받기 위하여 서로 협력할 의무가 있으나, 그 토지거래가 계약당사자의 표시와 불일치한 의사(비진의표시, 허위표시 또는 착오) 또는 사기·강박과 같은 하자 있는 의사에 의하여 이루어진 경우에는, 이들 사유에 의하여 그 거래의 무효 또는 취소를 주장할 수 있는 당사자는 그러한 거래허가를 신청하기 전 단계에서 이러한 사유를 주장하여 거래허가신청 협력에 대한 거절의사를 일방적으로 명백히 함으로써 그 계약을 확정적으로 무효화시키고 자신의 거래허가절차에 협력할 의무를 면할 수 있다(대판 1997.11.14, 97다36118).

46 사기 · 강박에 의한 의사표시에 관한 설명으로 옳지 않은 것은? (다툼이 있으면 판례에 따름)

① 강박에 의한 의사표시를 한 자는 강박상태에서 추인한 경우에도 그 의사표시를 취소할 수 있다.

② 교환계약의 당사자가 목적물의 시가를 묵비한 경우, 특별한 사정이 없는 한 기망행위가 아니다.

③ 어떤 해악의 고지가 아니라 단지 각서에 서명 · 날인할 것을 강력히 요구한 행위는 강박행위가 아니다.

④ 사기로 인하여 화해계약이 체결된 경우, 화해의 목적인 분쟁에 관한 사항에 착오가 있더라도 사기를 이유로 계약을 취소할 수 없다.

⑤ 제3자에 의한 기망행위로 계약을 체결한 자는 그 계약을 취소하지 않고 제3자에 대하여 불법행위로 인한 손해배상청구를 할 수 있다.

47 사기 · 강박에 의한 의사표시에 관한 설명으로 옳지 않은 것을 모두 고른 것은? (다툼이 있으면 판례에 따름)

ㄱ 강박에 의한 의사표시에서의 강박은 의사표시의 상대방이 강박행위를 한 경우에 한한다.
ㄴ 상대방이 있는 의사표시에 관하여 제3자가 사기나 강박을 행한 경우에는 상대방이 그 사실을 알았거나 알 수 있었을 경우에 한하여 그 의사표시를 취소할 수 있다.
ㄷ 상대방의 피용자이거나 상대방이 사용자책임을 져야 할 관계에 있는 자는 제3자의 사기에 의한 의사표시에 있어서의 제3자에 해당하지 않는다.
ㄹ 매수인이 매도인의 기망에 의하여 타인의 물건을 매도인의 것으로 잘못 알고 매수의 의사표시를 하였는데, 만일 타인의 물건인 줄 알았다면 매수하지 아니하였을 사정이 있는 경우, 매수인은 자신의 의사표시를 취소할 수 있다.
ㅁ 토지거래허가를 받지 않아 유동적 무효상태에 있는 거래계약에 관하여 사기 또는 강박에 의한 계약의 취소를 주장할 수 없다.

① ㄱ, ㄴ
② ㄱ, ㅁ
③ ㄴ, ㄷ
④ ㄷ, ㄹ
⑤ ㄷ, ㅁ

48 거래경험이 부족한 고령의 甲은 乙이 고용한 乙의 대리인 丙으로부터 乙이 제조한 가공식품을 장기간 복용하면 혈압이 개선된다는 허황된 설명을 듣고 이에 속아 다량 매수하였으나, 효능이 없을 뿐만 아니라 인체에 유해한 것으로 밝혀졌다. 乙과 丙은 이 가공식품의 유해성을 알고 있었다. 다음 설명 중 옳지 않은 것은? (다툼이 있으면 판례에 따름)

① 甲이 사기를 이유로 매매계약을 취소할 수 있는 경우에는 이와 별도로 착오를 이유로 취소할 수는 없다.

② 설령 乙이 丙의 기망행위를 알지 못한 경우에도 甲은 丙의 사기를 이유로 매매계약을 취소할 수 있다.

③ 甲은 매매계약을 취소하지 않더라도 丙을 상대로 직접 불법행위에 기한 손해배상을 청구할 수 있다.

④ 甲이 위 식품의 장기간 복용으로 인하여 시신경이 손상되는 손해를 입은 경우, 甲은 乙을 상대로 불법행위에 기한 손해배상을 청구할 수 있다.

⑤ 甲이 乙에게 불완전이행을 원인으로 한 신체상의 손해배상을 청구하는 경우, 치료비와 일실수익뿐만 아니라 위자료도 그 배상범위에 포함된다.

정답 및 해설

46 ④ 화해계약이 사기로 인하여 이루어진 경우에는 화해의 목적인 분쟁에 관한 사항에 착오가 있는 때에도 민법 제110조에 따라 이를 취소할 수 있다(대판 2008.9.11, 2008다15278).

47 ② ㉠㉡ 사기·강박에 의한 의사표시는 상대방의 사기·강박에 의한 경우와 제3자에 의한 사기·강박에 의한 경우로 나누어 볼 수 있다(제110조 제1항·제2항). 상대방 있는 의사표시를 제3자의 사기나 강박으로 인해 한 때에는, '상대방이 그 사실을 알았거나 알 수 있었을 때'에 한하여 그 의사표시를 취소할 수 있다(제110조 제2항).

㉢ 국토이용관리법상 규제구역 내에 속하는 토지거래에 관하여 관할 도지사로부터 거래허가를 받지 아니한 거래계약은 처음부터 위 허가를 배제하거나 잠탈하는 내용의 계약이 아닌 한 허가를 받기까지는 유동적 무효의 상태에 있고 거래당사자는 거래허가를 받기 위하여 서로 협력할 의무가 있으나, 그 토지거래가 계약당사자의 표시와 불일치한 의사(비진의표시, 허위표시 또는 착오) 또는 사기·강박과 같은 하자 있는 의사에 의하여 이루어진 경우에는, 이들 사유에 의하여 그 거래의 무효 또는 취소를 주장할 수 있는 당사자는 그러한 거래허가를 신청하기 전 단계에서 이러한 사유를 주장하여 거래허가신청 협력에 대한 거절의사를 일방적으로 명백히 함으로써 그 계약을 확정적으로 무효화시키고 자신의 거래허가절차에 협력할 의무를 면할 수 있다(대판 1997.11.14, 97다36118). 따라서 사기·강박을 이유로 취소할 수 있다고 할 것이다.

48 ① 기망행위로 인하여 법률행위의 중요부분에 관하여 착오를 일으킨 경우뿐만 아니라 법률행위의 내용으로 표시되지 아니한 의사결정의 동기에 관하여 착오를 일으킨 경우에도 표의자는 그 법률행위를 사기에 의한 의사표시로서 취소할 수 있다(대판 1985.4.9, 85도167).

49 A의 사기로 인하여 甲은 자기 소유의 토지를 乙에게 매도하였는데, 토지소유권을 취득한 乙은 이를 다시 丙에게 매도하여 소유권을 이전하였다. 다음 중 옳은 것은?

> ㉠ A가 乙의 대리인인 경우 甲은 매매계약을 취소할 수 있다.
> ㉡ A의 사기사실을 乙이 알 수 있었던 경우, 甲은 매매계약을 취소할 수 있다.
> ㉢ 甲이 매매계약을 취소한 경우, 甲은 선의의 丙에 대하여 소유권이전등기의 말소를 청구할 수 있다.
> ㉣ 甲은 A의 사기사실을 안 날로부터 3년이 지난 후에도, 乙과 매매계약을 체결한 날로부터 10년이 지나기 전까지는 취소권을 행사할 수 있다.

① ㉠, ㉡   ② ㉠, ㉢
③ ㉡, ㉢   ④ ㉡, ㉣
⑤ ㉢, ㉣

대표예제 43	의사표시의 효력발생 ★★

의사표시의 효력발생에 관한 설명으로 옳은 것은? (다툼이 있으면 판례에 따름)

① 격지자 사이의 해제권 행사의 의사표시는 발신한 때에 그 효력이 발생한다.
② 상대방 있는 단독행위의 경우에는 의사표시가 상대방에게 도달하더라도 표의자는 여전히 그 의사표시를 철회할 수 있다.
③ 표의자가 의사표시를 발신한 후 그 도달 전에 사망한 경우, 그 의사표시는 효력을 상실한다.
④ 제한능력자에 대하여 의사표시를 한 경우, 표의자는 법정대리인이 그 도달사실을 알았더라도 그 의사표시로써 제한능력자에게 대항할 수 없다.
⑤ 채권양도의 통지가 채무자의 주소·거소·영업소 또는 사무소 등에 해당하지 아니하는 장소에서 이루어진 경우라도 그 효력이 발생할 수 있다.

해설 | 도달이라 함은 사회관념상 채무자가 통지의 내용을 알 수 있는 객관적 상태에 놓여졌다고 인정되는 상태를 지칭한다고 해석되므로(대판 1997.11.25, 97다31281), 채권양도의 통지가 채무자의 주소·거소·영업소 또는 사무소 등에 해당하지 아니하는 장소에서 이루어진 경우라도 그 효력이 발생할 수 있다.

오답체크 | ① 해제권 행사와 같은 상대방 있는 의사표시는 격지자이냐 또는 대화자이냐를 구별하지 않고 표시행위가 상대방에게 도달한 때로부터 그 효력이 생긴다(제111조 제1항).
② 의사표시가 상대방에게 도달하여 그 효력을 발생하면, 더 이상 그 의사표시를 철회할 수 없게 된다(제527조 참조).

③ 의사표시자가 그 통지를 발송한 후 사망하거나 제한능력자가 되어도 <u>의사표시의 효력에 영향을 미치지 아니한다</u>(제111조 제2항).

④ 의사표시의 상대방이 의사표시를 받은 때에 제한능력자인 경우에는 의사표시자는 그 의사표시로써 대항할 수 없다. 다만, '<u>그 상대방의 법정대리인이 의사표시가 도달한 사실을 안 후</u>'에는 대항할 <u>수 있다</u>(제112조).

기본서 p.279~281　　　　　　　　　　　　　　　　　　　　　　　　　　　　　　　정답 ⑤

50　의사표시의 효력에 관한 설명으로 옳은 것을 모두 고른 것은? (다툼이 있으면 판례에 따름)

> ㉠ 특별한 사정이 없는 한, 아파트 경비원이 집배원으로부터 우편물을 수령한 후 이를 아파트 공동출입구의 우편함에 넣어 두었다는 사실만으로도 수취인이 그 우편물을 수취하였다고 추단할 수 있다.
> ㉡ 의사표시가 기재된 내용증명 우편물이 발송되고 반송되지 않았다면, 특별한 사정이 없는 한, 그 무렵에 송달되었다고 볼 수 있다.
> ㉢ 채권양도의 통지와 같은 준법률행위의 도달은 의사표시와 마찬가지로 사회관념상 채무자가 통지의 내용을 알 수 있는 객관적 상태에 놓여졌을 때를 말한다.
> ㉣ 법인의 대표이사가 사임서 제출 당시 권한대행자에게 사표의 처리를 일임한 경우, 권한대행자의 수리행위가 있어야 사임의 효력이 발생한다.

① ㉠, ㉡　　　　　　　　　　　　　　　② ㉡, ㉢
③ ㉢, ㉣　　　　　　　　　　　　　　　④ ㉠, ㉢, ㉣
⑤ ㉡, ㉢, ㉣

정답 및 해설

49 ① ㉢ <u>사기나 강박에 의한 의사표시의 취소는 선의의 제3자에게 대항하지 못한다</u>(제110조 제3항). 제3자는 특별한 사정이 없는 한 선의로 추정되므로 취소의 효과를 주장하려는 표의자가 제3자의 악의를 입증하여야 한다(대판 1970.11.24, 70다2155).

　　㉣ '추인할 수 있는 날로부터 3년'과 '법률행위를 한 날로부터 10년'의 <u>두 기간 가운데 먼저 만료되는 기간에 취소권은 소멸한다</u>(통설).

50 ⑤ ㉠ 우편물이 수취인 가구의 우편함에 투입되었다고 하더라도 분실 등을 이유로 그 우편물이 수취인의 수중에 들어가지 않을 가능성이 적지 않게 존재하는 현실에 비추어, <u>우편함의 구조를 비롯하여 수취인이 우편물을 수취하였음을 추인할 만한 특별한 사정에 대하여 심리를 다하지 아니한 채 아파트 경비원이 집배원으로부터 우편물을 수령한 후 이를 우편함에 넣어 둔 사실만으로 수취인이 그 우편물을 수취하였다고 추단한 원심판결을 파기한 사례</u>(대판 2006.3.24, 2005다66411).

51 의사표시에 관한 다음 설명 중 옳지 않은 것은? (다툼이 있으면 판례에 따름)

① 상대방 있는 의사표시는 원칙적으로 그 통지가 상대방에 도달한 때로부터 그 효력이 생긴다.

② 의사표시의 수령자가 제한능력자인 경우 표의자는 수령자에 대하여 그 의사표시로써 대항하지 못한다.

③ 의사표시자가 그 통지를 발송한 후 사망하거나 제한능력자가 되면 의사표시의 효력에 영향을 미친다.

④ 의사표시가 상대방에게 도달되었다고 보기 위해서는 사회관념상 상대방이 그 통지의 내용을 알 수 있는 객관적 상태에 놓여졌다고 인정하면 충분하다.

⑤ 표의자는 의사표시의 부도달 또는 연착으로 인한 불이익을 부담한다.

52 의사표시에 관한 설명으로 옳지 않은 것은? (다툼이 있으면 판례에 따름)

① 의사표시는 표시상의 효과의사가 아닌 내심적 효과의사로부터 추단되는 의사를 가지고 해석하여야 한다.

② 상대방 있는 의사표시는 원칙적으로 상대방에게 도달한 때에 그 효력이 생긴다.

③ 청약자가 청약의 통지를 발송한 후 제한능력자가 되어도 그 효력에는 영향이 없다.

④ 표의자가 상대방의 소재를 알지 못하는 경우 의사표시는 민사소송법 공시송달의 규정에 의하여 송달할 수 있다.

⑤ 우편물이 등기취급의 방법으로 발송된 경우 특별한 사정이 없는 한 그 무렵 수취인에게 배달된 것으로 볼 수 있다.

53 의사표시의 효력발생에 관하여 발신주의를 따른 것을 모두 고른 것은?

> ㉠ 이행불능으로 인한 계약의 해제
> ㉡ 제한능력자의 상대방이 한 추인 여부의 촉구에 대한 법정대리인의 확답
> ㉢ 제한능력자의 법률행위에 대한 법정대리인의 동의
> ㉣ 채무인수의 경우 인수인의 승낙의 최고에 대한 채권자의 확답

① ㉠, ㉡   ② ㉡, ㉢

③ ㉡, ㉣   ④ ㉢, ㉣

⑤ ㉠, ㉢, ㉣

54 의사표시의 효력발생시기에 관하여 민법이 발신주의를 채택하는 경우가 아닌 것은?

① 제한능력자의 상대방이 한 추인 여부의 촉구에 대한 법정대리인의 확답
② 사원총회의 소집통지
③ 무권대리인의 상대방의 최고에 대한 본인의 확답
④ 지상권자의 매수청구권의 행사
⑤ 채무인수의 경우 인수인의 승낙의 최고에 대한 채권자의 확답

정답 및 해설

51 ③ <u>의사표시 발신 후의 사정변경은 의사표시에 영향을 미치지 않는다</u>(제111조 제2항). 따라서 의사표시가 도달하고 있는 한, 의사표시자가 그 통지를 발송한 후 사망하거나 제한능력자가 되어도 의사표시의 효력에 영향을 미치지 않는다.

52 ① 판례는 오래 전에는 당사자의 진의를 탐구하여 해석하여야 하는 것이라고 하였으나(대판 1962.4.18, 4294민상1236), 근래에는 <u>당사자가 표시행위에 부여한 객관적인 의미를 명백하게 확정하는 것</u>이라고 하였다(대판 2000.10.6, 2000다27923).

53 ③ ㉠㉢ 이행불능으로 인한 계약의 해제, 제한능력자의 법률행위에 대한 법정대리인의 동의는 상대방 있는 단독행위로서 <u>도달주의 원칙이 적용</u>된다.
ㄴ 제한능력자의 상대방은 제한능력자가 능력자가 된 후에 그에게 1개월 이상의 기간을 정하여 그 취소할 수 있는 행위를 추인할 것인지 여부의 확답을 촉구할 수 있다. 능력자로 된 사람이 그 기간 내에 확답을 발송하지 아니하면 그 행위를 추인한 것으로 본다(제15조 제1항).
ㄹ 면책적 채무인수는 채무자와 인수인의 계약으로도 할 수 있다. 이러한 채무인수는 채권자의 승낙이 있어야 한다(제454조 제1항). 제3자나 채무자는 상당한 기간을 정하여 승낙 여부의 확답을 채권자에게 최고할 수 있다. 채권자가 그 기간 내에 확답을 발송하지 아니한 때에는 거절한 것으로 본다(제455조).

54 ④ ④ 지상권자의 매수청구권은 상대방 있는 의사표시로서 <u>도달주의</u>를 원칙으로 한다(제111조).
①②③⑤는 민법상 <u>발신주의</u>를 취하고 있다. 이외에도 격지자간 계약의 승낙이 있다(제531조)

　　　　법률행위의 대리 ★

다음 중 대리가 인정되는 것은?

① 유언

② 채권양도에서의 채무자의 승낙

③ 근로계약의 체결

④ 물건의 인도

⑤ 선점

해설| ②④⑤ 대리는 원칙적으로 의사표시 또는 그것을 요소로 하는 법률행위에 한하여 인정된다(제114조 제1항). 의사의 통지나 관념의 통지와 같이 의사표시와 유사한 준법률행위(즉, 표현행위)에 대하여 의사표시에 관한 규정이 유추적용되므로 대리규정이 유추적용될 수 있다(이견 없음). 한편 사실행위, 즉 비표현행위에는 대리가 허용되지 않는다. 선점, 현실의 인도는 사실행위이므로 대리가 허용되지 않는다.
　　①③ 혼인이나 유언 등과 같이 본인의 의사결정을 절대적으로 필요로 하는 신분행위는 일신전속적 행위로서 대리에 친하지 않은 행위이다. 그 밖에 법률의 규정에 의하여 대리가 금지되는 경우(근로기준법 제67조), 당사자 사이의 약정에 의하여 대리를 금지할 수 있다.

기본서 p.299~301　　　　　　　　　　　　　　　　　　　　　　　　　　　　　　　　　　　　정답 ②

　　　　대리권 ★★★

민법상 대리에 관한 설명으로 옳지 않은 것은? (다툼이 있으면 판례에 따름)

① 매매계약 체결의 대리권을 수여받은 대리인은 특별한 사정이 없는 한 중도금을 수령할 권한이 있다.

② 권한의 정함이 없는 대리인은 기한이 도래한 채무를 변제할 수 있다.

③ 대리인이 수인인 경우 대리인은 특별한 사정이 없는 한 각자가 본인을 대리한다.

④ 대리인의 쌍방대리는 금지되나 채무의 이행은 가능하므로, 쌍방의 허락이 없더라도 경개계약을 체결할 수 있다.

⑤ 사채알선업자가 대주와 차주 쌍방을 대리하여 소비대차계약을 유효하게 체결한 경우, 사채알선업자는 특별한 사정이 없는 한 차주가 한 변제를 수령할 권한이 있다.

해설| ④ 새로운 이해관계를 창설하는 것이 아닌 '채무의 이행'에 관하여는 자기계약 또는 쌍방대리가 허용된다. 그러나 '대물변제·경개'는 새로운 이해관계의 변경을 수반하므로 여기서 말하는 이행에 해당하지 않는다.
　　① 대판 1992.4.14, 91다43107

② 대리권의 범위가 불명확한 경우에는 보존행위 · 이용행위 · 개량행위 등의 관리행위만 할 수 있고, 처분행위는 하지 못한다. 기한이 도래한 채무의 변제나 부패하기 쉬운 물건의 처분 등과 같이 재산의 전체에서 보아 현상의 유지라고 볼 수 있는 처분행위도 보존행위에 해당한다.

③ 제119조

⑤ 대판 1997.7.8, 97다12273

기본서 p.301~308　　　　　　　　　　　　　　　　　　　　　　　　　　　　　정답 ④

55　임의대리권의 범위에 관한 설명으로 옳지 않은 것은? (다툼이 있으면 판례에 따름)

① 토지매각의 대리권을 수여받은 대리인은 특별한 사정이 없는 한, 중도금이나 잔금을 수령하고 소유권등기를 이전할 권한을 가진다.

② 매매계약의 체결에 대한 포괄적 대리권을 수여받은 자는 특별한 사정이 없는 한, 상대방에게 약정된 매매대금의 지급기일을 연장하여 줄 권한을 가진다.

③ 대여금의 영수권한만을 위임받은 대리인이 그 대여금채무의 일부를 면제하기 위해서는 본인의 특별수권이 필요하다.

④ 본인을 대리하여 금전소비대차 내지 그를 위한 담보권설정계약을 체결할 권한을 수여받은 대리인은 특별한 사정이 없는 한, 본래의 계약관계를 해제할 대리권을 가진다.

⑤ 예금계약의 체결을 위임받은 자가 가지는 대리권에는 그 예금을 담보로 하여 대출을 받거나 이를 처분할 수 있는 대리권이 당연히 포함되어 있는 것은 아니다.

정답 및 해설

55 ④　통상 사채알선업자가 전주(錢主)를 위하여 금전소비대차계약과 그 담보를 위한 담보권설정계약을 체결할 대리권을 수여받은 것으로 인정되는 경우라 하더라도 특별한 사정이 없는 한, 일단 금전소비대차계약과 그 담보를 위한 담보권설정계약이 체결된 후에 이를 해제할 권한까지 당연히 가지고 있다고 볼 수는 없다(대판 1997.9.30, 97다23372).

56 임의대리권의 범위에 관한 설명으로 옳지 않은 것은? (다툼이 있으면 판례에 따름)

① 권한을 정하지 않은 대리인은 보존행위를 할 수 있다.

② 대리인이 수인인 때에는 법률 또는 수권행위에서 달리 정한 바가 없으면 공동으로 본인을 대리한다.

③ 토지 매각의 대리권을 수여받은 대리인은 특별한 사정이 없는 한 중도금과 잔금을 수령할 권한을 가진다.

④ 매매계약 체결에 대해 포괄적 대리권을 수여받은 자는 특별한 사정이 없는 한 상대방에게 약정된 매매대금의 지급기일을 연장하여 줄 권한을 가진다.

⑤ 대여금의 영수권한만을 위임받은 대리인이 그 대여금의 일부를 면제하기 위해서는 본인의 특별수권이 필요하다.

57 대리권의 범위에 관한 설명으로 옳지 않은 것은? (다툼이 있으면 판례에 따름)

① 부동산을 매수할 권한을 수여받은 대리인에게 당연히 그 부동산을 처분할 권한이 주어지는 것은 아니다.

② 부동산의 소유자를 대리하여 매매계약을 체결할 권한이 있는 대리인은 특별한 사정이 없는 한 그 잔금을 수령할 권한도 있다.

③ 매수인을 대리하여 매매계약을 체결한 자는 매매계약을 해제할 수 있는 권한도 있다.

④ 경매입찰에 임하는 행위와 그에 부수하는 권한을 위임받은 대리인은 경락인이 된 본인을 대리해서 채권자의 경매신청 취하에 동의할 권한은 없다.

⑤ 대여금의 영수권한만을 위임받은 대리인이 그 대여금 채무의 일부를 면제하기 위하여는 본인의 특별수권이 필요하다.

58 甲은 자신 소유의 X토지에 대한 매매계약 체결의 대리권을 乙에게 수여하였고, 그에 따라 乙은 丙과 위 X토지에 대한 매매계약을 체결하였다. 이에 관한 설명으로 옳은 것은? (다툼이 있으면 판례에 따름)

① 乙은 원칙적으로 매매계약을 해제할 수 있는 권한을 가진다.

② 乙이 매매계약에 따라 丙으로부터 중도금을 수령하였으나 이를 甲에게 현실로 인도하지 않았더라도 특별한 사정이 없는 한 丙은 중도금 지급채무를 면한다.

③ 乙은 甲의 승낙이 있는 경우에만 복대리인을 선임할 수 있다.

④ 乙의 사기로 매매계약이 체결된 경우, 丙은 甲이 乙의 사기를 알았거나 알 수 있었을 경우에 한하여 사기를 이유로 그 계약을 취소할 수 있다.

⑤ 丙이 甲의 채무불이행을 이유로 계약을 해제한 경우, 그 채무불이행에 乙의 책임사유가 있다면 해제로 인한 원상회복의무는 乙이 부담한다.

정답 및 해설

56 ② 대리인이 수인인 때에는 <u>각자가 본인을 대리한다</u>. 그러나 법률 또는 수권행위에 다른 정하는 바가 있는 때에는 그러하지 아니하다(제119조).

57 ③ 법률행위에 의하여 수여된 대리권은 원인된 법률관계의 종료에 의하여 소멸하는 것이므로 특별한 사정이 없는 한, 매수명의자를 대리하여 매매계약을 체결하였다 하여 곧바로 대리인이 매수인을 대리하여 <u>매매계약의 해제 등 일체의 처분권과 상대방의 의사를 수령할 권한까지 가지고 있다고 볼 수는 없다</u>(대판 1997.3.25, 96다51271).

58 ② ① 법률행위에 의하여 수여된 대리권은 원인된 법률관계의 종료에 의하여 소멸하는 것이므로 특별한 사정이 없는 한, 매수명의자를 대리하여 매매계약을 체결하였다 하여 곧바로 대리인이 매수인을 대리하여 <u>매매계약의 해제 등 일체의 처분권과 상대방의 의사를 수령할 권한까지 가지고 있다고 볼 수는 없다</u>(대판 1997.3.25, 96다51271).

③ 임의대리인의 복임권은 원칙적으로 인정되지 않으나, <u>본인의 승낙이 있거나 부득이한 사유가 있는 때에 예외적으로 인정된다</u>(제120조).

④ 상대방 있는 의사표시에 관하여 제3자가 사기나 강박을 한 경우에는 상대방이 그 사실을 알았거나 알 수 있었을 경우에 한하여 그 의사표시를 취소할 수 있으나, <u>상대방의 대리인 등 상대방과 동일시할 수 있는 자의 사기나 강박은 제3자의 사기·강박에 해당하지 아니한다</u>(대판 1999.2.23, 98다60828).

⑤ 계약상 채무의 불이행을 이유로 계약이 상대방 당사자에 의하여 유효하게 해제되었다면, <u>해제로 인한 원상회복의무는 대리인이 아니라 계약의 당사자인 본인이 부담한다</u>. 이는 본인이 대리인으로부터 그 수령한 급부를 현실적으로 인도받지 못하였다거나 해제의 원인이 된 계약상 채무의 불이행에 관하여 <u>대리인에게 책임 있는 사유가 있다고 하여도 다른 특별한 사정이 없는 한 마찬가지라고 할 것이다</u>(대판 2011.8.18, 2011다30871).

---

59 대리권의 범위와 제한에 관한 설명으로 옳지 않은 것은? (다툼이 있으면 판례에 따름)

① 대리인이 수인인 때에는 각자가 본인을 대리하는 것이 원칙이다.

② 대리인이 부동산입찰절차에서 동일물건에 관하여 이해관계가 다른 2인 이상을 대리한 경우, 그가 한 입찰은 무효이다.

③ 대리권의 범위가 명확하지 않은 임의대리인이라 하더라도 소멸시효를 중단시킬 수 있다.

④ 부동산의 소유자로부터 매매계약을 체결할 대리권을 수여받은 대리인은 특별한 사정이 없는 한, 그 매매계약에서 약정한 바에 따라 중도금이나 잔금을 수령할 권한이 있다.

⑤ 예금계약의 체결을 위임받은 자가 가지는 대리권에는 그 예금을 담보로 하여 대출을 받거나 이를 처분할 수 있는 대리권이 포함되어 있다.

60 대리에 관한 설명으로 옳은 것은? (다툼이 있으면 판례에 따름)

① 대리인 乙이 자신을 본인 甲이라고 하면서 계약을 체결한 경우 그것이 대리권의 범위 내일지라도 그 계약의 효력은 甲이 아닌 乙에게 귀속된다.

② 소유자로부터 매매계약을 체결할 대리권을 수여받은 대리인은 특별한 사정이 없는 한, 그 매매계약에서 정한 바에 따라 중도금을 수령할 수 있다.

③ 금전소비대차계약에서 원리금반환채무 변제의 수령권한을 위임받은 대리인은 원칙적으로 그 원리금반환채무를 면제해 줄 대리권도 있다.

④ 수인의 대리인이 본인을 위하여 각각 상충되는 내용의 계약을 체결한 경우 가장 먼저 체결된 계약만이 본인에게 효력이 있다.

⑤ 임의대리인은 본인의 승낙이 있는 경우에만 복대리인을 선임할 수 있다.

61 乙이 甲 소유의 X토지를 丙에게 매도하는 계약을 체결하였다. 매매계약의 효과가 甲에게 귀속하지 않는 경우는? (다툼이 있으면 판례에 따름)

① 甲과 丙으로부터 토지매매의 대리권을 수여받은 乙이 쌍방의 허락을 받아 X토지에 대한 매매계약을 체결한 경우

② 甲으로부터 X토지매매의 대리권을 수여받은 乙이 甲 명의로 계약을 체결한 경우

③ 甲으로부터 X토지매매의 대리권을 수여받은 乙이 오직 자기의 이익을 도모하기 위하여 매매계약을 체결하였고 丙이 乙의 의도를 알 수 있었던 경우

④ 甲으로부터 X토지매매의 대리권을 수여받은 미성년자 乙이 甲을 대리하여 丙과 매매계약을 체결한 경우

⑤ 무권대리인 乙이 X토지를 丙에게 매도하였는데, 甲이 그 계약에 따른 이행을 丙에게 촉구하고 매매대금을 수령한 경우

정답 및 해설

59 ⑤ 예금계약의 체결을 위임받은 자가 가지는 대리권에 당연히 그 예금을 담보로 하여 대출을 받거나 이를 처분할 수 있는 <u>대리권이 포함되어 있는 것은 아니다</u>(대판 1995.8.22, 94다59042).

60 ② ① 甲이 乙에게 부동산 담보에 관한 대리권을 주었다면 乙이 대리관계를 표시함이 없이 마치 자신이 甲 본인인 양 행세하였다 하더라도 근저당권설정계약은 대리인인 乙이 그의 권한범위 안에서 한 것인 이상 <u>그 효력은 본인인 甲에게 미친다</u>(대판 1987.6.23, 86다카1411).
③ 대여금의 영수권한만을 위임받은 대리인이 그 대여금 채무의 일부를 면제하기 위하여는 <u>본인의 특별수 권이 필요하다</u>(대판 1981.6.23, 80다3221).
④ 대리인이 수인인 때에는 각자가 본인을 대리한다(제119조). 즉, 단독대리가 원칙이다. 따라서 수인의 대리인이 본인을 위하여 각각 상충되는 내용의 계약을 체결한 경우에도 <u>모두 본인에게 효력이 있다</u>.
⑤ 임의대리인은 <u>본인의 승낙이 있거나 부득이한 사유가 있는 때에 한하여 복임권을 가진다</u>(제120조).

61 ③ 진의 아닌 의사표시가 대리인에 의하여 이루어지고 그 대리인의 진의가 본인의 이익이나 의사에 반하여 <u>자기 또는 제3자의 이익을 위한 배임적인 것임을 그 상대방이 알았거나 알 수 있었을 경우에는, 민법 제107 조 제1항 단서의 유추해석상 그 대리인의 행위는 본인의 대리행위로 성립할 수 없으므로 본인은 대리인의 행위에 대하여 아무런 책임이 없다</u>(대판 1996.4.26, 94다29850).

62 대리권에 관한 설명으로 옳지 않은 것은?

① 원인된 법률관계의 종료 전에 본인이 수권행위를 철회한 경우, 임의대리권은 소멸한다.

② 권한을 정하지 아니한 대리인은 대리의 목적인 물건이나 권리의 성질을 변하지 아니하는 범위에서 그 이용 또는 개량하는 행위만을 할 수 있다.

③ 대리권이 법률행위에 의하여 부여된 경우에는 대리인은 본인의 승낙이 있거나 부득이한 사유 있는 때가 아니면 복대리인을 선임하지 못한다.

④ 친권자가 자신의 부동산을 미성년 자녀에게 증여하는 행위는 자기계약이지만 유효하다.

⑤ 본인의 허락이 있는 경우에는 특정한 법률행위에 관한 대리인은 그 법률행위를 위하여 당사자 쌍방을 유효하게 대리할 수 있다.

63 민법상 대리권의 소멸사유가 아닌 것은?

① 본인의 사망   ② 대리인의 성년후견의 개시
③ 본인의 특정후견의 개시   ④ 대리인의 파산
⑤ 대리인의 사망

대표예제 46 \\ **대리행위 ★★★**

대리에 관한 설명으로 옳지 않은 것은?

① 대리인이 그 권한 내에서 본인을 위한 것임을 표시한 의사표시는 직접 본인에게 효력이 생긴다.

② 의사표시의 효력이 의사의 흠결, 사기, 강박 또는 어느 사정을 알았거나 과실로 알지 못한 것으로 인하여 영향을 받을 경우에 그 사실의 유무는 대리인을 표준하여 결정한다.

③ 대리인 乙이 자신을 본인 甲이라고 하면서 계약을 체결한 경우 그것이 대리권의 범위 내일지라도 그 계약의 효력은 甲이 아닌 乙에게 귀속된다.

④ 대리권은 대리인의 성년후견의 개시로 소멸된다.

⑤ 특정한 법률행위를 위임한 경우에 대리인이 본인의 지시에 좇아 그 행위를 한 때에는 본인은 자기가 안 사정에 관하여 대리인의 부지(不知)를 주장하지 못한다.

해설 | ③ 甲이 乙에게 부동산 담보에 관한 대리권을 주었다면 乙이 대리관계를 표시함이 없이 마치 자신이 甲 본인인 양 행세하였다 하더라도 근저당권설정계약은 대리인인 乙이 그의 권한범위 안에서 한 것인 이상 <u>그 효력은 본인인 甲에게 미친다</u>(대판 1987.6.23, 86다카1411).
① 제114조
② 제116조 제1항
④ 제127조
⑤ 특정한 법률행위를 위임한 경우에 대리인이 본인의 지시에 좇아 그 행위를 한 때에는 본인은 자기가 안 사정 또는 과실로 인하여 알지 못한 사정에 관하여 대리인의 부지를 주장하지 못한다(제116조 제2항).

기본서 p.308~312   정답 ③

64 대리에 관한 설명으로 옳지 않은 것은? (다툼이 있으면 판례에 따름)

① 미성년자도 임의대리인이 될 수 있다.

② 대리인이 본인을 위한 것임을 표시하지 않았더라도 상대방이 대리인으로서 한 것임을 알 수 있었을 경우에는 직접 본인에 대하여 효력이 생긴다.

③ 법정대리인인 친권자가 친구로부터 부동산을 매수하여 이를 그 자(子)에게 증여하는 행위는 자기계약이지만 유효하다.

④ 대리인은 대리인임을 표시하여 의사표시를 하여야 하는 것은 아니고 본인명의로도 할 수 있다.

⑤ 대리인이 대리의사가 있으면서도 본인을 위한 것임을 표시하지 아니한 때에는, 대리인은 대리행위를 착오를 이유로 취소할 수 있다.

정답 및 해설

62 ② 권한을 정하지 아니한 대리인은 <u>보존행위(무제한)</u>와 대리의 목적인 물건이나 권리의 성질을 변하지 아니하는 범위에서 그 <u>이용 또는 개량하는 행위</u>를 할 수 있다(제118조).

63 ③ ①③ 본인의 사망은 대리권 소멸사유이나, <u>본인의 특정후견의 개시는 대리권의 소멸사유가 아니다</u>. 나아가 본인의 성년후견개시나 파산은 대리권의 소멸사유가 아니다.
②④⑤ 대리인의 사망, 성년후견의 개시, 파산은 대리권 소멸사유이다.

64 ⑤ 대리인이 본인을 위한 것임을 표시하지 아니한 때에는, 그 의사표시는 자기를 위한 것으로 본다(제115조). 따라서 <u>착오를 주장하지 못한다</u>.

65 대리에 관한 설명으로 옳은 것은? (다툼이 있으면 판례에 따름)

① 대리에 있어 본인을 위한 것임을 표시하는 이른바 현명은 명시적으로 하여야 하고 묵시적으로는 할 수 없다.

② 적법한 대리인에 의하여 체결된 계약이 상대방에 의하여 유효하게 해제된 경우, 대리인이 수령한 상대방의 급부를 본인이 현실적으로 인도받지 못하였더라도, 특별한 사정이 없는 한, 본인이 해제로 인한 원상회복의무를 부담한다.

③ 부동산의 이중매매의 경우, 제2매수인의 대리인이 매매대상 토지에 관한 거래의 사정을 잘 알면서 매도인의 배임행위에 가담하였다면, 대리행위의 하자 유무는 본인을 표준으로 판단해야 한다.

④ 대리인의 대리권은 복대리인의 선임에 의해 소멸한다.

⑤ 부동산의 소유자로부터 매매계약을 체결할 대리권을 수여받은 대리인은 특별한 사정이 없는 한, 중도금이나 잔금을 수령할 권한은 없다고 보아야 한다.

66 甲 소유 부동산에 대하여 매매계약 체결의 대리권을 甲으로부터 수여받은 乙이 그 부동산을 丙에게 매도하였다. 이에 관한 설명으로 옳지 않은 것을 모두 고른 것은? (다툼이 있으면 판례에 따름)

> ㉠ 乙이 甲을 위한 매매임을 표시하지 않으면 乙의 의사표시는 효력이 없다.
> ㉡ 乙은 甲의 수권행위가 없더라도 丙과의 매매계약을 해제할 권한이 있다.
> ㉢ 乙은 甲의 승낙이 있거나 부득이한 사유가 있더라도 복대리인을 선임하지 못한다.
> ㉣ 乙의 강박행위가 있는 경우, 甲이 그 사실을 알았거나 알 수 있었을 때에 한하여 丙은 의사표시를 취소할 수 있다.

① ㉠

② ㉠, ㉣

③ ㉡, ㉢

④ ㉡, ㉢, ㉣

⑤ ㉠, ㉡, ㉢, ㉣

67 甲은 미성년자 乙에게 X건물의 매매에 관한 대리권만을 수여하였다. 乙은 甲을 대리하여 丙과 X건물의 매매계약을 체결하였다. 다음 설명으로 옳은 것은? (다툼이 있으면 판례에 따름)

① 乙은 제한능력을 이유로 丙과의 매매계약을 취소할 수 있다.

② 丙이 甲을 강박하였다면, 甲은 강박을 이유로 매매계약을 취소할 수 있다.

③ 丙이 乙을 기망하였다면, 甲은 사기를 이유로 매매계약을 취소할 수 있다.

④ 丙이 甲을 강박하였다면, 乙은 강박을 이유로 매매계약을 취소할 수 있다.

⑤ 乙이 丙을 기망하였다면, 甲이 이를 알았거나 알 수 있었을 경우에 한하여 丙은 매매계약을 취소할 수 있다.

정답 및 해설

65 ② ① 현명의 방식에는 제한이 없다(대판 1946.2.1, 4278민상205). 즉, <u>대리의사가 반드시 명시적으로 표시되어야 하는 것은 아니며, 묵시적으로도 가능하다.</u>
　③ 대리인이 매도인의 배임행위에 적극가담하여 2중매매계약을 체결한 경우에 <u>대리행위의 하자 유무는 대리인을 표준으로 판단하여야</u> 하므로, 본인이 이를 몰랐거나 반사회성을 야기하지 않았을지라도 반사회질서행위가 부정되지 않는다(대판 1998.2.27, 97다45532).
　④ 대리인이 복대리인을 선임하더라도 대리인의 대리권은 <u>소멸하는 것이 아니라 병존한다.</u>
　⑤ 부동산의 소유자로부터 매매계약을 체결할 대리권을 수여받은 대리인은 특별한 다른 사정이 없는 한, 그 매매계약에서 약정한 바에 따라 <u>중도금이나 잔금을 수령할 수도 있다</u>고 보아야 하고, 매매계약의 체결과 이행에 관하여 포괄적으로 대리권을 수여받은 대리인은 특별한 다른 사정이 없는 한, 상대방에 대하여 약정된 매매대금 지급기일을 연기하여 줄 권한도 가진다고 보아야 할 것이다(대판 1992.4.14, 91다43107).

66 ⑤ ㉠ 대리인이 본인을 위한 것임을 표시하지 아니한 때에는 <u>그 의사표시는 자기를 위한 것으로 본다</u>(제115조 본문). 따라서 대리인이 법률관계의 당사자로 간주되므로 내심의 의사와 표시가 일치하지 않음을 근거로 착오를 주장하지 못한다.
　㉡ 해제와 같은 관리행위를 넘는 행위를 하기 위해서는 <u>본인의 수권행위가 있어야 한다.</u>
　㉢ 임의대리인의 복임권은 원칙적으로 인정되지 않으나, <u>본인의 승낙이 있거나 부득이한 사유가 있는 때에는 예외적으로 인정된다</u>(제120조).
　㉣ 상대방 있는 의사표시를 제3자의 사기나 강박으로 인해 한 때에는, '상대방이 그 사실을 알았거나 알 수 있었을 때'에 한하여 그 의사표시를 취소할 수 있다(제110조 제2항). 그러나 '상대방의 대리인 등 상대방과 동일시할 수 있는 자'는 제3자가 아니다(대판 1999.2.23, 98다60828). 따라서 <u>丙은 의사표시를 언제나 취소할 수 있다.</u>

67 ③ ②③④ 의사표시의 효력이 의사의 흠결, 사기, 강박 또는 어느 사정을 알았거나 과실로 알지 못한 것으로 인하여 영향을 받을 경우에 그 사실의 유무는 대리인을 표준으로 하여 결정한다(제116조 제1항). 따라서 <u>丙이 대리인 乙을 사기나 강박을 한 경우에 본인 甲은 매매계약을 취소할 수 있다.</u> 대리에 있어서 법률행위의 당사자는 대리인이므로 본인 甲이 강박을 당한 경우에 취소권이 생기지 않는다.
　① 대리인은 행위능력자임을 요하지 않는다(제117조). 그 결과 제한능력자인 대리인이 대리행위를 한 때에도 <u>그 행위는 취소할 수 없다.</u>
　⑤ 상대방 있는 의사표시를 제3자의 사기나 강박으로 인해 한 때에는, '상대방이 그 사실을 알았거나 알 수 있었을 때'에 한하여 그 의사표시를 취소할 수 있다(제110조 제2항). 그러나 판례는 상대방의 대리인 등 상대방과 동일시할 수 있는 자는 제3자가 아니라고 한다(대판 1999.2.23, 98다60828). 따라서 <u>乙이 丙을 기망한 경우에는 丙은 제110조 제1항에 의하여 매매계약을 취소할 수 있다.</u>

68 대리에 관한 설명으로 옳지 않은 것은?

① 의사표시의 효력이 의사의 흠결로 인하여 영향을 받을 경우에 그 사실의 유무는 대리인을 표준하여 결정한다.

② 선의의 상대방은 본인의 추인이 있을 때까지 무권대리인과 체결한 계약을 철회할 수 있다.

③ 복대리인은 그 권한 내에서 본인을 대리한다.

④ 대리인은 행위능력자임을 요하지 아니한다.

⑤ 무권대리행위에 대한 본인의 추인은 다른 의사표시가 없는 한, 추인한 때로부터 그 효력이 생긴다.

69 대리에 관한 설명으로 옳은 것을 모두 고른 것은? (다툼이 있으면 판례에 따름)

㉠ 어떤 사람이 대리인의 외양을 가지고 행위하는 것을 본인이 알면서도 이의를 하지 아니하고 방임하는 경우, 본인의 대리권 수여가 추단될 수 있다.

㉡ 계약이 적법한 대리인에 의하여 체결되었는데 상대방이 채무불이행을 이유로 계약을 해제한 경우, 대리인이 수령한 계약상 급부를 본인이 현실적으로 인도받지 못하였다면 본인에게는 원상회복의무가 없다.

㉢ 대리권이 없는 자가 재단법인의 설립행위를 대리한 경우 본인이 추인을 하여도 언제나 무효이며 무권대리인도 이행책임을 지지 않는다.

㉣ 대리인이 계약체결에 관한 권한을 수여받았다면, 그 계약의 해제권 및 상대방의 의사를 수령할 권한은 특별한 사정이 없는 한 대리인에게 부여된다.

① ㉠, ㉡　　　　　　　　　　　② ㉠, ㉢

③ ㉠, ㉣　　　　　　　　　　　④ ㉡, ㉢

⑤ ㉢, ㉣

대표예제 47 / 복대리 ★★

복대리에 관한 설명으로 옳지 않은 것은? (다툼이 있으면 판례에 따름)

① 임의대리인이 본인의 지명에 의하여 복대리인을 선임한 경우, 본인의 승낙이 있거나 부득이한 사유로 복대리인을 선임한 경우보다 본인에 대한 대리인의 그 선임·감독상 책임이 감경된다.

② 친권자나 후견인은 법원의 허가 또는 부득이한 사유가 있는 때에 한하여 복임권이 있다.

③ 대리인의 대리권의 범위가 명확하지 않은 경우, 복대리인은 보존행위를 할 수 있다.

④ 복임권 없는 대리인이 임의로 선임한 복대리인을 통하여 권한 외의 법률행위를 한 경우, 이러한 복대리인의 권한도 권한을 넘은 표현대리(민법 제126조)의 기본대리권이 될 수 있다.

⑤ 복대리인은 제3자에 대하여 대리인과 동일한 권리의무가 있다.

해설 | ② 법정대리인(친권자, 후견인 등)은 언제든지 복임권이 인정된다.
　① 대리인이 본인의 지명에 의하여 복대리인을 선임한 경우에는 그 부적임 또는 불성실함을 알고 본인에게 대한 통지나 그 해임을 태만한 때가 아니면 책임이 없다(제121조 제2항).
　③ 복대리인은 대리인이 자신의 권한 및 이름으로 선임한 자로서, 임의대리인이다. 임의대리인은 대리권의 범위가 명확하지 않은 경우, 보존행위, 대리의 목적인 권리의 성질을 변하지 않는 범위에서 이용행위·개량행위를 할 수 있다(제118조).
　④ 기본대리권의 존재는 제126조 표현대리의 필요요건이다[통설·판례(대판 1984.10.10, 84다카780)]. 여기의 대리인은 본인으로부터 직접 대리권을 수여받은 자에 한하지 않으며, 그 대리인으로부터 권한을 수여받은 자(대판 1970.6.30, 70다908)나 복대리인이어도 무방하다(대판 1998.3.27, 97다48982).
　⑤ 복대리인은 그 권한의 범위 내에서 직접 본인을 대리한다(제123조 제1항). 복대리인의 대리행위에 관하여는 대리의 일반원칙이 그대로 적용된다.

기본서 p.312~315　　　　　　　　　　　　　　　　　　　　　　　　　　　　　　정답 ②

정답 및 해설

68 ⑤ 추인은 다른 의사표시가 없는 때에는 <u>계약시에 소급하여 그 효력이 생긴다</u>. 그러나 제3자의 권리를 해하지 못한다(제133조).

69 ② ⓒ 계약이 적법한 대리인에 의하여 체결된 경우에 대리인은 다른 특별한 사정이 없는 한 본인을 위하여 계약상 급부를 변제로서 수령할 권한도 가진다. 그리고 대리인이 그 권한에 기하여 계약상 급부를 수령한 경우에, 그 법률효과는 계약 자체에서와 마찬가지로 직접 본인에게 귀속되고 대리인에게 돌아가지 아니한다. 따라서 계약상 채무의 불이행을 이유로 계약이 상대방 당사자에 의하여 유효하게 해제되었다면, <u>해제로 인한 원상회복의무는 대리인이 아니라 계약의 당사자인 본인이 부담한다</u>. 이는 본인이 대리인으로부터 그 <u>수령한 급부를 현실적으로 인도받지 못하였다거나 해제의 원인이 된 계약상 채무의 불이행에 관하여 대리인에게 책임 있는 사유가 있다고 하여도</u> 다른 특별한 사정이 없는 한 <u>마찬가지라고</u> 할 것이다(대판 2011.8.18, 2011다30871).
　ⓔ 법률행위에 의하여 수여된 대리권은 원인된 법률관계의 종료에 의하여 소멸하는 것이므로 특별한 사정이 없는 한, 매수명의자를 대리하여 매매계약을 체결하였다 하여 곧바로 대리인이 매수인을 대리하여 매매계약의 해제 등 일체의 처분권과 상대방의 의사를 수령할 권한까지 가지고 있다고 볼 수는 없다(대판 1997.3.25, 96다51271).

70 복대리에 관한 설명으로 옳지 않은 것을 모두 고른 것은?

> ㉠ 임의대리인은 원칙적으로 복대리인을 선임할 권리가 없고, 본인의 승낙이 있거나 또는 부득이한 사유가 있는 때에 한하여 복임권이 인정된다.
> ㉡ 복대리인은 원칙적으로 다시 복대리인을 선임할 수 있다.
> ㉢ 법정대리인은 언제나 복임권이 있다.
> ㉣ 임의대리인이 본인의 지명에 의하여 복대리인을 선임한 경우, 본인의 승낙이 있거나 부득이한 사유로 복대리인을 선임한 경우보다 본인에 대한 대리인의 그 선임·감독상 책임이 감경된다.

① ㉠   ② ㉡

③ ㉢   ④ ㉠, ㉡

⑤ ㉡, ㉢

71 甲으로부터 5억원에 토지매수를 부탁받은 임의대리인 乙이 甲의 허락을 얻어 丙을 복대리인으로 선임하였다. 丙은 매수의뢰가격이 5억원임을 알고 있음에도 丁의 토지를 조속히 매수하기 위하여 丁과 6억원에 매수하는 계약을 체결하였다. 甲, 乙, 丙, 丁의 법률관계에 관한 설명으로 옳은 것은? (다툼이 있으면 판례에 따름)

① 乙은 甲의 이름으로 丙을 선임한다.

② 乙은 甲에 대하여 丙의 선임·감독에 대한 책임을 지지 않는다.

③ 丙은 乙의 동의가 있더라도 특별한 사정이 없는 한, 토지매매계약을 해제할 수 없다.

④ 만약 乙이 사망하더라도 丙의 복대리권은 소멸하지 않는다.

⑤ 토지를 5억원에 매수해달라는 부탁을 받은 丙이 丁과 6억원에 매수하는 계약을 체결한 것은 착오에 의한 의사표시이므로 甲은 매매계약을 취소할 수 있다.

72 복대리에 관한 설명으로 옳지 않은 것을 모두 고른 것은?

> ㉠ 복대리인은 대리인이 자기의 이름으로 선임한 본인의 대리인이며, 대리인의 대리인이 아니다.
> ㉡ 복대리인은 본인이 선임한다.
> ㉢ 복대리인의 선임행위, 즉 복임행위는 대리행위이다.
> ㉣ 복대리인을 선임하면 대리인의 대리권은 소멸한다.

① ㉠

② ㉡

③ ㉡, ㉣

④ ㉠, ㉡, ㉢

⑤ ㉡, ㉢, ㉣

70 ② ㉡ 복대리인은 그 성질상 모두 임의대리인이므로 <u>본인의 승낙이 있거나 부득이한 사유가 있는 때에는</u> 복대리인의 복임권이 인정된다.

▶ 대리인의 복임권과 그 책임

구분	임의대리인	법정대리인
복임권	본인의 승낙이 있거나 부득이한 사유 있는 때만(제120조) ⇨ 원칙적으로 복임권이 없다.	언제나 선임 可(제122조 본문)
대리인의 책임	선임·감독에 관한 과실책임(제121조 제1항) ⇨ 부적임한 자를 복대리인으로 선임하거나 그 감독을 게을리한 때	모든 책임(제122조 본문) ⇨ 법정의 무과실책임
책임의 면책·감경	본인의 지명에 의하여 복대리인을 선임한 경우 ⇨ 그 부적임 또는 불성실함을 알고 본인에게 대한 통지나 그 해임을 태만한 때가 아니면 책임이 없다(제121조 제2항).	부득이한 사유로 복대리인을 선임한 경우 ⇨ 선임·감독상의 과실에 대해서만 책임을 진다(제122조 단서, 제121조 제1항). = 임의대리인의 책임

71 ③ ① 복대리인은 대리인이 그의 권한 내의 행위를 행하게 하기 위하여 대리인 자신의 이름으로(즉, 대리인의 권한으로) 선임한 본인의 대리인이다. 이 선임권을 복임권, 선임행위를 복임행위라고 한다. 복임행위는 대리인의 대리행위가 아니다. 즉, <u>乙은 자기 이름으로 복대리인을 선임한다.</u>

② 임의대리인은 예외적으로 복임권이 인정되기 때문에, <u>선임·감독에 관한 책임만을 지는 것이 원칙</u>이다. 그러나 대리인이 본인의 지명에 의하여 복대리인을 선임한 경우에는 그 부적임 또는 불성실함을 알고 본인에 대한 통지나 그 해임을 태만히 한 때에 한하여 책임을 진다(제121조).

④ 복대리권은 대리인의 대리권을 전제로 하는 것이므로 <u>대리권의 소멸에 의하여 복대리권도 소멸한다.</u> 乙이 사망하면 대리권은 소멸하므로(제127조 제2호), <u>丙의 복대리권도 소멸한다.</u>

⑤ <u>대리행위의 하자는 대리인을 표준으로 한다</u>(제116조 제1항). 丙은 매수의뢰가격이 5억원임을 알고 있었으므로 丙이 丁과 6억원에 매수하는 계약을 체결한 것은 착오에 의한 의사표시가 아니다. 따라서 <u>본인 甲은 매매계약을 취소할 수 없다.</u>

72 ⑤ ㉠㉡㉢ 복대리인은 대리인이 그의 권한 내의 행위를 행하게 하기 위하여 <u>대리인 자신의 이름으로</u>(즉, 대리인의 권한으로) <u>선임한 본인의 대리인</u>이다. 이 선임권을 복임권, 선임행위를 복임행위라고 한다. <u>복임행위는 대리인의 대리행위가 아니며</u>, 복대리인에 대한 대리인의 수권행위이다.

㉣ 대리인이 복대리인을 선임하더라도 <u>대리인의 대리권은 소멸하는 것이 아니라 병존한다.</u>

73 복대리에 관한 설명으로 옳은 것을 모두 고른 것은?

> ㉠ 복대리인은 대리인의 감독을 받는다.
> ㉡ 복대리인의 권한은 대리인의 권한을 초과할 수 없다.
> ㉢ 복대리인은 본인의 이름으로 대리행위를 한다.
> ㉣ 대리인의 대리권이 소멸하면 복대리인의 대리권도 소멸한다.

① ㉠, ㉡　　　　　　　　　　　② ㉡, ㉢

③ ㉡, ㉣　　　　　　　　　　　④ ㉢, ㉣

⑤ ㉠, ㉡, ㉢, ㉣

대표예제 48 　 표현대리 ★★★

표현대리에 관한 설명으로 옳지 않은 것은? (다툼이 있으면 판례에 따름)

① 표현대리가 성립하는 경우에는 상대방에게 설령 과실이 있더라도 과실상계의 법리를 유추적용할 수 없다.

② 대리행위가 강행법규에 위반하여 무효인 경우에도 표현대리가 성립할 수 있다.

③ 표현대리가 성립한다고 하여 무권대리의 성질이 유권대리로 전환되는 것은 아니다.

④ 호텔 등의 시설이용 우대회원 모집계약을 체결하면서 자신의 판매점이나 총대리점 등의 명칭을 사용하여 회원모집 안내를 하는 것을 승낙 또는 묵인하였다면 대리권 수여의 표시가 있은 것으로 볼 수 있다.

⑤ 대리권 소멸 후의 표현대리가 인정되는 경우 그 권한을 넘는 대리행위가 있을 때에는 권한을 넘은 표현대리가 성립할 수 있다.

해설| ② 증권회사 또는 그 임·직원의 부당권유행위를 금지하는 증권거래법 제52조 제1호는 공정한 증권거래질서의 확보를 위하여 제정된 강행법규로서 이에 위배되는 주식거래에 관한 투자수익보장약정은 무효이고, 투자수익보장이 강행법규에 위반되어 무효인 이상 증권회사의 지점장에게 그와 같은 약정을 체결할 권한이 수여되었는지 여부에 불구하고 그 약정은 여전히 무효이므로 <u>표현대리의 법리가 준용될 여지가 없다</u>(대판 1996.8.23, 94다38199).

① <u>표현대리행위가 성립하는 경우에 그 본인은 표현대리행위에 의하여 전적인 책임을 져야 하고, 상대방에게 과실이 있다고 하더라도 과실상계의 법리를 유추적용하여 본인의 책임을 경감할 수 없다</u>(대판 1996.7.12, 95다49554).

③ <u>표현대리가 성립된다고 하여 무권대리의 성질이 유권대리로 전환되는 것은 아니므로</u>, 양자의 구성요건 해당사실, 즉 주요사실은 다르다고 볼 수밖에 없으니 유권대리에 관한 주장 속에 무권대리에 <u>속하는 표현대리의 주장이 포함되어 있다고 볼 수 없다</u>[대판 1983.12.13, 83다카1489(전합)].

④ 본인에 의한 대리권 수여의 표시는 반드시 대리권 또는 대리인이라는 말을 사용하여야 하는 것이 아니라 사회통념상 대리권을 추단할 수 있는 직함이나 명칭 등의 사용을 승낙 또는 묵인한 경우에도 대리권 수여의 표시가 있는 것으로 볼 수 있다. 호텔 등의 시설이용 우대회원 모집계약을 체결하면서 자신의 판매점, 총대리점 또는 연락사무소 등의 명칭을 사용하여 회원모집 안내를 하거나 입회계약을 체결하는 것을 승낙 또는 묵인하였다면 민법 제125조의 표현대리가 성립할 여지가 있다(대판 1998.6.12, 97다53762).

⑤ 민법 제129조의 대리권 소멸 후의 표현대리로 인정되는 경우에, 그 표현대리의 권한을 넘은 대리행위가 있을 때에는 민법 제126조의 표현대리가 성립될 수 있다(대판 1979.3.27, 79다234).

기본서 p.316~325　　　　　　　　　　　　　　　　　　　　　　　　　　　　　　정답 ②

---

74 표현대리에 관한 설명으로 옳지 않은 것은? (다툼이 있으면 판례에 따름)

① 민법 제126조의 표현대리 규정은 법정대리에도 적용된다.

② 기본대리권 없는 자가 자신이 본인인 것처럼 가장하여 본인 명의로 법률행위를 한 경우에는 특별한 사정이 없는 한, 권한을 넘은 표현대리가 성립하지 않는다.

③ 대리권 수여의 표시에 의한 표현대리에 해당하여 대리행위의 효과가 본인에게 귀속하기 위해서는 대리행위의 상대방의 선의 이외에 무과실까지 요하는 것은 아니다.

④ 기본대리권은 표현대리행위와 동종 또는 유사한 것임을 요하지 않는다.

⑤ 대리행위가 강행법규 위반으로 무효인 경우 표현대리가 성립할 수 없다.

정답 및 해설

73 ⑤　㉠㉡ 복대리인은 대리인에 의하여 선임된 자이므로 대리인의 감독을 받으며, 복대리인의 대리권은 그 범위나 존립에 있어서 대리인의 대리권에 종속된다.

㉢ 복대리인은 본인의 대리인이므로 본인의 이름으로 대리행위를 하고, 제115조·제116조 등의 적용을 받는다.

㉣ 복대리권은 본인에 대한 대리권이므로 대리권 일반의 소멸사유에 의하여, 대리인이 수여한 것이므로 대리인과 복대리인 사이의 내부적 법률관계의 종료 또는 수권행위의 철회에 의하여, 대리인의 대리권을 전제로 하는 것이므로 대리인의 대리권의 소멸에 의하여 소멸한다.

74 ③　표현대리가 성립하기 위하여 상대방은 선의·무과실이어야 한다(제125조 단서).

75 표현대리에 관한 설명으로 옳지 않은 것은? (다툼이 있으면 판례에 따름)

① 권한을 넘은 표현대리에 해당하는지 여부를 판단할 경우, 정당한 이유가 존재하는지 여부는 대리행위 당시를 기준으로 판단한다.

② 권한을 넘은 표현대리에 관한 제126조의 제3자는 당해 표현대리행위의 직접 상대방만을 의미한다.

③ 대리권 수여의 표시에 의한 표현대리에 해당하여 본인에게 대리의 효과가 귀속하기 위해서는 상대방은 선의·무과실이어야 한다.

④ 대리인이 대리권 소멸 후 선임한 복대리인과 상대방 사이의 법률행위에는 대리권 소멸 후 표현대리가 성립할 수 없다.

⑤ 교회의 정관 기타 규약에 교회재산에 관한 교회대표자의 권한 규정이 없음에도 불구하고, 교회의 대표자가 교인총회의 결의를 거치지 아니하고 교회재산을 처분한 경우 권한을 넘은 표현대리에 관한 규정을 준용할 수 없다.

76 표현대리에 관한 설명으로 옳은 것은? (다툼이 있으면 판례에 따름)

① 표현대리가 성립되면 무권대리의 성질이 유권대리로 전환된다.

② 표현대리의 성립을 위한 대리권 수여의 표시가 인정되기 위해서는 대리권 또는 대리인이라는 말이 사용되어야 한다.

③ 본인의 성명을 모용하여 자기가 마치 본인인 것처럼 기망하여 본인 명의로 직접 법률행위를 한 경우, 특별한 사정이 없는 한, 표현대리는 성립될 수 없다.

④ 대리인이 대리권 소멸 후 선임한 복대리인과 상대방 사이의 법률행위에는 대리권 소멸 후의 표현대리가 성립할 수 없다.

⑤ 대리권 소멸 후의 표현대리는 법정대리에는 적용되지 않는다.

77 권한을 넘은 표현대리에 관한 설명으로 옳은 것은? (다툼이 있으면 판례에 따름)

① 대리인이 본인임을 사칭하고 본인을 가장하여 은행과 근저당권설정계약을 체결한 행위에 대하여는 권한을 넘은 표현대리의 법리를 유추적용할 수 없다.

② 등기신청을 위한 대리권을 가진 대리인이 그 권한을 넘어 대물변제를 한 경우 표현대리의 법리는 적용되지 않는다.

③ 부부간의 일상가사대리권은 권한을 넘은 표현대리의 기본대리권이 될 수 있다.

④ 권한을 넘은 표현대리에 있어서 무권대리인에게 그 권한이 있다고 믿을 만한 정당한 이유가 있는가의 여부는 사실심 변론종결시를 기준으로 하여 판단한다.

⑤ 사자(使者)가 월권을 하여 대리인으로서 행동한 경우에, 권한을 넘은 표현대리에 관한 법리가 적용될 여지가 없다.

75 ④ 대리인이 대리권 소멸 후 직접 상대방과 사이에 대리행위를 하는 경우는 물론 대리인이 대리권 소멸 후 복대리인을 선임하여 복대리인으로 하여금 상대방과 사이에 대리행위를 하도록 한 경우에도, 상대방이 대리권 소멸 사실을 알지 못하여 복대리인에게 적법한 대리권이 있는 것으로 믿었고 그와 같이 믿은 데 과실이 없다면 민법 제129조에 의한 표현대리가 성립할 수 있다(대판 1998.5.29, 97다55317).

76 ③ ① 유권대리에 있어서는 본인이 대리인에게 수여한 대리권의 효력에 의하여 법률효과가 발생하는 반면, 표현대리에 있어서는 대리권이 없음에도 불구하고 법률이 특히 거래상대방 보호와 거래안전유지를 위하여 본래 무효인 무권대리행위의 효과를 본인에게 미치게 한 것으로서 표현대리가 성립된다고 하여 무권대리의 성질이 유권대리로 전환되는 것은 아니므로, 양자의 구성요건 해당사실, 즉 주요사실은 다르다고 볼 수밖에 없으니 유권대리에 관한 주장 속에 무권대리에 속하는 표현대리의 주장이 포함되어 있다고 볼 수 없다[대판 1983.12.13, 83다카1489(전합)].

② 본인에 의한 대리권 수여의 표시는 반드시 대리권 또는 대리인이라는 말을 사용하여야 하는 것이 아니라 사회통념상 대리권을 추단할 수 있는 직함이나 명칭 등의 사용을 승낙 또는 묵인한 경우에도 대리권 수여의 표시가 있는 것으로 볼 수 있다(대판 1998.6.12, 97다53762).

④ 대리인이 대리권 소멸 후 직접 상대방과 사이에 대리행위를 하는 경우는 물론 대리인이 대리권 소멸 후 복대리인을 선임하여 복대리인으로 하여금 상대방과 사이에 대리행위를 하도록 한 경우에도, 상대방이 대리권 소멸 사실을 알지 못하여 복대리인에게 적법한 대리권이 있는 것으로 믿었고 그와 같이 믿은 데 과실이 없다면 민법 제129조에 의한 표현대리가 성립할 수 있다(대판 1998.5.29, 97다55317).

⑤ 대리권 소멸 후의 표현대리에 관한 민법 제129조는 법정대리인의 대리권 소멸에 관하여도 그 적용이 있다(대판 1975.1.28, 74다1199).

77 ③ ① 판례는, 현명을 요구하여 '단지 본인의 성명을 모용하여 자기가 마치 본인인 것처럼 기망하여 본인 명의로 직접 모든 법률행위를 한 경우에는 특별한 사정이 없는 한 제126조를 적용할 수 없으나(대판 1974.4.9, 74다78), 특별한 사정이 있는 경우에는 현명이 없더라도 제126조의 표현대리의 법리를 유추적용하여 본인에게 그 행위의 효력을 미치게 할 수 있다고 한다(대판 1993.2.23, 92다52436; 대판 1988.2.9, 87다카273; 대판 2000.3.23, 99다50385).

② 기본대리권이 등기신청행위라 할지라도 표현대리인이 그 권한을 유월하여 대물변제라는 사법행위를 한 경우에는 표현대리의 법리가 적용된다(대판 1978.3.28, 78다282).

④ 표견대리의 효과를 주장하려면 상대방이 자칭 대리인에게 대리권이 있다고 믿고 그와 같이 믿는 데 정당한 이유가 있을 것을 요건으로 하는 것인바, 여기의 정당한 이유의 존부는 자칭 대리인의 대리행위가 행하여질 때에 존재하는 제반사정을 객관적으로 관찰하여 판단하여야 하는 것이지, 당해 법률행위가 이루어지고 난 훨씬 뒤의 사정을 고려하여 그 존부를 결정해야 하는 것은 아니다(대판 1987.7.7, 86다카2475).

⑤ 사자가 월권을 하여 대리인으로서 행동하거나 본인의 지시를 위반하여 지시받지 않은 사항을 전달한 경우에 표현대리규정이 적용 또는 유추적용될 수 있는가에 관하여 긍정설이 다수이다. 판례도 같은 입장이다(대판 1962.2.8, 4294민상192).

민법상 무권대리에 관한 설명으로 옳은 것은? (다툼이 있으면 판례에 따름)

① 무권대리행위의 상대방이 계약 당시 무권대리임을 안 경우에는 본인에 대한 추인 여부의 확답을 최고할 수 없다.

② 무권대리인이 본인을 단독상속한 경우, 특별한 사정이 없는 한 자신이 행한 무권대리행위의 무효를 주장하는 것은 허용되지 않는다.

③ 무권대리행위의 상대방이 제134조의 철회권을 유효하게 행사한 후에도 본인은 무권대리행위를 추인할 수 있다.

④ 계약체결 당시 대리인의 무권대리사실을 알고 있었던 상대방은 최고권을 행사할 수 없다.

⑤ 무권대리행위가 범죄가 되는 경우에 본인이 그 사실을 알고도 장기간 형사고소를 하지 않은 것만으로 묵시적 추인이 된다.

해설| 판례는 무권대리인이 본인을 단독상속하여 무권대리행위의 무효를 주장하는 것은 금반언의 원칙이나 신의칙에 반하여 허용될 수 없다고 한다(대판 1994.9.27, 94다20617).

오답
체크| ① 무권대리행위의 상대방의 최고는 본인에 대하여 무권대리행위를 추인할 것인지 여부의 확답을 촉구하는 것이며, 상대방이 무권대리행위임을 알았든지(악의) 여부에 관계없이 <u>최고권은 인정된다</u>(제131조). 이 점이 선의의 상대방에게만 인정되는 철회권과 다르다.

③ 상대방의 철회가 있으면 확정적 무효로 되므로, <u>본인은 무권대리행위를 추인할 수 없다</u>(제130조).

④ 악의의 상대방도 <u>최고할 수 있다</u>(제131조).

⑤ 무권대리행위에 대한 추인은 무권대리행위로 인한 효과를 자기에게 귀속시키려는 의사표시이니만큼 무권대리행위에 대한 추인이 있었다고 하려면 그러한 의사가 표시되었다고 볼 만한 사유가 있어야 하고, 무권대리행위가 범죄가 되는 경우에 대하여 그 사실을 알고도 장기간 형사고소를 하지 아니하였다 하더라도 그 사실만으로 <u>묵시적인 추인이 있었다고 할 수는 없다</u>(대판 1998.2.10, 97다31113).

기본서 p.325~332 　　　　　　　　　　　　　　　　　　　　　　　　　　　　 정답 ②

78 무권대리에 관한 설명으로 옳지 않은 것은? (다툼이 있으면 판례에 따름)

① 추인은 제3자의 권리를 해하지 않는 한, 다른 의사표시가 없으면 계약시에 소급하여 그 효력이 생긴다.

② 추인은 무권대리행위로 인한 권리 또는 법률관계의 승계인에게도 할 수 있다.

③ 본인이 무권대리인에게 추인한 경우, 상대방은 추인이 있었음을 주장할 수 있다.

④ 민법 제135조는 그 책임의 내용으로 계약의 이행 또는 손해배상을 들고 있는데, 이에 대해서는 무권대리인이 선택권을 가진다.

⑤ 제한능력자가 법정대리인의 동의 없이 계약을 무권대리한 경우, 그 제한능력자는 무권대리인으로서 계약을 이행할 책임을 부담하지 않는다.

79 계약의 무권대리에 관한 설명으로 옳은 것은? (다툼이 있으면 판례에 따름)

① 무권대리행위의 목적이 가분적인 경우, 본인은 상대방의 동의 없이 그 일부에 대하여 추인할 수 있다.

② 계약체결 당시 상대방이 대리인의 대리권 없음을 알았다는 사실에 관한 주장·증명 책임은 무권대리인에게 있다.

③ 상대방이 무권대리로 인하여 취득한 권리를 양도한 경우, 본인은 그 양수인에게 추인할 수 없다.

④ 무권대리의 추인은 다른 의사표시가 없는 한 추인한 때로부터 그 효력이 생긴다.

⑤ 계약체결 당시 대리인의 무권대리사실을 알 수 있었던 상대방은 최고권을 행사할 수 없다.

정답 및 해설

78 ④　다른 자의 대리인으로서 계약을 맺은 자가 그 대리권을 증명하지 못하고 또 본인의 추인을 받지 못한 경우에는, 그는 <u>상대방의 선택에 따라 계약을 이행할 책임 또는 손해를 배상할 책임</u>이 있다(제135조 제1항).

79 ②　① 추인은 의사표시 전부에 대하여 행하여져야 하고, 무권대리행위의 일부에 대하여 추인을 하거나 변경을 가하여 <u>추인을 하는 것은 상대방의 동의가 없는 한 무효</u>이다(대판 1982.1.26, 81다549).

③ 추인의 상대방은 <u>상대방 및 승계인</u>(대판 1981.4.14, 80다2314)·<u>무권대리인</u>(대판 1991.3.8, 90다17088)이 될 수 있다.

④ 추인은 다른 의사표시가 없는 때에는 <u>계약시에 소급하여 그 효력이 생긴다</u>. 그러나 제3자의 권리를 해하지 못한다(제133조).

⑤ 대리권 없는 자가 타인의 대리인으로 계약을 한 경우에 상대방은 상당한 기간을 정하여 본인에게 그 <u>추인 여부의 확답을 최고할 수 있다</u>. 본인이 그 기간 내에 확답을 발하지 아니한 때에는 추인을 거절한 것으로 본다(제131조). <u>악의의 상대방도 최고할 수 있다</u>.

80 乙이 대리권 없이 甲의 대리인으로서 丙과 매매계약을 체결한 경우에 관한 설명으로 옳은 것은? (다툼이 있으면 판례에 따름)

① 甲이 매매계약을 추인하더라도 소급효가 없다.
② 乙이 甲으로부터 추인에 관한 특별수권을 받은 경우, 乙은 매매계약을 추인할 수 있다.
③ 甲은 매매계약의 추인을 거절하였더라도 이를 다시 번복하여 추인할 수 있다.
④ 乙이 미성년자인 경우에도 乙은 무권대리인의 책임을 진다.
⑤ 丙은 甲이 매매계약을 추인한 사실을 안 경우에도 무권대리임을 이유로 乙과 체결한 매매계약을 철회할 수 있다.

81 甲의 성년인 아들 乙은 대리권 없이 위임장, 인감증명서 등을 위조하여 甲의 대리인이라고 칭하면서 甲 소유의 부동산을 丙에게 매도하였다. 다음 설명 중 옳은 것은? (다툼이 있으면 판례에 따름)

① 丙이 甲에게 상당한 기간을 정하여 추인 여부의 확답을 최고하였음에도 甲이 그 기간 내에 확답을 발하지 않으면 추인한 것으로 본다.
② 甲은 丙에게 추인거절의 의사표시를 할 수 있으나, 乙에게는 할 수 없다.
③ 丙이 계약 당시 乙에게 대리권 없음을 알았더라도 甲의 추인이 있기 전에는 매매계약을 철회할 수 있다.
④ 甲이 다른 의사표시 없이 乙로부터 매매대금의 일부를 받은 경우에는 계약시에 소급하여 유권대리에서와 같은 효력이 생긴다.
⑤ 甲이 乙의 무권대리행위가 있음을 알면서 곧바로 이의를 제기하지 않으면 묵시적 추인이 된다.

82 乙은 아무런 권한이 없음에도 불구하고 甲의 대리인이라고 사칭하면서, 甲 소유의 부동산에 대하여 대리권 없음을 몰랐던 丙과 매매계약을 체결하였다. 이에 관한 다음 설명 중 옳은 것은?

① 丙이 상당한 기간을 정하여 甲에게 추인 여부의 확답을 최고한 경우에, 甲이 그 기간 내에 확답을 발하지 아니한 때에는 추인한 것으로 본다.
② 甲이 乙에 대하여 추인을 한 후에는, 상대방 丙이 아직 그 추인 있었음을 알지 못한 때에도 丙은 乙과 맺은 계약을 철회할 수 없다.

③ 乙이 그 대리권을 증명하지 못하고 또 甲의 추인을 얻지 못한 때에는 乙은 자신의 선택에 좇아 계약의 이행 또는 손해배상의 책임을 진다.

④ 추인은 명시적으로 이루어져야 하므로 甲이 丙으로부터 매매대금의 전부 또는 일부를 받았을 경우에도 甲이 乙의 매매계약을 추인하였다고 볼 수는 없다는 것이 판례의 태도이다.

⑤ 甲의 丙에 대한 추인거절권의 행사가 있으면 甲은 다시 추인할 수 없으며, 丙도 최고권이나 철회권을 행사하지 못한다.

정답 및 해설

80 ② ① 추인은 다른 의사표시가 없는 때에는 <u>계약시에 소급하여 그 효력이 생긴다.</u> 그러나 제3자의 권리를 해하지 못한다(제133조).

③ 추인을 거절하면 본인에 대하여 확정적 무효로 되며, 본인은 <u>다시 추인할 수 없다.</u>

④ 대리인으로서 계약을 맺은 자에게 대리권이 없다는 사실을 상대방이 알았거나 알 수 있었을 때 또는 대리인으로서 계약을 맺은 사람이 <u>제한능력자일 때에는 무권대리인의 책임을 지지 아니한다</u>(제135조 제2항).

⑤ 무권대리인에 대하여 추인을 할 때에는 상대방이 그 사실을 알 때까지 추인의 효력을 주장할 수 없다(제132조 단서). 그러므로 <u>상대방이 추인한 사실을 안 경우에도 철회할 수 없다.</u>

81 ④ ④⑤ 추인은 단독행위이므로 의사표시의 요건을 갖추어야 한다. 특별한 방식이 요구되지 않으므로, 명시적 · 묵시적으로 할 수 있다[통설 · 판례(대판 1991.3.8, 90다17088)]. 판례에 의하면, 매매대금의 일부를 받은 경우(대판 1963.4.11, 63다64)에는 묵시적 추인이 있는 것으로 본다. 그러나 본인이 <u>무권대리행위의 사실을 알고 있으면서 이의를 제기하지 않았거나 상당기간 방치하였다는 것만으로는 추인이 되지 않는다</u>(대판 2001.3.23, 2001다4880).

① 대리권 없는 자가 타인의 대리인으로 계약을 한 경우에 상대방은 상당한 기간을 정하여 본인에게 그 추인 여부의 확답을 최고할 수 있다. <u>본인이 그 기간 내에 확답을 발하지 아니한 때에는 추인을 거절한 것으로 본다</u>(제131조).

② 추인이나 추인거절의 상대방은 상대방 및 승계인(대판 1981.4.14, 80다2314) · <u>무권대리인</u>(대판 1991. 3.8, 90다17088)이 될 수 있다.

③ 계약 당시에 <u>상대방이 대리권 없음을 안 때에는 철회할 수 없고,</u> 선의의 상대방만이 철회할 수 있다(제132조).

82 ② ① 대리권 없는 자가 타인의 대리인으로 계약을 한 경우에 상대방은 상당한 기간을 정하여 본인에게 그 추인 여부의 확답을 최고할 수 있다. 본인이 그 기간 내에 확답을 발하지 아니한 때에는 추인을 거절한 것으로 본다(제131조).

③ 무권대리의 상대방의 최고에 대한 본인의 확답은 <u>발신주의를 취한다.</u>

④ 대리권 없는 자가 한 계약은 본인의 추인이 있을 때까지 상대방은 본인이나 그 대리인에 대하여 이를 철회할 수 있다. 그러나 <u>계약 당시에 상대방이 대리권 없음을 안 때에는 그러하지 아니하다</u>(제134조). 즉, 철회권은 선의의 상대방에게만 인정된다.

⑤ 상대방이 대리권 없음을 알았거나 알 수 있었을 때 또는 대리인으로 계약한 자가 행위능력이 없는 때에는 <u>무권대리인의 책임은 인정되지 아니한다</u>(제135조 제2항).

83 대리권이 없는 甲은 乙의 이름으로 丙과 乙 소유의 토지를 매각하는 매매계약을 체결하였다. 이에 대한 설명으로 옳은 것은?

① 丙은 乙에게 상당한 기간을 정하여 추인 여부의 확답을 최고할 수 있고, 乙이 그 기간 내에 확답을 발하지 아니한 때에는 추인한 것으로 본다.

② 乙은 추인 또는 거절의 의사표시를 丙에 대하여 하여야 하고, 그러하지 아니하면 丙에게 대항하지 못한다.

③ 乙이 계약을 추인한 경우 다른 의사표시가 없으면 추인의 효력은 그 의사표시가 丙에게 도달한 때에 생긴다.

④ 丙은 계약 당시에 甲이 대리권 없음을 알고 있었더라도 乙의 추인이 있을 때까지 乙이나 甲에 대하여 계약을 철회할 수 있다.

⑤ 甲이 행위능력이 없더라도 乙의 추인을 얻지 못한 경우, 甲은 계약의 이행 또는 손해배상의 책임을 진다.

84 무권대리에 관한 설명으로 옳은 것은? (다툼이 있으면 판례에 따름)

① 무권대리행위가 제3자의 기망이나 문서위조 등 위법행위로 야기된 경우 무권대리인의 상대방에 대한 책임은 부정된다.

② 상대방이 무권대리인과 계약을 체결할 때 무권대리임을 알고 있는 경우, 상대방은 본인에게 추인 여부를 최고할 수 없다.

③ 무권대리행위가 범죄가 되는 경우에 본인이 그 사실을 알고도 장기간 형사고소를 하지 아니하였다면 무권대리행위를 추인한 것이다.

④ 무권대리인이 금전을 차용한 사실을 안 본인이 채권자에게 이의를 제기하지 않고 변제기일에 이행을 청구하는 채권자에 대하여 그 지급의 유예를 요청하였다면, 이는 추인으로 보아야 한다.

⑤ 무권대리인이 본인을 단독상속한 경우, 무권대리행위의 추인을 거절하는 것은 신의칙에 반하지 않는다.

83 ⑤ ① 대리권 없는 자가 타인의 대리인으로 계약을 한 경우에 상대방은 상당한 기간을 정하여 본인에게 그 추인 여부의 확답을 최고할 수 있다. 본인이 <u>그 기간 내에 확답을 발하지 아니한 때에는 추인을 거절한 것으로 본다</u>(제131조).

② 추인의 상대방은 상대방 및 승계인(대판 1981.4.14, 80다2314)·무권대리인(대판 1991.3.8, 90다17088)이 될 수 있다. 그러나 무권대리인에 대하여 추인을 할 때에는 상대방이 그 사실을 알 때까지 추인의 효력을 주장할 수 없다(제132조 단서). 그러므로 <u>상대방은 그때까지 철회할 수 있다</u>(제134조).

③ 타인의 대리인으로 계약을 한 자가 그 대리권을 증명하지 못하고 또 본인의 추인을 얻지 못한 때에는 <u>상대방의 선택에 좇아 계약의 이행 또는 손해배상의 책임이 있다</u>(제135조 제1항). 따라서 甲의 선택에 따른다.

④ 본인이 매매계약을 체결한 무권대리인으로부터 매매대금의 전부 또는 일부를 받았다면 <u>특단의 사유가 없는 한 무권대리인의 매매계약을 추인하였다고 봄이 타당하다</u>(대판 1992.2.28, 91다15584).

84 ④ ① 민법 제135조 제1항에 따른 무권대리인의 상대방에 대한 책임은 무과실책임으로서 대리권의 흠결에 관하여 대리인에게 과실 등의 귀책사유가 있어야만 인정되는 것이 아니고, 무권대리행위가 제3자의 기망이나 문서위조 등 위법행위로 야기되었다고 하더라도 <u>책임은 부정되지 아니한다</u>(대판 2014.2.27, 2013다213038).

② 상대방은 상당한 기간을 정하여 본인에게 무권대리행위의 <u>추인 여부의 확답을 최고할 수 있다</u>. 본인이 그 기간 내에 확답을 발하지 아니한 때에는(발신주의) 추인을 거절한 것으로 본다(제131조). 악의의 상대방도 최고할 수 있다.

③ 무권대리행위에 대한 추인은 무권대리행위로 인한 효과를 자기에게 귀속시키려는 의사표시이니만큼 무권대리행위에 대한 추인이 있었다고 하려면 그러한 의사가 표시되었다고 볼 만한 사유가 있어야 하고, 무권대리행위가 범죄가 되는 경우에 대하여 그 사실을 알고도 장기간 형사고소를 하지 아니하였다 하더라도 그 사실만으로 <u>묵시적인 추인이 있었다고 할 수는 없다</u>(대판 1998.2.10, 97다31113).

⑤ <u>甲이 대리권 없이 乙 소유 부동산을 丙에게 매도하여 부동산소유권이전등기 등에 관한 특별조치법에 의하여 소유권이전등기를 마쳐주었다면 그 매매계약은 무효이고 이에 터잡은 이전등기 역시 무효가 되나, 甲은 乙의 무권대리인으로서 민법 제135조 제1항의 규정에 의하여 매수인인 丙에게 부동산에 대한 소유권이전등기를 이행할 의무가 있으므로 그러한 지위에 있는 甲이 乙로부터 부동산을 상속받아 그 소유자가 되어 소유권이전등기이행의무를 이행하는 것이 가능하게 된 시점에서 자신이 소유자라고 하여 자신으로부터 부동산을 전전매수한 丁에게 원래 자신의 매매행위가 무권대리행위여서 무효였다는 이유로 丁 앞으로 경료된 소유권이전등기가 무효의 등기라고 주장하여 그 등기의 말소를 청구하거나 부동산의 점유로 인한 부당이득금의 반환을 구하는 것은 금반언의 원칙이나 신의성실의 원칙에 반하여 허용될 수 없다</u>(대판 1994.9.27, 94다20617).

85 무권대리에 관한 다음 설명 중 옳은 것은?

① 본인은 무권대리인에게 추인의 의사표시를 할 수 있으나, 상대방이 추인의 사실을 안 경우가 아니면 이 의사표시로 그에게 대항할 수 있다.
② 단독행위의 무권대리는 원칙적으로 유효하다.
③ 무권대리계약을 추인하면 추인시로부터 그 무권대리행위는 유효하게 된다.
④ 선의인 무권대리인의 상대방은 본인이 추인하기 이전에 의사표시를 철회할 수 있다.
⑤ 상대방 없는 단독행위의 무권대리에 대하여 본인은 유효하게 추인할 수 있다.

대표예제 50 \ 법률행위의 무효와 취소 ★★

법률행위의 무효사유가 아닌 것은?

① 무권대리행위
② 선량한 풍속에 반하는 법률행위
③ 피성년후견인의 법률행위
④ 통정허위표시
⑤ 법률행위 당시 이미 성취될 수 없는 조건을 정지조건으로 한 경우

해설 | ③ 피성년후견인의 법률행위는 언제든지 취소할 수 있으며(제13조), 성년후견인의 동의를 얻고서 한 행위라도 취소할 수 있다.
① 무권대리행위는 본인에 대하여 원칙적으로 무효이다(제130조). 다만, 본인에게 유리한 경우에는 본인은 추인에 의하여 무권대리행위를 소급하여 유효로 할 수 있고(제133조), 추인거절에 의하여 확정적으로 무효로 만들 수도 있다(제132조). 그리고 상대방은 불안정한 상태에서 벗어나기 위하여 철회권을 행사하여 불확정적인 법률행위의 효력을 확정적으로 무효로 할 수 있다(제134조). 본인의 추인·추인거절과 상대방의 철회 중 먼저 행하여진 쪽에 의하여 무권대리행위의 효력이 좌우된다. ⇨ 확정적인 무효는 아니나 본인의 추인·추인거절과 상대방의 철회에 따라 효력이 결정되는 소위 유동적 무효(불확정적 무효)이다.
  ▶ 참고판례
  무권대리행위는 그 효력이 불확정상태에 있다가 본인의 추인 유무에 따라 본인에 대한 효력발생 여부가 결정되는 것인바, 그 추인은 무권대리행위가 있음을 알고 그 행위의 효과를 자기에게 귀속시키도록 하는 단독행위로서 그 의사표시의 방법에 관하여 일정한 방식이 요구되는 것이 아니므로 명시적이든 묵시적이든 묻지 아니한다(대판 1990.4.27, 89다카2100).
② 선량한 풍속 기타 사회질서에 위반한 법률행위는 절대적 무효이다(제103조).
④ 통정허위표시는 당사자 사이에서는 언제나 무효이다(제108조 제1항). 그러나 그 무효로써 선의의 제3자에게 대항하지 못하는 상대적 무효이다(제108조 제2항).
⑤ 실현이 불가능한 사실을 내용으로 하는 조건을 불능조건이라 하고, 그 조건이 정지조건이면 그 법률행위는 무효로 되고, 해제조건이면 조건 없는 법률행위가 된다(제151조 제3항).

보충 | 1. 법률행위의 성립·유효요건과 무효·취소

일반적 성립요건	일반적 유효요건		일반적 유효요건을 결여한 효과	선의의 제3자에 대한 대항 가부
당사자의 존재	의사능력이 있을 것		무효	가(절대적 무효)
	행위능력이 있을 것		취소	가(절대적 취소)
목적(내용)의 존재	확정 또는 확정가능할 것		무효	가(절대적 무효)
	가능할 것		무효 (원시적·객관적 전부불능)	가(절대적 무효)
	적법할 것		무효	가(절대적 무효)
	사회적 타당성이 있을 것		무효	가(절대적 무효)
의사표시의 존재	의사와 표시가 일치할 것	비진의표시	원칙: 유효, 예외: 무효	불가(상대적 무효)
		통정허위표시	무효	불가(상대적 무효)
		착오	취소	불가(상대적 취소)
	의사에 하자가 없을 것	사기	취소	불가(상대적 취소)
		강박	취소	불가(상대적 취소)

2. 법률행위의 특별성립·유효요건

특별성립 요건	요식성	• 법인설립의 주무관청의 허가(제32조) • 혼인신고(제812조)
	요물성	• 질권설정계약에서의 목적물의 인도(제330조) • 대물변제에서의 본래의 급부와 다른 급부의 변제제공(제466조)
특별유효 요건	효력발생 요건	• 정지조건부 법률행위에서의 조건의 성취 ⇨ 불법조건이면 무효, 기성조건 이면 조건 없는 법률행위가 되고, 불능조건이면 무효가 된다. • 시기(始期)부 법률행위에서의 기한의 도래 • 유언에서의 유언자의 사망(제1073조)
	효력귀속 요건	• 대리행위시 대리권의 존재 ⇨ 유동적 무효(불확정적 무효) • 처분권의 존재

기본서 p.350~351   정답 ③

정답 및 해설

85 ④ ① 무권대리인에 대하여 추인을 할 때에는 <u>상대방이 그 사실을 알 때까지 추인의 효력을 주장할 수 없다</u>(제
      132조 단서). 그러므로 상대방은 그때까지 철회할 수 있고(제134조), 또 무권대리인에게 추인이 있었음
      을 주장할 수도 있다(대판 1981.4.14, 80다2314).
    ② 단독행위의 무권대리는 원칙적으로 무효이다(제136조).
    ③ 추인은 다른 의사표시가 없는 때에는 <u>계약시에 소급하여 그 효력이 생긴다</u>. 그러나 제3자의 권리를 해
      하지 못한다(제133조).
    ⑤ 상대방 없는 단독행위의 무권대리는 <u>언제나 무효</u>이다. 따라서 본인의 추인이 있더라도 무효이다(통설).

86 법률행위의 무효·취소에 관한 설명으로 옳지 않은 것은?

① 무효인 경우에는 특정인의 주장이 없더라도 당연히 효력이 없는 것이나, 취소사유가 있는 경우에는 취소권자의 주장이 있어야 비로소 효력이 없게 된다.

② 무효의 경우에는 시간의 경과에 따라 효력에 변동이 없으나, 취소권은 일정시간이 경과하면 소멸하고, 취소하면 이때부터 효력이 없었던 것이 되어 소급효는 없다.

③ 의사무능력자의 행위, 반사회질서의 행위는 절대적 무효이고, 비진의표시, 통정허위표시는 상대적 무효이다.

④ 취소권은 형성권이므로 그의 행사방법은 권리자의 의사표시에 의하나, 상대방이 확정된 경우에는 그 상대방에 대하여 하여야 한다.

⑤ 미성년자의 행위, 사기·강박에 의한 의사표시, 착오에 의한 의사표시는 취소할 수 있다.

87 법률행위의 무효와 취소에 관한 설명 중 옳은 것을 모두 고른 것은? (다툼이 있으면 판례에 따름)

ㄱ. 불공정한 법률행위는 피해자가 그 무효임을 알고 추인한 때에는 그때로부터 유효한 법률행위가 된다.

ㄴ. 착오를 이유로 의사표시가 취소된 경우, 그로 인해 상대방에게 손해가 발생한 때에도 표의자는 불법행위로 인한 손해배상책임을 지지 않는다.

ㄷ. 매매계약이 적법하게 해제된 경우에도 그 계약의 취소가 가능하다.

ㄹ. 취소할 수 있는 법률행위를 적법하게 추인한 후에는 다시 취소할 수 없고, 적법하게 취소한 후에는 무효인 법률행위로서도 다시 추인할 수 없다.

ㅁ. 법률행위의 취소는 취소의 원인이 소멸한 후에 하지 않으면 효력이 없다.

① ㄱ, ㄴ   ② ㄴ, ㄷ   ③ ㄷ, ㄹ
④ ㄹ, ㅁ   ⑤ ㄱ, ㄹ, ㅁ

대표예제 51 　　**유동적 무효 ★★**

법률행위의 무효에 관한 설명으로 옳지 않은 것은? (다툼이 있으면 판례에 따름)

① 토지거래허가구역 내의 토지의 매도인은 거래허가 전이라도 매수인의 대금지급의무의 불이행을 이유로 계약을 해제할 수 있다.

② 토지거래허가를 받지 않아 유동적 무효의 상태에 있는 토지매매계약의 당사자는 허가신청 절차에 협력할 의무를 부담한다.

③ 유동적 무효의 상태에 있는 거래계약의 당사자는 상대방의 협력의무 불이행을 이유로 일방적으로 유동적 무효의 상태에 있는 거래계약 자체를 해제할 수 없다.

④ 토지거래허가구역 내의 토지에 관한 거래계약이 확정적으로 무효가 된 경우에는, 거래계약이 확정적으로 무효로 됨에 있어서 귀책사유가 있는 자도 그 계약의 무효를 주장할 수 있다.

⑤ 토지거래허가구역 내의 토지에 관한 거래계약은 관할 관청으로부터 허가받기 전의 상태에서는 거래계약의 채권적 효력도 발생하지 아니하여 무효이지만, 권리의 이전 또는 설정에 관한 내용의 이행청구는 가능하다.

해설 | ① 허가가 있기 전에는 매수인이 이행지체에 빠지는 것이 아니고, 채무불이행을 이유로 <u>거래계약을 해제하거나 그로 인한 손해배상을 청구할 수 없다</u>(대판 2001.1.28, 99다40524).

② 규제지역 내의 토지에 대하여 거래계약이 체결된 경우에 서로 협력할 의무가 있음이 당연하므로, 계약의 쌍방 당사자는 공동으로 관할 관청의 허가를 신청할 의무가 있고, 허가신청절차에 협력하지 않을 경우 협력의무의 이행을 소송으로써 구할 이익이 있다[대판 1991.12.24, 90다12243(전합)].

③ 유동적 무효의 상태에 있는 거래계약의 당사자는 상대방이 그 거래계약의 효력이 완성되도록 협력할 의무를 이행하지 아니하였음을 들어 일방적으로 유동적 무효의 상태에 있는 거래계약 자체를 해제할 수 없다[대판 1999.6.17, 98다40459(전합)].

④ 유동적 무효 상태의 계약은 관할 관청의 불허가처분이 있을 때뿐만 아니라 당사자 쌍방이 허가신청 협력의무의 이행거절의사를 명백히 표시한 경우에는, 계약관계는 확정적으로 무효가 된다고 할 것이고, 그와 같은 법리는 거래계약상 일방의 채무가 이행불능임이 명백하고 나아가 상대방이 거래계약의 존속을 더 이상 바라지 않고 있는 경우에도 마찬가지라고 보아야 하며, 거래계약이 확정적으로 무효가 된 경우에는 거래계약이 확정적으로 무효로 됨에 있어서 귀책사유가 있는 자라고 하더라도 그 계약의 무효를 주장할 수 있다(대판 1997.7.25, 97다4357 · 4364).

⑤ 허가를 받기 전의 상태에서는 거래계약의 채권적 효력도 발생하지 않으므로 계약의 이행청구를 할 수 없어 매수인의 대금지급의무나 매도인의 소유권이전등기의무가 없다. 또한 허가가 있을 것을 조건으로 한 장래이행의 소로서의 소유권이전등기청구는 할 수 없다[대판 1991.12.24, 90다12243(전합)].

기본서 p.353~355   정답 ①

정답 및 해설

86 ② 민법 제140조 내지 제146조가 규정하는 취소는 당사자의 무능력 및 의사표시의 착오 · 사기 · 강박에 의한 취소, 이른바 일반적 또는 원칙적 취소 내지 협의의 취소를 의미하므로 취소에 <u>소급효가 인정된다</u>(제141조).

87 ② ㉠ 불공정한 법률행위로서 무효인 경우 <u>추인에 의하여</u> 그 무효인 법률행위가 <u>유효로 될 수 없다</u>(대판 1994.6.24, 94다10900).

㉣ <u>취소한 법률행위</u>는 처음부터 무효인 것으로 간주되므로 취소할 수 있는 법률행위가 일단 취소된 이상 그 후에는 <u>취소할 수 있는 법률행위의 추인에 의하여</u> 이미 취소되어 무효인 것으로 간주된 당초의 의사표시를 다시 확정적으로 <u>유효하게 할 수는 없고</u>, 다만 <u>무효인 법률행위의 추인의 요건과 효력으로서 추인할 수는 있으나</u>, 무효행위의 추인은 그 <u>무효원인이 소멸한 후</u>에 하여야 그 효력이 있다(대판 1997.12.12, 95다38240).

㉤ 추인은 '취소의 원인이 종료한 후'에 하지 아니하면 효력이 없으나(제144조 제1항), <u>취소는 취소의 원인이 종료하지 않아도 할 수 있다.</u>

88 甲은 부동산 거래신고 등에 관한 법률상 토지거래허가구역에 있는 자신 소유의 X토지를 그에게 매도하는 매매계약을 체결하였다. 아직 토지거래허가(이하 '허가')를 받지 않아 유동적 무효 상태에 있는 법률관계에 관한 설명으로 옳지 않은 것은? (다툼이 있으면 판례에 따름)

① 甲은 허가 전에 乙의 대금지급의무의 불이행을 이유로 매매계약을 해제할 수 없다.

② 甲의 허가신청절차 협력의무와 乙의 대금지급의무는 동시이행관계에 있다.

③ 甲과 乙의 허가신청절차 협력의무 위반에 따른 손해배상액을 예정하는 약정은 유효하다.

④ 甲이 허가신청절차에 협력할 의무를 위반한 경우, 乙은 협력의무 위반을 이유로 매매계약을 해제할 수 없다.

⑤ 甲이 허가신청절차에 협력하지 않는 경우, 乙은 협력의무의 이행을 소구할 수 있다.

89 甲은 부동산 거래신고 등에 관한 법률상 토지거래허가구역에 부동산을 소유하고 있다. 2025년 2월 10일 甲은 이 부동산을 乙에게 2억원에 매도하기로 계약하고, 계약금(계약당일), 중도금(2025년 3월 2일), 잔금지급(2025년 3월 30일)에 관해 합의하였으나, 아직 토지거래허가신청을 하지 않은 상태이다. 다음 설명 중 옳지 않은 것은?

① 乙은 甲에게 매매대금을 지급할 채무가 없다.

② 乙이 대금을 지급하지 않더라도 甲은 이를 이유로 계약을 해제할 수 없다.

③ 甲이 토지거래허가신청을 하지 않더라도 乙은 이를 강제할 방법이 없다.

④ 甲이 토지거래허가신청을 하지 않을 경우 손해배상을 지급하기로 예정하였다면 이는 유효하다.

⑤ 토지거래허가를 받을 경우 위 매매는 소급하여 유효가 된다.

90 유동적 무효에 관한 설명으로 옳지 않은 것은? (다툼이 있으면 판례에 따름)

① 토지거래허가구역 내의 토지에 대한 매매계약이 처음부터 허가를 배제하는 내용의 계약일 경우, 그 계약은 확정적 무효이다.

② 토지거래허가구역으로 지정된 토지에 대한 거래계약에 관하여 허가를 받지 못하고 있던 중 토지거래허가구역의 지정기간이 만료된 경우, 그 계약은 확정적으로 무효로 된다.

③ 유동적 무효의 상태에서 동시에 착오의 사유가 있는 경우, 취소를 주장할 수 있는 당사자는 허가신청 전에 착오를 주장하여 허가신청에 대한 거절의 의사를 명백히 함으로써 그 계약을 확정적으로 무효화시킬 수 있다.

④ 토지거래허가 전의 거래계약이 정지조건부 계약이었는데 그 정지조건이 토지거래허가를 받기 전에 이미 불성취로 확정된 경우에는 허가 전의 거래계약관계를 확정적으로 무효로 된다.

⑤ 유동적 무효인 계약이 확정적으로 무효로 된 경우, 그에 관해 귀책사유 있는 당사자도 계약의 무효를 주장할 수 있다.

정답 및 해설

88 ② 협력의무 이행을 청구함에 있어 대금채무의 이행제공을 할 필요가 없고, 대금의 제공이 없었다는 이유로 협력의무의 이행을 거절할 수 없다(대판 1996.10.25, 96다23825). 협력의무가 선이행의무이므로 동시이행관계가 아니다.

89 ③ 규제지역 내의 토지에 대하여 거래계약이 체결된 경우에 계약을 체결한 당사자 사이에 있어서는 그 계약이 효력 있는 것으로 완성될 수 있도록 서로 협력할 의무가 있음이 당연하므로, 계약의 쌍방 당사자는 공동으로 관할 관청의 허가를 신청할 의무가 있고, 이러한 의무에 위배하여 허가신청절차에 협력하지 않는 당사자에 대하여 상대방은 협력의무의 이행을 소송으로써 구할 이익이 있다(대판 1991.12.24, 90다12243).

90 ② 허가구역 지정기간 중에 허가구역 안의 토지에 대하여 토지거래허가를 받지 아니하고 토지거래계약을 체결한 후 허가구역 지정해제 등이 된 때에는 그 토지거래계약이 허가구역 지정이 해제되기 전에 확정적으로 무효로 된 경우를 제외하고는, 더 이상 관할 행정청으로부터 토지거래허가를 받을 필요가 없이 확정적으로 유효로 되어 거래당사자는 그 계약에 기하여 바로 토지의 소유권 등 권리의 이전 또는 설정에 관한 이행청구를 할 수 있고, 상대방도 반대급부의 청구를 할 수 있다고 보아야 할 것이지, 여전히 그 계약이 유동적 무효상태에 있다고 볼 것은 아니다[대판 1999.6.17, 98다40459(전합)].

법률행위의 무효에 관한 설명으로 옳지 않은 것은? (다툼이 있으면 판례에 따름)

① 무효인 법률행위의 내용에 따른 법률효과를 침해하는 것처럼 보이는 위법행위가 있다면 그로 인한 손해의 배상을 청구할 수 있다.

② 토지거래허가를 받지 않아 유동적 무효의 상태에 있는 토지매매계약의 당사자는 허가신청절차에 협력할 의무를 부담한다.

③ 법률행위의 일부가 무효인 때에는 원칙적으로 그 전부를 무효로 한다.

④ 약정된 매매대금의 과다로 말미암아 불공정한 법률행위에 해당하여 무효인 경우에도 무효행위의 전환에 관한 규정이 적용될 수 있다.

⑤ 선량한 풍속 기타 사회질서에 위반한 사항을 내용으로 하는 법률행위의 무효는 이를 주장할 이익이 있는 자라면 누구든지 무효를 주장할 수 있다.

해설 | ① 무효인 법률행위는 그 법률행위가 성립한 당초부터 당연히 효력이 발생하지 않는 것이므로, 무효인 법률행위에 따른 법률효과를 침해하는 것처럼 보이는 위법행위나 채무불이행이 있다고 하여도 법률효과의 침해에 따른 손해는 없는 것이므로 <u>그 손해배상을 청구할 수는 없다</u>(대판 2003.3.28, 2002다7212).

② 규제지역 내의 토지에 대하여 거래계약이 체결된 경우에 <u>서로 협력할 의무가 있음이 당연하므로</u>, 계약의 쌍방 당사자는 공동으로 관할 관청의 허가를 신청할 의무가 있고, 허가신청절차에 협력하지 않을 경우 협력의무의 이행을 소송으로써 구할 이익이 있다[대판 1991.12.24, 90다12243(전합)].

③ <u>법률행위의 일부분이 무효인 때에는 그 전부를 무효로 한다.</u> 그러나 그 무효부분이 없더라도 법률행위를 하였을 것이라고 인정될 때에는 나머지 부분은 무효가 되지 아니한다(제137조).

④ 매매계약이 약정된 매매대금의 과다로 말미암아 <u>민법 제104조에서 정하는 '불공정한 법률행위'에 해당하여 무효인 경우에도 무효행위의 전환에 관한 민법 제138조가 적용될 수 있다.</u> 따라서 <u>당사자 쌍방이 위와 같은 무효를 알았더라면 대금을 다른 액으로 정하여 매매계약에 합의하였을 것이라고 예외적으로 인정되는 경우에는, 그 대금액을 내용으로 하는 매매계약이 유효하게 성립한다.</u> 이때 당사자의 의사는 매매계약이 무효임을 계약 당시에 알았다면 의욕하였을 가정적(假定的) 효과의사로서, 당사자 본인이 계약 체결시와 같은 구체적 사정 아래 있다고 상정하는 경우에 거래관행을 고려하여 신의성실의 원칙에 비추어 결단하였을 바를 의미한다(대판 2010.7.8, 2009다50308: 재건축사업부지에 포함된 토지에 대하여 재건축사업조합과 토지의 소유자가 체결한 매매계약이 매매대금의 과다로 말미암아 불공정한 법률행위에 해당하지만, 그 매매대금을 적정한 금액으로 감액하여 매매계약의 유효성을 인정한 사례).

⑤ 거래상대방이 배임행위를 유인·교사하거나 배임행위의 전 과정에 관여하는 등 배임행위에 적극 가담하는 경우에는 실행행위자와 체결한 계약이 반사회적 법률행위에 해당하여 무효로 될 수 있고, 선량한 풍속 기타 사회질서에 위반한 사항을 내용으로 하는 법률행위의 무효는 이를 주장할 이익이 있는 자는 <u>누구든지 무효를 주장할 수 있다</u>(대판 2016.3.24, 2015다11281).

기본서 p.352~361   정답 ①

91 무효를 이유로 선의의 제3자에게 대항할 수 없는 것은? (다툼이 있으면 판례에 따름)

① 불법조건의 법률행위
② 의사무능력자의 법률행위
③ 반사회질서의 법률행위
④ 불공정한 법률행위
⑤ 통정허위표시에 의한 법률행위

92 법률행위의 무효에 관한 설명으로 옳지 않은 것은? (다툼이 있으면 판례에 따름)

① 취소할 수 있는 법률행위가 취소된 후에는 무효행위의 추인요건을 갖추더라도 다시 추인될 수 없다.
② 무효행위의 추인은 묵시적으로 이루어질 수 있다.
③ 무효행위의 추인이 있었다는 사실은 새로운 법률행위의 성립을 주장하는 자가 증명하여야 한다.
④ 법률행위의 일부분이 무효인 때에는 특별한 사정이 없는 한 그 전부를 무효로 한다.
⑤ 불공정한 법률행위에는 무효행위의 전환에 관한 민법 제138조가 적용될 수 있다.

정답 및 해설

91 ⑤ ①②③④는 절대적 무효이나, ⑤는 상대적 무효이다(제108조 제2항).

92 ① 취소한 법률행위는 처음부터 무효인 것으로 간주되므로 취소할 수 있는 법률행위가 일단 취소된 이상 그 후에는 취소할 수 있는 법률행위의 추인에 의하여 이미 취소되어 무효인 것으로 간주된 당초의 의사표시를 다시 확정적으로 유효하게 할 수는 없고, 다만 무효인 법률행위의 추인의 요건과 효력으로서 추인할 수는 있으나, 무효행위의 추인은 그 무효 원인이 소멸한 후에 하여야 그 효력이 있다(대판 1997.12.12, 95다38240).

93 법률행위의 무효 또는 취소에 관한 설명으로 옳은 것은? (다툼이 있으면 판례에 따름)

① 집합채권의 양도가 양도금지특약을 위반하여 무효인 경우, 채무자는 일부 개별 채권을 특정하여 추인할 수 없다.

② 통정허위표시인 매매는 추인하면 그때부터 유효인 매매가 됨이 원칙이다.

③ 취소할 수 있는 법률행위를 취소한 후 그 취소 원인이 소멸하였다면, 취소할 수 있는 법률행위의 추인에 의하여 그 법률행위를 다시 확정적으로 유효하게 할 수 있다.

④ 법률행위의 일부분이 무효인 경우 원칙적으로 그 일부분만 무효이다.

⑤ 甲이 乙의 기망행위로 자신의 X토지를 丙에게 매도한 경우, 甲은 매매계약의 취소를 乙에 대한 의사표시로 하여야 한다.

94 법률행위의 무효와 취소에 관한 설명으로 옳은 것은? (다툼이 있으면 판례에 따름)

① 무효인 법률행위의 당사자가 그 무효임을 알고 추인한 때에는 새로운 법률행위로 본다.

② 취소권자가 이의의 보류 없이 상대방으로부터 일부의 이행을 수령한 경우에도 법정추인이 되지 않는다.

③ 법률행위의 일부분이 무효인 때에는 원칙적으로 그 부분만이 무효가 된다.

④ 취소의 의사표시에는 조건을 붙일 수 있다.

⑤ 토지거래허가구역 내의 토지의 매도인은 거래허가 전이라도 매수인의 대금지급의무의 불이행을 이유로 계약을 해제할 수 있다.

95 법률행위의 무효와 취소에 관한 설명으로 옳은 것은? (다툼이 있으면 판례에 따름)

① 반사회질서의 법률행위는 당사자가 그 무효를 알고 추인하면 원칙적으로 유효가 된다.

② 담보의 제공은 법정추인사유에 해당하지 않는다.

③ 무효행위의 추인은 무효원인이 소멸하기 전에도 할 수 있다.

④ 피성년후견인은 법정대리인의 동의가 있으면 취소할 수 있는 법률행위를 추인할 수 있다.

⑤ 제한능력을 이유로 법률행위가 취소된 경우, 제한능력자는 현존이익의 한도에서 상환할 책임이 있다.

93 ② ① 이른바 집합채권의 양도가 양도금지특약을 위반하여 무효인 경우 채무자는 일부 개별 채권을 특정하여 추인하는 것이 가능하다(대판 2009.10.29, 2009다47685).

③ 취소한 법률행위는 처음부터 무효인 것으로 간주되므로 취소할 수 있는 법률행위가 일단 취소된 이상 그 후에는 취소할 수 있는 법률행위의 추인에 의하여 이미 취소되어 무효인 것으로 간주된 당초의 의사표시를 다시 확정적으로 유효하게 할 수는 없고, 다만 무효인 법률행위의 추인의 요건과 효력으로서 추인할 수는 있으나, 무효행위의 추인은 그 무효 원인이 소멸한 후에 하여야 그 효력이 있다(대판 1997.12.12, 95다38240).

④ 법률행위의 일부분이 무효인 때에는 원칙적으로 그 전부를 무효로 한다(제137조 본문). 다만, 그 무효부분이 없더라도 법률행위를 하였을 것이라고 인정될 때에는 나머지 부분은 무효가 되지 않는다(제137조 단서).

⑤ 취소할 수 있는 법률행위의 상대방이 확정한 경우에는 그 취소는 그 상대방에 대한 의사표시로 하여야 한다(제142조). 따라서 甲이 乙의 기망행위로 자신의 X토지를 丙에게 매도한 경우, 甲은 매매계약의 취소를 丙에 대한 의사표시로 하여야 한다.

94 ① ② 취소할 수 있는 행위에 의하여 생긴 채무의 전부나 일부를 취소권자가 이의의 보류 없이 이행하거나 상대방으로부터 일부의 이행을 수령한 경우에도 법정추인이 된다(제145조 제1호).

③ 법률행위의 일부분이 무효인 때에는 그 전부를 무효로 한다. 그러나 그 무효부분이 없더라도 법률행위를 하였을 것이라고 인정될 때에는 나머지 부분은 무효가 되지 아니한다(제137조).

④ 취소, 해제, 철회 등 단독행위는 조건을 붙이면 그 효력이 불안정하므로 조건과 친하지 않는 법률행위이다.

⑤ 허가가 있기 전에는 매수인이 이행지체에 빠지는 것이 아니고, 채무불이행을 이유로 거래계약을 해제하거나 그로 인한 손해배상을 청구할 수 없다(대판 2001.1.28, 99다40524).

95 ⑤ ① 당사자가 도박의 자금에 제공할 목적으로 금전의 대차를 한 때에는 그 대차계약은 민법 제103조 소정의 반사회질서의 법률행위이어서 무효라 할 것이니 당사자가 이를 추인하여도 추인의 효력이 생기지 아니할 것이다(대판 1973.5.22, 72다2249).

② 담보의 제공은 법정추인사유에 해당한다(제145조 제4호).

③ 무효행위의 추인은 그 무효원인이 소멸한 후에 하여야 그 효력이 있다(대판 1997.12.12, 95다38240).

④ 추인은 추인권자가 취소원인이 소멸된 후에 하여야 하고(제144조 제1항), 그렇지 않으면 추인의 효력이 없다(대판 1982.6.8, 81다107). 따라서 제한능력자는 능력자로 된 후에 추인할 수 있으므로, 피성년후견인은 성년후견인의 동의 여부를 불문하고 법률행위를 추인할 수 없다.

96 법률행위의 무효와 취소에 관한 설명으로 옳지 않은 것은? (다툼이 있으면 판례에 따름)

① 무효인 가등기를 유효한 등기로 전용하기로 약정한 경우, 그 가등기는 등기시로 소급하여 유효한 등기로 된다.

② 반사회적 법률행위는 당사자의 추인으로 유효하게 될 수 없다.

③ 법정대리인의 동의 없이 행한 미성년자의 법률행위는 미성년자가 단독으로 취소할 수 있다.

④ 법률행위의 일부분이 무효인 경우 원칙적으로 그 전부를 무효로 한다.

⑤ 제한능력을 이유로 법률행위가 취소된 경우, 제한능력자는 현존이익의 한도에서 상환할 책임이 있다.

97 법률행위의 무효와 취소에 관한 설명으로 옳은 것은? (다툼이 있으면 판례에 따름)

① 甲의 소유물을 乙이 자기의 이름으로 처분한 경우에 甲이 이를 추인하면, 특별한 사유가 없는 한 乙의 처분행위의 효력이 甲에게 미친다.

② 무효인 법률행위의 당사자가 그 무효임을 알고 추인한 때에는 법률행위시에 소급하여 효력이 있는 것으로 본다.

③ 사기·강박에 의하여 의사표시를 한 자의 포괄승계인은 그 의사표시를 취소할 수 없다.

④ 매매계약이 적법하게 해제된 후에는 착오를 이유로 그 계약을 다시 취소할 수 없다.

⑤ 취소된 법률행위는 처음부터 효력이 없게 되는 것이므로, 취소권자인 제한능력자가 취소된 법률행위로 인하여 이익을 받은 경우에는 그 이익을 모두 반환하여야 한다.

대표예제 53 | 법률행위의 취소 ★★★

법률행위의 취소에 관한 설명으로 옳은 것은? (다툼이 있으면 판례에 따름)

① 가분적 법률행위의 일부분에만 취소사유가 있는 경우, 나머지 부분이라도 이를 유지하려는 당사자의 가정적 의사가 인정되더라도 그 일부만의 취소는 불가능하다.

② 담보의 제공은 법정추인사유에 해당하지 않는다.

③ 법정대리인의 동의 없이 행한 미성년자의 법률행위는 미성년자가 단독으로 취소할 수 없다.

④ 피성년후견인은 법정대리인의 동의가 있으면 취소할 수 있는 법률행위를 추인할 수 있다.

⑤ 제한능력을 이유로 법률행위가 취소된 경우, 제한능력자는 현존이익의 한도에서 상환할 책임이 있다.

해설 | 제한능력자는 선의 · 악의를 묻지 않고 취소된 행위에 의하여 받은 이익이 현존하는 한도에서 반환할 책임이 있다(제141조 단서).

오답 체크 | ① 하나의 법률행위의 일부분에만 취소사유가 있다고 하더라도 그 법률행위가 가분적이거나 그 목적물의 일부가 특정될 수 있다면, 그 나머지 부분이라도 이를 유지하려는 당사자의 가정적 의사가 인정되는 경우 그 일부만의 취소도 가능하다 할 것이고, 그 일부의 취소는 법률행위의 일부에 관하여 효력이 생긴다(대판 1998.2.10, 97다44737).
② 담보의 제공은 법정추인사유에 해당한다(제145조 제4호).
③ 제한능력자는 단독으로 법률행위를 취소할 수 있다. 그리고 이 제한능력자의 취소는 제한능력을 이유로 취소할 수 없다(이설 없음).
④ 추인은 추인권자가 취소원인이 소멸된 후에 하여야 하고(제144조 제1항), 그렇지 않으면 추인의 효력이 없다(대판 1982.6.8, 81다107). 따라서 제한능력자는 능력자로 된 후에 추인할 수 있으므로, 피성년후견인은 성년후견인의 동의 여부를 불문하고 법률행위를 추인할 수 없다.

기본서 p.361~371   정답 ⑤

정답 및 해설

96 ① 무효인 가등기를 유효한 등기로 전용키로 한 약정은 그때부터 유효하고 이로써 위 가등기가 소급하여 유효한 등기로 전환될 수 없다(대판 1992.5.12, 91다26546).

97 ① ② 무효행위를 추인함으로써 새로운 법률행위가 성립한다(통설). 그때부터 유효하게 되는 것이므로 원칙적으로 소급효가 인정되지 않는 것이지만(대판 1983.9.27, 83므22), 당사자간의 합의에 의한 채권적 · 소급적 추인을 인정할 수 있다(통설 · 판례).
③ 취소권자의 승계인은 포괄승계인이나 특정승계인을 묻지 않지만, 취소권만의 승계는 인정되지 않는다.
④ 매도인이 매수인의 중도금 지급채무 불이행을 이유로 매매계약을 적법하게 해제한 후라도 매수인으로서는 상대방이 한 계약해제의 효과로서 발생하는 손해배상책임을 지거나 매매계약에 따른 계약금의 반환을 받을 수 없는 불이익을 면하기 위하여 착오를 이유로 한 취소권을 행사하여 매매계약 전체를 무효로 돌리게 할 수 있다(대판 1996.12.6, 95다24982).
⑤ 취소된 법률행위는 처음부터 무효인 것으로 본다. 다만, 제한능력자는 그 행위로 인하여 받은 이익이 현존하는 한도에서 상환(償還)할 책임이 있다(제141조).

98 법률행위의 취소에 관한 설명으로 옳지 않은 것을 모두 고른 것은?

> ㉠ 제한능력자는 법정대리인의 동의가 없더라도 단독으로 법률행위를 취소할 수 있다.
> ㉡ 임의대리인은 취소권 행사에 대한 수권이 없더라도 당연히 취소할 수 있다.
> ㉢ 하자 있는 의사표시를 한 자의 승계인에게도 취소권이 인정된다.
> ㉣ 법률행위의 취소를 전제로 한 소송상의 이행청구나 이를 전제로 한 이행거절에는 취소의 의사표시가 포함되어 있다.
> ㉤ 하나의 계약이라도 가분성을 가지거나 목적물의 일부가 특정가능하고 나머지 부분이라도 이를 유지하려는 당사자의 가상적 의사가 인정되는 경우 일부취소도 가능하고 그 일부취소는 계약의 일부에 관하여 효력이 생긴다.

① ㉡

② ㉠, ㉡

③ ㉡, ㉢

④ ㉢, ㉣

⑤ ㉣, ㉤

99 법률행위의 취소에 관한 설명으로 옳은 것은? (다툼이 있으면 판례에 따름)

① 취소할 수 있는 법률행위에서 법정대리인은 취소원인이 소멸한 후에만 추인할 수 있다.
② 제한능력자가 법률행위를 취소한 경우 원칙적으로 그가 받은 이익 전부를 상환하여야 한다.
③ 취소할 수 있는 법률행위는 추인권자의 추인이 있은 후에는 취소하지 못한다.
④ 법률행위의 취소권은 법률행위를 한 날부터 3년 내에, 추인할 수 있는 날부터 10년 내에 행사하여야 한다.
⑤ 취소된 법률행위는 특별한 사정이 없는 한 취소한 이후부터 무효이다.

100 소급효가 인정되지 않는 것은? (다툼이 있으면 판례에 따름)

① 착오로 인한 의사표시의 취소
② 선택채권에서 선택권의 행사
③ 소멸시효 완성으로 인한 채권의 소멸
④ 채무불이행에 따른 매매계약의 해제
⑤ 해제조건부 법률행위에서 해제조건의 성취

101 의사표시의 취소에 관한 설명으로 옳은 것을 모두 고른 것은? (다툼이 있으면 판례에 따름)

> ㉠ 취소할 수 있는 법률행위는 취소권을 행사하지 않더라도 처음부터 무효이다.
> ㉡ 법정대리인의 동의 없이 신용구매계약을 체결한 미성년자가 그 후에 법정대리인의 동의 없음을 사유로 들어 이를 취소하는 것은 신의칙에 위배되지 않는다.
> ㉢ 제한능력을 이유로 법률행위가 취소된 경우, 제한능력자는 상대방에게 현존이익만을 반환하면 된다.

① ㉡   ② ㉠, ㉡

③ ㉠, ㉢   ④ ㉡, ㉢

⑤ ㉠, ㉡, ㉢

정답 및 해설

98 ① ㉡ 제한능력자의 법정대리인은 고유의 취소권을 가지지만, 임의대리인이 취소권을 행사하기 위해서는 <u>본인의 별도의 수권이 있어야 한다</u>(통설).

99 ③ ① 취소할 수 있는 법률행위의 추인은 추인권자가 취소원인이 소멸된 후에 하여야 하고(제144조 제1항), 그렇지 않으면 추인의 효력이 없다(대판 1982.6.8, 81다107). 그러나 <u>법정대리인 또는 후견인은 언제라도 추인할 수 있다</u>(제144조 제2항).
  ② 취소된 법률행위는 처음부터 무효인 것으로 본다. 다만, <u>제한능력자는 그 행위로 인하여 받은 이익이 현존하는 한도에서 상환(償還)</u>할 책임이 있다(제141조).
  ④ 취소권은 <u>추인할 수 있는 날로부터 3년 내에, 법률행위를 한 날로부터 10년 내에 행사하여야 한다</u>(제146조).
  ⑤ 취소된 법률행위는 <u>처음부터 무효인 것으로 본다</u>(제141조).

100 ⑤ ⑤ 해제조건 있는 법률행위는 <u>조건이 성취한 때로부터</u> 그 효력을 잃는다(제147조 제2항).
  ① 취소된 법률행위는 처음부터 무효인 것으로 본다(제141조 본문).
  ② 선택채권에서 선택의 효력은 채권발생 당시로 소급한다(제386조 본문).
  ③ 소멸시효가 완성하면 그로 인한 권리소멸의 효과는 그 기산일에 소급한다(제167조).
  ④ 해제의 효과에 관하여, 통설·판례(직접효과설)는 계약을 해제하면 직접적으로 계약이 소급하여 소멸하는 효과가 발생한다고 한다(대판 1983.5.24, 82다카1667).

101 ④ ㉠ 취소할 수 있는 법률행위는 <u>처음부터 유효</u>이지만(유동적 유효), <u>취소권의 행사에 의하여 소급하여 무효로 된다</u>(확정적 무효).

102 법률행위의 취소에 관한 다음 설명 중 옳은 것을 모두 고른 것은?

> ㉠ 법률행위가 취소되면 처음부터 무효인 것으로 본다.
> ㉡ 취소의 결과로써 발생하는 계약 당사자들의 부당이득반환의무는 동시이행관계에 있다.
> ㉢ 착오·사기·강박을 이유로 하는 취소와 마찬가지로 당사자의 제한능력을 이유로 취소하는 경우에도 선의의 제3자에게는 대항하지 못한다.
> ㉣ 취소할 수 있는 법률행위를 추인하면 그때부터 유동적인 유효가 된다.
> ㉤ 취소권의 행사의 결과로 발생하는 부당이득반환청구권은 그 취소권의 행사기간 내에 행사하여야 한다.

① ㉠, ㉡   ② ㉠, ㉤
③ ㉡, ㉢   ④ ㉢, ㉣
⑤ ㉣, ㉤

103 취소할 수 있는 법률행위의 법정추인사유에 해당하지 않는 것은?

① 제한능력자로서 부동산을 매도한 자가 능력자가 된 후 소유권이전등기에 필요한 서류를 교부한 경우
② 제한능력자로부터 부동산을 매수한 자가 목적물의 인도청구권을 양도한 경우
③ 취소권자인 채권자가 채무자로부터 담보를 제공받은 경우
④ 매매계약의 취소권자인 매도인이 대금채권을 소멸시키고 그에 갈음하여 금전소비대차계약을 체결한 경우
⑤ 취소권자인 채권자가 채무자에게 강제집행을 한 경우

104 민법 제146조가 규정하는 취소권의 행사기간에 관한 설명으로 옳지 않은 것은? (다툼이 있으면 판례에 따름)

① 취소권은 추인할 수 있는 날로부터 3년 내에, 법률행위를 한 날로부터 10년 내에 행사하여야 한다.
② 이 기간 내에 소를 제기하는 방법으로 취소권을 행사하여야 한다.
③ 소멸시효의 중단에 관한 규정은 유추적용되지 않는다.
④ 이 기간의 법적 성질은 제척기간이다.
⑤ 취소권을 행사한 매수인의 부당이득반환청구권은 10년의 소멸시효에 걸린다.

105 2002년 3월 25일생인 甲은 법정대리인의 동의 없이 2020년 3월 24일 자기 소유의 부동산을 乙에게 매도하는 계약을 체결하였다. 이 경우 제한능력을 이유로 甲 자신이 위 매매계약을 취소하려면 언제까지 취소권을 행사하여야 하는가?

① 2023년 3월 23일 24시
② 2024년 3월 24일 24시
③ 2025년 3월 25일 24시
④ 2030년 3월 23일 24시
⑤ 2030년 3월 24일 24시

정답 및 해설

102 ① ⓒ 취소의 소급적 무효의 효과는 제한능력을 이유로 하는 취소에 있어서는 제3자에게도 주장할 수 있는 절대적인 것이나, 착오·사기·강박을 이유로 한 경우에는 <u>선의의 제3자에 대하여는 주장할 수 없는 상대적인 것이다</u>(제109조 제2항, 제110조 제3항).

ⓔ 추인이 있으면 취소할 수 있는 법률행위는 <u>유효한 행위로 확정된다</u>(제143조 제1항).

ⓜ 판례는 제척기간 내에 형성권이 행사되면 그로써 권리관계는 확정되고 따라서 <u>그 행사의 결과 발생하는 채권까지 제척기간 내에 행사하여야 할 필요는 없다</u>고 한다. 즉, 형성권인 환매권의 행사로 발생한 소유권이전등기청구권에는 환매권을 행사한 때로부터 일반채권과 같이 민법 제162조 제1항 소정의 10년의 소멸시효기간이 진행된다(대판 1991.2.22, 90다13420).

103 ② ② 취소할 수 있는 행위로 취득한 권리의 전부나 일부의 양도(제145조 제5호): 이 양도는 취소권자가 하는 경우에 한한다(통설).

① 전부나 일부의 이행(제145조 제1호): 취소권자가 채무를 이행한 경우뿐만 아니라 상대방으로부터 채무이행을 수령한 경우도 포함한다(통설).

③ 담보의 제공(제145조 제4호): 취소권자가 물적 담보 또는 인적 담보를 채무자로서 제공하든 채권자로서 제공을 받든 상관없다(통설).

④ 경개(제145조 제3호): 취소권자가 채권자로서 경개계약을 체결하든 채무자로서 하든 상관없다(통설).

⑤ 강제집행(제145조 제6호): 취소권자가 채권자로서 집행한 경우는 물론 채무자로서 집행을 받는 경우도 소송상 이의를 제기할 수 있었으므로 이를 하지 않는 경우에는 여기에 포함된다(통설).

104 ② 판례는, 권리행사기간 내에 재판 외에 권리를 행사하면 되고 <u>반드시 재판상 청구를 하여야만 청구권이 보전되는 것은 아니라고 한다</u>(대판 1985.11.12, 84다카2344).

105 ② ②⑤ 취소권은 추인할 수 있는 날로부터 3년 내에, 법률행위를 한 날로부터 10년 내에 행사하여야 한다(제146조). 본조가 규정하는 기간은 일반 소멸시효기간이 아니라 제척기간으로서, '추인할 수 있는 날로부터 3년'과 '법률행위를 한 날로부터 10년'의 두 기간 가운데 먼저 만료되는 기간에 취소권은 소멸한다(통설). 사례에서 甲은 미성년자로서 법정대리인의 동의 없이 매매계약을 체결하였으므로 취소권이 발생하였다. 2002년 3월 25일생인 甲은 <u>2021년 3월 24일 자정에 성년이 되며, 그날부터 3년(2024년 3월 24일 24시)</u>이나, 법률행위를 한 날부터 10년(2030년 3월 24일 24시) 두 기간 가운데 먼저 만료되는 기간에 취소권은 소멸한다(통설).

법률행위의 부관에 관한 설명으로 옳은 것은? (다툼이 있으면 판례에 따름)

① 기성조건이 해제조건이면 조건 없는 법률행위로 한다.

② 불능조건이 정지조건이면 조건 없는 법률행위로 한다.

③ 불법조건이 붙어 있는 법률행위는 불법조건만 무효이며, 법률행위 자체는 무효로 되지 않는다.

④ 기한의 효력은 기한 도래시부터 생기며 당사자가 특약을 하더라도 소급효가 없다.

⑤ 어느 법률행위에 어떤 조건이 붙어 있었는지 여부는 법률행위 해석의 문제로서 당사자가 주장하지 않더라도 법원이 직권으로 판단한다.

해설 | 기한의 효력에는 소급효가 없으며, 당사자의 특약에 의해서도 소급효를 인정할 수 없다.

오답 ① 기성조건이 정지조건이면 조건 없는 법률행위가 되고, 해제조건이면 그 법률행위는 무효이다(제
체크 151조 제2항).

② 불능조건이 해제조건이면 조건 없는 법률행위가 되고, 정지조건이면 그 법률행위는 무효이다(제151조 제3항).

③ 조건이 선량한 풍속 기타 사회질서에 위반하는 경우가 불법조건이며, 불법조건이 붙어 있는 법률행위는 조건뿐만 아니라 법률행위 자체가 무효이다(대결 2005.11.8, 2005마541).

⑤ 어느 법률행위에 어떤 조건이 붙어 있었는지 아닌지는 사실인정의 문제로서 그 조건의 존재를 주장하는 자가 이를 입증하여야 한다(대판 2006.11.24, 2006다35766).

기본서 p.380~391   정답 ④

---

106 민법상 조건에 관한 설명으로 옳지 않은 것은? (다툼이 있으면 판례에 따름)

① 조건을 붙이고자 하는 의사는 법률행위의 내용으로 외부에 표시되어야 하므로 그 의사표시는 묵시적 방법으로는 할 수 없다.

② 조건이 법률행위의 당시 이미 성취한 것인 경우에는 그 조건이 정지조건이면 조건 없는 법률행위이다.

③ 조건의 성취로 인하여 불이익을 받을 당사자가 과실로 신의성실에 반하여 조건의 성취를 방해한 때에는 상대방은 그 조건이 성취한 것으로 주장할 수 있다.

④ 조건의 성취가 미정한 권리의무는 일반규정에 의하여 담보로 할 수 있다.

⑤ 선량한 풍속에 반하는 불법조건이 붙은 법률행위는 무효이다.

107 민법상 조건에 관한 설명으로 옳은 것은? (다툼이 있으면 판례에 따름)

① '대금이 완납되면 매매목적물의 소유권이 이전된다'는 조항이 있는 소유권유보부 매매에서 대금완납은 해제조건이다.

② 선량한 풍속에 반하는 불법조건이 붙은 법률행위는 조건 없는 법률행위가 된다.

③ 당사자가 조건성취의 효력을 그 성취 전으로 소급하게 할 의사를 표시한 경우, 그 소급의 의사표시는 효력이 없다.

④ 법률행위에 조건이 붙어 있는지 여부는 사실인정의 문제로서 그 조건의 존재를 주장하는 자가 이를 증명하여야 한다.

⑤ 유언에는 조건을 붙일 수 없다.

108 조건에 관한 설명으로 옳지 않은 것은? (다툼이 있으면 판례에 따름)

① 정지조건부 권리의 경우, 조건이 미성취인 동안에는 소멸시효가 진행되지 않는다.

② 해제조건 있는 법률행위는 조건이 성취한 때로부터 그 효력을 잃는다.

③ 조건의 성취가 미정한 권리의무는 일반규정에 의하여 처분, 상속, 보존 또는 담보로 할 수 있다.

④ 정지조건부 법률행위에서 조건성취의 사실은 권리를 취득하는 자가 증명책임을 진다.

⑤ 정지조건부 법률행위는 권리가 성립한 때에 소급하여 그 효력이 생긴다.

정답 및 해설

106 ① 조건을 붙이고자 하는 의사의 표시는 그 방법에 관하여 일정한 방식이 요구되지 않으므로 묵시적 의사표시나 묵시적 약정으로도 할 수 있다(대판 2018.6.28, 2016다221368).

107 ④ ① 동산의 매매계약을 체결하면서 소유권유보의 특약을 한 경우에 소유권을 이전한다는 물권적 합의는 대금의 완납을 정지조건으로 하는 행위이다(대판 1999.9.7, 99다30534).
② 조건이 선량한 풍속 기타 사회질서에 위반한 것인 때에는 그 법률행위는 무효로 한다(제151조 제1항).
③ 당사자가 조건성취의 효력을 그 성취 전에 소급하게 할 의사를 표시한 때에는 그 의사에 의한다(제147조 제3항).
⑤ 유언에 정지조건이 붙은 경우에 그 조건이 유언자의 사망 후에 성취된 때에는, 그 조건이 성취된 때부터 효력이 생긴다(제1073조 제2항).

108 ⑤ 정지조건 있는 법률행위는 조건이 성취한 때로부터 그 효력이 생긴다(제147조 제1항). 즉, 조건성취의 효과는 원칙적으로 소급하지 않는다.

109 조건에 관한 설명으로 옳은 것은? (다툼이 있으면 판례에 따름)

① 정지조건부 권리는 조건이 성취되지 않은 동안에도 소멸시효가 진행한다.

② 정지조건부 채권을 피보전채권으로 하는 채권자취소권의 행사는 허용되지 않는다.

③ "주택관리사시험에 합격할 때까지 매월 50만원을 지급하겠다."고 약속한 경우에 약속 당시 이미 시험에 합격했다면 조건 없는 법률행위이다.

④ "내일 해가 서쪽에서 뜨면 매수하겠다."고 약속했다면 조건 없는 법률행위가 된다.

⑤ 법률행위가 정지조건부 법률행위에 해당한다는 사실은 그 법률행위로 인한 법률효과의 발생을 저지하는 사유로서 그 법률효과의 발생을 다투려는 자가 주장·증명하여야 한다.

110 조건과 기한에 관한 설명으로 옳지 않은 것은? (다툼이 있으면 판례에 따름)

① 법률이 요구하는 요건인 법정조건은 법률행위의 부관으로서의 조건이 아니다.

② 조건의 성취로 인하여 불이익을 받을 당사자가 신의칙에 반하여 조건의 성취를 방해한 경우, 그러한 행위가 있었던 시점에서 조건은 성취된 것으로 의제된다.

③ 기한이익 상실의 특약은 명백히 정지조건부 기한이익 상실의 특약이라고 볼 만한 특별한 사정이 없는 이상 형성권적 기한이익 상실의 특약으로 추정된다.

④ 보증채무에서 주채무자의 기한이익의 포기는 보증인에게 효력이 미치지 아니한다.

⑤ 이미 부담하고 있는 채무의 변제에 관하여 일정한 사실이 부관으로 붙여진 경우에는 특별한 사정이 없는 한, 그것은 변제기를 유예한 것으로서 그 사실이 발생한 때 또는 발생하지 아니하는 것으로 확정된 때에 기한이 도래한다.

111 조건에 관한 다음 설명 중 옳지 않은 것을 모두 고른 것은?

> ㉠ 조건을 붙이는 것이 허용되지 않는 법률행위에 조건을 붙인 경우, 그 법률행위 전부가 무효이다.
> ㉡ 해제조건부 법률행위를 원인행위로 하여 소유권이전등기를 마친 경우, 그 조건이 성취된 때에는 소유권이 법률행위시에 소급하여 원상회복된다.
> ㉢ 조건이 법률행위의 당시 이미 성취한 것인 경우에는 그 조건이 해제조건이면 그 법률행위는 무효로 한다.
> ㉣ 정지조건이 법률행위 당시 성취할 수 없는 것인 경우에는 법률행위는 무효이다.
> ㉤ 채무면제는 단독행위이므로 조건, 기한을 붙일 수 없다.

① ㉠, ㉡
② ㉡, ㉢
③ ㉡, ㉤
④ ㉢, ㉣
⑤ ㉣, ㉤

정답 및 해설

109 ⑤ ① 소멸시효의 기산점인 '권리를 행사할 수 있는 때'라 함은 권리를 행사함에 있어서 법률상의 장애(例 이행기 미도래, <u>정지조건 미성취</u>)가 없는 경우를 말하며, 권리자의 개인적 사정이나 법률지식의 부족, 권리존재의 부지 또는 채무자의 부재 등 사실상 장애로 권리를 행사하지 못하였다 하여 시효가 진행하지 아니하는 것이 아니며, <u>이행기가 정해진 채권은 그 기한이 도래한 때부터 소멸시효가 진행한다</u>(대판 1982.1.19, 80다2626).

② 채권자취소권 행사는 채무 이행을 구하는 것이 아니라 총채권자를 위하여 이행기에 채무 이행을 위태롭게 하는 채무자의 자력 감소를 방지하는 데 목적이 있는 점과 민법이 제148조, 제149조에서 조건부 권리의 보호에 관한 규정을 두고 있는 점을 종합해 볼 때, 취소채권자의 채권이 정지조건부 채권이라 하더라도 장래에 정지조건이 성취되기 어려울 것으로 보이는 등 특별한 사정이 없는 한, 이를 <u>피보전채권으로 하여 채권자취소권을 행사할 수 있다</u>(대판 2011.12.8, 2011다55542).

③ "주택관리사시험에 합격"이라는 조건을 붙였는데, 약속 당시 이미 시험에 합격했다면 기성조건이 된다. <u>기성조건이 정지조건이면 조건 없는 법률행위가 되고, 해제조건이면 그 법률행위는 무효이다</u>(제151조 제2항).

④ "내일 해가 서쪽에서 뜨면 매수하겠다."고 약속했다면 <u>불능조건을 정지조건으로 한 경우</u>이다. 불능조건이 해제조건이면 조건 없는 법률행위가 되고, <u>정지조건이면 그 법률행위는 무효이다</u>(제151조 제3항).

110 ② 상대방의 주장에 의하여 조건성취로 의제되는 시점은 <u>방해행위가 없었다면 조건이 성취되었으리라고 추산되는 시점</u>이다(대판 1998.12.12, 98다42356).

111 ③ ㉡ 해제조건부 법률행위는 그 <u>조건이 성취된 때부터 그 효력을 잃는다</u>(제147조 제2항). 즉, "해제조건부 증여로 인한 부동산소유권이전등기를 마쳤다 하더라도 그 해제조건이 성취되면 그 소유권은 증여자에게 복귀한다고 할 것이고, 이 경우 당사자간에 별단의 의사표시가 없는 한 그 조건성취의 효과는 소급하지 아니한다(대판 1992.5.22, 92다5584)."

㉤ 조건에 의하여 상대방의 지위가 불안정하게 되어 부당하므로 원칙적으로 조건을 붙일 수 없다. 상계, 취소, 해제, 해지, 철회, 선택채권의 선택, 환매 및 주식청약 등의 경우가 그러하다. 그러나 상대방의 동의가 있는 경우, 상대방에게 이익만을 주는 경우(例 채무면제, 유증), 상대방이 결정할 수 있는 사실을 조건으로 하는 경우(例 정지조건부 해제)에는 <u>조건을 붙일 수 있다</u>.

---

112 조건과 기한에 관한 설명으로 옳은 것은? (다툼이 있으면 판례에 따름)

① 기한의 이익을 가지고 있는 채무자가 그가 부담하는 담보제공의무를 이행하지 아니하더라도 그 기한의 이익은 상실되지 않는다.

② 해제조건 있는 법률행위는 조건이 성취한 때로부터 그 효력이 생긴다.

③ 기한의 이익은 채권자를 위한 것으로 추정한다.

④ 기한이익 상실특약은 특별한 사정이 없는 한, 정지조건부 기한이익 상실특약으로 본다.

⑤ 기한의 이익이 상대방에게 있는 경우 당사자 일방은 상대방의 손해를 배상하고 기한의 이익을 포기할 수 있다.

113 기한에 관한 설명으로 옳지 않은 것은? (다툼이 있으면 판례에 따름)

① 담보제공의무를 이행하지 않은 채무자는 기한의 이익을 상실한다.

② 다음 번 눈이 오는 날에 스키장 가는 모든 비용을 부담하겠다는 의사표시는 기한부 법률행위이다.

③ 당사자가 불확정한 사실이 발생한 때를 이행기한으로 정한 경우에는 그 사실이 발생한 때는 물론, 그 사실의 발생이 불가능하게 된 때에도 이행기한은 도래한 것으로 보아야 한다.

④ 할부금지급채무에서 기한이익 상실의 약정은 특별한 사정이 없으면 정지조건부 특약으로 추정된다.

⑤ 기한부 권리를 일반규정에 의하여 처분, 상속, 보존 또는 담보로 할 수 있다.

114 기한의 이익을 가지지 않는 자는?

① 무상임치의 임치인 　　　　　　② 임대차의 임차인
③ 사용대차의 대주 　　　　　　　④ 무이자 소비대차의 차주
⑤ 이자부 소비대차의 대주

정답 및 해설

112 ⑤　① 채무자가 담보를 손상·감소·멸실하게 하거나, 담보제공의 의무를 이행하지 아니한 때는 <u>기한의 이익을 상실한다</u>(제388조).

② 해제조건 있는 법률행위는 조건이 성취한 때로부터 <u>그 효력을 잃는다</u>(제153조 제2항).

③ 민법은 당사자의 특약이나 법률행위의 성질상 분명하지 않은 경우에는, <u>기한의 이익은 채무자를 위하여 존재하는 것으로 추정한다</u>(제153조 제1항).

④ 기한이익 상실의 특약은 그 내용에 의하여 일정한 사유가 발생하면 채권자의 청구 등을 요함이 없이 당연히 기한의 이익이 상실되어 이행기가 도래하는 것으로 하는 정지조건부 기한이익 상실의 특약과 일정한 사유가 발생한 후 채권자의 통지나 청구 등 채권자의 의사행위를 기다려 비로소 이행기가 도래하는 것으로 하는 형성권적 기한이익 상실의 특약의 두 가지로 대별할 수 있고, 기한이익 상실의 특약이 위의 양자 중 어느 것에 해당하느냐는 당사자의 의사해석의 문제이지만 일반적으로 기한이익 상실의 특약이 채권자를 위하여 둔 것인 점에 비추어 명백히 정지조건부 기한이익 상실의 특약이라고 볼 만한 특별한 사정이 없는 이상, <u>형성권적 기한이익 상실의 특약으로 추정하는 것이 타당하다</u>(대판 2002.9.4, 2002다28340).

113 ④　기한이익 상실의 특약은 그 내용에 의하여 일정한 사유가 발생하면 채권자의 청구 등을 요함이 없이 당연히 기한의 이익이 상실되어 이행기가 도래하는 것으로 하는 <u>정지조건부 기한이익 상실의 특약</u>과 일정한 사유가 발생한 후 채권자의 통지나 청구 등 채권자의 의사행위를 기다려 비로소 이행기가 도래하는 것으로 하는 <u>형성권적 기한이익 상실의 특약</u>의 두 가지로 대별할 수 있고, 기한이익 상실의 특약이 위의 양자 중 어느 것에 해당하느냐는 당사자의 <u>의사해석의 문제</u>이지만 일반적으로 기한이익 상실의 특약이 채권자를 위하여 둔 것인 점에 비추어 명백히 정지조건부 기한이익 상실의 특약이라고 볼 만한 특별한 사정이 없는 이상, <u>형성권적 기한이익 상실의 특약으로 추정하는 것이 타당하다</u>. 형성권적 기한이익 상실의 특약이 있는 경우에는 그 특약은 채권자의 이익을 위한 것으로서 <u>기한이익의 상실사유가 발생하였다고 하더라도 채권자가 나머지 전액을 일시에 청구할 것인가 또는 종래대로 할부변제를 청구할 것인가를 자유로이 선택할 수 있다</u>(대판 2002.9.4, 2002다28340).

114 ③　③ 무상계약인 사용대차에서는 <u>채권자인 차주가 기한의 이익을 갖고, 대주는 기한의 이익을 갖지 않는다</u>.

①②④⑤ 기한의 이익을 누가 가지는가는 법률행위의 성질에 따라 다르다. 즉, 기한의 이익은 채권자만이 가지는 경우도 있고(예 무상임치의 임치인, 사용대차의 차주), 채무자만이 가지는 경우도 있으며(예 무이자 소비대차의 차주), 채권자·채무자 쌍방이 가지는 경우도 있다(예 이자부 소비대차, 임대차).

---

115 기한의 이익에 관한 설명으로 옳은 것은? (다툼이 있으면 판례에 따름)

① 기한의 이익은 채권자를 위한 것으로 추정한다.

② 형성권적 기한이익 상실의 특약이 있는 경우에는 그 기한이익 상실사유가 발생함과 동시에 기한의 이익을 상실케 하는 채권자의 의사표시가 없더라도 이행기 도래의 효과가 발생한다.

③ 정지조건부 기한이익 상실특약을 한 경우에는 그 특약에 정한 사유가 발생한 후 기한의 이익을 상실케 하는 채권자의 의사표시가 있어야 이행기 도래의 효과가 발생한다.

④ 주채무자가 기한의 이익을 포기하면 보증인에게도 그 효력이 미친다.

⑤ 이자부 소비대차에서 기한의 이익이 채권자에게도 있는 경우, 채무자는 채권자의 손해를 배상하고 기한 전에도 변제할 수 있다.

정답 및 해설

115 ⑤ ① 민법은 당사자의 특약이나 법률행위의 성질상 분명하지 않은 경우에는 <u>기한의 이익은 채무자의 이익을 위하여 존재하는 것으로 추정한다</u>(제153조 제1항). 따라서 기한의 이익이 채권자에게 있다는 것은 채권자가 이를 입증하여야 한다.

② 형성권적 기한이익 상실의 특약이 있는 경우에는 그 특약은 채권자의 이익을 위한 것으로서 <u>기한이익의 상실사유가 발생하였다고 하더라도 채권자가 나머지 전액을 일시에 청구할 것인가 또는 종래대로 할부변제를 청구할 것인가를 자유로이 선택할 수 있다</u>(대판 2002.9.4, 2002다28340). <u>정지조건부 기한이익 상실의 특약을 한 경우에는 그 특약에 정한 기한이익의 상실사유가 발생함과 동시에 기한의 이익을 상실케 하는 채권자의 의사표시가 없더라도 이행기 도래의 효과가 발생하고</u>, 채무자는 특별한 사정이 없는 한 <u>그때부터 이행지체의 상태에 놓이게 된다</u>(대판 1989.9.29, 88다카14663).

③ 계약당사자 사이에 일정한 사유가 발생하면 채무자는 기한의 이익을 잃고 채권자의 별도의 의사표시가 없더라도 바로 이행기가 도래한 것과 같은 효과를 발생케 하는 이른바 <u>정지조건부 기한이익 상실의 특약을 한 경우에는 그 특약에 정한 기한이익의 상실사유가 발생함과 동시에 기한의 이익을 상실케 하는 채권자의 의사표시가 없더라도 이행기 도래의 효과가 발생하고</u>, 채무자는 특별한 사정이 없는 한 <u>그때부터 이행지체의 상태에 놓이게 된다</u>(대판 1989.9.29, 88다카14663).

④ 주채무자가 항변을 포기하여도 그것은 보증인에게는 효력이 없다(제433조 제2항). 따라서 <u>주채무자가 기한의 이익을 포기하여도 보증인에게 그 효력이 미치지 않는다.</u>

제6장 기간

대표예제 55 \ 기간 ★★

민법상 기간에 관한 설명으로 옳지 않은 것은? (다툼이 있으면 판례에 따름)

① 기간의 기산점에 관한 제157조의 초일 불산입의 원칙은 당사자의 합의로 달리 정할 수 있다.

② 정관상 사원총회의 소집통지를 1주간 전에 발송하여야 하는 사단법인의 사원총회일이 2023년 6월 2일(금) 10시인 경우, 총회소집통지는 늦어도 2023년 5월 25일 중에는 발송하여야 한다.

③ 2023년 5월 27일(토) 13시부터 9시간의 만료점은 2023년 5월 27일 22시이다.

④ 2023년 5월 21일(일) 14시부터 7일간의 만료점은 2023년 5월 28일 24시이다.

⑤ 2017년 1월 13일(금) 17시에 출생한 사람은 2036년 1월 12일 24시에 성년자가 된다.

해설 | ④ 기간을 일, 주, 월 또는 년으로 정한 때에는 기간의 초일은 산입하지 아니한다(제157조). 기간의 말일이 토요일 또는 공휴일에 해당한 때에는 기간은 그 익일로 만료한다. 공휴일에는 국경일 및 일요일뿐만 아니라 임시공휴일도 포함된다(대판 1964.5.26, 63다958). 따라서 2023년 5월 21일(일) 14시부터 7일간의 만료점은 2023년 5월 28일이지만, 5월 28일은 일요일, 29일은 대체공휴일이므로 <u>5월 30일 24시</u>가 된다.

① 민법 제157조는 "기간을 일, 주, 월 또는 년으로 정한 때에는 기간의 초일은 산입하지 아니한다."고 규정하여 초일불산입을 원칙으로 정하고 있으나, 민법 제155조에 의하면 법령이나 법률행위 등에 의하여 위 원칙과 달리 정하는 것도 가능하다(대판 2007.8.23, 2006다62942).

② 민법상 기간의 계산방법은 일정한 기산일로부터 소급하여 과거에 역산되는 기간에도 준용된다(대판 1989.4.11, 87다카2901). 사단법인의 사원총회일이 2023년 6월 2일(금) 10시인 경우, 6월 1일을 기산점으로 하여 그날부터 역으로 7일을 계산한 2023년 5월 25일 중에는 총회소집통지를 발송하여야 한다.

③ 기간을 시·분·초로 정한 경우에는 즉시 기산한다(제156조). 기간의 만료점은 그 정하여진 시·분·초가 종료한 때이다. 따라서 2023년 5월 27일(토) 13시부터 즉시 기산하여 9시간의 만료점은 2023년 5월 27일 22시이다.

⑤ 나이는 출생일을 산입하여 만(滿) 나이로 계산하고, 연수(年數)로 표시한다(제158조). 따라서 2017년 1월 13일(금) 17시에 출생한 사람은 2036년 1월 12일 24시에 성년자가 된다.

기본서 p.399~401   정답 ④

01 민법상 기간에 관한 설명으로 옳지 않은 것은?

① 연령계산에는 출생일을 산입한다.

② 월의 처음으로부터 기간을 기산하지 아니하는 때에는 최후의 월에서 그 기산일에 해당한 날의 익일로 기간이 만료한다.

③ 기간의 말일이 공휴일에 해당한 때에는 기간은 그 익일로 만료한다.

④ 기간을 분으로 정한 때에는 즉시로부터 기산한다.

⑤ 기간을 월로 정한 때에는 역(曆)에 의하여 계산한다.

02 2021년 5월 8일(토)에 계약기간을 앞으로 3개월로 정한 경우, 기산점과 만료점을 바르게 나열한 것은? (단, 기간의 계산방법에 관하여 달리 정함은 없고, 8월 6일은 금요일임)

① 5월 8일, 8월 7일

② 5월 8일, 8월 9일

③ 5월 9일, 8월 8일

④ 5월 9일, 8월 9일

⑤ 5월 10일, 8월 9일

03 기간의 계산에 관한 다음 설명 중 옳지 않은 것은? (다툼이 있으면 판례에 따름)

① 기간에 관한 민법 규정은 공법관계에도 적용된다.

② 정년이 53세라 함은 만 53세에 도달하는 그날을 말하는 것이지, 만 53세가 만료되는 날을 의미하지 않는다.

③ 월 또는 년으로 정한 경우에 최종의 월에 해당일이 없는 때에는 그 월의 말일로 기간이 만료한다.

④ 기간의 말일이 토요일 또는 공휴일에 해당하는 때에는 기간은 그 익일로 만료한다.

⑤ 기간에 관한 규정은 일정한 기산일로부터 소급하여 과거에 계산되는 기간에 적용되지 않는다.

04 2007년 6월 3일(화) 오후 2시에 태어난 사람이 성년이 되는 시기는?

① 2026년 6월 3일(금) 0시
② 2026년 6월 4일(토) 0시
③ 2027년 6월 3일(토) 0시
④ 2027년 6월 4일(일) 0시
⑤ 2027년 6월 6일(화) 0시

제6장

정답 및 해설

01 ② 주, 월 또는 연의 처음으로부터 기간을 기산하지 아니하는 때에는 최후의 주, 월 또는 년에서 <u>그 기산일에</u> <u>해당한 날의 전일</u>로 기간이 만료한다(제160조 제2항).

02 ④ 초일불산입의 원칙에 의하여 <u>5월 9일(일)부터 기산한다</u>(제157조). 3개월의 말일은 8월 8일이지만, 그날 이 일요일이므로 다음 날인 <u>8월 9일(월)이 만료점</u>이 된다(제161조).

03 ⑤ 민법상 기간의 계산방법은 일정한 기산일로부터 소급하여 <u>과거에 역산되는 기간</u>에도 준용된다[통설 · 판례 (대판 1989.4.11, 87다카2901)].

04 ① 기간을 일, 주, 월 또는 연으로 정한 때에는 기간의 초일은 산입하지 않는다[초일불산입의 원칙(제157조 본문)]. 그러나 연령계산에서는 출생일을 산입한다(제158조). 따라서 2007년 6월 3일(화) 오후 2시에 태어난 사람은 <u>2026년 6월 3일(금) 0시</u>(6월 2일 24시)에 19세로 성년이 된다.

제7장 소멸시효

대표예제 56 / 소멸시효와 제척기간 ★★

소멸시효와 제척기간에 관한 설명으로 옳지 않은 것을 모두 고른 것은?

- ㉠ 소멸시효의 기간은 법률행위에 의하여 이를 단축 또는 경감할 수 있지만, 제척기간은 자유로이 단축할 수 없다.
- ㉡ 소멸시효에는 중단이 있지만, 제척기간은 중단이 있을 수 없다.
- ㉢ 소멸시효의 효력은 장래에 향하여 소멸하지만, 제척기간은 그 기산일에 소급하여 효력이 발생한다.
- ㉣ 소멸시효의 이익은 시효완성 후 포기할 수 있으나, 제척기간의 경우에는 기간의 도과로 권리가 당연히 소멸하므로 포기가 인정되지 않는다.
- ㉤ 소멸시효는 당사자가 시효완성사실을 원용할 때 고려되지만, 제척기간은 법원의 직권조사사항이다.

① ㉢
② ㉤
③ ㉠, ㉢
④ ㉡, ㉢
⑤ ㉡, ㉣

해설 | ㉢ 소멸시효 완성의 효력은 <u>기산일에 소급</u>한다(제167조). 그러나 제척기간은 <u>기간이 경과한 때로부터 장래에 향하여 권리가 소멸</u>한다.
　　㉠ 소멸시효는 법률행위에 의하여 이를 배제, 연장 또는 가중할 수 없으나 이를 단축 또는 경감할 수 있다(제184조 제2항). 제척기간은 자유로이 단축할 수 없다. 당사자의 약정으로 기간을 연장할 수 없는 점은 같다.
　　㉡ 소멸시효에는 중단제도가 있으나(제168조, 제178조), 제척기간에는 중단이 인정되지 않는다. 즉, 권리자의 권리행사가 있으면 그대로 효과가 발생하는 것이고, 이를 기초로 다시 기간이 갱신되는 문제는 발생하지 않는다.
　　㉣ 소멸시효의 이익은 미리 포기하지 못하지만(제184조 제1항), 시효완성 후 시효이익은 포기할 수 있다(제184조 제1항). 그러나 제척기간은 포기제도가 없다.
　　㉤ 소멸시효는 변론주의 원칙상 그 사실을 주장하지 않으면 고려되지 않는다. 그러나 제척기간은 당사자가 주장하지 않더라도 법원이 당연히 이를 고려하여야 하는 직권조사사항이다.

기본서 p.407~410
정답 ①

01 소멸시효와 제척기간에 관한 설명으로 옳은 것은? (다툼이 있으면 판례에 따름)

① 소멸시효가 완성되면 그 권리는 그때부터 소멸의 효과가 발생한다.
② 당사자가 매매예약완결권의 행사기간을 정하지 않고 행사할 수 있는 시기만을 정한 경우, 완결권은 권리를 행사할 수 있는 때로부터 10년이 경과하면 소멸한다.
③ 취소권은 그 제척기간 내에 소를 제기하는 방법으로 재판상 행사하여야만 하는 것이 아니라, 재판 외에서 취소의 의사표시를 하는 방법으로도 행사할 수 있다.
④ 소멸시효나 제척기간에는 모두 중단이 인정된다.
⑤ 소멸시효의 기간은 법률행위로 단축할 수 없다.

02 소멸시효와 제척기간에 관한 설명으로 옳지 않은 것은? (다툼이 있으면 판례에 따름)

① 오납한 조세에 대한 부당이득반환청구권을 실현하기 위하여 과세처분의 취소 또는 무효를 구하는 소의 제기는 소멸시효의 중단사유이다.
② 부동산 매수인의 소유권이전등기청구권은 그 매수인이 부동산을 인도받아 사용하는 경우 소멸시효에 걸리지 않는다.
③ 부동산 매수인이 부동산을 인도받아 사용·수익하다가 제3자에게 그 부동산을 처분하고 점유를 승계하여 준 경우, 매수인의 소유권이전등기청구권은 소멸시효에 걸리지 않는다.
④ 형성권의 행사기간이 정해져 있는 경우, 형성권의 행사에 의하여 발생한 채권적 권리에 대해서도 형성권의 행사기간에 관한 제척기간이 적용된다.
⑤ 법률행위 취소권의 존속기간은 제척기간이다.

정답 및 해설

01 ③ ① 소멸시효가 완성하면 그로 인한 권리소멸의 효과는 <u>그 기산일에 소급한다</u>(제167조). 그러나 제척기간은 기간이 경과한 때로부터 장래에 향하여 권리가 소멸한다.
② 당사자 사이에 예약완결권을 행사할 수 있는 시기를 특별히 약정한 경우에도 그 제척기간은 당초 <u>권리의 발생일로부터 10년의 기간이 경과하면 만료된다</u>(대판 1995.11.10, 94다22682).
④ 소멸시효에는 중단이 인정되지만, <u>제척기간에는 중단이 인정되지 않는다</u>.
⑤ 소멸시효는 법률행위에 의하여 이를 배제, 연장 또는 가중할 수 없으나 이를 <u>단축 또는 경감할 수 있다</u>(제184조). 제척기간은 당사자의 약정으로 기간을 단축하거나 연장할 수 없다.

02 ④ 취소권의 행사로 발생하는 부당이득반환청구권, 손해배상청구권의 행사기간도 아울러 정한 것으로 보는 것이 통설이다. 판례는 반대로 <u>그 취소권을 행사한 때로부터 소멸시효가 진행하는 것으로 본다</u>(대판 1991.2.22, 90다13420).

소멸시효에 관한 설명으로 옳지 않은 것은? (다툼이 있으면 판례에 따름)

① 저당권은 피담보채권이 존속하는 한 독립하여 소멸시효에 걸리지 않는다.

② 지상권 · 지역권 등의 용익물권은 소멸시효의 대상이 되지 않는다.

③ 소유권에 기한 물권적 청구권은 소멸시효의 대상이 되지 않는다.

④ 부동산 매수인이 목적물을 인도받아 사용 · 수익하고 있는 경우 그 등기청구권은 소멸시효에 걸리지 않는다.

⑤ 공유물분할청구권은 공유관계에서 수반되는 형성권이므로 공유관계가 존속하는 한 그 분할청구권만이 독립하여 시효소멸될 수 없다.

해설 | ② 지상권 · 지역권 등의 용익물권은 <u>소멸시효의 대상이다.</u>
  ① 담보물권(유치권 · 질권 · 저당권)은 채권을 담보하기 위해 존재하는 것이므로, 피담보채권의 소멸로써 담보물권이 소멸할 뿐이고(부종성), 피담보채권이 존속하는 데 담보물권만이 독립하여 소멸시효에 걸리지 않는다.
  ③ 통설 · 판례
  ④ 채권 및 채권적 청구권은 소멸시효의 대상이다. 판례는 매수인이 목적부동산을 인도받아 계속 점유하는 경우에는 그 소유권이전등기청구권의 소멸시효가 진행하지 않는다(대판 2010.1.28, 2009다73011)."고 한다. 나아가 "부동산의 매수인이 그 부동산을 인도받은 이상 이를 사용 · 수익하다가 그 부동산에 대한 보다 적극적인 권리행사의 일환으로 다른 사람에게 그 부동산을 처분하고 그 점유를 승계하여 준 경우에도 그 이전등기청구권의 행사 여부에 관하여 그가 그 부동산을 스스로 계속 사용 · 수익만 하고 있는 경우와 특별히 다를 바 없으므로 위 두 어느 경우에나 이전등기청구권의 소멸시효는 진행되지 않는다고 보아야 한다[대판 1999.3.18, 98다32175(전합)]."고 한다.
  ⑤ 대판 1981.3.24, 80다1888

기본서 p.410~419   정답 ②

03 소멸시효기간의 기산점에 관한 설명으로 옳은 것은? (다툼이 있으면 판례에 따름)

① 불확정기한부 권리는 채권자가 기한 도래사실을 안 때로부터 소멸시효가 진행한다.
② 동시이행항변권이 붙은 채권은 이행기가 도래하더라도 소멸시효가 진행하지 않는다.
③ 이행불능으로 인한 손해배상청구권은 이행불능이 된 때로부터 소멸시효가 진행한다.
④ 선택채권은 선택권을 행사한 때로부터 소멸시효가 진행한다.
⑤ 부작위를 목적으로 하는 채권은 성립시부터 소멸시효가 진행한다.

04 소멸시효의 기산점에 관한 설명으로 옳지 않은 것은? (다툼이 있으면 판례에 따름)

① 민법 제166조 제1항에서 말하는 소멸시효의 기산점인 '권리를 행사할 수 있는 때'라
함은 권리행사에 법률상의 장애사유가 없는 경우를 가리킨다.
② 공동불법행위자 상호간의 구상권의 소멸시효의 기산점은 구상권이 발생한 시점, 즉
구상권자가 현실로 피해자에게 손해배상금을 지급한 때이다.
③ 계속되는 불법행위로 인하여 손해도 역시 계속적으로 발생하는 경우에는 원칙적으로
마지막 손해가 발생한 때로부터 전 손해에 대한 소멸시효가 진행한다.
④ 보증인의 주채무자에 대한 사전구상권과 사후구상권의 소멸시효는 각각 그 권리가 발
생되어 이를 행사할 수 있는 때로부터 각각 진행한다.
⑤ 선택채권의 소멸시효는 그 선택권을 행사할 수 있는 때로부터 진행한다.

정답 및 해설

03 ③ ① 불확정기한부 채권의 소멸시효 기산점은 그 기한이 객관적으로 도래한 때부터이다. 이행지체의 책임은
채무자가 그 기한의 도래사실을 안 때부터이다(제387조 제1항 후단).
② 부동산에 대한 매매대금채권이 소유권이전등기청구권과 동시이행의 관계에 있다고 할지라도 매도인은
매매대금의 지급기일 이후 언제라도 그 대금의 지급을 청구할 수 있는 것이며, 다만 매수인은 매도인으
로부터 그 이전등기에 관한 이행의 제공을 받기까지 그 지급을 거절할 수 있는 데 지나지 아니하므로
매매대금청구권은 그 지급기일 이후 시효의 진행에 걸린다(대판 1991.3.22, 90다9797).
④ 무권대리인이 대리권을 증명하지 못하고 본인의 추인도 얻지 못한 경우 상대방의 계약이행청구권이나
손해배상청구권의 소멸시효는 그 선택권을 행사할 수 있을 때부터 진행한다(대판 1965.8.24, 64다1156).
⑤ 부작위를 목적으로 하는 채권의 소멸시효는 위반행위를 한 때로부터 진행한다(제166조 제2항).

04 ③ 불법점거에 의한 불법행위로 인하여 피해자의 토지에 관한 소유권이 상실되지 아니하였다면 가해자의 불법
행위는 계속하여 이루어지고 그로 인하여 손해도 계속 발생하여 나날이 새로운 불법행위에 기인한 손해가
발생하는 것이고, 따라서 민법 제766조의 적용에 관하여서는 나날이 발생한 새로운 각 손해를 안 날로부터
별개로 소멸시효가 진행한다(대판 1966.6.9, 66다615).

05 소멸시효에 관한 설명으로 옳지 않은 것은? (다툼이 있으면 판례에 따름)

① 건물신축공사도급계약에서의 수급인의 도급인에 대한 저당권설정청구권의 소멸시효
기간은 3년이다.

② 매수인이 목적부동산을 인도받아 계속 점유하고 있다면 그 소유권이전등기청구권의
소멸시효는 진행하지 않는다.

③ 당사자가 주장하는 소멸시효기산일이 본래의 기산일과 다른 경우, 특별한 사정이 없
는 한 당사자가 주장하는 기산일을 기준으로 소멸시효를 계산하여야 한다.

④ 어떤 권리의 소멸시효기간이 얼마나 되는지는 법원이 직권으로 판단할 수 있다.

⑤ 민법 제163조 제1호의 '1년 이내의 기간으로 정한 금전 또는 물건의 지급을 목적으로
한 채권'이란 변제기가 1년 이내인 채권을 말한다.

06 소멸시효에 관한 설명으로 옳지 않은 것은? (다툼이 있으면 판례에 따름)

① 동시이행항변권이 붙은 매매대금채권은 그 지급기일 이후부터 소멸시효가 진행한다.

② 부작위를 목적으로 하는 채권의 소멸시효는 채권이 성립한 때로부터 진행한다.

③ 계속적 물품공급계약에 기하여 발생한 외상대금채권은 특별한 사정이 없는 한, 거래
종료일로부터 외상대금채권 총액에 대하여 한꺼번에 소멸시효가 기산한다.

④ 음식료채권의 시효기간은 1년이다.

⑤ 변론주의 원칙상 당사자의 주장이 없으면 법원은 소멸시효의 중단에 관해서 직권으로
판단할 수 없다.

07 소멸시효에 관한 다음 설명 중 옳은 것은? (다툼이 있으면 판례에 따름)

① 확정판결 등에 의하여 주채무의 시효기간이 연장되면 보증채무의 시효기간도 연장된다.

② 소멸시효의 기산점은 변론주의의 대상이 아니므로 당사자의 주장과는 관계없이 본래
소멸시효의 기산일을 기준으로 계산하여야 한다.

③ 불법행위 당시 예견할 수 없었던 후유손해가 발생한 경우에는 새로 발생 또는 확대된
손해를 안 날로부터 소멸시효가 진행된다.

④ 소멸시효가 완성된 채권은 그 완성 전에 상계할 수 있었던 경우라도 그 채권자는 상계
할 수 없다.

⑤ 권리자의 개인적 사정이나 법률지식의 부족과 같은 사실상 장애는 소멸시효의 진행에
영향을 미친다.

05 ⑤ 민법 제163조 제1호 소정의 '1년 이내의 기간으로 정한 금전 또는 물건의 지급을 목적으로 하는 채권'이란 <u>1년 이내의 정기에 지급되는 채권을 의미하는 것이지</u>, 변제기가 1년 이내인 채권을 말하는 것이 아니므로, 이자채권이라고 하더라도 1년 이내의 정기에 지급하기로 한 것이 아닌 이상 위 규정 소정의 3년의 단기소멸 시효에 걸리는 것이 아니다(대판 1996.9.20, 96다25302).

06 ③ 계속적 물품공급계약에 기하여 발생한 외상대금채권은 특별한 사정이 없는 한, 개별 거래로 인한 각 외상대 금채권이 발생한 때로부터 <u>개별적으로 소멸시효가 진행하는</u> 것이지, 거래종료일부터 외상대금채권 총액에 대하여 <u>한꺼번에 소멸시효가 기산한다고 할 수 없는 것이고</u>, 각 개별 거래시마다 서로 기왕의 미변제 외상 대금에 대하여 확인하거나 확인된 대금의 일부를 변제하는 등의 행위가 없었다면, 새로이 동종 물품을 주문 하고 공급받았다는 사실만으로는 기왕의 미변제 채무를 승인한 것으로 볼 수 없다(대판 2007.1.25, 2006 다68940).

07 ③ ① 민법 제165조가 판결에 의하여 확정된 채권, 판결과 동일한 효력이 있는 것에 의하여 확정된 채권은 단기의 소멸시효에 해당한 것이라도 그 소멸시효는 10년으로 한다고 규정하는 것은 당해 판결 등의 당 사자 사이에 한하여 발생하는 효력에 관한 것이고, 채권자와 주채무자 사이의 판결 등에 의해 채권이 확정되어 그 소멸시효가 10년으로 되었다 할지라도 위 당사자 이외의 채권자와 연대보증인 사이에 있어 서는 위 확정판결 등은 <u>그 시효기간에 대하여는 아무런 영향도 없고</u>, 채권자의 연대보증인의 연대보증 채권의 소멸시효기간은 여전히 종전의 소멸시효기간에 따른다(대판 1986.11.25, 86다카1569).

② <u>소멸시효의 기산일</u>은 채무의 소멸이라고 하는 법률효과 발생의 요건에 해당하는 소멸시효기간 계산의 시발점으로서 소멸시효 항변의 법률요건을 구성하는 구체적인 사실에 해당하므로 이는 <u>변론주의의 적 용 대상이고</u>, 따라서 본래의 소멸시효 기산일과 당사자가 주장하는 기산일이 서로 다른 경우에는 <u>변론 주의의 원칙상 법원은 당사자가 주장하는 기산일을 기준으로 소멸시효를 계산하여야 하는데</u>, 이는 당사 자가 본래의 기산일보다 뒤의 날짜를 기산일로 하여 주장하는 경우는 물론이고 특별한 사정이 없는 한 그 반대의 경우에 있어서도 마찬가지이다(대판 1995.8.25, 94다35886).

④ 소멸시효가 완성된 채권이 그 완성 전에 상계할 수 있었던 것이면 그 채권자는 <u>상계할 수 있다</u>(제495조).

⑤ 소멸시효는 객관적으로 권리가 발생하여 그 권리를 행사할 수 있는 때로부터 진행하고 그 권리를 행사 할 수 없는 동안만은 진행하지 않는다고 할 것인데, 여기서 '권리를 행사할 수 없는' 경우라 함은 그 권리 행사에 법률상의 장애사유, 예컨대 기간의 미도래나 조건불성취 등이 있는 경우를 말하는 것이고, 사실 상 권리의 존재나 권리행사 가능성을 알지 못하였고, 알지 못함에 과실이 없다고 하여도 이러한 사유는 법률상 장애사유에 해당하지 않는다(대판 2007.5.31, 2006다63150).

08 소멸시효에 관한 설명으로 옳지 않은 것은? (다툼이 있으면 판례에 따름)

① 만기가 기재된 백지약속어음의 소지인이 그 백지부분을 보충하지 않고 어음금을 청구한 경우 소멸시효중단의 효력이 있다.

② 금전채무의 이행지체로 인하여 발생하는 지연손해금은 민법 제163조 제1호 소정의 3년간의 단기소멸시효의 대상이다.

③ 소멸시효의 중단사유로서의 승인은 소멸시효의 진행이 개시된 이후에만 가능하고 그 이전에 승인을 하더라도 시효가 중단되지 않는다.

④ 채무불이행으로 인한 손해배상청구권의 소멸시효는 채무불이행시로부터 진행한다.

⑤ 소멸시효가 진행하지 않는 '권리를 행사할 수 없는' 경우라 함은 그 권리행사에 법률상의 장애사유, 예컨대 기간의 미도래나 조건불성취 등이 있는 경우를 말한다.

09 다음 중 3년의 단기소멸시효가 적용되는 것은?

① 1개월 단위로 지급되는 집합건물의 관리비채권

② 여관의 숙박료채권

③ 파산절차에 의하여 확정된 채권

④ 연예인의 임금채권

⑤ 음식점의 음식료채권

대표예제 58 | **소멸시효의 중단과 정지** ★★★

소멸시효 중단사유에 해당하는 것은? (다툼이 있으면 판례에 따름)

① 채권자의 유효한 압류

② 정지조건부 권리에서 조건의 성취

③ 법정대리인의 동의 없이 한 미성년자의 채무승인

④ 채무자의 채권자에 대한 동시이행의 항변권 행사

⑤ 물상보증인이 제기한 저당권설정등기의 말소등기절차이행청구소송에서 채권자의 응소행위

해설 | ① '청구'·'압류 또는 가압류·가처분', '승인'은 소멸시효의 중단사유이다(제168조).

② 소멸시효는 권리를 행사할 수 있는 때로부터 진행하며, 여기서 '권리를 행사할 수 있는 때'라 함은 권리행사에 법률상의 장애가 없는 때를 말하므로 정지조건부 권리의 경우에는 조건미성취의 동안은 권리를 행사할 수 없는 것이어서 소멸시효가 진행되지 않는다(대판 1992.12.22, 92다28822).

③ 시효중단사유로서의 승인은 시효이익을 받을 당사자인 채무자가 그 시효의 완성으로 권리를 상실하게 될 자 또는 그 대리인에 대하여 그 권리가 존재함을 인식하고 있다는 뜻을 표시함으로써 성립한다(대판 1995.9.29, 95다30178). 승인의 성질은 관념의 통지로서 의사표시의 규정이 유추적용되므로 승인하는 당사자는 행위능력이 필요하다. 법정대리인의 동의 없는 미성년자의 승인은 이를 취소할 수 있다.

④ 부동산에 대한 매매대금채권이 소유권이전등기청구권과 동시이행의 관계에 있다고 할지라도 매도인은 매매대금의 지급기일 이후 언제라도 그 대금의 지급을 청구할 수 있는 것이며, 다만 매수인은 매도인으로부터 그 이전등기에 관한 이행의 제공을 받기까지 그 지급을 거절할 수 있는 데 지나지 아니하므로 매매대금청구권은 그 지급기일 이후 시효의 진행에 걸린다(대판 1991.3.22, 90다9797).

⑤ 시효를 주장하는 자의 소제기에 대한 응소행위가 민법상 시효중단사유로서의 재판상 청구에 준하는 행위로 인정되려면 의무 있는 자가 제기한 소송에서 권리자가 의무 있는 자를 상대로 응소하여야 할 것이므로, 담보가등기가 설정된 후에 그 목적부동산의 소유권을 취득한 제3취득자나 물상보증인 등 시효를 원용할 수 있는 지위에 있으나 직접 의무를 부담하지 아니하는 자가 제기한 소송에서의 응소행위는 권리자의 의무자에 대한 재판상 청구에 준하는 행위에 해당한다고 볼 수 없다(대판 2007.1.11, 2006다33364).

기본서 p.420~433   정답 ①

정답 및 해설

08 ② 변제기 이후에 지급하는 지연이자는 금전채무의 이행을 지체함으로 인한 손해배상금이지 이자가 아니며 또 민법 제163조 제1호 소정의 1년 이내의 기간으로 정한 채권도 아니므로 단기소멸시효의 대상이 되는 것도 아니다(대판 1989.2.28, 88다카214). (따라서) 은행의 영업행위로서 한 대출금에 대한 변제기 이후의 지연손해금은 상행위로 인한 채권에 관하여 적용될 5년간의 소멸시효를 규정한 상법 제64조가 적용되어야 한다(대판 1979.11.13, 79다1453).

09 ① ① 민법 제163조 제1호에서 3년의 단기소멸시효에 걸리는 것으로 규정한 '1년 이내의 기간으로 정한 채권'이란 1년 이내의 정기로 지급되는 채권을 말하는 것으로서, 1개월 단위로 지급되는 집합건물의 관리비 채권은 이에 해당한다고 할 것이다(대판 2007.2.22, 2005다65821).

②④⑤ 1년의 단기소멸시효

③ 10년

10 소멸시효의 중단에 관한 설명으로 옳지 않은 것은? (다툼이 있으면 판례에 따름)

① 3년의 소멸시효기간이 적용되는 채권이 지급명령에서 확정된 경우, 그 시효기간은 10년으로 한다.

② 채권자가 동일한 목적을 달성하기 위하여 복수의 채권을 가지고 있는 경우, 특별한 사정이 없으면 그중 하나의 채권을 행사한 것만으로는 다른 채권에 대한 시효중단의 효력은 없다.

③ 대항요건을 갖추지 못한 채권양도의 양수인이 채무자를 상대로 재판상 청구를 하여도 시효중단사유인 재판상 청구에 해당하지 아니한다.

④ 채권자가 최고를 여러 번 거듭하다가 재판상 청구를 한 경우, 시효중단의 효력은 재판상 청구를 한 시점을 기준으로 하여 이로부터 소급하여 6월 이내에 한 최고시에 발생한다.

⑤ 동일한 당사자 사이에 계속적 거래관계로 인한 수개의 금전채무가 있고, 채무자가 그 채무 전액을 변제하기에는 부족한 금액으로 채무의 일부를 변제하는 경우에, 그 수개의 채무 전부에 관하여 시효중단의 효력이 발생하는 것이 원칙이다.

11 재판상 청구로서 시효중단의 효력이 발생하지 않는 것은? (다툼이 있으면 판례에 따름)

① 채권양도의 대항요건을 갖추지 못한 상태에서 대여금채권의 양수인이 채무자를 상대로 그 대여금채무의 이행을 구하는 소를 제기한 경우

② 권리자가 응소하여 적극적으로 권리를 주장하였으나 소가 각하되어 본안판단 없이 소송이 종료되고 다른 조치 없이 6월이 경과한 경우

③ 소유권이전등기청구권이 발생한 기본적 법률관계에 해당하는 매매계약을 기초로 하여 건축주의 명의변경을 구하는 소를 제기한 경우

④ 오납한 조세에 대한 부당이득반환청구권을 실현하기 위하여 과세처분 무효확인의 소를 제기한 경우

⑤ 임금채권을 실현하기 위하여 파면처분 무효확인의 소를 제기한 경우

12 소멸시효의 중단에 관한 설명으로 옳지 않은 것은? (다툼이 있으면 판례에 따름)

① 시효의 중단은 당사자 및 그 승계인간에만 효력이 있다.

② 당연무효인 가압류신청은 시효중단의 효력이 없다.

③ 가압류에 의한 시효중단의 효력은 가압류의 집행보전의 효력이 존속하는 동안은 계속된다.

④ 가처분은 소멸시효 정지사유 중의 하나이다.

⑤ 시효가 중단된 때에는 중단까지 경과한 시효기간은 이를 산입하지 않고 중단사유가 종료한 때로부터 새로이 진행한다.

13 소멸시효의 중단에 관한 설명으로 옳지 않은 것을 모두 고른 것은?

> ㉠ 시효를 주장하는 자의 소제기에 대하여 피고로서 응소하여 그 소송에서 적극적으로 권리를 주장하고 그것이 받아들여진 경우에는 시효중단의 효력이 있다.
> ㉡ 재판상의 청구가 있더라도 소송의 각하가 있으면 시효중단의 효력이 없다.
> ㉢ 승인으로 인한 시효중단의 효력은 승인의 통지가 상대방에게 도달한 때 발생한다.
> ㉣ 시효중단의 효력이 있는 승인에는 상대방의 권리에 관한 처분의 능력이 있음을 요한다.

① ㉣

② ㉠, ㉡

③ ㉠, ㉢

④ ㉡, ㉣

⑤ ㉢, ㉣

정답 및 해설

10 ③ 채권의 양수인이 채권양도의 대항요건을 갖추지 못한 상태에서 채무자를 상대로 재판상의 청구를 한 경우에도 소멸시효 중단사유인 <u>재판상의 청구에 해당한다</u>(대판 2005.11.10, 2005다41818).

11 ② 재판상 청구는 <u>소송의 각하</u>, 기각, 취하의 경우에는 <u>시효중단의 효력이 없다</u>(제170조 제1항). 이러한 경우에 6월 내에 재판상의 청구, 파산절차 참가, 압류 또는 가압류, 가처분을 한 때에는 시효는 최초의 재판상 청구로 인하여 중단된 것으로 본다(제170조 제2항).

12 ④ 가처분은 소멸시효 <u>중단사유</u> 중의 하나이다(제168조 제2호).

13 ① ㉣ 시효중단의 효력 있는 승인에는 상대방의 권리에 관한 <u>처분의 능력이나 권한 있음을 요하지 아니한다</u>(제177조). 승인에는 처분의 능력이나 권한을 필요로 하지 않으나, 관리의 능력이나 권한은 필요하다(통설).

14 소멸시효의 중단에 관한 설명으로 옳지 않은 것은? (다툼이 있으면 판례에 따름)

① 보증채무에 대한 소멸시효가 중단되었다고 하더라도 주채무에 대한 소멸시효는 중단되지 아니한다.

② 소멸시효가 중단된 때에는 중단된 기간까지에 경과한 시효기간은 이를 산입하지 아니하고 중단사유가 종료한 때부터 다시 진행한다.

③ 근저당권설정등기청구의 소제기는 그 피담보채권이 될 채권에 대한 소멸시효 중단사유로 되지 아니한다.

④ 이미 사망한 자를 피고로 하여 소가 제기되었으나 이를 간과한 채 본안 판단에 나아간 판결은 당연무효로서 그 효력이 상속인에게 미치지 않고, 채권자의 이러한 제소는 권리자의 의무자에 대한 권리행사에 해당하지 않으므로 특별한 사정이 없는 한 시효중단 효력이 인정되지 않는다.

⑤ 채권자가 동일한 목적을 달성하기 위하여 복수의 채권을 갖고 있는 경우, 어느 하나의 청구권을 행사하는 것이 다른 채권에 대한 소멸시효 중단의 효력이 있다고 할 수 없다.

15 소멸시효에 관한 설명으로 옳지 않은 것은? (다툼이 있으면 판례에 따름)

① 주채무자가 소멸시효이익을 포기하더라도 보증인에게는 그 효력이 미치지 않는다.

② 시효중단의 효력 있는 승인에는 상대방의 권리에 관한 처분의 능력이나 권한 있음을 요하지 않는다.

③ 당사자가 주장하는 소멸시효 기산일이 본래의 기산일과 다른 경우, 특별한 사정이 없는 한 당사자가 주장하는 기산일을 기준으로 소멸시효를 계산하여야 한다.

④ 어떤 권리의 소멸시효기간이 얼마나 되는지는 법원이 직권으로 판단할 수 있다.

⑤ 민법 제163조 제1호의 '1년 이내의 기간으로 정한 금전 또는 물건의 지급을 목적으로 한 채권'이란 변제기가 1년 이내인 채권을 말한다.

16 소멸시효에 관한 설명으로 옳지 않은 것은? (다툼이 있으면 판례에 따름)

① 공유관계가 존속하는 한 공유물분할청구권은 소멸시효에 걸리지 않는다.

② 소멸시효는 그 기산일에 소급하여 효력이 생긴다.

③ 정지조건부 채권의 소멸시효는 조건성취시부터 진행된다.

④ 시효중단의 효력 있는 승인에는 상대방의 권리에 관한 처분의 능력이나 권한 있음을 요하지 아니한다.

⑤ 천재지변으로 인하여 소멸시효를 중단할 수 없을 경우, 그 사유가 종료한 때로부터 6월 내에는 시효가 완성되지 아니한다.

정답 및 해설

14 ③ 원고의 근저당권설정등기청구권의 행사는 그 피담보채권이 될 금전채권의 실현을 목적으로 하는 것으로서, 근저당권설정등기청구의 소에는 그 피담보채권이 될 채권의 존재에 관한 주장이 당연히 포함되어 있는 것이고, 피고로서도 원고가 원심에 이르러 금전지급을 구하는 청구를 추가하기 전부터 피담보채권이 될 금전 채권의 소멸을 항변으로 주장하여 그 채권의 존부에 관한 실질적 심리가 이루어져 그 존부가 확인된 이상, 그 피담보채권이 될 채권으로 주장되고 심리된 채권에 관하여는 근저당권설정등기청구의 소의 제기에 의하여 피담보채권이 될 채권에 관한 권리의 행사가 있는 것으로 볼 수 있으므로, 근저당권설정등기청구의 소의 제기는 그 피담보채권의 재판상의 청구에 준하는 것으로서 피담보채권에 대한 소멸시효 중단의 효력을 생기게 한다고 봄이 상당하다(대판 2004.2.13, 2002다7213).

15 ⑤ 민법 제163조 제1호 소정의 '1년 이내의 기간으로 정한 금전 또는 물건의 지급을 목적으로 하는 채권'이란 1년 이내의 정기에 지급되는 채권을 의미하는 것이지, 변제기가 1년 이내인 채권을 말하는 것이 아니므로, 이자채권이라고 하더라도 1년 이내의 정기에 지급하기로 한 것이 아닌 이상, 위 규정 소정의 3년의 단기소 멸시효에 걸리는 것이 아니다(대판 1996.9.20, 96다25302).

16 ⑤ 천재 기타 사변으로 인하여 소멸시효를 중단할 수 없을 때에는 그 사유 종료한 때로부터 1월 내에는 시효 가 완성하지 아니한다(제182조).

17 소멸시효에 관한 설명으로 옳지 않은 것은?

① 채권자가 채무자에게 채권지급청구소송을 제기한 경우, 소가 각하된 때는 시효중단의
효력이 생기지 않는다.

② 채무자가 소멸시효 완성 후에 시효완성사실을 알면서 채무를 승인한 경우, 채무자는
그 시효를 원용할 수 없다.

③ 판례에 의하면, 취소권의 소멸에 관한 제146조의 취소권 행사기간은 제척기간이 아니
라 소멸시효기간이다.

④ 채무자는 소멸시효 완성 전에 시효이익을 포기할 수 없다.

⑤ 주채무에 관해 소멸시효가 완성된 경우, 주채무자가 시효를 원용하지 않을 때에도 연
대보증인은 주채무에 관한 시효를 원용할 수 있다.

대표예제 59 〉 소멸시효 완성의 효과 ★★

소멸시효에 관한 설명으로 옳지 않은 것은?

① 현행 민법은 시효의 원용에 관한 규정을 알지 못한다.

② 현행 민법은 소멸시효의 완성으로 인하여 권리소멸의 효과는 그 기산일에 소급한다고 규정
하고 있다.

③ 소멸시효의 완성에도 불구하고 당사자의 원용이 없을 경우 법원은 직권으로 시효의 이익을
고려하여야 한다.

④ 소멸시효의 이익은 이를 미리 포기할 수 없다.

⑤ 유치권, 질권, 저당권 등의 담보물권은 피담보채권과 독립하여 소멸시효의 적용대상이 되
지 아니한다.

해설 | ①③ 구 민법 제145조에서 "시효는 당사자가 이를 원용하지 아니하면 재판소는 이에 의하여 재판하지
못한다."고 규정하였으나, <u>현행 민법은 시효의 원용에 관한 규정을 삭제하였다.</u> 다수설·판례인 절
대적 소멸설에 의하면 시효가 완성되면 당사자의 주장이 없더라도 채무가 당연히 소멸하지만, 법
원은 변론주의의 원칙상 당사자가 시효소멸의 이익을 받겠다고 주장한 때에 비로소 이를 고려한다
(대판 1980.1.29, 79다1863).

② 소멸시효는 그 기산일에 소급하여 효력이 생긴다(제167조).

④ 소멸시효의 이익은 미리 포기하지 못한다(제184조 제1항).

⑤ 담보물권(유치권, 질권, 저당권)은 피담보채권이 존속하는 한, 소멸시효에 걸리지 않는다. 피담보
채권의 소멸로써 담보물권이 소멸할 뿐이다(부종성).

기본서 p.433~440   정답 ③

---

18 소멸시효에 관한 설명으로 옳은 것은? (다툼이 있으면 판례에 따름)

① 소멸시효 완성에 의한 권리의 소멸은 법원의 직권조사사항이다.

② 소멸시효는 그 시효기간이 완성된 때로부터 장래에 향하여 권리가 소멸한다.

③ 채권자대위소송의 제3채무자는 채무자의 채권자에 대한 소멸시효 완성의 항변을 원용할 수 있다.

④ 채무자가 소멸시효 완성 후에 채권자에 대하여 채무를 승인함으로써 그 시효의 이익을 포기한 경우에는 그때부터 새로이 소멸시효가 진행한다.

⑤ 특정한 채무의 이행을 청구할 수 있는 기간을 제한하고 그 기간을 도과할 경우 채무가 소멸하도록 하는 약정은 무효이다.

제1편 민법총칙

제7장

정답 및 해설

17 ③ 취소권의 행사기간은 <u>제척기간</u>이고 제척기간의 도과는 당사자의 주장이 없더라도 법원이 당연히 <u>직권으로 조사</u>하여야 한다(대판 1996.9.20, 96다25371).

18 ④ ① 소멸시효 완성에 의한 권리의 소멸은 '<u>변론주의의 원칙상</u> 소멸시효의 이익을 받을 자가 그 사실을 주장하여야 비로소 고려될 수 있다.</u> 따라서 소멸시효의 이익을 받는 자가 소멸시효이익을 받겠다는 뜻을 항변하지 않는 이상 그 의사에 반하여 재판할 수 없다(대판 1979.2.13, 78다2157).

② 소멸시효는 <u>그 기산일에 소급</u>하여 효력이 생긴다(제167조).

③ 채권자가 채권자대위권을 행사하여 제3자에 대하여 하는 청구에 있어서, <u>제3채무자는 채무자가 채권자에 대하여 가지는 항변으로 대항할 수 없고,</u> 채권의 소멸시효가 완성된 경우 이를 원용할 수 있는 자는 원칙적으로는 시효이익을 직접 받는 자뿐이고, 채권자대위소송의 제3채무자는 이를 행사할 수 없다(대판 2004.2.12, 2001다10151).

⑤ 특정한 채무의 이행을 청구할 수 있는 기간을 제한하고 그 기간을 도과할 경우 채무가 소멸하도록 하는 약정은 민법 또는 상법에 의한 소멸시효기간을 단축하는 약정으로서, <u>특별한 사정이 없는 한 민법 제184조 제2항에 의하여 유효하다</u>(대판 2006.4.14, 2004다70253).

19 소멸시효에 관한 설명으로 옳지 않은 것은? (다툼이 있으면 판례에 따름)

① 주채무자가 소멸시효이익을 포기하면, 보증인에게도 그 효력이 미친다.

② 소멸시효의 기간만료 전 6개월 내에 제한능력자에게 법정대리인이 없는 경우에는 그가 능력자가 되거나 법정대리인이 취임한 때부터 6개월 내에는 시효가 완성되지 않는다.

③ 시효중단의 효력 있는 승인에는 상대방의 권리에 관한 처분의 능력이나 권한 있음을 요하지 않는다.

④ 채무자가 제기한 소에 채권자인 피고가 응소하여 권리를 주장하였으나, 그 소가 각하된 경우에 6개월 이내에 재판상 청구를 하면 응소시에 소급하여 시효중단의 효력이 있다.

⑤ 당사자가 주장하는 소멸시효 기산일이 본래의 기산일보다 뒤의 날짜인 경우에는 당사자가 주장하는 기산일을 기준으로 소멸시효를 계산하여야 한다.

20 시효이익의 포기에 관한 설명으로 옳지 않은 것은? (다툼이 있으면 판례에 따름)

① 소멸시효의 이익은 미리 포기하지 못하지만, 소멸시효가 완성된 후에는 자유롭게 포기할 수 있다.

② 근저당권부 피담보채권에 대한 소멸시효가 완성된 후의 시효이익의 포기의 효력은 저당부동산의 제3취득자에게도 미친다.

③ 소멸시효기간을 단축하는 약정은 특별한 사정이 없는 한 유효하다.

④ 소멸시효이익 포기의 의사표시를 할 수 있는 자는 시효완성의 이익을 받을 당사자 또는 그 대리인에 한정된다.

⑤ 취득시효이익의 포기는 특별한 사정이 없는 한, 원인무효인 등기의 등기부상 소유자가 아니라 취득시효 완성 당시의 진정한 소유자에 대하여 하여야 한다.

정답 및 해설

19 ① 소멸시효이익의 포기는 상대적 효과가 있을 뿐이어서 다른 사람에게는 영향을 미치지 아니함이 원칙(대판 2015.6.11, 2015다200227)이므로, 주채무자의 시효이익의 포기는 보증인에게 영향을 미치지 아니한다(제433조 제2항).

20 ② 시효이익의 포기는 상대적이어서, 포기할 수 있는 자가 여럿인 경우에 그중 1인의 포기는 그에게만 효력이 생기고 타인에게 영향을 미치지 아니한다.

---

house.Hackers.com

20.25%

제2편
출제비중

장별 출제비중

	1.25%	4%	5%	4.25%	5.75%
	1장	2장	3장	4장	5장

제2편

물권법

제1장 물권법 서론

대표예제 60 | 물권의 객체 ★★

물권에 관한 설명으로 옳지 않은 것은? (다툼이 있으면 판례에 따름)

① 일물일권주의 원칙상 특정 양만장 내의 뱀장어들 전부에 대해서는 1개의 양도담보권을 설정할 수 없다.

② 관습법에 의해서 물권이 인정되는 경우에 그 공시는 원칙적으로 관습법이 정하는 방법으로 충분하다.

③ 1필지의 토지를 수필지로 분할하여 등기하려면 반드시 지적법상의 분필절차를 거쳐야 하며, 그렇지 않은 분필등기는 무효이다.

④ 채권과 달리 장래의 물건에 대하여는 물권이 성립할 수 없다.

⑤ 물권적 청구권은 물권자에게 손해가 발생할 것을 요건으로 하지 않는다.

해설 | ① 성장을 계속하는 어류일지라도 특정 양만장 내의 뱀장어 등 어류 전부에 대한 양도담보계약은 그 담보목적물이 특정되었으므로 <u>유효하게 성립</u>하였다(대판 1990.12.26, 88다카20224).

② 판례는 수목의 집단이나 미분리의 과실이 그 지반과 분리한 거래를 인정하였으며, 그때 그 공시방법으로는 명인방법을 사용하여 왔다.

③ 토지의 개수는 지적법에 의한 지적공부상의 토지의 필수를 표준으로 하여 결정되는 것으로, 1필지의 토지를 수필의 토지로 분할하여 등기하려면 먼저 위와 같이 지적법이 정하는 바에 따라 분할의 절차를 밟아 지적공부에 각 필지마다 등록이 되어야 하고, 지적법상의 분할절차를 거치지 아니하는 한 1개의 토지로서 등기의 목적이 될 수 없는 것이며, 설사 등기부에만 분필의 등기가 실행되었다 하여도 이로써 분필의 효과가 발생할 수는 없는 것이므로, 결국 이러한 분필등기는 1부동산1부등기용지의 원칙에 반하는 등기로서 무효라 할 것이다(대판 1990.12.7, 90다카25208).

④ 물권의 직접적·배타적 지배권성 때문에, 원칙적으로 물권의 객체는 특정되고 독립된 물건이어야 한다.

⑤ 물권적 청구권은 물권침해의 가능성만으로 성립하고, 침해자의 고의·과실을 요건으로 하지 않는다. 반면, 불법행위는 가해자의 고의·과실을 요건으로 하며, 손해의 발생이 그 요건이다.

기본서 p.463~464

정답 ①

01 물권에 관한 설명으로 옳은 것은? (다툼이 있으면 판례에 따름)

① 물건 이외의 재산권은 물권의 객체가 될 수 없다.
② 물권은 부동산등기규칙에 의해 창설될 수 있다.
③ 사용·수익 권능을 대세적·영구적으로 포기한 소유권도 존재한다.
④ 1필의 토지의 일부를 객체로 하여 지상권을 설정할 수 없다.
⑤ 통행이 금지되면 막대한 노력과 비용을 들여야만 하는 사정이 있어 우회도로를 개설할 수밖에 없는 경우, 관습법상 사도통행권이 인정된다.

02 물권에 관한 설명으로 옳지 않은 것은? (다툼이 있으면 판례에 따름)

① 지상권·전세권을 목적으로 저당권을 설정할 수 있으나, 지역권을 목적으로 저당권을 설정할 수는 없다.
② 부동산을 목적으로 질권을 설정할 수 없으나, 동산·채권을 목적으로 질권을 설정할 수 있다.
③ 토지의 일부나 건물의 일부를 목적으로 전세권을 설정할 수 있다.
④ 1필 토지의 일부도 점유취득시효의 대상이 될 수 있다.
⑤ 존속기간을 영구무한으로 정하는 지역권은 설정할 수 없다.

정답 및 해설

01 ③ ① 물권의 객체는 원칙적으로 물건이어야 한다. 그러나 민법은 예외적으로 지상권이나 전세권을 저당권의 객체로 할 수 있도록 하고 있다.
② 제185조의 법률은 헌법상 의미의 법률만을 가리키며, 명령이나 규칙 등은 포함되지 않는다.
④ 물권의 객체는 독립한 물건이어야 한다. 그러나 용익물권은 예외적으로 1필의 토지의 일부나 1동의 건물의 일부 위에도 설정될 수 있다.
⑤ 관습상의 통행권은 성문법과 관습법 어디에서도 근거가 없으므로, 원심이 원고들에게 관습상의 통행권이 있다고 판단하여 원고들의 통행권 확인 청구를 인용한 것은 물권법정주의에 관한 법리를 오해하여 판결 결과에 영향을 미친 위법을 저지른 것이라 하겠다(대판 2002.2.26, 2001다64165).

02 ⑤ 지역권은 소유권을 제한하는 정도가 낮다는 점 등을 이유로 영구적인 지역권의 설정을 인정한다(대판 1980.1.29, 79다1704).

물권법정주의에 관한 설명으로 옳지 않은 것은? (다툼이 있으면 판례에 따름)

① 물권법정주의에 관한 민법 제185조의 '법률'에는 규칙이나 지방자치단체의 조례가 포함되지 않는다.

② 온천에 관한 권리는 독립한 물권으로 볼 수 없다.

③ 일물일권주의 원칙상 특정 양만장 내의 뱀장어들 전부에 대해서는 1개의 양도담보권을 설정할 수 없다.

④ 사용 · 수익권능이 영구적 · 대세적으로 포기된 소유권은 특별한 사정이 없는 한 허용될 수 없다.

⑤ 소유권에 기한 물권적 청구권은 소멸시효의 대상이 아니다.

해설 | 성장을 계속하는 어류일지라도 특정 양만장 내의 뱀장어 등 어류 전부에 대한 양도담보계약은 그 담보목적물이 특정되었으므로 <u>유효하게 성립</u>하였다(대판 1990.12.26, 88다카20224).

기본서 p.465~466 　　　　　　　　　　　　　　　　　　　　　　　　　　　　　　정답 ③

---

03 관습법상의 물권에 관한 설명으로 옳지 않은 것은? (다툼이 있으면 판례에 따름)

① 물권은 법률 또는 관습법에 의하는 외에는 임의로 창설하지 못한다.

② 타인의 토지 위에 분묘를 설치하는 때에는 일정한 요건하에 지상권에 유사한 물권인 분묘기지권이 성립하는바, 이는 관습법상의 물권의 한 예이다.

③ 온천에 관한 권리도 관습상의 물권에 포함된다.

④ 동일인의 소유에 속하는 대지와 그 지상건물이 매매 등으로 각각 소유자를 달리하게 된 경우에는, 특히 그 건물을 철거한다는 특약이 없는 한, 건물의 소유자는 그 대지 위에 관습법상의 법정지상권을 취득한다.

⑤ 지역권자는 지역권 침해를 이유로 승역지의 반환을 청구할 수 없다.

04 관습법상의 권리에 관한 설명으로 옳지 않은 것을 모두 고른 것은? (다툼이 있으면 판례에 따름)

> ㉠ 토지소유자가 건물의 처분권까지 함께 취득한 경우에도 건물의 소유권이전등기가 없으면 대지와 건물이 그 소유명의를 달리하므로 관습법상의 법정지상권이 인정된다.
> ㉡ 미등기 무허가건물의 양수인은 사실상의 소유권이라는 관습법상의 물권을 취득한다.
> ㉢ 도시공원법상 일반주민의 자유이용이 인정되는 근린공원으로 지정된 사정만으로는 인근주민들에게 관습법상 공원이용권이 인정되지 않는다.

① ㉠   ② ㉡   ③ ㉢
④ ㉡, ㉢   ⑤ ㉠, ㉡, ㉢

05 물권에 관한 설명으로 옳은 것은? (다툼이 있으면 판례에 따름)

① 지상권은 본권이 아니다.
② 온천에 관한 권리는 관습법상의 물권이다.
③ 타인의 토지에 대한 관습법상 물권으로서 통행권이 인정된다.
④ 근린공원을 자유롭게 이용한 사정만으로 공원이용권이라는 배타적 권리를 취득하였다고 볼 수는 없다.
⑤ 미등기 무허가건물의 양수인은 소유권이전등기를 경료받지 않아도 소유권에 준하는 관습법상의 물권을 취득한다.

정답 및 해설

03 ③ 온천에 관한 권리를 관습법상의 물권이라고 볼 수 없고, 또한 온천수는 민법 제235조, 제236조 소정의 공용수 또는 생활상 필요한 용수에 해당하지 아니한다(대판 1970.5.26, 69다1239).

04 ② ㉡ 미등기 무허가건물의 양수인이라도 그 소유권이전등기를 경료하지 않는 한 그 건물의 소유권을 취득할 수 없고, 소유권에 준하는 관습상의 물권이 있다고도 할 수 없으며, 현행법상 사실상의 소유권이라고 하는 포괄적인 권리 또는 법률상의 지위를 인정하기도 어렵다(대판 2006.10.27, 2006다49000).
㉢ 도시공원법상 근린공원으로 지정된 공원은 일반주민들이 다른 사람의 공동사용을 방해하지 않는 한 자유로이 이용할 수 있지만, 그러한 사정만으로 인근주민들이 누구에게나 주장할 수 있는 공원이용권이라는 배타적인 권리를 취득하였다고는 할 수 없다(대결 1995.5.23, 94마2218).

05 ④ ① 지상권은 제한물권으로서 본권이다.
② 온천에 관한 권리를 관습법상의 물권이라고 볼 수 없다(대판 1970.5.26, 69다1239).
③ 관습법상의 사도통행권을 인정할 수 없으며, 이는 물권법정주의에 위배된다(대판 2002.2.26, 2001다64165).
⑤ 미등기 무허가건물의 양수인이라도 그 소유권이전등기를 경료하지 않는 한 그 건물의 소유권을 취득할 수 없고, 소유권에 준하는 관습상의 물권이 있다고도 할 수 없으며, 현행법상 사실상의 소유권이라고 하는 포괄적인 권리 또는 법률상의 지위를 인정하기도 어렵다(대판 2006.10.27, 2006다49000).

06 토지를 점유할 수 있는 물권을 모두 고른 것은?

㉠ 전세권	㉡ 지상권
㉢ 저당권	㉣ 지역권

① ㉠

② ㉠, ㉡

③ ㉠, ㉣

④ ㉢, ㉣

⑤ ㉠, ㉡, ㉢

대표예제 62 / 물권적 청구권 ★★★

물권적 청구권에 관한 설명으로 옳지 않은 것은?

① 본권에 기한 물권적 청구권과 점유권에 기한 물권적 청구권은 별개의 것이므로 양자는 경합할 수 있다.

② 소유권에 기한 청구권은 소멸시효에 걸리지 않는다.

③ 물권적 청구권은 물권과 분리하여 양도할 수 있다.

④ 타인의 물건을 권한 없이 점유하는 경우에는 물권적 청구권과 부당이득반환청구권이 경합할 수 있다.

⑤ 대항력을 갖추지 않은 임차인은 임대인이 방해자에 대하여 갖는 물권적 청구권을 대위행사할 수 있다.

해설 | ③ 물권이 이전·소멸됨에 따라 물권적 청구권도 함께 이전·소멸한다. 따라서 물권적 청구권만을 물권에서 분리하여 양도할 수는 없다.
　① 물권적 청구권은 점유권에 기한 물권적 청구권과 본권에 기한 물권적 청구권으로 나뉜다. 본권에 기한 물권적 청구권과 점유권에 기한 물권적 청구권은 별개의 것이므로 양자는 경합할 수 있다.
　② 매매계약이 합의해제된 경우에도 매수인에게 이전되었던 소유권은 당연히 매도인에게 복귀하는 것이므로 합의해제에 따른 매도인의 원상회복청구권은 소유권에 기한 물권적 청구권이라고 할 것이고 이는 소멸시효의 대상이 되지 아니한다(대판 1982.7.27, 80다2968).
　④ 점유할 권리가 없는데도 타인의 물건을 점유하는 경우에는, 점유도 이득이기 때문에 물권적 청구권과 함께 부당이득반환청구권도 발생한다.
　⑤ 임차권이 대항력이나 점유를 갖추지 못한 경우에는 채권인 임차권 자체에 기한 방해배제를 청구할 수는 없고, 임대인(소유자)이 가지는 물권적 청구권을 대위행사할 수 있다.

기본서 p.468~472　　　　　　　　　　　　　　　　　　　　　　　　　　　정답 ③

07 물권적 청구권에 관한 설명으로 옳지 않은 것은? (다툼이 있으면 판례에 따름)

① 저당권자는 목적물에서 임의로 분리, 반출된 물건을 자신에게 반환할 것을 청구할 수 있다.

② 진정명의회복을 원인으로 한 소유권이전등기청구권의 법적 성질은 소유권에 기한 방해배제청구권이다.

③ 소유자는 소유권을 방해하는 자에 대해 민법 제214조에 기해 방해배제비용을 청구할 수 없다.

④ 미등기 무허가건물의 양수인은 소유권에 기한 방해배제청구권을 행사할 수 없다.

⑤ 소유권에 기한 방해배제청구권은 현재 계속되고 있는 방해원인의 제거를 내용으로 한다.

08 물권적 청구권에 관한 설명으로 옳은 것을 모두 고른 것은? (다툼이 있으면 판례에 따름)

> ㉠ 지상권을 설정한 토지의 소유자는 그 토지 일부의 불법점유자에 대하여 소유권에 기한 방해배제를 청구할 수 없다.
> ㉡ 토지의 소유권을 양도하여 소유권을 상실한 전(前)소유자도 그 토지 일부의 불법점유자에 대하여 소유권에 기한 방해배제를 청구할 수 있다.
> ㉢ 소유자는 자신의 소유권을 방해할 염려 있는 행위를 하는 자에 대하여 그 예방이나 손해배상의 담보를 청구할 수 있다.

① ㉠

② ㉢

③ ㉠, ㉡

④ ㉡, ㉢

⑤ ㉠, ㉡, ㉢

정답 및 해설

06 ② ㉠㉡ 전세권·지상권은 <u>점유할 수 있는 물권</u>, 즉 본권이다.
　　㉢㉣ 저당권·지역권은 <u>점유를 하지 않는 물권</u>이다.

07 ① 저당권의 침해가 있는 때에는 저당권자는 방해의 제거나 예방을 청구할 수 있다. 그러나 <u>저당권</u>은 점유를 수반하지 않는 것이므로 <u>반환청구권을 행사할 수는 없다</u>.

08 ② ㉠ 지상권을 설정한 토지의 소유자는 그 토지 일부의 불법점유자에 대하여 소유권에 기한 방해배제를 <u>청구할 수 있다</u>. 지상권자도 물권적 청구권을 행사할 수 있다.
　　㉡ 소유권을 상실한 전소유자는 제3자인 불법점유자에 대하여 물권적 청구권에 의한 방해배제를 <u>청구할 수 없다</u>[대판 1969.5.27, 68다725(전합)].

09 물권적 청구권에 관한 설명으로 옳은 것은? (다툼이 있으면 판례에 따름)

① 불법원인으로 물건을 급여한 사람은 원칙적으로 소유권에 기하여 반환청구를 할 수 있다.

② 물권적 청구권을 행사하기 위해서는 그 상대방에게 귀책사유가 있어야 한다.

③ 소유권에 기한 방해배제청구권에 있어서 방해에는 과거에 이미 종결된 손해가 포함된다.

④ 소유권에 기한 물권적 청구권은 그 소유권과 분리하여 별도의 소멸시효의 대상이 된다.

⑤ 타인 토지에 무단으로 신축된 미등기건물을 매수하여 대금을 지급하고 점유하는 자는 건물철거청구의 상대방이 될 수 있다.

10 甲 소유 X토지에 대한 사용권한 없이 그 위에 乙이 Y건물을 신축한 후 아직 등기하지 않은 채 丙에게 일부를 임대하여 현재 乙과 丙이 Y건물을 일부분씩 점유하고 있다. 이에 관한 설명으로 옳지 않은 것은? (다툼이 있으면 판례에 따름)

① 甲은 乙을 상대로 Y건물의 철거를 구할 수 있다.

② 甲은 乙을 상대로 Y건물의 대지 부분의 인도를 구할 수 있다.

③ 甲은 乙을 상대로 Y건물에서의 퇴거를 구할 수 있다.

④ 甲은 丙을 상대로 Y건물에서의 퇴거를 구할 수 있다.

⑤ 乙이 Y건물을 丁에게 미등기로 매도하고 인도해 준 경우, 甲은 丁을 상대로 Y건물의 철거를 구할 수 있다.

정답 및 해설

09 ⑤ ① 민법 제746조는 단지 부당이득제도만을 제한하는 것이 아니라 동법 제103조와 함께 사법의 기본이념으로서, 결국 사회적 타당성이 없는 행위를 한 사람은 스스로 불법한 행위를 주장하여 복구를 그 형식 여하에 불구하고 소구할 수 없다는 이상을 표현한 것이므로, 급여를 한 사람은 그 원인행위가 법률상 무효라 하여 상대방에게 부당이득반환청구를 할 수 없음은 물론, 급여한 물건의 소유권은 여전히 자기에게 있다고 하여 <u>소유권에 기한 반환청구도 할 수 없고</u>, 따라서 급여한 물건의 소유권은 급여를 받은 상대방에게 귀속된다[대판 1979.11.13, 79다483(전합)].

② <u>침해자의 고의과실은 묻지 않으며</u>, 침해 또는 침해염려가 있을 것이라는 객관적인 사실로 충분하다.

③ 소유권에 기한 방해배제청구권에 있어서 '방해'라 함은 현재에도 지속되고 있는 침해를 의미하고, 법익 침해가 과거에 일어나서 이미 종결된 경우에 해당하는 '<u>손해</u>'의 개념과는 다르다 할 것이어서, 소유권에 기한 방해배제청구권은 방해결과의 제거를 내용으로 하는 것이 되어서는 아니 되며(이는 손해배상의 영역에 해당한다 할 것이다), 현재 계속되고 있는 방해의 원인을 제거하는 것을 내용으로 한다(대판 2003.3.28, 2003다5917).

④ 매매계약이 합의해제된 경우에도 매수인에게 이전되었던 소유권은 당연히 매도인에게 복귀하는 것이므로, 합의해제에 따른 매도인의 원상회복청구권은 소유권에 기한 물권적 청구권이라고 할 것이고, 이는 <u>소멸시효의 대상이 되지 아니한다</u>(대판 1982.7.27, 80다2968).

10 ③ 甲은 乙을 상대로 철거청구를 할 수는 있으나 건물소유자(乙)에게 <u>건물에서 퇴거할 것을 청구할 수는 없다</u>.

제2장 물권의 변동

대표예제 63 | 부동산물권의 변동 ★★★

물권변동에 관한 설명으로 틀린 것은?

① 물권변동에 관하여 공신의 원칙이 인정되는 경우, 이를 통해 권리를 상실하게 된 진정한 권리자는 불법행위에 따른 손해배상 또는 부당이득의 반환청구를 통해 보호될 수 있다.

② 우리 민법에서 공시의 원칙은 부동산에, 공신의 원칙은 동산에 한정된 원칙이다.

③ 민법뿐만 아니라 형법의 규정에 의해서도 물권변동이 일어난다.

④ 수목의 집단이나 미분리과실에 관한 공시방법으로는 명인방법이 인정되고 있다.

⑤ 우리 민법은 공시방법을 갖추지 아니하면 당사자 사이에서는 물론 제3자에 대한 관계에서도 물권변동은 발생하지 않는 것으로 하는 형식주의를 채택하고 있다.

해설 | ② 우리 민법은 부동산에는 공시의 원칙만을, <u>동산에는 두 원칙을 모두 채용</u>하고 있다.
　① 권리를 상실하게 된 진정한 권리자는 불법행위에 따른 손해배상 또는 부당이득의 반환청구를 통해 보호될 수 있다.
　③ 물권변동은 물권의 발생, 변경 및 소멸을 총칭하는바, 권리주체의 입장에서 물권의 득실변경을 의미한다. 몰수 등 형법 규정에 의해서도 물권이 변동한다.
　④ 입목을 제외한 그 밖의 수목의 집단, 미분리의 과실, 입도, 농작물 등의 각종 지상물에 대해서는 명인방법이라는 공시방법을 갖춤으로써 지반이나 원물로부터 독립한 물권거래의 객체로 되는 관행이 판례에 의하여 인정되고 있다(대판 1967.2.28, 66다2442).
　⑤ 현행 민법은 제186조 · 제188조에서 각각 부동산물권과 동산물권에 관하여 형식주의를 규정하고 있다.

기본서 p.483~487　　　　　　　　　　　　　　　　　　　　　　　　　　　정답 ②

01 등기가 있어야 물권이 변동되는 경우는? (다툼이 있으면 판례에 따름)

① 공유물분할청구소송에서 현물분할의 협의가 성립하여 조정이 된 때 공유자들의 소유권 취득
② 건물 소유자의 법정지상권 취득
③ 분묘기지권의 시효취득
④ 저당권 실행에 의한 경매에서의 소유권 취득
⑤ 법정갱신된 경우의 전세권 취득

02 법률행위에 의하지 않은 부동산물권의 변동에 관한 설명으로 옳지 않은 것은? (다툼이 있으면 판례에 따름)

① 관습상 법정지상권은 설정등기 없이 취득한다.
② 이행판결에 기한 부동산물권의 변동시기는 확정판결시이다.
③ 상속인은 등기 없이 상속받은 부동산의 소유권을 취득한다.
④ 경매로 인한 부동산소유권의 취득시기는 매각대금을 완납한 때이다.
⑤ 건물의 신축에 의한 소유권 취득은 소유권보존등기를 필요로 하지 않는다.

03 물권의 변동에 관한 설명으로 옳은 것은? (다툼이 있으면 판례에 따름)

① 건물을 신축한 자는 등기를 하여야 소유권을 취득한다.
② 5년간 소유의 의사로 평온·공연하게 동산을 점유한 자는 그 점유개시 당시에 과실이 있더라도 소유권을 취득한다.
③ 미등기건물의 매수인은 그 건물의 불법점유자에 대하여 직접 자신의 소유권에 기한 명도를 청구할 수 없다.
④ 점유권은 상속으로 상속인에게 이전될 수 없다.
⑤ 합유지분 포기에 따른 물권변동의 효력은 등기 없이도 발생한다.

04 물권변동에 관한 설명으로 옳지 않은 것은? (다툼이 있으면 판례에 따름)

① 별도의 공시방법을 갖추면 토지 위에 식재된 입목을 그 토지와 독립하여 거래의 객체로 할 수 있다.

② 법정지상권자의 등기청구권은 물권적 청구권이다.

③ 20년간 소유의 의사로 평온, 공연하게 부동산을 점유하는 자는 등기함으로써 그 소유권을 취득한다.

④ 부동산 공유자가 자기 지분을 포기한 경우, 그 지분은 이전등기 없이도 다른 공유자에게 각 지분의 비율로 귀속된다.

⑤ 공유물분할의 조정절차에서 협의에 의하여 조정조서가 작성되더라도 그 즉시 공유관계가 소멸하지는 않는다.

정답 및 해설

01 ① 공유물분할 판결은 형성판결이므로 등기 없이 물권이 변동하지만, 현물분할의 협의가 성립되어 조정이 된 경우에는 의사표시이므로 <u>등기해야 물권이 변동</u>한다.

02 ② 이행판결은 제187조의 판결에 포함되지 않는다. 이 경우에는 <u>이전등기가 마쳐져야</u> 비로소 물권변동의 효력이 발생한다.

03 ③ ① 자기 비용과 노력으로 건물을 신축한 자는 그 <u>소유권을 원시취득한다</u>(대판 2002.4.26, 2000다16350).
② <u>10년간 소유의 의사로 평온 · 공연하게 동산을 점유</u>한 자는 그 소유권을 취득한다. 단, 점유가 선의이며 <u>과실 없이 개시된 경우에는 5년</u>을 경과함으로써 그 소유권을 취득한다(제246조).
④ 점유권은 <u>상속인에 이전된다</u>(제193조).
⑤ 합유지분 포기도 법률행위이므로 <u>등기를 해야 소멸의 효력이 발생한다</u>(대판 1997.9.9, 96다16896).

04 ④ 공유지분의 포기는 법률행위로서 상대방 있는 단독행위에 해당하므로, 부동산 공유자의 공유지분 포기의 의사표시가 다른 공유자에게 도달하더라도, 이후 민법 제186조에 의하여 <u>등기를 하여야 공유지분 포기에 따른 물권변동의 효력이 발생</u>한다(대판 2016.10.27, 2015다52978).

---

05 부동산 소유권이전등기청구권에 관한 설명으로 옳은 것은? (다툼이 있으면 판례에 따름)

① 부동산 매수인의 등기청구권은 물권적 청구권이다.

② 점유취득시효 완성으로 인한 이전등기청구권의 양도는 특별한 사정이 없는 한, 양도인의 채무자에 대한 통지만으로는 대항력이 생기지 않는다.

③ 매수인이 부동산을 인도받아 사용·수익하고 있는 이상, 매수인의 이전등기청구권은 시효로 소멸하지 않는다.

④ 점유취득시효 완성으로 인한 이전등기청구권은 점유가 계속되더라도 시효로 소멸한다.

⑤ 매매로 인한 이전등기청구권의 양도는 특별한 사정이 없는 한, 양도인의 채무자에 대한 통지만으로 대항력이 생긴다.

06 등기청구권에 관한 설명으로 옳은 것을 모두 고른 것은? (다툼이 있으면 판례에 따름)

> ㉠ 등기청구권이란 등기권리자와 등기의무자가 함께 국가에 등기를 신청하는 공법상의 권리이다.
> ㉡ 甲 소유의 부동산을 乙이 등기에 필요한 문서를 위조하여 乙 명의로 등기한 경우, 甲의 말소등기청구권은 물권적 청구권으로 이해된다.
> ㉢ 취득시효 완성으로 인한 소유권이전등기청구권은 시효완성 당시의 등기명의인이 동의해야만 양도할 수 있다.

① ㉠   ② ㉡

③ ㉢   ④ ㉠, ㉡

⑤ ㉡, ㉢

07 등기청구권에 관한 설명으로 옳은 것은? (다툼이 있으면 판례에 따름)

① 점유취득시효의 완성으로 점유자가 소유자에 대해 갖는 소유권이전등기청구권은 통상의 채권양도 법리에 따라 양도될 수 있다.

② 부동산을 매수하여 인도받아 사용·수익하는 자의 매도인에 대한 소유권이전등기청구권은 소멸시효에 걸린다.

③ 부동산 매수인이 매도인에 대해 갖는 소유권이전등기청구권은 물권적 청구권이다.

④ 가등기에 기한 소유권이전등기청구권이 시효완성으로 소멸된 후, 그 부동산을 취득한 제3자가 가등기권자에 대해 갖는 등기말소청구권은 채권적 청구권이다.

⑤ 등기청구권과 등기신청권은 동일한 내용의 권리이다.

정답 및 해설

05 ③ ① 부동산 매수인의 등기청구권은 채권적 청구권이다. 그러나 부동산을 매수한 자가 그 목적물을 인도받은 경우에는 그 매수인의 등기청구권은 다른 채권과는 달리 소멸시효에 걸리지 않는다[대판 1976.11.6, 76다148(전합)].

② 취득시효 완성으로 인한 소유권이전등기청구권은 채권자와 채무자 사이에 아무런 계약관계나 신뢰관계가 없고, 그에 따라 채권자가 채무자에게 반대급부로 부담하여야 하는 의무도 없다. 따라서 취득시효 완성으로 인한 소유권이전등기청구권의 양도의 경우에는 매매로 인한 소유권이전등기청구권에 관한 양도제한의 법리가 적용되지 않는다(대판 2018.7.12, 2015다36167).

④ 취득시효 완성으로 인한 소유권이전등기청구권은 그 토지에 대한 점유가 계속되는 한 시효로 소멸하지 아니하고, 그 후 점유를 상실하였다고 하더라도 이를 시효이익의 포기로 볼 수 있는 경우가 아닌 한 이미 취득한 소유권이전등기청구권은 바로 소멸되는 것은 아니다(대판 1996.3.8, 95다34866).

⑤ 부동산의 매매로 인한 소유권이전등기청구권은 특별한 사정이 없는 이상, 그 권리의 성질상 양도가 제한되고 그 양도에 채무자의 승낙이나 동의를 요한다고 할 것이므로, 통상의 채권양도와 달리 양도인의 채무자에 대한 통지만으로는 채무자에 대한 대항력이 생기지 않으며 반드시 채무자의 동의나 승낙을 받아야 대항력이 생긴다(대판 2005.3.10, 2004다67653).

06 ② ㉠ 등기청구권은 등기권리자가 등기의무자에 대하여 등기신청에 협력할 것을 청구하는 사법상의 권리이며, 등기신청권은 등기공무원인 국가기관에 대하여 등기를 신청하는 공법상의 권리인 점에서 구별된다.

㉢ 취득시효 완성으로 인한 소유권이전등기청구권은 채권자와 채무자 사이에 아무런 계약관계나 신뢰관계가 없고, 그에 따라 채권자가 채무자에게 반대급부로 부담하여야 하는 의무도 없다. 따라서 취득시효 완성으로 인한 소유권이전등기청구권의 양도의 경우에는 매매로 인한 소유권이전등기청구권에 관한 양도제한의 법리가 적용되지 않는다(대판 2018.7.12, 2015다36167). 즉, 소유자의 동의나 승낙을 받아야 하는 것이 아니다.

07 ① ②③ 부동산 매수인이 매도인에 대해 갖는 등기청구권을 채권적 청구권으로 보면서도, 부동산의 매수인이 매매목적물을 인도받아 사용·수익하고 있는 경우에는 그 매수인의 이전등기청구권은 소멸시효에 걸리지 아니한다(대판 1996.9.20, 96다68).

④ 부동산을 취득한 제3자가 가등기권자에 대해 갖는 등기말소청구권은 물권적 청구권이다.

⑤ 등기신청권은 등기공무원인 국가기관에 대하여 등기를 신청하는 공법상의 권리이며, 등기청구권은 서로 다른 당사자에 대하여 등기신청에 협력할 것을 청구하는 사법상의 권리인 점에서 구별된다.

08 등기청구권의 법적 성질이 다른 것은? (다툼이 있으면 판례에 따름)

① 매수인의 매도인에 대한 등기청구권
② 청구권 보전을 위한 가등기에 기한 본등기청구권
③ 위조서류에 의해 마쳐진 소유권이전등기에 대한 소유자의 말소등기청구권
④ 시효취득에 기한 등기청구권
⑤ 민법 제621조에 의한 임차인의 임대인에 대한 임차권설정등기청구권

09 乙은 丙의 토지 위에 있는 甲 소유의 X건물을 매수하여 대금완납 후 그 건물을 인도받고 등기서류를 교부받았지만, 아직 이전등기를 마치지 않았다. 다음 설명 중 옳지 않은 것은? (다툼이 있으면 판례에 따름)

① 甲의 채권자가 X건물에 대해 강제집행하는 경우, 乙은 이의를 제기하지 못한다.
② X건물로 인해 丙의 토지가 불법점거당하고 있다면, 丙은 乙에게 건물의 철거를 청구할 수 있다.
③ X건물의 점유를 방해하는 자에 대해 乙은 점유권에 기한 방해제거청구권을 행사할 수 있다.
④ 乙은 X건물로부터 생긴 과실(果實)의 수취권을 가진다.
⑤ 乙로부터 X건물을 다시 매수하여 점유·사용하고 있는 丁에 대하여 甲은 소유권에 기한 물권적 청구권을 행사할 수 있다.

대표예제 64 / 부동산등기 ★★★

부동산물권의 변동에 관한 설명으로 옳은 것은? (다툼이 있으면 판례에 따름)

① 등기는 물권의 효력존속요건이다.

② 미등기건물의 원시취득자와 그 승계취득자 사이의 합의에 의하여 직접 승계취득자 명의로 소유권보존등기를 한 경우, 그 등기는 무효이다.

③ 동일인 명의로 소유권보존등기가 중복으로 된 경우에는 특별한 사정이 없는 한 후행등기가 무효이다.

④ 매도인이 매수인에게 소유권이전등기를 마친 후 매매계약의 합의해제에 따른 매도인의 등기말소청구권의 법적 성질은 채권적 청구권이다.

⑤ 무효등기의 유용에 관한 합의는 묵시적으로 이루어질 수 없다.

해설 | 동일 부동산에 관하여 등기용지를 달리하여 동일인 명의로 소유권보존등기가 중복되어 등재되어 있는 경우에는, 1물1용지주의를 채택하고 있는 부동산등기법상 시간적으로 뒤에 경료된 중복등기는 그것이 실체권리관계에 부합되는 여부를 가릴 것 없이 무효이다(대판 1979.1.16, 78다1648).

오답 체크 |
① 등기는 물권변동의 효력발생요건일 뿐 효력존속요건은 아니므로, 등기가 원인 없이 말소된 경우에 물권이 소멸하지 않는다(대판 1988.12.27, 89다카2431).

② 원시취득자와 승계취득자 사이의 합치된 의사에 따라 그 주차장에 관하여 승계취득자 앞으로 직접 소유권보존등기를 경료하게 되었다면, 그 소유권보존등기는 실체적 권리관계에 부합되어 적법한 등기로서의 효력을 가진다(대판 1995.12.26, 94다44675).

④ 매매계약이 합의해제된 경우에도 매수인에게 이전되었던 소유권은 당연히 매도인에게 복귀하는 것이므로, 합의해제에 따른 매도인의 원상회복청구권은 소유권에 기한 물권적 청구권이라고 할 것이고, 이는 소멸시효의 대상이 되지 아니한다(대판 1982.7.27, 80다2968).

⑤ 무효등기의 유용에 관한 합의 내지 추인은 묵시적으로도 이루어질 수 있다(대판 2007.1.11, 2006다50055).

기본서 p.488~498

정답 ③

정답 및 해설

08 ③ ③은 물권적 청구권이며, ①②④⑤는 채권적 청구권이다.

09 ⑤ 토지의 매수인이 아직 소유권이전등기를 경료받지 아니하였다 하여도 매매계약의 이행으로 그 토지를 인도받은 때에는 매매계약의 효력으로서 이를 점유·사용할 권리가 생기게 된 것으로 보아야 하고, 또 매수인으로부터 위 토지를 다시 매수한 자는 위와 같은 토지의 점유·사용권을 취득한 것으로 봄이 상당하므로, 매도인은 매수인으로부터 다시 위 토지를 매수한 자에 대하여 토지소유권에 기한 물권적 청구권을 행사할 수 없다(대판 1998.6.26, 97다42823).

10 부동산등기에 관한 설명으로 옳지 않은 것은? (다툼이 있으면 판례에 따름)

① 부동산물권변동 후 그 등기가 원인 없이 말소되었더라도 그 물권변동의 효력에는 영향이 없다.

② 소유자의 대리인으로부터 토지를 적법하게 매수하였더라도 소유권이전등기가 위조된 서류에 의하여 마쳐졌다면 그 등기는 무효이다.

③ 소유권이전등기의 원인으로 주장된 계약서가 진정하지 않은 것으로 증명되면 등기의 적법 추정은 깨진다.

④ 매수한 토지를 인도받아 점유하고 있는 미등기 매수인으로부터 그 토지를 다시 매수한 자는 특별한 사정이 없는 한, 최초매도인에 대하여 직접 자신에게로의 소유권이전등기를 청구할 수 없다.

⑤ 강제경매로 인해 성립한 관습상 법정지상권을 법률행위에 의해 양도하기 위해서는 등기가 필요하다.

11 등기에 관한 설명으로 옳은 것은? (다툼이 있으면 판례에 따름)

① 법률행위를 원인으로 하여 소유권이전등기를 명하는 판결에 따른 소유권의 취득에는 등기를 요하지 않는다.

② 상속인은 피상속인의 사망과 더불어 상속재산인 부동산에 대한 등기를 한 때 소유권을 취득한다.

③ 피담보채권이 소멸하더라도 저당권의 말소등기가 있어야 저당권이 소멸한다.

④ 전세권 존속기간이 시작되기 전에 마친 전세권설정등기는 원칙적으로 무효이다.

⑤ 기존건물 멸실 후 건물이 신축된 경우, 기존건물에 대한 등기는 신축건물에 대한 등기로서 효력이 없다.

12 부동산등기에 관한 설명으로 옳지 않은 것은? (다툼이 있으면 판례에 따름)

① 증여에 의하여 취득한 부동산의 등기원인을 매매로 기재하였더라도 소유권이전등기는 유효하다.

② 중복된 소유권보존등기의 등기명의인이 동일인이 아닌 경우, 선등기가 원인무효가 아닌 한 후등기는 무효이다.

③ 乙이 甲 소유 미등기건물을 매수한 뒤 甲과의 합의에 따라 직접 자기 명의로 보존등기한 경우, 그 등기는 무효이다.

④ 등기가 원인 없이 말소된 경우, 그 회복등기가 마쳐지기 전이라도 말소된 등기의 명의인은 적법한 권리자로 추정된다.

⑤ 부동산의 매수인이 부동산을 인도받아 사용·수익하다가 그 부동산을 다른 사람에게 처분하고 그 점유를 승계하여 준 경우에도 이전등기청구권의 소멸시효는 진행되지 않는다.

정답 및 해설

10 ② 위조된 등기신청서류에 의하여 경유된 소유권이전등기라 할지라도 그 등기가 실체적 권리관계에 부합되는 경우에는 <u>유효하다</u>(대판 1965.5.25, 65다365).

11 ⑤ ① 법률행위를 원인으로 하여 소유권이전등기를 명하는 판결을 받더라도 <u>등기를 하여야 소유권을 취득한다</u>(제186조).

② 상속인은 피상속인 사망시 <u>등기 없이도 소유권을 취득</u>한다(제187조).

③ 저당권은 피담보채권에 부종하기 때문에, 피담보채권이 소멸시효 기타 사유로 소멸하면 <u>저당권의 말소등기가 없어도 저당권이 소멸</u>한다(제369조).

④ 전세권이 용익물권적인 성격과 담보물권적인 성격을 모두 갖추고 있는 점에 비추어 전세권 존속기간이 시작되기 전에 마친 전세권설정등기도 <u>특별한 사정이 없는 한 유효한 것으로 추정</u>된다(대결 2018.1.15, 2017마1093).

12 ③ 원시취득자와 승계취득자 사이의 합치된 의사에 따라 그 주차장에 관하여 승계취득자 앞으로 직접 소유권보존등기를 경료하게 되었다면, 그 소유권보존등기는 실체적 권리관계에 부합되어 <u>적법한 등기로서의 효력을 가진다</u>(대판 1995.12.26, 94다44675).

13 건물의 중간생략등기에 관한 설명으로 옳은 것을 모두 고른 것은? (다툼이 있으면 판례에 따름)

> ㉠ 부동산등기 특별조치법은 중간생략등기를 금지하고 있다.
> ㉡ 토지거래허가구역 내의 토지에 대해 행하여진 중간생략등기는 무효이다.
> ㉢ 적법한 원인행위에 의해 중간생략등기가 마쳐진 경우, 특별한 사정이 없는 한 그 등기는 유효하다.
> ㉣ 중간생략등기를 하기로 합의한 경우, 중간자의 채무불이행이 있어도 최초매도인은 최종 매수인의 명의로의 소유권이전등기 이행을 거절할 수 없다.

① ㉠, ㉡   ② ㉡, ㉣
③ ㉢, ㉣   ④ ㉠, ㉡, ㉢
⑤ ㉠, ㉢, ㉣

14 X토지는 甲 ⇨ 乙 ⇨ 丙으로 순차 매도되고, 3자간에 중간생략등기의 합의를 하였다. 이에 관한 설명으로 옳지 않은 것은? (다툼이 있으면 판례에 따름)

① 丙은 甲에게 직접 소유권이전등기를 청구할 수 있다.
② 乙의 甲에 대한 소유권이전등기청구권은 소멸하지 않는다.
③ 甲의 乙에 대한 매매대금채권의 행사는 제한받지 않는다.
④ 만약 X토지가 토지거래허가구역에 소재한다면, 丙은 직접 甲에게 허가신청절차의 협력을 구할 수 없다.
⑤ 만약 중간생략등기의 합의가 없다면, 丙은 甲의 동의나 승낙 없이 乙의 소유권이전등기청구권을 양도받아 甲에게 소유권이전등기를 청구할 수 있다.

15 등기의 추정력에 관한 설명 중 옳지 않은 것은?

① 등기가 있는 이상 일응 그 절차 및 원인은 정당한 것으로 추정을 받게 된다.

② 등기명의자가 건물을 신축한 것이 아니더라도 등기명의자로 건물의 보존등기가 되어 있으면 등기명의자는 적법하게 소유권을 취득한 것으로 추정된다.

③ 근저당권설정등기가 있으면 근저당권의 존재뿐만 아니라 피담보채권의 존재도 추정된다.

④ 소유권이전등기가 제3자에 의해서 이루어진 경우, 제3자는 전등기명의인의 적법한 대리인이었던 것으로 추정된다.

⑤ 소유권이전등기가 경료된 경우에는 그 전 소유자에 대하여도 적법한 등기원인에 의하여 소유권을 취득한 것으로 추정된다.

정답 및 해설

13 ④ ㄹ 최초매도인과 중간매수인, 중간매수인과 최종매수인 사이에 순차로 매매계약이 체결되고 이들간에 중간생략등기의 합의가 있은 후에 최초매도인과 중간매수인간에 매매대금을 인상하는 약정이 체결된 경우, 최초매도인은 인상된 매매대금이 지급되지 않았음을 이유로 최종매수인 명의로의 소유권이전등기의무의 이행을 <u>거절할 수 있다</u>(대판 2005.4.29, 2003다66431).

14 ⑤ 중간생략등기에 대한 최초양도인과 중간자의 동의가 있는 외에 최초양도인과 최종양수인 사이에도 그 중간등기 생략의 합의가 있었음이 요구되므로, 비록 최종양수인이 중간자로부터 소유권이전등기청구권을 양도받았다고 하더라도 최초양도인이 그 양도에 대하여 동의하지 않고 있다면, 최종양수인은 최초양도인에 대하여 채권양도를 원인으로 하여 <u>소유권이전등기 절차 이행을 청구할 수 없다</u>(대판 1995.8.22, 95다15575).

15 ② 신축된 건물의 소유권은 이를 건축한 사람이 원시취득하는 것이므로, 건물 소유권보존등기의 명의자가 이를 신축한 것이 아니라면 그 등기의 권리 추정력은 깨어지고, <u>등기명의자가 스스로 적법하게 그 소유권을 취득한 사실을 입증하여야 한다</u>(대판 1996.7.30, 95다30734).

16 등기의 추정력에 관한 설명으로 옳은 것을 모두 고른 것은? (다툼이 있으면 판례에 따름)

> ㉠ 사망자 명의로 신청하여 이루어진 이전등기에는 특별한 사정이 없는 한 추정력이 인정되지 않는다.
> ㉡ 등기부상 등기명의자의 공유지분의 분자 합계가 분모를 초과하는 때에는, 등기의 추정력은 깨진다.
> ㉢ 근저당권등기가 행해지면 피담보채권뿐만 아니라 그 피담보채권을 성립시키는 기본계약의 존재도 추정된다.
> ㉣ 건물 소유권보존등기 명의자가 전(前) 소유자로부터 그 건물을 양수하였다고 주장하는 경우, 전(前) 소유자가 양도사실을 부인하더라도 그 보존등기의 추정력은 깨어지지 않는다.

① ㉠, ㉡   ② ㉠, ㉢
③ ㉡, ㉢   ④ ㉡, ㉣
⑤ ㉢, ㉣

17 청구권 보전을 위한 가등기에 관한 설명으로 옳지 않은 것은? (다툼이 있으면 판례에 따름)

① 가등기된 소유권이전등기청구권은 가등기에 대한 부기등기의 방법으로 타인에게 양도될 수 있다.
② 정지조건부 청구권을 보전하기 위한 가등기도 허용된다.
③ 가등기에 기한 본등기 절차에 의하지 않고 별도의 본등기를 경료받은 경우, 제3자 명의로 중간처분의 등기가 있어도 가등기에 기한 본등기 절차의 이행을 구할 수 없다.
④ 가등기는 물권적 청구권을 보전하기 위해서는 할 수 없다.
⑤ 소유권이전청구권을 보전하기 위한 가등기에 기한 본등기를 청구하는 경우, 가등기 후 소유자가 변경되더라도 가등기 당시의 등기명의인을 상대로 하여야 한다.

18 가등기에 관한 설명 중 옳지 않은 것은? (다툼이 있으면 판례에 따름)

① 가등기에 기하여 후에 본등기를 경료하면 물권변동의 효력은 가등기를 한 때로 소급한다.

② 가등기 후 제3자에게 소유권이전등기가 경료된 경우, 본등기를 하지 않은 가등기권리자는 가등기의무자에게 제3자 명의 등기의 말소를 청구할 수 없다.

③ 가등기에 기한 본등기 청구는 현재 등기명의인이 아니라 가등기 당시의 소유자를 상대로 하여야 한다.

④ 소유권이전등기청구권 보전을 위한 가등기가 있다 하여도 소유권이전등기를 청구할 어떤 법률관계가 있다고 추정되는 것은 아니다.

⑤ 소유권이전등기청구권 보전을 위한 가등기 이후에 가압류등기가 마쳐지고 위 가등기에 기한 본등기가 이루어지는 경우, 등기관이 위 가압류등기를 직권으로 말소할 수 있다.

정답 및 해설

16 ① ㉠ 전 소유자가 사망한 이후에 그 명의로 신청되어 경료된 소유권이전등기는, 그 등기원인이 이미 존재하고 있으나 아직 등기신청을 하지 않고 있는 동안에 등기의무자에 대하여 상속이 개시된 경우에 피상속인이 살아 있다면 그가 신청하였을 등기를 상속인이 신청한 경우 또는 등기신청을 등기공무원이 접수한 후 등기를 완료하기 전에 본인이나 그 대리인이 사망한 경우와 같은 특별한 사정이 인정되는 경우를 제외하고는, 원인무효의 등기라고 볼 것이어서 그 등기의 추정력을 인정할 여지가 없다(대판 2004.9.3, 2003다3157).

㉡ 부동산지분권이전등기가 존재할 때에는 일응 그 등기명의자는 적법한 소유자로 추정되는 것이나, 등기상의 공유지분의 합계결과 분자가 분모를 초과하는 때에는 등기부의 기재 자체에 의하여 그 등기가 부실함이 명백하므로 그중 어떤 공유자의 어떤 지분이 무효인지 가려 보기 전에는 등기부상 기재된 공유지분의 비율로 각 공유자가 공유한다고 추정할 수 없다(대판 1982.9.14, 82다카134).

㉢ 피담보채권을 성립시키는 기본계약의 존재는 추정되지 않는다. 따라서 근저당권의 성립 당시 근저당권의 피담보채권을 성립시키는 법률행위가 있었는지 여부에 대한 입증책임은 그 존재를 주장하는 측에 있다(대판 2009.12.24, 2009다72070).

㉣ 신축된 건물의 소유권은 이를 건축한 사람이 원시취득하는 것이므로, 건물 소유권보존등기의 명의자가 이를 신축한 것이 아니라면 그 등기의 권리 추정력은 깨어지고, 등기명의자가 스스로 적법하게 그 소유권을 취득한 사실을 입증하여야 한다(대판 1996.7.30, 95다30734).

17 ③ 부동산에 관한 소유권이전청구권 보전을 위한 가등기 경료 이후에 다른 가압류등기가 경료되었다면, 그 가등기에 기한 본등기 절차에 의하지 아니하고 별도로 가등기권자 명의의 소유권이전등기가 경료되었다고 하여 가등기 권리자와 의무자 사이의 가등기 약정상의 채무의 본지에 따른 이행이 완료되었다고 할 수는 없으니, 특별한 사정이 없는 한 가등기권자는 가등기의무자에 대하여 그 가등기에 기한 본등기 절차의 이행을 구할 수도 있다(대판 1995.12.26, 95다29888).

18 ① 가등기에 기하여 본등기가 행해지면 물권변동의 효력은 어디까지나 본등기를 하는 때에 발생하며, 다만 본등기의 순위만 가등기에 의할 뿐이다.

동산의 선의취득에 관한 설명으로 옳지 않은 것은? (다툼이 있으면 판례에 따름)

① 어떤 동산을 점유하는 자를 권리자로 믿고 평온·공연하게 선의·무과실로 그 동산을 취득한 경우에 비록 양도인이 정당한 권리자가 아니어도 양수인은 그 동산에 관한 권리를 취득한다.

② 선의취득의 객체는 동산이므로, 저당권과 지상권 같은 부동산에 대한 권리는 선의취득의 대상이 되지 못한다.

③ 금전 아닌 유실물이 선의취득의 목적물인 경우, 유실자는 유실한 날로부터 2년 내에 그 물건의 반환을 청구할 수 있다.

④ 선의취득에서 양도인은 점유자이어야 한다. 이때 그 점유가 직접점유, 자주점유, 간접점유 또는 타주점유이든 상관없다.

⑤ 동산의 선의취득에 필요한 점유의 취득은 현실의 인도뿐만 아니라 점유개정에 의해서도 가능하다.

해설 | ⑤ 거래에 의하여 취득자가 점유를 취득하게 된 방법으로서 현실의 인도·간이인도(대판 1981.8.20, 80다2530)·목적물반환청구권의 양도(대판 1999.1.26, 97다48906)가 인정된다. <u>점유개정에 의한 선의취득을 부정하는 견해가 통설·판례</u>(대판 1978.1.17, 77다1872)이다.
　① 선의취득이란 동산을 점유하고 있는 자를 권리자로 믿고 평온·공연·선의·무과실로 거래한 경우에는 비록 그 양도인이 정당한 권리자가 아니더라도 양수인에게 그 동산에 대한 소유권(제249조) 또는 질권(제343조, 제249조)의 취득을 인정하는 제도이다.
　② 선의취득의 객체는 동산이다. 그러므로 지상권·저당권과 같은 부동산에 대한 권리는 선의취득의 대상이 될 수 없다(대판 1985.12.24, 84다카2428).
　③ 선의취득한 동산이 도품이나 유실물인 때에는 피해자 또는 유실자는 도난 또는 유실한 날로부터 2년 내에 그 물건의 반환을 청구할 수 있다. 그러나 도품이나 유실물이 금전인 때에는 그러하지 아니하다(제250조).
　④ 양도인이 목적물을 점유하고 있었어야 한다. 여기의 점유는 직접점유·간접점유, 자주점유·타주점유를 불문한다. 점유보조자가 점유물을 처분한 경우에도 선의취득이 인정되어야 한다(대판 1991. 3.22, 91다70).

기본서 p.499~504　　　　　　　　　　　　　　　　　　　　　　　　　　　　　　　　정답 ⑤

19 선의취득에 관한 설명으로 옳지 않은 것은? (다툼이 있으면 판례에 따름)

① 선의취득의 대상이 되는 물권은 동산물권이지만 실제로는 동산소유권과 동산질권에 한한다.

④ 연립주택의 입주권은 선의취득의 대상이 아니다.

② 횡령한 물건인 줄 모르고 양수한 경우에도 선의취득이 적용될 수 있다.

③ 상속으로 동산의 점유를 취득한 경우에는 선의취득이 적용될 수 없다.

⑤ 동산을 경매로 취득하는 것은 선의취득을 위한 거래행위에 해당하지 않는다.

대표예제 66 \ **물권의 소멸 ★**

물권의 소멸에 관한 설명으로 옳지 않은 것은? (다툼이 있으면 판례에 따름)

① 지역권은 20년간 행사하지 않으면 소멸시효가 완성한다.

② 소유권과 저당권은 소멸시효에 걸리지 않는다.

③ 존속기간이 있는 지상권은 특별한 사정이 없으면 그 기간의 만료로 말소등기 없이 소멸한다.

④ 근저당권자가 소유권을 취득하면 근저당권은 혼동에 의하여 절대적으로 소멸하므로, 그 소유권 취득이 무효이더라도 소멸되었던 근저당권은 부활하지 않는다.

⑤ 대항력을 갖춘 임대차의 목적물에 저당권이 설정된 후, 임차인이 임차목적물의 소유권을 취득하더라도 임차권은 혼동으로 소멸되지 않는다.

해설 | ④ 혼동에 의하여 물권은 절대적으로 소멸한다. 그러나 혼동의 원인이 부존재하거나, 원인행위가 무효·취소·해제 등으로 효력을 상실하는 때에는 <u>소멸한 물권은 부활한다</u>(대판 1971.8.31, 71다1386).

①② 채권 및 소유권 이외의 재산권은 20년간 행사하지 아니하면 소멸시효가 완성한다(제162조 제2항, 제296조). 그러나 점유권과 담보물권도 소멸시효에 걸리지 않으며, 소멸시효에 걸리는 권리는 지상권과 지역권에 한한다.

③ 용익물권의 존속기간의 만료에 의한 소멸은 기타 법률규정에 의한 변동이므로 등기를 요하지 않는다(제187조).

⑤ 동일물에 대한 소유권과 제한물권이 동일인에게 귀속하는 경우에는 그 제한물권이 소멸하는 것이 원칙이다(제191조 제1항). 그러나 제한물권이 제3자의 권리의 목적이 되거나, 본인 또는 제3자의 이익을 위해 제한물권이 존속해야 할 필요가 있는 경우에는 제한물권은 소멸하지 아니한다(제191조 제1항 단서).

기본서 p.504~506 정답 ④

정답 및 해설

19 ⑤ 동산의 경매도 <u>선의취득이</u> 인정된다(대판 1998.6.12, 98다6800).

20 물권의 소멸에 관한 설명으로 옳지 않은 것은? (다툼이 있으면 판례에 따름)

① 물권의 포기는 물권의 소멸을 목적으로 하는 단독행위이다.

② 토지가 포락되어 그 효용을 상실한 경우에는 그 후 포락된 토지가 성토되더라도 종전의 소유자가 토지소유권을 다시 취득할 수 없다.

③ 전세권이 저당권의 목적인 경우, 저당권자의 동의 없이 전세권을 포기할 수 없다.

④ 토지소유권과 점유권이 동일인에게 귀속하게 되면 점유권은 혼동으로 소멸하지 않는다.

⑤ 甲의 토지에 乙이 지상권을 취득한 후, 그 토지에 저당권을 취득한 丙이 그 토지의 소유권을 취득하더라도 丙의 저당권은 소멸하지 않는다.

21 혼동에 관한 설명으로 옳은 것은? (다툼이 있으면 판례에 따름)

① 甲의 지상권에 대하여 乙이 저당권을 취득한 경우, 甲이 지상권의 목적물에 대한 소유권을 취득하더라도 甲의 지상권은 소멸한다.

② 물상보증인 丁 소유의 토지에 채무자 甲의 채권자 乙이 1순위, 채권자 丙이 2순위의 저당권자인 경우, 乙이 단독으로 丁을 상속한 때에는 乙의 저당권은 소멸한다.

③ 甲 소유의 토지를 점유하고 있는 乙이 甲으로부터 그 토지를 매수한 경우, 乙의 점유권은 소멸한다.

④ 채무자 甲 소유의 토지에 채권자 乙이 1순위, 채권자 丙이 2순위의 저당권자인 경우, 丙이 甲으로부터 그 토지소유권을 취득한 때에는 丙의 저당권은 소멸하지 않는다.

⑤ 甲 소유의 부동산에 乙이 전세권을 취득한 후 丙이 근저당권을 취득한 경우, 乙이 그 부동산을 증여받았더라도 乙의 전세권은 소멸하지 않는다.

정답 및 해설

20 ⑤ 甲의 토지에 乙이 지상권을 취득한 후, 그 토지에 저당권을 취득한 丙이 그 토지의 소유권을 취득한 경우에는 <u>丙의 저당권은 혼동으로 소멸한다</u>.

21 ⑤ ① 어떠한 물건에 대한 소유권과 다른 물권이 동일한 사람에게 귀속한 경우 그 제한물권은 혼동에 의하여 소멸하는 것이 원칙이지만, 본인 또는 제3자의 이익을 위하여 그 제한물권을 존속시킬 필요가 있다고 인정되는 경우에는 혼동으로 소멸하지 않는다(대결 2013.11.19, 2012마745). 따라서 저당권자 乙의 손해의 방지를 위해 甲의 지상권은 소멸하지 않는다.

② 乙 자신의 이익을 위해 <u>乙의 저당권은 소멸하지 않는다</u>.

③ 점유권은 본권과 동일인에게 귀속하여도 <u>혼동에 의해 소멸하지 않는다</u>(제191조 제3항).

④ 丙의 저당권은 <u>혼동으로 소멸한다</u>.

제3장 기본물권(점유권 · 소유권)

대표예제 67 · 점유권 ★★★

점유권에 관한 설명으로 옳은 것은? (다툼이 있으면 판례에 따름)

① 과실(過失) 없이 과실(果實)을 수취하지 못한 악의의 점유자는 회복자에 대하여 그 과실(果實)의 대가를 보상하여야 한다.

② 전(前) 점유자의 점유가 타주점유인 경우, 전(前) 점유자의 특정승계인인 현 점유자가 자기의 점유만을 주장하는 경우에도, 현 점유자의 점유는 타주점유이다.

③ 소유권의 시효취득을 주장하는 점유자는 특별한 사정이 없는 한 자신의 점유가 자주점유에 해당함을 증명하여야 한다.

④ 공사로 인하여 점유를 방해받은 경우, 그 공사가 완성되기 전이라면 공사착수 후 1년이 경과하였더라도 방해제거를 청구할 수 있다.

⑤ 점유권에 기한 소는 본권에 관한 이유로 재판하지 못한다.

해설 | 점유의 소는 본권에 관한 이유로 재판하지 못한다(제208조 제2항).

오답
체크 | ① 악의의 점유자는 수취한 과실을 반환하여야 하며, 소비하였거나 과실로 훼손 또는 수취하지 못한 경우에는 그 과실의 대가를 보상하여야 한다(제201조 제2항). 따라서 과실(過失) 없이 과실(果實)을 수취하지 못한 악의의 점유자는 회복자에 대하여 그 과실(果實)의 대가를 보상할 필요가 없다.

② 점유의 승계가 있는 경우 전 점유자의 점유가 타주점유라 하여도 점유자의 승계인이 자기의 점유만을 주장하는 경우에는 현 점유자의 점유는 자주점유로 추정된다(대판 2008.7.10, 2006다82540).

③ 권원의 성질상 자주점유인지 타주점유인지 분명하지 않은 경우에는 자주점유로 추정된다(제197조 제1항). 따라서 점유자는 스스로 자주점유자임을 증명할 필요가 없고, 타주점유를 주장하는 자(상대방)가 이를 증명하여야 한다.

④ 공사로 인하여 점유의 방해를 받은 경우에는 공사착수 후 1년을 경과하거나 그 공사가 완성한 때에는 방해의 제거를 청구하지 못한다(제205조 제3항).

기본서 p.519~539   정답 ⑤

01 간접점유에 관한 설명으로 옳은 것은? (다툼이 있으면 판례에 따름)

① 간접점유자에게는 점유보호청구권이 인정되지 않는다.

② 취득시효의 요건인 점유에는 간접점유가 포함되지 않는다.

③ 직접점유자가 그 점유를 임의로 양도한 경우, 그 점유이전이 간접점유자의 의사에 반하면 간접점유가 침탈된 것이다.

④ 점유매개관계의 직접점유자는 자주점유자이다.

⑤ 임치 기타의 관계로 타인으로 하여금 물건을 점유하게 한 자는 간접으로 점유권이 있다.

02 점유권에 관한 설명으로 옳지 않은 것은? (다툼이 있으면 판례에 따름)

① 간접점유가 인정되기 위해서는 직접점유자와 간접점유자 사이에 점유매개관계가 존재하여야 한다.

② 전후 양 시점의 점유자가 다른 경우, 점유승계가 증명되면 점유계속은 추정된다.

③ 적법하게 과실을 취득한 선의의 점유자는 회복자에게 통상의 필요비의 상환을 청구하지 못한다.

④ 점유자가 상대방의 사기에 의해 물건을 인도한 경우, 점유침탈을 이유로 한 점유물반환청구권은 발생하지 않는다.

⑤ 선의의 점유자가 본권의 소에서 패소하면 패소 확정시부터 악의의 점유자로 본다.

03 점유에 관한 설명으로 옳은 것은? (다툼이 있으면 판례에 따름)

① 점유자는 소유의 의사로 과실 없이 점유한 것으로 추정한다.

② 점유자는 스스로 자주점유임을 증명하여야 한다.

③ 점유자와 점유보조자가 있는 경우, 소유자는 점유보조자를 상대로 소유물반환청구의 소를 제기할 수 있다.

④ 건물소유자가 현실적으로 건물이나 그 부지를 점거하지 않더라도 특별한 사정이 없는 한 건물의 부지에 대한 점유가 인정된다.

⑤ 실제 면적이 등기된 면적을 상당히 초과하는 토지를 매수하여 인도받은 때에는 특별한 사정이 없으면 초과부분의 점유는 자주점유이다.

04 점유에 관한 설명으로 옳지 않은 것은? (다툼이 있으면 판례에 따름)

① 직접점유자가 임의로 점유를 타인에게 양도한 경우에는 그 점유이전이 간접점유자의 의사에 반한다고 하더라도 간접점유자의 점유가 침탈된 경우에 해당하지 않는다.

② 점유자가 점유물에 대하여 행사하는 권리는 적법하게 보유한 것으로 추정한다.

③ 점유자의 특정승계인이 자기의 점유와 전(前) 점유자의 점유를 아울러 주장하는 경우, 그 하자도 승계한다.

④ 지상건물과 함께 그 대지를 매수한 자가 착오로 인접 토지의 일부를 그가 매수·취득한 대지에 속하는 것으로 믿고 인도받아 점유하고 있는 경우는 자주점유로 볼 수 있다.

⑤ 점유자의 점유가 소유의 의사 있는 자주점유인지 아니면 소유의 의사 없는 타주점유 인지의 여부는 점유자의 내심의 의사에 의하여 결정된다.

정답 및 해설

01 ⑤ ① 점유보호청구권은 간접점유자도 행사할 수 있다(제207조 제1항).
② 점유시효취득의 요건으로서의 점유에는 간접점유자의 점유도 포함된다(대판 1998.2.24, 97다49053).
③ 직접점유자가 임의로 점유를 타에 양도한 경우에는 점유이전이 간접점유자의 의사에 반한다 하더라도 간접점유자의 점유가 침탈된 경우에 해당하지 않는다(대판 1993.3.9, 92다5300).
④ 지상권자·전세권자·임차인 등 점유매개관계의 직접점유자의 점유는 타주점유이다.

02 ⑤ 선의의 점유자라도 본권에 관한 소에 패소한 때에는 그 소가 제기된 때로부터 악의의 점유자로 본다(제197조 제2항).

03 ④ ① 점유자는 소유의 의사로 선의, 평온 및 공연하게 점유한 것으로 추정한다(제197조 제1항). 무과실은 추정되지 않는다.
② 자주점유는 추정되므로(제197조), 상대방이 타주점유임을 증명하여야 한다.
③ 점유보조자는 점유권을 취득하지 못하고 점유주만이 점유자이다. 따라서 상대방이 점유보조자를 통하여 점유하고 있는 경우, 소유자는 본인인 상대방(점유자)에 대해서만 반환을 청구할 수 있다.
⑤ 매매대상 토지의 면적이 공부상 면적을 상당히 초과하는 경우에는 계약당사자들이 이러한 사실을 알고 있었다고 보는 것이 상당하며, 그러한 경우에는 매도인이 그 초과부분에 대한 소유권을 취득하여 이전하여 주기로 약정하는 등의 특별한 사정이 없는 한, 그 초과부분은 단순한 점용권의 매매로 보아야 할 것이므로 그 점유는 권원의 성질상 타주점유에 해당하고, 매매가 아닌 증여라고 하여 이를 달리 볼 것은 아니다(대판 2004.5.14, 2003다61054).

04 ⑤ 점유자의 점유가 소유의 의사 있는 자주점유인지 아니면 소유의 의사 없는 타주점유인지의 여부는 점유자의 내심의 의사에 의하여 결정되는 것이 아니라, 점유 취득의 원인이 된 권원의 성질이나 점유와 관계가 있는 모든 사정에 의하여 외형적·객관적으로 결정되어야 한다[대판 1997.8.21, 95다28625(전합)].

05 자주점유에 관한 설명으로 옳지 않은 것은? (다툼이 있으면 판례에 따름)

① 처분권한 없는 자로부터 그 사실을 알면서 토지를 매수하여 이를 점유하는 경우에 그 점유는 타주점유이다.

② 명의수탁자가 그 목적물인 부동산을 점유하는 경우에 그 점유는 타주점유이다.

③ 부동산의 점유자가 지적공부 등의 관리주체인 국가나 지방자치단체인 경우에는 자주점유로 추정되지 않는다.

④ 타인의 토지에 분묘를 설치한 자가 그 분묘기지를 점유하는 경우에 그 점유는 타주점유이다.

⑤ 부동산에 대한 선친의 타주점유를 상속한 자가 하는 점유는 비록 내심으로 당해 부동산이 자신의 소유라고 생각하더라도 그 점유는 타주점유이다.

06 점유에 관한 설명으로 옳지 않은 것은? (다툼이 있으면 판례에 따름)

① 자주점유에서 소유의 의사는 사실상 소유할 의사가 있는 것으로 충분하다.

② 점유자가 상대방의 사기에 의해 물건을 인도한 경우 점유침탈을 이유로 한 점유물반환청구권은 발생하지 않는다.

③ 점유자가 스스로 주장한 매매와 같은 자주점유의 권원이 인정되지 않는다는 사유만으로는 자주점유의 추정이 깨진다고 볼 수 없다.

④ 점유의 권리 적법추정에 관한 규정은 등기된 부동산에는 적용되지 않는다.

⑤ 甲이 乙로부터 임차한 건물을 乙의 동의 없이 丙에게 전대한 경우, 乙만이 간접점유자이다.

07 점유자와 회복자의 관계에 관한 설명으로 옳은 것은? (다툼이 있으면 판례에 따름)

① 점유물이 점유자의 책임 있는 사유로 멸실된 경우, 선의의 타주점유자는 이익이 현존하는 한도에서 배상해야 한다.

② 악의의 점유자는 특별한 사정이 없는 한 통상의 필요비를 청구할 수 있다.

③ 점유자의 필요비상환청구에 대해 법원은 회복자의 청구에 의해 상당한 상환기간을 허여할 수 있다.

④ 점유자가 유익비를 지출한 경우, 점유자의 선택에 좇아 그 지출금액이나 증가액의 상환을 청구할 수 있다.

⑤ 은비(隱秘)에 의한 점유자는 점유물의 과실을 취득한다.

08 점유자와 회복자의 관계 등에 관한 설명으로 옳지 않은 것은? (다툼이 있으면 판례에 따름)

① 선의의 점유자가 얻은 건물 사용이익은 과실(果實)에 준하여 취급한다.

② 법원이 유익비의 상환을 위하여 상당한 기간을 허여한 경우, 유치권은 성립하지 않는다.

③ 점유자가 필요비를 지출한 경우, 그 가액의 증가가 현존한 경우에 한하여 상환을 청구할 수 있다.

④ 점유자가 점유의 방해를 받을 염려가 있는 때에는 그 방해의 예방 또는 손해배상의 담보를 청구할 수 있다.

⑤ 점유자가 점유물반환청구권을 행사하는 경우, 그 침탈된 날로부터 1년 내에 행사하여야 한다.

정답 및 해설

05 ③ 부동산의 점유권원의 성질이 분명하지 않을 때에는 민법 제197조 제1항에 의하여 점유자는 소유의 의사로 선의, 평온 및 공연하게 점유한 것으로 추정되는 것이며, 이러한 추정은 지적공부 등의 관리주체인 국가나 지방자치단체가 점유하는 경우에도 마찬가지로 적용된다(대판 2007.12.27, 2007다42112).

06 ⑤ 甲, 乙 모두 간접점유자이다.

07 ② ① 소유의 의사가 없는 점유자는 선의인 경우에도 손해의 전부를 배상하여야 한다(제202조).
  ③ 점유자가 유익비상환청구를 하는 경우에 법원은 회복자의 청구에 의하여 상당한 상환기간을 허여할 수 있다(제203조 제3항).
  ④ 점유자가 점유물을 개량하기 위하여 지출한 금액 기타 유익비에 관하여는 그 가액의 증가가 현존한 경우에 한하여 회복자의 선택에 좇아 그 지출금액이나 증가액의 상환을 청구할 수 있다(제203조 제2항).
  ⑤ 폭력 또는 은비(隱秘)에 의한 점유자는 과실취득권이 인정되지 않는다(제201조 제3항).

08 ③ ③ 유익비의 경우에는 가액의 증가가 현존한 경우에 한하여 청구할 수 있으나, 필요비는 이러한 제한이 없다(제203조).
  ① 민법 제201조 제1항에 의하면 선의의 점유자는 점유물의 과실을 취득한다고 규정하고 있는바, 건물을 사용함으로써 얻는 이득은 그 건물의 과실에 준하는 것이므로, 선의의 점유자는 비록 법률상 원인 없이 타인의 건물을 점유·사용하고 이로 말미암아 그에게 손해를 입혔다고 하더라도 그 점유·사용으로 인한 이득을 반환할 의무는 없다(대판 1996.1.26, 95다44290).
  ② 유익비의 상환청구에 대하여 법원이 상당한 상환기간을 허여한 경우 유치권은 성립되지 않는다(제203조 제3항).
  ④ 점유자가 점유의 방해를 받을 염려가 있는 때에는 그 방해의 예방 또는 손해배상의 담보를 청구할 수 있다(제206조 제1항).
  ⑤ 민법 제204조에 따르면, 점유자가 점유의 침탈을 당한 때에는 그 물건의 반환 및 손해의 배상을 청구할 수 있고(제1항), 위 청구권은 점유를 침탈당한 날부터 1년 내에 행사하여야 하며(제3항), 여기서 말하는 1년의 행사기간은 제척기간으로서 소를 제기하여야 하는 기간을 말한다(대판 2021.8.19, 2021다213866).

소유권에 관한 설명으로 옳지 않은 것은? (다툼이 있으면 판례에 따름)

① 기술적 착오로 지적도상의 경계선이 진실한 경계선과 다르게 작성된 경우, 그 토지의 경계는 실제의 경계에 따른다.

② 토지가 포락되어 원상복구가 불가능한 경우, 그 토지에 대한 종전 소유권은 소멸한다.

③ 분할이나 토지의 일부양도로 포위된 토지의 특정승계인의 경우에는 주위토지통행권에 관한 일반원칙에 따라 그 통행권의 범위를 따로 정하여야 한다.

④ 인접하여 토지를 소유한 자가 통상의 경계표나 담을 설치하는 경우, 별다른 관습이나 특약이 없는 한 그 설치비용이나 측량비용은 쌍방이 절반하여 부담한다.

⑤ 증축된 부분이 기존의 건물과 구조상·이용상 독립성이 없는 경우, 그 부분은 기존의 건물에 부합한다.

해설 | ④ 인접하여 토지를 소유한 자는 공동비용으로 통상의 경계표나 담을 설치할 수 있고 비용은 쌍방이 절반하여 부담한다. 그러나 <u>측량비용은 토지의 면적에 비례하여 부담한다</u>(제237조 제1항·제2항).

  ① 어떤 특정한 토지가 지적공부에 의하여 일필의 토지로 등록되었다면 그 토지의 소재, 지번, 지목, 지적 및 경계는 다른 특정한 사정이 없는 한 이 등록으로써 확정되었다고 할 것이므로, 그 토지의 소유권의 범위는 지적공부상의 경계에 의하여 확정하여야 할 것이고, 다만 지적도를 작성함에 있어서 그 기지점을 잘못 선택하는 등 기술적 착오로 말미암아 지적도상의 경계선이 진실한 경계선과 다르게 작성된 경우와 같은 특별한 사정이 있는 때에는, 그 토지의 경계는 실제의 경계에 의하여야 할 것이다(대판 1990.12.26, 88다카19712).

  ② 토지소유권의 상실 원인이 되는 포락이라 함은 토지가 바닷물이나 적용 하천의 물에 개먹어 무너져 바다나 적용 하천에 떨어져 그 원상복구가 불가능한 상태에 이르렀을 때를 말한다(대판 2000.12.8, 99다11687).

  ③ 무상의 주위토지통행권에 대한 제220조의 규정은 토지의 직접 분할자 또는 일부양도의 당사자 사이에만 적용되고, 포위된 토지 또는 피통행지의 특정승계인의 경우에는 제219조의 일반원칙으로 돌아가 통행권의 유무를 살펴야 한다(대판 1996.11.29, 96다33433).

  ⑤ 임차인이 임차한 건물에 그 권원에 의하여 증축을 한 경우에 증축된 부분이 부합으로 인하여 기존 건물의 구성부분이 된 때에는 증축된 부분에 별개의 소유권이 성립할 수 없으나, 증축된 부분이 구조상으로나 이용상으로 기존건물과 구분되는 독립성이 있는 때에는 구분소유권이 성립하여 증축된 부분은 독립한 소유권의 객체가 된다(대판 1999.7.27, 99다14518).

기본서 p.545~573   정답 ④

09 민법상 상린관계에 관한 설명으로 옳은 것을 모두 고른 것은? (다툼이 있으면 판례에 따름)

> ㉠ 지하시설을 하는 경우 경계로부터 두어야 할 거리에 관한 사항 등을 정한 민법 제244조
> 는 판례에 따르면 강행규정으로서, 이와 다른 내용의 당사자간의 특약은 무효이다.
> ㉡ 통행권은 이미 기존통로가 있더라도 그것이 통행권자의 토지이용에 부적합하여 그 기능
> 을 상실한 경우에도 인정된다.
> ㉢ 포위된 토지가 공로에 접하게 되어 주위토지통행권을 인정할 필요성이 없어진 경우에도
> 그 통행권은 존속한다.

① ㉠

② ㉡

③ ㉢

④ ㉠, ㉡

⑤ ㉡, ㉢

10 주위토지통행권에 관한 설명으로 옳지 않은 것은? (다툼이 있으면 판례에 따름)

① 통행지 소유자는 통행권자의 허락을 얻어 사실상 통행하고 있는 자에게 손해의 보상
을 청구할 수 없다.

② 주위토지통행권의 범위는 장차 건립될 아파트의 건축을 위한 이용상황까지 미리 대비
하여 정할 수 있다.

③ 주위토지통행권이 인정되는 경우 통로개설 비용은 원칙적으로 주위토지통행권자가
부담하여야 한다.

④ 통행지 소유자가 주위토지통행권에 기한 통행에 방해가 되는 축조물을 설치한 경우, 주
위토지통행권의 본래적 기능발휘를 위하여 통행지 소유자가 그 철거의무를 부담한다.

⑤ 주위토지통행권의 성립에는 등기가 필요 없다.

정답 및 해설

09 ② ㉠ 지하시설을 하는 경우에 있어서 경계로부터 두어야 할 거리에 관한 사항 등을 규정한 민법 제244조는
강행규정이라고는 볼 수 없으므로 이와 다른 내용의 당사자간의 특약을 무효라고 할 수 없다(대판
1982.10.26, 80다1634).
㉢ 일단 주위토지통행권이 발생하였다고 하더라도 나중에 그 토지에 접하는 공로가 개설됨으로써 주위토
지통행권을 인정할 필요성이 없어진 때에는 그 통행권은 소멸한다(대판 1998.3.10, 97다47118).

10 ② 주위토지통행권의 범위는 현재의 토지의 용법에 따른 이용의 범위에서 인정되는 것이고, 장차의 이용상황
까지 미리 대비하여 통행로를 정할 것은 아니다(대판 2006.10.26, 2005다30993).

11 부동산의 점유취득시효에 관한 설명으로 옳지 않은 것은? (다툼이 있으면 판례에 따름)

① 성명불상자(姓名不詳者)의 소유물에 대하여 시효취득을 인정할 수 있다.

② 취득시효의 완성을 알고 있는 소유자가 부동산을 선의의 제3자에게 처분하여 소유권이전등기를 마친 경우, 그 소유자는 시효완성자에게 불법행위로 인한 손해배상책임을 진다.

③ 취득시효 완성 후 그로 인한 등기 전에 소유자가 저당권을 설정한 경우, 특별한 사정이 없는 한 시효완성자는 등기를 함으로써 저당권의 부담이 없는 소유권을 취득한다.

④ 점유의 승계가 있는 경우 시효이익을 받으려는 자는 자기 또는 전(前) 점유자의 점유개시일 중 임의로 점유기산점을 선택할 수 있다.

⑤ 취득시효 완성 후 소유권이전등기를 마치지 않은 시효완성자는 소유자에 대하여 취득시효기간 중의 점유로 발생한 부당이득의 반환의무가 없다.

12 부동산 점유취득시효에 관한 설명으로 옳은 것은? (다툼이 있으면 판례에 따름)

① 국유재산 중 일반재산이 시효완성 후 행정재산으로 되더라도 시효완성을 원인으로 한 소유권이전등기를 청구할 수 있다.

② 시효완성 당시의 소유권보존등기가 무효라면 그 등기명의인은 원칙적으로 시효완성을 원인으로 한 소유권이전등기청구의 상대방이 될 수 없다.

③ 시효완성 후 점유자 명의로 소유권이전등기가 경료되기 전에 부동산 소유명의자는 점유자에 대해 점유로 인한 부당이득반환청구를 할 수 있다.

④ 미등기부동산에 대한 시효가 완성된 경우, 점유자는 등기 없이도 소유권을 취득한다.

⑤ 시효완성 전에 부동산이 압류되면 시효는 중단된다.

13 부동산 점유취득시효에 관한 설명으로 옳지 않은 것은? (다툼이 있으면 판례에 따름)

① 시효완성자의 시효이익의 포기는 특별한 사정이 없는 한, 시효완성 당시의 원인무효인 등기의 등기부상 소유명의자에게 하여도 그 효력이 있다.

② 국유재산도 취득시효기간 동안 계속하여 일반재산인 경우 취득시효의 대상이 된다.

③ 시효완성 당시의 점유자로부터 양수하여 점유를 승계한 현(現) 점유자는 전(前) 점유자의 시효완성의 효과를 주장하여 직접 자기에게로 소유권이전등기를 청구할 수 없다.

④ 시효완성자는 시효완성 당시의 진정한 소유자에 대하여 채권적 등기청구권을 가진다.

⑤ 점유자가 시효완성 후 점유를 상실하였다고 하더라도 이를 시효이익의 포기로 볼 수 있는 경우가 아닌 한, 이미 취득한 소유권이전등기청구권이 즉시 소멸되는 것은 아니다.

정답 및 해설

11 ③ 취득시효의 완성 이후 시효취득자로서는 원소유자의 적법한 권리행사로 인한 현상의 변경이나 제한물권의 설정 등이 이루어진 <u>그 토지의 사실상 혹은 법률상 현상 그대로의 상태에서</u> 등기에 의하여 그 소유권을 취득하게 된다(대판 2006.5.12, 2005다75910).

12 ② ① 원래 잡종재산일 당시에 취득시효가 완성되었다고 하더라도 행정재산으로 된 이상 이를 원인으로 하는 <u>소유권이전등기를 청구할 수 없다</u>(대판 1997.11.14, 96다10782).

③ 소유명의자는 시효완성자에 대하여 토지의 인도를 청구할 수 없다. 그리고 점유자가 아직 등기를 하지 않아서 소유권을 취득하지 못하였다고 하더라도, <u>소유명의자는 점유자에 대하여 점유로 인한 부당이득 반환청구를 할 수 없다</u>(대판 1993.5.25, 92다51280).

④ 민법 제245조 제1항의 취득시효기간의 완성만으로는 소유권취득의 효력이 바로 생기는 것이 아니라, 다만 이를 원인으로 하여 소유권취득을 위한 등기청구권이 발생할 뿐이고, 미등기 부동산의 경우라고 하여 취득시효기간의 완성만으로 등기 없이도 점유자가 소유권을 취득한다고 볼 수 없다(대판 2006. 9.28, 2006다22074).

⑤ 취득시효기간의 완성 전에 부동산에 압류 또는 가압류 조치가 이루어졌다고 하더라도 이로써 종래의 점유상태의 계속이 파괴되었다고는 할 수 없으므로 이는 취득시효의 중단사유가 될 수 없다(대판 2019.4.3, 2018다296878).

13 ① 시효이익의 포기는 달리 특별한 사정이 없는 한, 시효취득자가 취득시효 완성 당시의 진정한 소유자에 대하여 하여야 그 효력이 발생하는 것이지 원인무효인 등기의 등기부상 소유명의자에게 그와 같은 의사를 표시하였다고 하여 <u>그 효력이 발생하는 것은 아니라 할 것</u>이다(대판 1994.12.23, 94다40734).

14 甲 소유의 X토지를 乙이 소유의 의사로 평온·공연하게 20년간 점유하여 점유취득시효를 완성하였다. 시효완성 후에 甲이 丙에게 그 토지를 매도하고 소유권이전등기를 해 준 경우에 관한 설명으로 옳은 것은? (다툼이 있으면 판례에 따름)

① 乙은 등기 없이도 토지소유권을 취득한다.
② 乙은 甲에게 소유권이전등기의무의 불이행을 이유로 손해배상을 청구할 수 있다.
③ 乙은 丙에 대하여 취득시효를 주장할 수 있다.
④ 어떤 사유로 甲에게로 X토지의 소유권이 회복되면 乙은 甲에게 시효취득을 주장할 수 있다.
⑤ 甲이 시효완성사실을 모르고 丙에게 처분했더라도, 乙은 甲에게 불법행위를 이유로 손해배상을 청구할 수 있다.

15 甲 소유의 X토지를 乙이 점유취득시효를 완성하였다. 이에 관한 설명으로 옳지 않은 것은? (다툼이 있으면 판례에 따름)

① 乙이 甲으로부터 아직 소유권이전등기를 경료받지 못한 경우에도 甲은 乙에게 점유로 인한 부당이득반환을 청구할 수 없다.
② 甲이 乙로부터 시효완성을 이유로 소유권이전등기청구를 받은 후 소유권 상실을 염려하여 선의의 丙에게 부동산을 매도하여 이전등기를 경료해 준 경우, 甲은 乙에 대하여 불법행위책임을 질 수 있다.
③ 乙이 소유권이전등기를 하기 전에 甲이 X토지를 제3자 丙에게 양도하고 이전등기를 해 준 경우, 丙이 乙의 취득시효사실을 알면서 X토지를 양도받은 경우라면 乙은 丙에게 시효취득을 주장할 수 있다.
④ 甲은 乙로부터 소유권이전등기청구를 받은 후 제3자인 丙과 통정하여 허위로 丙 앞으로 소유권이전등기를 했다면 乙은 甲을 대위하여 丙 명의의 등기말소를 청구할 수 있다.
⑤ 불법점유를 이유로 甲은 乙에게 부동산의 인도를 청구할 수 없다.

16 취득시효에 관한 설명으로 옳지 않은 것은? (다툼이 있으면 판례에 따름)

① 국유재산 중 일반재산은 취득시효의 대상이 된다.

② 중복등기로 인해 무효인 소유권보존등기에 기한 등기부 취득시효는 부정된다.

③ 취득시효 완성으로 인한 소유권이전등기청구권은 원소유자의 동의가 없어도 제3자에게 양도할 수 있다.

④ 취득시효 완성 후 등기 전에 원소유자가 시효완성된 토지에 저당권을 설정하였고, 등기를 마친 시효취득자가 피담보채무를 변제한 경우, 원소유자에게 부당이득반환을 청구할 수 있다.

⑤ 취득시효 완성 후 명의신탁 해지를 원인으로 명의수탁자에서 명의신탁자로 소유권이전등기가 된 경우, 시효완성자는 특별한 사정이 없는 한 명의신탁자에게 시효완성을 주장할 수 없다.

정답 및 해설

14 ④ ① 민법은 부동산의 점유취득시효에 의하여 부동산의 소유권을 취득하기 위해서는 등기를 하여야 한다고 한다(제245조 제1항).

② 부동산 점유자에게 시효취득으로 인한 소유권이전등기청구권이 있다고 하더라도 이로 인하여 부동산 소유자와 시효취득자 사이에 계약상의 채권·채무관계가 성립하는 것은 아니므로, 그 부동산을 처분한 소유자에게 채무불이행 책임을 물을 수 없다(대판 1995.7.11, 94다4509).

③ 부동산에 대한 점유취득시효가 완성되었다고 하더라도 이를 등기하지 아니하고 있는 사이에 그 부동산에 관하여 제3자에게 소유권이전등기가 마쳐지면 점유자는 그 제3자에게 대항할 수 없는 것이고, 이 경우 제3자의 이전등기 원인이 점유자의 취득시효 완성 전의 것이라 하더라도 마찬가지이다(대판 1998.7.10, 97다45402).

⑤ 취득시효가 완성된 후 점유자가 그 취득시효를 주장하거나 이로 인한 소유권이전등기청구를 하기 이전에는, 특별한 사정이 없는 한 그 등기명의인인 부동산 소유자로서는 그 시효취득사실을 알 수 없는 것이므로, 이를 제3자에게 처분하였다고 하더라도 불법행위가 성립하는 것은 아니다(대판 1995.7.11, 94다4509).

15 ③ 취득시효로 인한 등기청구권은 채권적 청구권이므로 취득시효 완성 후 점유자가 소유권이전등기를 하기 전에 제3자가 현재의 소유자로부터 소유권이전등기를 경료하면, 점유자는 그 제3자에 대하여 시효취득을 주장할 수 없다(대판 1995.2.24, 94다18195). 제3자에의 이전등기 원인이 취득시효 완성 전의 것이라도 같으며(대판 1998.7.10, 97다45402), 제3자의 선의·악의는 묻지 않는다(대판 1967.10.31, 67다1635).

16 ④ 시효취득자가 원소유자에 의하여 그 토지에 설정된 근저당권의 피담보채무를 변제하는 것은 시효취득자가 용인하여야 할 그 토지상의 부담을 제거하여 완전한 소유권을 확보하기 위한 것으로서 그 자신의 이익을 위한 행위라 할 것이니, 위 변제액 상당에 대하여 원소유자에게 대위변제를 이유로 구상권을 행사하거나 부당이득을 이유로 그 반환청구권을 행사할 수는 없다(대판 2006.5.12, 2005다75910).

제3장 기본물권(점유권·소유권) **251**

17 소유권의 취득에 관한 설명으로 옳은 것은? (다툼이 있으면 판례에 따름)

① 저당권 실행을 위한 경매절차에서 매수인이 된 자가 매각부동산의 소유권을 취득하기 위해서는 소유권이전등기를 완료하여야 한다.

② 무주(無主)의 부동산을 점유한 자연인은 그 부동산의 소유권을 즉시 취득한다.

③ 건물에 부합된 증축부분이 경매절차에서 경매목적물로 평가되지 않은 때에는 매수인은 그 소유권을 취득하지 못한다.

④ 타인의 토지에서 발견된 매장물은 특별한 사정이 없는 한 발견자가 단독으로 그 소유권을 취득한다.

⑤ 타주점유자는 자신이 점유하는 부동산에 대한 소유권을 시효취득할 수 없다.

18 첨부에 관한 설명으로 옳지 않은 것은? (다툼이 있으면 판례에 따름)

① 동산과 동산이 부합한 동산의 주종을 구별할 수 없는 때에는 동산의 소유자는 부합 당시의 가액의 비율로 합성물을 공유한다.

② 부동산의 소유자는 그 부동산에 부합한 물건의 소유권을 취득하므로 타인의 토지 위에 권원 없이 건물을 지은 경우에는 그 건물은 토지에 부합한다.

③ 아무런 권원 없이 타인의 토지에 농작물을 경작한 경우, 그 농작물의 소유권은 경작자에게 있다는 것이 판례의 입장이다.

④ 동산의 소유자가 혼화물의 단독소유자가 된 때에는 그 동산을 목적으로 한 다른 권리는 혼화물에 존속하고, 그 공유자가 된 때에는 그 지분에 존속한다.

⑤ 타인의 동산에 가공한 때에는 그 물건의 소유권은 원재료의 소유자에게 속하는 것이 원칙이나, 가공으로 인한 가액의 증가가 원재료의 가액보다 현저히 다액인 때에는 가공자의 소유로 한다.

19 부합에 관한 설명으로 옳지 않은 것은? (다툼이 있으면 판례에 따름)

① 부동산간에도 부합이 인정될 수 있다.

② 부동산에 부합된 동산의 가격이 부동산의 가격을 초과하더라도 동산의 소유권은 원칙적으로 부동산의 소유자에게 귀속된다.

③ 지상권자가 지상권에 기하여 토지에 부속시킨 물건은 지상권자의 소유로 된다.

④ 토지소유자와 사용대차계약을 맺은 사용차주가 자신 소유의 수목을 그 토지에 식재한 경우, 그 수목의 소유권자는 여전히 사용차주이다.

⑤ 매도인에게 소유권이 유보된 시멘트를 매수인이 제3자 소유의 건물 건축공사에 사용한 경우, 그 제3자가 매도인의 소유권 유보에 대해 악의라면 특별한 사정이 없는 한 시멘트는 건물에 부합하지 않는다.

20 소유권에 기한 물권적 청구권에 관한 설명으로 옳지 않은 것은? (다툼이 있으면 판례에 따름)

① 甲의 소유물을 乙이 자신의 것으로 잘못 알고 점유하는 경우에는, 甲은 乙의 과실 유무를 불문하고 乙에 대하여 반환청구권을 행사할 수 있다.

② 乙이 서류를 위조하여 甲의 부동산을 丙에게 양도한 경우에, 甲은 丙에 대하여 물권적 청구권을 행사할 수 있다.

③ 물권적 청구권의 상대방에 대해서는 언제나 불법행위를 이유로 한 손해배상청구권을 행사할 수 있다.

④ 소유권의 방해가 위법하지 않은 때에는, 소유자는 방해제거를 청구할 수 없다.

⑤ 자신의 행위로 인하지 않고 타인의 소유권을 방해하는 자도 방해제거청구권의 상대방이 될 수 있다.

정답 및 해설

17 ⑤ ① 경매에서 매수인(낙찰자)이 소유권을 취득하는 시기는 <u>매각대금(낙찰대금)을</u> 완납한 때이며(민사집행법 제135조, 제268조), 경매의 경우 법원은 경매절차가 끝나면 매수인이 취득한 권리의 등기를 등기소에 촉탁하게 된다.

② 무주(無主)의 동산을 소유의 의사로 점유한 자는 그 소유권을 취득한다. 그러나 <u>무주의 부동산은 국유로 한다</u>(제252조 제1항·제2항).

③ 건물의 증축부분이 기존건물에 부합하여 기존건물과 분리하여서는 별개의 독립물로서의 효용을 갖지 못하는 이상 기존건물에 대한 근저당권은 법 제358조에 의하여 부합된 증축부분에도 효력이 미치는 것이므로 기존건물에 대한 경매절차에서 경매목적물로 평가되지 아니하였다고 할지라도 <u>경락인은 부합된 증축부분의 소유권을 취득한다</u>(대판 1992.12.8, 92다26772).

④ 타인의 토지 기타 물건으로부터 발견한 매장물은 그 토지 기타 물건의 <u>소유자와 발견자가 절반하여 취득한다</u>(제254조 단서).

18 ② 토지와 건물은 민법상 별개의 부동산으로 취급되므로 <u>건물이 토지에 부합하지 않는다</u>.

19 ⑤ 매도인에게 소유권이 유보된 철강제품·시멘트 등을 매수인이 제3자 소유의 건물의 증축 및 신축에 사용하더라도 <u>건물에 부합된다</u>(대판 2009.9.24, 2009다15602).

20 ③ 불법행위에 기한 손해배상청구권을 행사하려면 <u>상대방의 고의 또는 과실이 있어야 된다</u>.

공유에 관한 설명으로 옳은 것은? (다툼이 있으면 판례에 따름)

① 공유자 전원이 임대인으로 되어 공유물을 임대한 경우, 그 임대차계약을 해지하는 것은 특별한 사정이 없는 한 공유물의 보존행위이다.

② 공유물분할청구의 소가 제기된 경우, 법원은 청구권자가 요구한 분할방법에 구애받지 않고 공유자의 지분비율에 따라 합리적으로 분할하면 된다.

③ 공유부동산에 대해 공유자 중 1인의 단독명의로 원인무효의 소유권이전등기가 행해졌다면 다른 공유자는 등기명의인인 공유자를 상대로 등기 전부의 말소를 청구할 수 있다.

④ 과반수지분권자가 단독으로 공유토지를 임대한 경우, 소수지분권자는 과반수지분권자에게 부당이득반환을 청구할 수 없다.

⑤ 부동산 공유자 중 1인의 공유지분 포기에 따른 물권변동은 그 포기의 의사표시가 다른 공유자에게 도달함으로써 효력이 발생하며 등기를 요하지 않는다.

해설┃ 공유물분할청구의 소는 형성의 소로서, 법원은 공유물분할을 청구하는 원고가 구하는 방법에 구애받지 않고 재량에 따라 합리적 방법으로 분할을 명할 수 있다(대판 2020.8.20, 2018다241410 · 241427).

오답 체크┃
① 공유자가 공유물을 타인에게 임대하는 행위 및 그 임대차계약을 해지하는 행위는 공유물의 관리행위에 해당하므로 공유자의 지분의 과반수로써 결정하여야 한다(대판 2010.9.9, 2010다37905).

③ 이러한 경우 공유자의 1인은 단독명의로 등기를 경료하고 있는 공유자에 대하여 그 공유자의 공유지분을 제외한 나머지 공유지분 전부에 관하여만 소유권보존등기 말소등기절차의 이행을 구할 수 있다(대판 2006.8.24, 2006다32200).

④ 과반수지분권자가 단독으로 공유토지를 임대한 경우, 소수지분권자는 과반수지분권자에게 부당이득반환을 청구할 수 있다.

⑤ 공유지분의 포기는 법률행위로서 상대방 있는 단독행위에 해당하므로, 부동산 공유자의 공유지분 포기의 의사표시가 다른 공유자에게 도달하더라도 이로써 곧바로 공유지분 포기에 따른 물권변동의 효력이 발생하는 것은 아니고, 이후 민법 제186조에 의하여 등기를 하여야 공유지분 포기에 따른 물권변동의 효력이 발생한다(대판 2016.10.27, 2015다52978).

기본서 p.573~587

정답 ②

21 공유에 관한 설명으로 옳은 것은? (다툼이 있으면 판례에 따름)

① 공유자 1인이 무단으로 공유물을 임대하고 보증금을 수령한 경우, 다른 공유자에게 지분비율에 상응하는 보증금액을 부당이득으로 반환하여야 한다.

② 공유자들이 공유물의 무단점유자에게 가지는 차임 상당의 부당이득반환채권은 특별한 사정이 없는 한 불가분채권에 해당한다.

③ 과반수지분의 공유자로부터 사용·수익을 허락받은 점유자에 대하여 소수지분의 공유자는 그 점유자가 사용·수익하는 건물의 철거나 퇴거 등 점유배제를 구할 수 없다.

④ 구분소유적 공유관계의 성립을 주장하는 자는 구분소유 약정의 대상이 되는 해당 토지의 위치를 증명하면 족하고, 그 면적까지 증명할 필요는 없다.

⑤ 공유자는 다른 공유자의 동의가 없어도 공유물을 처분하거나 변경할 수 있다.

제3장

정답 및 해설

21 ③ ① 부동산의 일부 지분 소유자가 다른 지분 소유자의 동의 없이 부동산을 다른 사람에게 임대한 경우, 그 반환 또는 배상의 범위는 부동산 임대차로 인한 차임 상당액이고 부동산의 임대차보증금 자체에 대한 <u>다른 지분 소유자의 지분비율 상당액을 구할 수는 없다</u>(대판 2021.4.29, 2018다261889).

② 토지공유자는 특별한 사정이 없는 한 그 지분에 대응하는 비율의 범위 내에서만, 그 차임 상당의 부당이득금반환의 청구권을 행사할 수 있다(대판 1979.1.30, 78다2088). 즉, <u>분할채권</u>이다.

④ 구분소유적 공유관계는 어떤 토지에 관하여 그 위치와 면적을 특정하여 여러 사람이 구분소유하기로 하는 약정이 있어야만 적법하게 성립할 수 있다(대판 2023.3.30, 2019다235399). 즉, <u>위치와 면적을 특정하여 증명하여야 한다.</u>

⑤ 공유물의 처분과 변경을 함에는 공유자의 지분처분[처분의 자유(제263조)]과 달리 <u>다른 공유자의 동의를 얻어야 한다</u>(제264조).

22 공유에 관한 설명으로 옳지 않은 것은? (다툼이 있으면 판례에 따름)

① 개별 채권자들이 같은 기회에 특정 부동산에 관하여 하나의 근저당권을 설정받은 경우, 그들은 해당 근저당권을 준공유한다.

② 공유자는 특약이 없는 한 지분비율로 공유물의 관리비용을 부담한다.

③ 부동산 공유자 중 1인은 공유물에 관한 보존행위로서 그 공유물에 마쳐진 제3자 명의의 원인무효등기 전부의 말소를 구할 수 없다.

④ 건물의 공유자가 상속인 없이 사망한 경우, 그 지분은 다른 공유자에게 각 지분의 비율로 귀속한다.

⑤ 건물의 공유자가 공동으로 건물을 임대하고 보증금을 수령한 경우, 특별한 사정이 없는 한 그 보증금반환채무는 성질상 불가분채무에 해당된다.

23 甲, 乙, 丙은 각 3분의 1 지분으로 나대지인 X토지를 공유하고 있다. 이에 관한 설명으로 옳지 않은 것은? (다툼이 있으면 판례에 따름)

① 甲은 단독으로 자신의 지분에 관한 제3자의 취득시효를 중단시킬 수 없다.

② 甲과 乙이 X토지에 건물을 신축하기로 한 것은 공유물 관리방법으로 부적법하다.

③ 甲이 공유지분을 포기한 경우, 등기를 하여야 포기에 따른 물권변동의 효력이 발생한다.

④ 甲이 단독으로 丁에게 X토지를 임대한 경우, 乙은 丁에게 부당이득반환을 청구할 수 있다.

⑤ 甲은 특별한 사정이 없는 한, X토지를 배타적으로 점유하는 丙에게 보존행위로서 X토지의 인도를 청구할 수 없다.

24 甲, 乙, 丙은 X토지를 각 2분의 1, 4분의 1, 4분의 1의 지분으로 공유하고 있다. 이에 관한 설명으로 옳은 것은? (단, 구분소유적 공유관계는 아니며, 다툼이 있으면 판례에 따름)

① 乙이 X토지에 대한 자신의 지분을 포기한 경우, 乙의 지분은 甲, 丙에게 균등한 비율로 귀속된다.

② 당사자간의 특약이 없는 경우, 甲은 단독으로 X토지를 제3자에게 임대할 수 있다.

③ 甲, 乙은 X토지에 대한 관리방법으로 X토지에 건물을 신축할 수 있다.

④ 甲, 乙, 丙이 X토지의 관리에 관한 특약을 한 경우, 그 특약은 특별한 사정이 없는 한 그들의 특정승계인에게도 효력이 미친다.

⑤ 丙이 甲, 乙과의 협의 없이 X토지를 배타적·독점적으로 점유하고 있는 경우, 乙은 공유물에 대한 보존행위로 X토지의 인도를 청구할 수 있다.

제3장

정답 및 해설

22 ③ 부동산의 공유자 중 한 사람은 공유물에 대한 보존행위로서 그 공유물에 관한 <u>원인무효의 등기 전부의 말소를 구할 수 있다</u>(대판 2005.9.29, 2003다40651).

23 ① 공유자는 단독으로 자신의 지분에 관한 제3자의 <u>취득시효를 중단시킬 수 있다</u>. 다만, 공유자의 한 사람이 공유물의 보존행위로서 제소한 경우, 시효중단의 효력은 재판상의 청구를 한 그 공유자에 한하여 발생하고, 다른 공유자에게는 미치지 아니한다(대판 1979.6.26, 79다639).

24 ④ ① 공유자가 그 지분을 포기하거나 상속인 없이 사망한 때에는 그 지분은 다른 공유자에게 <u>각 지분의 비율로 귀속한다</u>(제267조).

② 공유자가 공유물을 타인에게 임대하는 행위 및 그 임대차계약을 해지하는 행위는 공유물의 관리행위에 해당하므로 민법 제265조 본문에 의하여 공유자의 지분의 과반수로써 결정하여야 한다(대판 2010. 9.9, 2010다37905). 甲은 2분의 1 지분권자로서 과반수지분권자가 아니므로 <u>단독으로 X토지를 제3자에게 임대할 수 없다</u>.

③ 공유자 사이에 공유물을 사용·수익할 구체적인 방법을 정하는 것은 공유물의 관리에 관한 사항으로서 공유자의 지분의 과반수로써 결정하여야 할 것이고, 과반수의 지분을 가진 공유자가 그 공유물의 특정부분을 배타적으로 사용·수익하기로 정하는 것은 공유물의 관리방법으로서 적법하며, 다만 그 사용·수익의 내용이 공유물의 기존의 모습에 본질적 변화를 일으켜 '관리' 아닌 '처분'이나 '변경'의 정도에 이르는 것이어서는 안 될 것이고, 예컨대 다수지분권자라 하여 나대지에 새로이 건물을 건축한다든지 하는 것은 '관리'의 범위를 넘는 것이 될 것이다(대판 2001.11.27, 2000다33638·33645). 즉, 甲, 乙은 X토지에 대한 관리방법으로 <u>X토지에 건물을 신축할 수 없다</u>.

⑤ 공유물의 소수지분권자인 피고가 다른 공유자와 협의하지 않고 공유물의 전부 또는 일부를 독점적으로 점유하는 경우 다른 소수지분권자인 원고가 피고를 상대로 <u>공유물의 인도를 청구할 수는 없다</u>[대판 2020.5.21, 2018다287522(전합)].

제3장 기본물권(점유권·소유권) **257**

25 부동산의 공유물분할에 관한 설명으로 옳지 않은 것은? (다툼이 있으면 판례에 따름)

① 분할은 공유자 각자의 청구에 의하고, 그 분할청구로 공유물분할의 법률관계가 발생한다.

② 등기된 분할금지특약은 채권적 효력을 가질 뿐이므로 그 지분권의 승계인에게는 효력이 미치지 않는다.

③ 분할청구가 있으면 공유자 전원은 그 협의에 응할 의무를 진다.

④ 공유물분할의 소는 결국 분할방법을 정하기 위한 것이고, 그 상대방은 다른 공유자 전원이어야 한다.

⑤ 공유자 사이의 분할협의가 성립하면 더 이상 공유물분할의 소는 허용되지 않는다.

26 민법상 공동소유에 관한 설명으로 옳은 것은? (다툼이 있으면 판례에 따름)

① 공유자끼리 그 지분을 교환하는 것은 지분권의 처분이므로 이를 위해서는 교환당사자가 아닌 다른 공유자의 동의가 필요하다.

② 합유물에 관하여 경료된 원인무효의 소유권이전등기의 말소를 구하는 소는 합유자 각자가 제기할 수 있다.

③ 합유자 중 1인은 다른 합유자의 동의 없이 자신의 지분을 단독으로 제3자에게 유효하게 매도할 수 있다.

④ 부동산에 관한 합유지분을 포기한 경우, 등기를 하지 않아도 지분 포기에 따른 물권변동의 효력이 발생한다.

⑤ 법인 아닌 종중이 그 소유 토지의 매매를 중개한 중개업자에게 중개수수료를 지급하기로 하는 약정을 체결하는 것은 총유물의 관리 · 처분행위에 해당한다.

27 민법상 합유에 관한 설명으로 옳지 않은 것은? (특약은 없으며, 다툼이 있으면 판례에 따름)

① 합유자의 권리는 합유물 전부에 미친다.

② 합유자는 합유물의 분할을 청구하지 못한다.

③ 합유자 중 1인이 사망하면 그의 상속인이 합유자의 지위를 승계한다.

④ 조합체의 해산으로 인하여 합유는 종료한다.

⑤ 합유자는 그 전원의 동의 없이 합유지분을 처분하지 못한다.

28 권리능력 없는 사단의 공동소유형태인 총유에 관한 설명으로 옳지 않은 것은?

① 총유물의 관리 및 처분은 사원총회의 결의에 의한다.

② 각 사원은 정관 기타의 규약에 좇아 총유물을 사용·수익할 수 있다

③ 각 사원은 총유물의 보존을 위하여 단독으로 소를 제기할 수 있다.

④ 총유물에 관한 사원의 권리·의무는 사원의 지위를 취득·상실함으로써 취득·상실 된다.

⑤ 총유에는 공유나 합유와는 달리 지분이 없다.

정답 및 해설

25 ② 부동산의 경우 분할금지특약이 등기되어 있다면 공유자의 특정승계인에게도 효력이 미친다.

26 ② ① 각 공유자는 그 지분권을 다른 공유자의 동의가 없는 경우라도 양도 기타의 처분을 할 수 있는 것이며 공유자끼리 그 지분을 교환하는 것도 그것이 지분권의 처분에 해당하는 이상 다른 공유자의 동의를 요하는 것이 아니다(대판 1972.5.23, 71다2760).
③ 합유물에 대한 지분의 처분은 공유와는 달리 합유자 전원의 동의가 필요하다(제273조 제1항). 따라서 합유자 전원의 동의 없이 한 지분매매는 그 효력이 없다(대판 1970.12.29, 69다22).
④ 합유지분권의 포기는 법률행위이므로 등기하여야 효력이 있고 지분을 포기한 합유지분권자로부터 잔존 합유지분권자들에게 합유지분권이전등기가 이루어지지 아니하는 한 지분을 포기한 지분권자는 제3자에 대하여 여전히 합유지분권자로서의 지위를 가지고 있다고 보아야 한다(대판 1997.9.9, 96다16896).
⑤ 종중이 그 소유의 토지의 매매를 중개한 중개업자에게 중개수수료를 지급하기로 하는 약정을 체결하는 것은 총유물 그 자체의 관리·처분이 따르지 아니하는 단순한 채무부담행위에 불과하여 이를 총유물의 관리·처분행위라고 할 수 없다(대판 2012.4.12, 2011다107900).

27 ③ 부동산의 합유자 중 일부가 사망한 경우 합유자 사이에 특별한 약정이 없는 한 사망한 합유자의 상속인은 합유자로서의 지위를 승계하지 못하므로, 해당 부동산은 잔존 합유자가 2인 이상일 경우에는 잔존 합유자의 합유로 귀속되고 잔존 합유자가 1인인 경우에는 잔존 합유자의 단독소유로 귀속된다(대판 1996.12.10, 96다23238).

28 ③ 민법 제276조 제1항은 "총유물의 관리 및 처분은 사원총회의 결의에 의한다.", 같은 조 제2항은 "각 사원은 정관 기타의 규약에 좇아 총유물을 사용·수익할 수 있다."라고 규정하고 있을 뿐, 공유나 합유의 경우처럼 보존행위는 그 구성원 각자가 할 수 있다는 민법 제265조 단서 또는 제272조 단서와 같은 규정을 두고 있지 아니한바, 이는 법인 아닌 사단의 소유형태인 총유가 공유나 합유에 비하여 단체성이 강하고 구성원 개인들의 총유재산에 대한 지분권이 인정되지 아니하는 데에서 나온 당연한 귀결이라고 할 것이므로, 총유 재산에 관한 소송은 법인 아닌 사단이 그 명의로 사원총회의 결의를 거쳐 하거나 또는 그 구성원 전원이 당사자가 되어 필수적 공동소송의 형태로 할 수 있을 뿐, 그 사단의 구성원은 설령 그가 사단의 대표자라거나 사원총회의 결의를 거쳤다 하더라도 그 소송의 당사자가 될 수 없고, 이러한 법리는 총유재산의 보존행위로서 소를 제기하는 경우에도 마찬가지라 할 것이다[대판 2005.9.15, 2004다44971(전합)].

제3장 기본물권(점유권·소유권) **259**

제4장 용익물권

지상권에 관한 설명으로 옳은 것을 모두 고른 것은? (다툼이 있으면 판례에 따름)

㉠ 지료의 지급은 지상권의 성립요소이다.
㉡ 지상권자가 2년 이상의 지료를 지급하지 아니한 때에는 지상권설정자는 지상권의 소멸을 청구할 수 있다.
㉢ 지료체납 중 토지소유권이 양도된 경우, 양도 전·후를 통산하여 2년에 이르면 지상권소멸청구를 할 수 있다.
㉣ 지상권자는 토지소유자의 의사에 반하여도 자유롭게 타인에게 지상권을 양도할 수 있다.

① ㉡
② ㉠, ㉢
③ ㉡, ㉣
④ ㉢, ㉣
⑤ ㉠, ㉢, ㉣

해설 | ㉡ 제287조
㉣ 지상권자는 타인에게 그 권리를 양도하거나 그 권리의 존속기간 내에서 그 토지를 임대할 수 있다 (제282조). 이는 편면적 강행규정으로(제289조), 이를 금지하는 특약은 무효이다.
㉠ 지상권에 있어서 지료의 지급은 그의 요소가 아니어서 지료에 관한 유상 약정이 없는 이상 지료의 지급을 구할 수 없다(대판 1999.9.3, 99다24874).
㉢ 토지양수인에 대한 연체기간이 2년이 되지 않는다면 양수인은 지상권소멸청구를 할 수 없다(대판 2001.3.13, 99다17142).

기본서 p.599~619
정답 ③

01 지상권에 관한 설명으로 옳지 않은 것을 모두 고른 것은? (다툼이 있으면 판례에 따름)

> ㉠ 저당권이 설정된 나대지의 담보가치 하락을 막기 위해 저당권자 명의의 지상권이 설정된 경우, 피담보채권이 변제되어 저당권이 소멸하면 그 지상권도 소멸한다.
> ㉡ 지상권 설정의 목적이 된 건물이 전부 멸실하면 지상권은 소멸한다.
> ㉢ 구분지상권은 건물 기타의 공작물 및 수목을 소유하기 위해서 설정할 수 없다.

① ㉠

② ㉡

③ ㉢

④ ㉠, ㉡

⑤ ㉡, ㉢

02 지상권에 관한 설명으로 옳지 않은 것은? (다툼이 있으면 판례에 따름)

① 수목의 소유를 목적으로 하는 지상권의 최단존속기간은 30년이다.

② 나대지(裸垈地)에 저당권을 설정하면서 그 대지의 담보가치를 유지하기 위해 무상의 지상권을 설정하고 채무자로 하여금 그 대지를 사용하도록 한 경우, 제3자가 그 대지를 무단으로 점유·사용한 것만으로는 특별한 사정이 없는 한 지상권자는 그 제3자에게 지상권 침해를 이유로 손해배상을 청구할 수 없다.

③ 지상권자는 지상권을 유보한 채 지상물 소유권만을 양도할 수 있고, 지상물 소유권을 유보한 채 지상권만을 양도할 수 있다.

④ 1필의 토지의 일부에는 지상권을 설정할 수 없다.

⑤ 지료연체를 이유로 한 지상권소멸청구에 의해 지상권이 소멸한 경우, 지상권자는 지상물에 대한 매수청구권을 행사할 수 없다.

정답 및 해설

01 ② ㉡ 지상권설정계약 당시 건물 기타의 공작물이나 수목이 없더라도 지상권은 유효하게 성립할 수 있고, 또한 기존의 건물 기타의 공작물이나 수목이 멸실되더라도 존속할 수 있다(대판 1996.3.22, 95다49318).

02 ④ 지상권의 객체인 토지는 1필의 토지 전부뿐만 아니라 일부에 대해서도 가능하며, 지표 내지 지상에 한하지 않고, 지하의 사용을 내용으로 할 수도 있다.

03 지상권과 전세권에 관한 설명으로 옳지 않은 것은? (다툼이 있으면 판례에 따름)

① 지상권의 존속기간에 관하여는 최장기간의 제한규정이 없다.
② 건물전세권의 존속기간에 관하여는 최단기간은 물론 최장기간의 제한규정이 있다.
③ 지상권자에게는 계약의 갱신청구권이 인정된다.
④ 건물전세권자에게는 계약의 갱신청구권은 물론 법정갱신도 인정되지 않는다.
⑤ 전세권자와 전세권설정자 쌍방 모두에게 부속물매수청구권이 인정된다.

04 지상권에 관한 설명으로 옳지 않은 것은? (다툼이 있으면 판례에 따름)

① 지상권자는 타인의 토지에 건물 기타 공작물이나 수목을 소유하기 위하여 그 토지를 사용하는 권리가 있다.
② 지상권자는 타인에게 그 권리를 양도할 수 있으나, 그 권리의 존속기간 내에서라도 그 토지를 임대할 수는 없다.
③ 지상권설정등기를 하면서 지료를 등기하지 않은 경우, 지상권설정자는 그 지상권을 양수한 자에게 지료를 청구할 수 없다.
④ 지료가 토지에 관한 조세 기타 부담의 증감이나 지가의 변동으로 인하여 상당하지 아니하게 된 때에는 당사자는 그 증감을 청구할 수 있다.
⑤ 저당물의 경매로 인하여 토지와 그 지상건물이 다른 소유자에게 속한 경우에는 토지소유자는 건물소유자에 대하여 지상권을 설정한 것으로 본다.

05 지상권에 관한 설명으로 옳지 않은 것은? (다툼이 있으면 판례에 따름)

① 지상권이 존속기간의 만료로 소멸한 경우에 건물 기타 공작물이나 수목이 현존하고 있으면 지상권자는 계약의 갱신을 청구할 수 있으며, 지상권설정자는 이를 거절할 수 없다.
② 구분지상권의 존속기간을 영구적인 것으로 약정하는 것도 허용된다.
③ 구분지상권에 의하여 소유할 수 있는 목적물에는 일반지상권과 달리 수목은 포함되지 않는다.
④ 당사자가 계약으로 지상권의 존속기간을 약정하지 않아도 지상권은 유효하게 성립할 수 있다.
⑤ 지상권의 소멸시 지상권설정자가 상당한 가액을 제공하여 공작물 등의 매수를 청구한 때에는 지상권자는 정당한 이유 없이 이를 거절하지 못한다.

06 분묘기지권에 관한 설명으로 옳지 않은 것은? (다툼이 있으면 판례에 따름)

① 분묘기지권은 봉분 등 외부에서 분묘의 존재를 인식할 수 있는 형태를 갖추고 등기하여야 성립한다.

② 토지소유자의 승낙을 얻어 분묘를 설치함으로써 분묘기지권을 취득한 경우, 설치할 당시 토지소유자와의 합의에 의하여 정한 지료지급의무의 존부나 범위의 효력은 그 토지의 승계인에게는 미치지 않는다.

③ 자기 소유 토지에 분묘를 설치한 사람이 그 토지를 양도하면서 분묘를 이장하겠다는 특약을 하지 않음으로써 분묘기지권을 취득한 경우, 분묘기지권자는 특별한 사정이 없는 한 분묘기지권이 성립한 때부터 지료를 지급할 의무가 있다.

④ 분묘기지권을 시효취득한 자는 토지소유자가 지료를 청구한 날부터의 지료를 지급할 의무가 있다.

⑤ 기존의 분묘기지권이 미치는 지역적 범위 내에서 부부 합장을 위한 쌍분(雙墳) 형태의 분묘를 새로이 설치할 수 없다.

정답 및 해설

03 ④ 민법은 건물전세권자를 보호하기 위해 법정갱신을 규정하였다. 즉 "건물의 전세권설정자가 전세권의 존속기간 만료 전 6월부터 1월까지 사이에 전세권자에 대하여 갱신거절의 통지 또는 조건을 변경하지 아니하면 갱신하지 아니한다는 뜻의 통지를 하지 아니한 경우에는 그 기간이 만료된 때에 전전세권과 동일한 조건으로 다시 전세권을 설정한 것으로 본다. 이 경우 전세권의 존속기간은 그 정함이 없는 것으로 본다(제312조 제4항)."고 하여 건물전세권에 법정갱신을 인정하고 있다.

04 ② 지상권자는 타인에게 그 권리를 양도하거나 그 권리의 존속기간 내에서 그 토지를 임대할 수 있다(제282조).

05 ① 지상권자의 갱신청구권은 순수한 청구권이다. 따라서 갱신의 효과는 당사자들이 갱신계약을 체결한 때에 비로소 발생한다. 지상권설정자는 지상권자의 갱신청구에 응할 의무는 없다. 다만, 갱신청구를 거절하는 경우에는 지상권자는 상당한 가액으로 지상물의 매수를 청구할 수 있다(제283조 제2항). 이는 형성권으로 지상권설정자의 계약갱신을 간접적으로 강제한다.

06 ② 분묘의 기지인 토지가 분묘의 수호·관리권자 아닌 다른 사람의 소유인 경우에 그 토지소유자가 분묘수호·관리권자에 대하여 분묘의 설치를 승낙한 때에는 그 분묘의 기지에 관하여 분묘기지권을 설정한 것으로 보아야 한다. 이와 같이 승낙에 의하여 성립하는 분묘기지권의 경우, 성립 당시 토지소유자와 분묘의 수호·관리자가 지료지급의무의 존부나 범위 등에 관하여 약정을 하였다면 그 약정의 효력은 분묘기지의 승계인에 대하여도 미친다(대판 2021.9.16, 2017다271834·271841).

07 관습상 법정지상권에 관한 설명으로 옳은 것은? (다툼이 있으면 판례에 따름)

① 무허가건물을 위해서는 관습상 법정지상권이 성립할 여지가 없다.

② 법정지상권이 붙은 건물이 양도된 경우 특별한 사정이 없는 한, 토지소유자는 건물의 양수인을 상대로 건물의 철거를 청구할 수 없다.

③ 건물만을 매수하면서 그 대지에 관한 임대차계약을 체결했더라도, 특별한 사정이 없는 한 관습상 법정지상권을 포기한 것으로 볼 수 없다.

④ 토지와 그 지상건물이 처음부터 동일인 소유가 아니었더라도 그중 어느 하나를 처분할 당시에 동일인 소유에 속했다면, 관습상 법정지상권이 성립할 수 있다.

⑤ 甲으로부터 그 소유 대지와 미등기 지상건물을 양수한 乙이 대지에 관하여서만 소유권이전등기를 넘겨받은 상태에서 丙에게 대지를 매도하여 소유권을 이전한 경우, 乙은 관습상 법정지상권을 취득한다.

08 甲에게 법정지상권 또는 관습법상 법정지상권이 인정되는 경우를 모두 고른 것은? (다툼이 있으면 판례에 따름)

㉠ 乙 소유의 토지 위에 乙의 승낙을 얻어 신축한 丙 소유의 건물을 甲이 매수한 경우
㉡ 乙 소유의 토지 위에 甲과 乙이 건물을 공유하면서 토지에만 저당권을 설정하였다가, 그 실행을 위한 경매로 丙이 토지소유권을 취득한 경우
㉢ 甲이 乙로부터 乙 소유의 미등기건물과 그 대지를 함께 매수하고 대지에 관해서만 소유권이전등기를 한 후, 건물에 대한 등기 전 설정된 저당권에 의해 대지가 경매되어 丙이 토지소유권을 취득한 경우

① ㉠
② ㉡
③ ㉠, ㉢
④ ㉡, ㉢
⑤ ㉠, ㉡, ㉢

09 甲은 X토지와 그 지상에 Y건물을 소유하고 있으며, 그중에서 Y건물을 乙에게 매도하고 乙 명의로 소유권이전등기를 마쳐 주었다. 그 후 丙은 乙의 채권자가 신청한 강제경매에 의해 Y건물의 소유권을 취득하였다. 乙과 丙의 각 소유권 취득에는 건물을 철거한다는 등의 조건이 없다. 이에 관한 설명으로 옳지 않은 것은? (다툼이 있으면 판례에 따름)

① 丙은 등기 없이 甲에게 관습상 법정지상권을 주장할 수 있다.

② 甲은 丙에 대하여 Y건물의 철거 및 X토지의 인도를 청구할 수 없다.

③ 丙은 Y건물을 개축한 때에도 甲에게 관습상 법정지상권을 주장할 수 있다.

④ 甲은 법정지상권에 관한 지료가 결정되지 않았더라도 乙이나 丙의 2년 이상 지료지급 지체를 이유로 지상권 소멸을 청구할 수 있다.

⑤ 만일 丙이 관습상 법정지상권을 등기하지 않고 Y건물만을 丁에게 양도한 경우, 丁은 甲에게 관습상 법정지상권을 주장할 수 없다.

정답 및 해설

07 ④ ① 건물로서의 요건을 갖추고 있는 이상 무허가나 미등기건물도 상관없다(대판 1988.4.12, 87다카2404).
② 법정지상권을 가진 건물소유자로부터 건물을 양수하면서 법정지상권까지 양도받기로 한 자는 채권자대위의 법리에 따라 전 건물소유자 및 대지소유자에 대하여 차례로 지상권의 설정등기 및 이전등기 절차 이행을 구할 수 있다 할 것이므로 이러한 법정지상권을 취득할 지위에 있는 자에 대하여 대지소유자가 소유권에 기하여 건물철거를 구함은 지상권의 부담을 용인하고 그 설정등기절차를 이행할 의무 있는 자가 그 권리자를 상대로 한 청구라 할 것이어서 신의성실의 원칙상 허용될 수 없다[대판 1985.4.9, 84다카1131 · 1132(전합)].
③ 대지와 건물의 소유자가 건물만을 양도하고 양수인과 대지에 대하여 임대차계약을 체결하였다면, 건물의 양수인은 대지에 관한 관습상의 법정지상권을 포기하였다고 볼 것이다(대판 1991.5.14, 91다1912).
⑤ 미등기건물을 그 대지와 함께 매도하였다면 비록 매수인에게 그 대지에 관하여만 소유권이전등기가 경료되고 건물에 관하여는 등기가 경료되지 아니하여 형식적으로 대지와 건물이 그 소유 명의자를 달리하게 되었다 하더라도 매도인에게 관습상의 법정지상권을 인정할 이유가 없다[대판 2002.6.20, 2002다9660(전합)].

08 ② ㉡ 건물공유자의 1인이 그 건물의 부지인 토지를 단독으로 소유하면서 그 토지에 관하여만 저당권을 설정하였다가 위 저당권에 의한 경매로 인하여 토지의 소유자가 달라진 경우, 위 건물공유자들은 민법 제366조에 의하여 토지 전부에 관하여 건물의 존속을 위한 법정지상권을 취득한다(대판 2011.1.13, 2010다67159).
㉠ 토지와 건물을 동일인이 소유하다가 경매 등으로 소유자가 다르게 된 경우에 건물이 철거되지 않도록 건물소유자에게 법정지상권을 인정한다. 따라서 乙 소유의 토지 위에 乙의 승낙을 얻어 신축한 丙 소유의 건물을 甲이 매수한 경우에는 법정지상권이 인정되지 않는다.
㉢ 미등기건물을 그 대지와 함께 매수한 사람이 그 대지만 소유권이전등기를 넘겨받고 건물은 그 등기를 이전받지 못하고 있다가, 대지에 대하여 저당권을 설정하고 그 저당권의 실행으로 대지가 경매되어 다른 사람의 소유로 된 경우에는, 법정지상권이 성립될 여지가 없다(대판 2002.6.20, 2002다9660).

09 ④ 법정지상권의 경우 당사자 사이에 지료에 관한 협의가 있었다거나 법원에 의하여 지료가 결정되었다는 아무런 입증이 없다면, 법정지상권자가 지료를 지급하지 않았다고 하더라도 지료지급을 지체한 것으로는 볼 수 없으므로 법정지상권자가 2년 이상의 지료를 지급하지 아니하였음을 이유로 하는 토지소유자의 지상권 소멸청구는 이유가 없다(대판 2001.3.13, 99다17142).

지역권에 관한 설명으로 옳은 것은? (다툼이 있으면 판례에 따름)

① 요역지는 1필의 토지 일부라도 무방하다.
② 요역지의 소유권이 이전되어도 특별한 사정이 없는 한 지역권은 이전되지 않는다.
③ 지역권의 존속기간을 영구무한으로 약정할 수는 없다.
④ 지역권자는 승역지를 권원 없이 점유한 자에게 그 반환을 청구할 수 있다.
⑤ 요역지공유자의 1인은 지분에 관하여 그 토지를 위한 지역권을 소멸하게 하지 못한다.

해설 | 토지공유자의 1인은 지분에 관하여 그 토지를 위한 지역권 또는 그 토지가 부담한 지역권을 소멸하게
하지 못한다(제293조 제1항).

오답
체크 |
① 요역지는 1필의 토지이어야 하나, 승역지는 1필의 토지의 일부이어도 무방하다.
② 요역지의 소유권이 이전되면 지역권도 이전등기 없이 당연히 함께 이전된다(제292조 제1항).
③ 지역권의 존속기간은 영구무한으로 약정할 수 있다(대판 1980.1.29, 79다1904).
④ 지역권은 점유하는 권리가 아니므로 반환청구권은 인정되지 않는다.

기본서 p.619~625   정답 ⑤

10 지역권에 관한 설명으로 옳지 않은 것은? (다툼이 있으면 판례에 따름)

① 지역권은 요역지와 분리하여 따로 양도하거나 다른 권리의 목적으로 하지 못한다.
② 공유자 중 1인이 지역권을 취득한 때에는 다른 공유자도 이를 취득한다.
③ 점유로 인한 지역권 취득기간의 중단은 지역권을 행사하는 모든 공유자에 대한 사유
가 아니면 그 효력이 없다.
④ 요역지의 불법점유자도 통행지역권을 시효취득할 수 있다.
⑤ 지역권은 계속되고 표현된 것에 한하여 시효취득할 수 있다.

11 지역권에 관한 설명으로 옳지 않은 것은? (다툼이 있으면 판례에 따름)

① 승역지에 관하여 통행지역권을 시효취득한 경우, 특별한 사정이 없는 한 요역지소유
자는 승역지소유자에게 승역지의 사용으로 입은 손해를 보상해야 한다.
② 1필의 토지의 일부에는 지역권을 설정할 수 없다.
③ 요역지와 분리하여 지역권만을 저당권의 목적으로 할 수 없다.
④ 지역권에 기한 승역지 반환청구권은 인정되지 않는다.
⑤ 계속되고 표현된 지역권은 시효취득의 대상이 될 수 있다.

전세권에 관한 설명으로 옳은 것은? (다툼이 있으면 판례에 따름)

① 전세권설정자의 목적물 인도는 전세권의 성립요건이다.

② 타인의 토지에 있는 건물에 전세권을 설정한 경우, 전세권의 효력은 그 건물의 소유를 목적으로 한 지상권에 미친다.

③ 전세권의 사용·수익을 배제하고 채권담보만을 위해 전세권을 설정하는 것은 허용된다.

④ 당사자는 설정행위로 전세권의 양도나 전세목적물의 임대를 금지하는 약정을 할 수 없다.

⑤ 건물전세권이 법정갱신된 경우, 전세권자는 이를 등기해야 제3자에게 대항할 수 있다.

해설 | 타인의 토지에 있는 건물에 전세권을 설정한 때에는 전세권의 효력은 그 건물의 소유를 목적으로 한 지상권 또는 임차권에 미친다(제304조 제1항).

오답 체크 |

① 전세권은 목적부동산을 점유할 권리를 포함하나, 부동산의 인도는 전세권의 성립요건이 아니다(대판 1995.2.10, 94다18508).

③ 전세권설정계약의 당사자가 전세권의 핵심인 사용·수익 권능을 배제하고 채권담보만을 위해 전세권을 설정하였다면, 법률이 정하지 않은 새로운 내용의 전세권을 창설하는 것으로서 물권법정주의에 반하여 허용되지 않고 이러한 전세권설정등기는 무효라고 보아야 한다(대판 2021.12.30, 2018다40235).

④ 전세권자는 전세권을 타인에게 양도 또는 담보로 제공할 수 있고, 그 존속기간 내에서 그 목적물을 타인에게 전전세 또는 임대할 수 있다. 그러나 설정행위로 이를 금지한 때에는 그러하지 아니하다(제306조).

⑤ 건물전세권의 법정갱신은 법률의 규정에 의한 부동산에 관한 물권의 변동이므로 전세권 갱신에 관한 등기를 필요로 하지 아니하고 전세권자는 그 등기 없이도 전세권설정자나 그 목적물을 취득한 제3자에 대하여 그 권리를 주장할 수 있다(대판 1989.7.11, 88다카21029).

기본서 p.625~637　　　　　　　　　　　　　　　　　　　　　　　　　　정답 ②

정답 및 해설 |

10 ④ 토지의 불법점유자는 토지소유권의 상린관계로서, 위 요지 통행권의 주장이나 통행지역권의 시효취득 주장을 할 수 없다(대판 1976.10.29, 76다1694).

11 ② 요역지는 반드시 1필의 토지이어야 하고 토지의 일부를 위하여 지역권을 설정할 수 없으나, 승역지는 1필의 토지의 일부라도 무방하다.

12 전세권에 관한 설명으로 옳은 것을 모두 고른 것은? (다툼이 있으면 판례에 따름)

> ㉠ 전세권은 전세권의 양도나 상속에 의해서도 취득할 수 있다.
> ㉡ 토지임차인의 건물 기타 공작물의 매수청구권에 관한 민법 제643조의 규정은 토지의 전세권에도 유추적용될 수 있다.
> ㉢ 동일한 건물에 저당권이 전세권보다 먼저 설정된 경우, 전세권자가 경매를 신청하여 매각되면 전세권과 저당권은 모두 소멸한다.
> ㉣ 전세권설정자는 목적물의 현상을 유지하고 그 통상의 관리에 속한 수선을 하여야 한다.

① ㉠, ㉡   ② ㉢, ㉣
③ ㉠, ㉡, ㉢   ④ ㉡, ㉢, ㉣
⑤ ㉠, ㉡, ㉢, ㉣

13 전세권에 관한 설명으로 옳지 않은 것은? (다툼이 있으면 판례에 따름)

① 전세금의 지급은 전세권 성립의 요소이다.

② 당사자가 주로 채권담보의 목적을 갖는 전세권을 설정하였더라도 장차 전세권자의 목적물에 대한 사용 · 수익권을 완전히 배제하는 것이 아니라면 그 효력은 인정된다.

③ 건물전세권이 법정갱신된 경우 전세권자는 전세권 갱신에 관한 등기 없이도 제3자에게 전세권을 주장할 수 있다.

④ 전세권의 존속기간 중 전세목적물의 소유권이 양도되면, 그 양수인이 전세권설정자의 지위를 승계한다.

⑤ 건물의 일부에 대한 전세에서 전세권설정자가 전세금의 반환을 지체하는 경우, 전세권자는 전세권에 기하여 건물 전부에 대해서 경매청구할 수 있다.

14 전세권에 관한 설명으로 옳은 것은? (다툼이 있으면 판례에 따름)

① 전세금의 지급은 반드시 현실적으로 수수되어야 하고, 기존의 채권으로 갈음할 수 없다.

② 전세권설정자가 부속물매수청구권을 행사한 때에도 전세권자는 원칙적으로 부속물을 수거할 수 있다.

③ 전세권자가 목적물의 통상적인 유지 및 관리를 위하여 비용을 지출한 경우, 그 필요비의 상환을 청구할 수 있다.

④ 전세권을 목적으로 한 저당권이 설정된 경우, 전세권의 존속기간이 만료되면 전세권 자체에 대하여 저당권을 실행할 수 없다.

⑤ 당사자는 설정행위로 전세권의 양도나 전세목적물의 임대를 금지하는 약정을 할 수 없다.

정답 및 해설

12 ③ ㉣ 전세권자는 목적물의 현상을 유지하고 그 통상의 관리에 속한 수선을 하여야 한다(제309조).

13 ⑤ 건물의 일부에 대하여 전세권이 설정되어 있는 경우, 전세권의 목적물이 아닌 나머지 건물부분에 대하여는 우선변제권은 별론으로 하고 경매신청권은 없으므로, 전세권자는 전세권의 목적이 된 부분을 초과하여 건물 전부의 경매를 청구할 수 없다(대판 2001.7.2, 2001마212).

14 ④ ① 전세금의 지급은 전세권 성립의 요소이다. 다만, 전세금의 지급이 반드시 현실적으로 수수되어야만 하는 것은 아니고, 기존의 채권으로 전세금의 지급에 갈음할 수도 있다(대판 1995.2.10, 94다18508).

② 전세권이 그 존속기간의 만료로 인하여 소멸한 때에는 전세권자는 그 목적물을 원상에 회복하여야 하며 그 목적물에 부속시킨 물건은 수거할 수 있다. 그러나 전세권설정자가 그 부속물건의 매수를 청구한 때에는 전세권자는 정당한 이유 없이 거절하지 못한다(제316조 제1항).

③ 전세권자는 목적물의 '현상의 유지'와 '통상의 관리에 속한 수선'을 해야 할 의무를 부담한다(제309조). 따라서 전세권자는 목적부동산의 통상적 유지 및 관리를 위하여 필요비를 지출한 경우에도 그 비용의 상환을 청구하지 못한다.

⑤ 전세권자는 전세권을 타인에게 양도 또는 담보로 제공할 수 있고, 그 존속기간 내에서 그 목적물을 타인에게 전전세 또는 임대할 수 있다. 그러나 설정행위로 이를 금지한 때에는 그러하지 아니하다(제306조).

15 전세권에 관한 설명으로 옳지 않은 것은? (다툼이 있으면 판례에 따름)

① 임대인과 임차인이 임대차계약을 체결하면서 임차보증금을 전세금으로 하는 전세권 설정계약을 체결하고 전세권설정등기를 경료한 경우, 다른 약정이 없는 한 임차보증 금반환의무와 전세권설정등기말소의무는 동시이행관계에 있다.

② 전세권이 존속하는 동안은 전세권을 존속시키기로 하면서 전세금반환채권만을 전세 권과 분리하여 확정적으로 양도하는 것은 허용되지 않는다.

③ 전세권자와 인지소유자 사이에는 상린관계에 의한 민법 규정이 준용된다.

④ 전세권이 성립한 후 그 소멸 전에 전세목적물의 소유권이 이전된 경우, 목적물의 구(舊) 소유자는 전세권이 소멸하는 때에 전세권자에 대하여 전세금반환의무를 부담한다.

⑤ 대지와 건물이 동일한 소유자에게 속한 경우에 건물에 전세권을 설정한 때에는 그 대 지소유권의 특별승계인은 전세권설정자에 대하여 지상권을 설정한 것으로 본다.

16 토지전세권에 관한 설명으로 옳은 것은? (다툼이 있으면 판례에 따름)

① 토지전세권을 처음 설정할 때에는 존속기간에 제한이 없다.

② 토지전세권의 존속기간을 1년 미만으로 정한 때에는 1년으로 한다.

③ 전세권이 갱신 없이 그 존속기간이 만료되면 전세권의 용익물권적 권능은 전세권설정 등기의 말소 없이도 당연히 소멸한다.

④ 토지전세권자에게는 토지임차권과 달리 지상물매수청구권이 인정될 수 없다.

⑤ 토지전세권설정자가 존속기간 만료 전 6월부터 1월 사이에 갱신거절의 통지를 하지 않 은 경우, 특별한 사정이 없는 한 동일한 조건으로 다시 전세권을 설정한 것으로 본다.

17 甲은 자신의 X건물에 관하여 乙과 전세금 1억원으로 하는 전세권설정계약을 체결하고 乙 명의로 전세권설정등기를 마쳐주었다. 이에 관한 설명으로 옳지 않은 것은? (다툼이 있으면 판례에 따름)

① 전세권 존속기간을 15년으로 정하더라도 그 기간은 10년으로 단축된다.

② 乙이 甲에게 전세금으로 지급하기로 한 1억원은 현실적으로 수수될 필요 없이 乙의 甲에 대한 기존의 채권으로 전세금에 갈음할 수도 있다.

③ 甲이 X건물의 소유를 위해 그 대지에 지상권을 취득하였다면, 乙의 전세권의 효력은 그 지상권에 미친다.

④ 乙의 전세권이 법정갱신된 경우, 乙은 전세권 갱신에 관한 등기 없이도 甲에 대하여 갱신된 전세권을 주장할 수 있다.

⑤ 합의한 전세권 존속기간이 시작되기 전에 乙 앞으로 전세권설정등기가 마쳐진 경우, 그 등기는 특별한 사정이 없는 한 무효로 추정된다.

제4장

정답 및 해설

15 ④ 전세권이 성립한 후 전세목적물의 소유권이 이전된 경우, 목적물의 신소유자는 구소유자와 전세권자 사이에 성립한 전세권의 내용에 따른 권리의무의 직접적인 당사자가 되어, 전세권이 소멸하는 때에 전세권자에 대하여 전세권설정자의 지위에서 전세금반환의무를 부담하게 된다(대판 2006.5.11, 2006다6072).

16 ③ ① 전세권의 존속기간은 10년을 넘지 못한다. 당사자의 약정기간이 10년을 넘는 때에는 이를 10년으로 단축한다(제312조 제1항).

② 건물에 대한 전세권의 존속기간을 1년 미만으로 정한 때에는 이를 1년으로 한다(제312조 제2항). 토지 전세권의 존속기간은 1년 미만으로 약정할 수 있다.

④ 토지임차인의 지상물매수청구권에 관한 규정은 토지의 전세권에도 유추적용된다. 즉, 토지전세권의 기간이 만료한 때에 지상물이 현존하면, 전세권자는 전세권설정자에게 지상물매수청구권을 행사할 수 있다(대판 2007.9.21, 2005다41740).

⑤ 건물의 전세권설정자가 전세권의 존속기간 만료 전 6월부터 1월까지 사이에 전세권자에 대하여 갱신거절의 통지 또는 조건을 변경하지 아니하면, 갱신하지 아니한다는 뜻의 통지를 하지 아니한 경우에는 그 기간이 만료된 때에 전 전세권과 동일한 조건으로 다시 전세권을 설정한 것으로 본다(제312조 제4항). 토지전세권은 법정갱신이 인정되지 않는다.

17 ⑤ 전세권이 용익물권적인 성격과 담보물권적인 성격을 모두 갖추고 있는 점에 비추어 전세권 존속기간이 시작되기 전에 마친 전세권설정등기도 특별한 사정이 없는 한 유효한 것으로 추정된다. 한편, 전세권은 등기부상 기록된 전세권설정등기의 존속기간과 상관없이 등기된 순서에 따라 순위가 정해진다(대결 2018.1.25, 2017마1093).

18 甲은 그 소유 X건물의 일부에 관하여 乙명의의 전세권을 설정하였다. 이에 관한 설명으로 옳지 않은 것은? (다툼이 있으면 판례에 따름)

① 乙의 전세권이 법정갱신되는 경우, 그 존속기간은 1년이다.

② 존속기간 만료시 乙이 전세금을 반환받지 못하더라도 乙은 전세권에 기하여 X건물 전체에 대한 경매를 신청할 수는 없다.

③ 존속기간 만료시 乙은 특별한 사정이 없는 한 전세금반환채권을 타인에게 양도할 수 있다.

④ 甲이 X건물의 소유권을 丙에게 양도한 후 존속기간이 만료되면 乙은 甲에 대하여 전세금 반환을 청구할 수 없다.

⑤ 乙은 특별한 사정이 없는 한 전세목적물의 현상유지를 위해 지출한 통상필요비의 상환을 甲에게 청구할 수 없다.

19 甲은 乙에게 자신의 토지에 전세권을 설정해 주고, 丙은 乙의 전세권 위에 저당권을 취득하였다. 그 후 전세권의 존속기간이 만료되었다. 이에 관한 설명으로 옳은 것은? (다툼이 있으면 판례에 따름)

① 전세권설정등기의 말소등기가 없으면, 전세권의 용익물권적 권능은 소멸하지 않는다.

② 丙은 전세권 자체에 대해 저당권을 실행할 수 있다.

③ 존속기간의 만료로 甲의 전세권이 소멸하면 특별한 사정이 없는 한, 乙은 丙에게 전세금을 반환하여야 한다.

④ 丙이 전세금반환채권을 압류한 경우에도 丙은 전세금반환채권에 대해 우선변제권을 행사할 수 없다.

⑤ 만약 乙이 丁에게 전세금반환채권을 양도하였다면, 전세권이전등기가 없더라도 丁은 우선변제권을 행사할 수 있다.

정답 및 해설

18 ① 乙의 건물전세권이 법정갱신되는 경우, <u>그 존속기간은 정함이 없는 것으로 본다</u>(제312조 제4항).

19 ③ ①② 전세기간이 만료되면 전세권은 <u>말소등기가 없어도 소멸</u>하고, 저당권의 목적물인 전세권이 소멸하면 저당권도 당연히 소멸하므로 <u>丙은 저당권을 실행할 수 없다</u>(대판 1999.9.17, 98다31301).

④ 丙이 전세금반환채권을 압류한 경우에는 丙은 전세금반환채권에 대해 <u>우선변제권을 행사할 수 있다</u>(대판 1999.9.17, 98다31301).

⑤ 전세권의 존속기간이 만료되면 전세권이 소멸하기 때문에 丁은 전세권이 없는 무담보의 전세금반환채권만을 취득한 것이 되므로 <u>우선변제권을 행사할 수 없다</u>(대판1997.11.25, 97다29790).

제5장 담보물권

대표예제 73 / 담보물권의 특성 ★★

담보물권의 특성 중 담보물권 모두에 공통되는 것으로만 묶인 것은?

㉠ 우선변제적 효력이 있다. ㉡ 수반성이 있다.

㉢ 유치적 효력이 있다. ㉣ 물상대위성이 있다.

㉤ 불가분성이 있다. ㉥ 부종성이 있다.

---

① ㉠, ㉡, ㉢ ② ㉠, ㉢, ㉤

③ ㉡, ㉢, ㉣ ④ ㉡, ㉤, ㉥

⑤ ㉣, ㉤, ㉥

해설 | 담보물권의 특성
1. 담보물권에 공통되는 것: ㉡, ㉤, ㉥
2. 담보물권에 공통되지 않는 것: ㉠, ㉢, ㉣
3. 유치권에서만 인정되지 않는 것: ㉠, ㉣
4. 저당권에서만 인정되지 않는 것: ㉢

기본서 p.652~653 정답 ④

01 담보물권이 가지는 특성(통유성) 중에서 유치권에 인정되는 것을 모두 고른 것은?

> ㉠ 부종성　　　　　　　　　㉡ 수반성
> ㉢ 불가분성　　　　　　　　㉣ 물상대위성

① ㉠, ㉡　　　　　　　　　　② ㉠, ㉣
③ ㉢, ㉣　　　　　　　　　　④ ㉠, ㉡, ㉢
⑤ ㉡, ㉢, ㉣

대표예제 74 ＞ 유치권 ★★★

유치권에 관한 설명으로 옳지 않은 것은? (다툼이 있으면 판례에 따름)

① 유치권은 법률의 규정에 의하여 성립하는 담보물권으로서 물상대위성이 인정되지 않는다.
② 유치권과 동시이행항변권은 동시에 서로 병존할 수 있다.
③ 유치권자는 그의 피담보채권의 변제를 받기 위하여 유치물을 경매할 수 있다.
④ 유치권자는 그 유치의 목적물을 사용·수익할 수 있는 권리가 없으므로, 이를 사용·수익한 경우에는 소유자에 대하여 그로 인한 이익을 부당이득으로 반환하여야 한다.
⑤ 건물의 임대차에서 임차인이 임대차관계의 종료 후 가지는 보증금반환청구권은 그 임대차 목적물에 '관하여 생긴 채권'이므로, 임차인은 그 임대차 목적물에 대하여 유치권을 가진다.

해설 | ⑤ 임차보증금(대판 1976.5.11, 75다1305)과 권리금(대판 1994.10.14, 93다62119)은 채권과 목적물간의 견련성이 없으므로 <u>유치권의 대상이 되는 채권이 될 수 없다.</u>
　　① 물상대위는 우선변제권을 갖는 담보권의 가치권성에 기한 것으로, 가치권성이 희박한 유치권에 대하여 물상대위성이 인정되지 않는다.
　　② 유치권과 동시이행의 항변권은 병존할 수 있다.
　　③ 민사집행법이 정하는 절차에 따라 경매청구가 가능하다(제322조, 민사집행법 제274조).
　　④ 유치권은 이익보유의 권원이 되지 아니하므로 사용에 따른 이득은 부당이득이 성립하여 이를 채무자에게 반환하여야 한다. 유치권자가 건물을 사용함으로써 얻은 실질적 이익은 부당이득으로서 의무가 있다(대판 1963.7.11, 63다235).

기본서 p.654~664　　　　　　　　　　　　　　　　　　　　　　　　　　정답 ⑤

02 유치권과 동시이행항변권의 차이점에 관한 설명으로 옳지 않은 것은? (다툼이 있으면 판례에 따름)

① 유치권과 동시이행의 항변권에는 모두 공평의 원칙에 그 기초를 두고 있다고 하는 공통점이 있다.

② 유치권은 목적물의 인도거절권을 그 내용으로 하지만, 동시이행의 항변권은 일체의 채무이행을 거절할 수 있는 권리이다.

③ 유치권에서는 상당한 담보를 제공하여 유치권의 소멸을 청구할 수 있으나, 동시이행의 항변권에서는 담보의 제공에 의한 소멸청구가 인정되지 않는다.

④ 유치권은 채무를 변제받을 때까지 그 행사가 가능하지만, 동시이행의 항변권은 채무의 이행을 제공받을 때까지 그 행사가 가능하다.

⑤ 상대방의 이행청구에 대하여 유치권을 행사하면 원고패소의 판결을 하게 되지만, 동시이행의 항변권을 행사하면 상환적 급부판결을 하게 된다.

정답 및 해설

01 ④ ㉣ 유치권은 담보물권의 통유성인 부종성·수반성·불가분성은 가지고 있으나, 우선변제를 받는 권리가 아니기 때문에 <u>물상대위성은 없다.</u>

02 ⑤ 물건의 인도를 청구하는 소송에 있어서 피고의 유치권 항변이 인용되는 경우에는 그 물건에 관하여 생긴 채권의 변제와 상환으로 그 물건의 인도를 명하여야 하며(대판 1969.11.25, 69다1592), <u>원고일부승소판결</u>을 내리고 있다. 동시이행항변권을 행사하는 경우에도 <u>상환적 급부의 일부승소판결을 한다</u>(대판 1988.11.22, 87다카2498).

03 유치권 성립을 위한 견련관계가 인정되는 경우를 모두 고른 것은? (다툼이 있으면 판례에 따름)

> ㉠ 임대인과 임차인 사이에 건물명도시 권리금을 반환하기로 약정을 한 때, 권리금반환청구권을 가지고 건물에 대한 유치권을 주장하는 경우
> ㉡ 건물의 임대차에서 임차인의 임차보증금반환청구권으로써 임차인이 그 건물에 유치권을 주장하는 경우
> ㉢ 임대인의 필요비상환채무의 불이행으로 인한 임차인의 손해배상청구권
> ㉣ 가축이 타인의 농작물을 먹어 발생한 손해에 관한 배상청구권에 기해 그 타인이 그 가축에 대한 유치권을 주장하는 경우

① ㉠, ㉡   ② ㉠, ㉢
③ ㉡, ㉢   ④ ㉡, ㉣
⑤ ㉢, ㉣

04 민법상 유치권에 관한 설명으로 옳은 것은? (다툼이 있으면 판례에 따름)

① 채권자가 채무자를 직접점유자로 하여 간접점유하는 경우에도 유치권은 성립한다.
② 목적물에 대한 점유를 취득한 뒤 그 목적물에 관하여 성립한 채권을 담보하기 위한 유치권은 인정되지 않는다.
③ 임대차 종료 후 법원이 임차인의 유익비상환청구권에 유예기간을 인정한 경우, 임차인은 그 기간 내에는 유익비상환청구권을 담보하기 위해 임차목적물을 유치할 수 없다.
④ 유치권자가 점유를 침탈당한 경우 점유보호청구권과 유치권에 기한 반환청구권을 갖는다.
⑤ 유치권 행사는 피담보채권의 소멸시효 중단사유에 해당한다.

05 컴퓨터 수리전문점을 운영하는 甲은 乙 소유 컴퓨터의 수리를 의뢰받고 약속한 날까지 수리를 완료하였으나 乙이 약정한 수리대금을 지불하지 않고 있다. 이에 관한 설명으로 옳지 않은 것은? (다툼이 있으면 판례에 따름)

① 甲은 선량한 관리자의 주의로 컴퓨터를 점유하여야 한다.
② 乙은 甲에게 상당한 담보를 제공하고 유치권의 소멸을 청구할 수 있다.
③ 乙이 甲에게 컴퓨터의 반환을 청구하는 소송을 제기한 경우 법원은 상환급부판결을 하여야 한다.
④ 甲이 컴퓨터를 乙의 승낙 없이 그의 친구에게 대여한 경우 乙은 유치권의 소멸을 청구할 수 있다.
⑤ 만약 乙의 다른 채권자에 의해 컴퓨터에 대한 경매가 이루어진 경우, 甲은 배당절차에 참가하여 채권의 만족을 꾀할 수 있을 뿐, 경락인에 대하여 유치권을 행사할 수는 없다.

정답 및 해설

03 ⑤ ㉠ 임대인과 임차인 사이에 건물명도시 권리금을 반환하기로 하는 약정이 있었다 하더라도 그와 같은 권리금반환청구권은 건물에 관하여 생긴 채권이라 할 수 없으므로 그와 같은 채권을 가지고 건물에 대한 유치권을 행사할 수 없다(대판 1994.10.14, 93다62119).
㉡ 건물의 임대차에 있어서 임차인의 임대인에게 지급한 임차보증금반환청구권이나 임대인이 건물시설을 아니하기 때문에 임차인에게 건물을 임차목적대로 사용 못한 것을 이유로 하는 손해배상청구권은 모두 민법 제320조 소정 소위 그 건물에 관하여 생긴 채권이라 할 수 없다(대판 1976.5.11, 75다1305).

04 ③ ① 채무자를 직접점유자로 하여 채권자가 간접점유하는 경우에는 유치권이 성립 내지 존속할 수 없다(대판 2008.4.11, 2007다27236).
② 피담보채권과 목적물의 점유와의 사이에는 견련성이 요구되지 않으므로 먼저 채권이 성립한 후 나중에 점유를 취득한 경우에도 유치권은 성립한다.
④ 유치권자에게 점유보호청구권을 인정하지만, 유치권에 기한 반환청구권은 인정되지 않는다.
⑤ 유치권의 행사는 채권의 소멸시효의 진행에 영향을 미치지 아니한다(제326조).

05 ⑤ 동산 또는 유가증권의 경우에는 강제경매나 담보권실행경매에서 매수인에 대하여 유치권으로 담보되는 채권을 변제할 책임을 인정하는 규정을 두고 있지 않다. 다만, 동산 또는 유가증권의 유치권자는 집행관에게 목적물의 인도를 거절할 수 있고(민사집행법 제191조), 그럼에도 불구하고 집행관이 경매를 하는 때에는 제3자 이의의 소를 제기하여 이를 막을 수 있다(민사집행법 제48조). 또한 집행관에게 인도하더라도 간접점유에 의하여 유치권의 효력이 유지된다.

06 유치권에 관한 설명으로 옳지 않은 것은? (다툼이 있으면 판례에 따름)

① 유치권자는 유치목적물을 경매로 매각받은 자에게 그 피담보채권의 변제를 청구할 수 없다.

② 유치권은 불가분성을 가지고 있어서 채권 전부의 변제를 받을 때까지 유치물 전부에 대하여 행사할 수 있다.

③ 유치권도 다른 담보물권과 마찬가지로 부종성과 수반성을 지니고 있다.

④ 유치권자와 유치물의 소유자 사이에 유치권을 포기하기로 특약한 경우, 제3자는 특약의 효력을 주장할 수 없다.

⑤ 유치권배제특약에는 조건을 붙일 수 있다.

07 유치권에 관한 설명으로 옳지 않은 것은? (다툼이 있으면 판례에 따름)

① 피담보채권의 변제기가 도래하지 않은 동안에는 유치권이 성립하지 아니한다.

② 유치권은 점유의 상실로 인하여 소멸한다.

③ 유치권자가 스스로 유치물인 주택에 거주하며 사용하는 것은 특별한 사정이 없는 한, 유치물의 보존에 필요한 사용에 해당하지 않는다.

④ 채무자는 상당한 담보를 제공하고 유치권의 소멸을 청구할 수 있다.

⑤ 유치권자가 유치물에 관하여 필요비를 지출할 때에는 소유자에게 그 상환을 청구할 수 있다.

08 유치권에 관한 설명으로 옳지 않은 것은? (다툼이 있으면 판례에 따름)

① 타인의 물건에 대한 점유가 불법행위로 인한 경우, 그 물건에 대한 유치권은 성립하지 않는다.

② 부동산 매도인은 매수인의 매매대금 지급을 담보하기 위하여 매매목적물에 대해 유치권을 행사할 수 없다.

③ 신축건물의 소유권이 수급인에게 인정되는 경우, 그 공사대금의 지급을 담보하기 위한 유치권은 성립하지 않는다.

④ 건축자재를 매도한 자는 그 자재로 건축된 건물에 대해 자신의 대금채권을 담보하기 위하여 유치권을 행사할 수 있다.

⑤ 유치권자가 채무자의 승낙 없이 목적물을 제3자에게 담보로 제공한 경우 채무자는 유치권의 소멸을 청구할 수 있다.

09 유치권에 관한 설명으로 옳지 않은 것은? (다툼이 있으면 판례에 따름)

① 유치권은 채무자 이외의 제3자 소유물에도 성립할 수 있다.

② 유치권자가 제3자와의 점유매개관계에 의해 유치물을 간접점유하는 경우, 유치권은 소멸하지 않는다.

③ 피담보채권의 양도와 목적물의 인도가 있으면 유치권은 이전된다.

④ 유치권자는 채권의 변제를 받기 위해 유치물을 경매할 수 있다.

⑤ 유치부동산에 대하여 법원이 간이변제충당을 허가한 경우, 그 부동산에 대한 등기를 하여야 소유권이 이전된다.

정답 및 해설

06 ④ 유치권은 채권자의 이익을 보호하기 위한 법정담보물권으로서, 당사자는 미리 유치권의 발생을 막는 특약을 할 수 있고 이러한 특약은 유효하다. 유치권배제특약이 있는 경우 다른 법정요건이 모두 충족되더라도 유치권은 발생하지 않는데, 특약에 따른 효력은 특약의 상대방뿐 아니라 그 밖의 사람도 주장할 수 있다(대판 2018.1.24, 2016다234043).

07 ③ 유치권을 행사하는 자가 스스로 유치물인 주택에 거주하며 사용하는 것은 특별한 사정이 없는 한 유치물인 주택의 보존에 도움이 되는 행위로서, 유치물의 보존에 필요한 사용에 해당한다(대판 2009.9.24, 2009다40684).

08 ④ 건축자재에 대한 매매대금채권과 그 자재로 건축된 건물과는 견련성이 없으므로 유치권이 발생할 수는 없다 (대판 2012.1.26, 2011다96208).

09 ⑤ 간이변제충당을 허가하는 법원의 결정에 의한 유치물의 소유권 취득은, 승계취득이지만 법률의 규정에 의한 것이기 때문에 유치물이 부동산일지라도 등기가 필요하지 않다.

질권에 관한 설명으로 옳지 않은 것은? (다툼이 있으면 판례에 따름)

① 타인의 채무를 담보하기 위하여 질권을 설정한 자는 채무자에 대한 사전구상권을 갖는다.

② 선의취득에 관한 민법 제249조는 동산질권에 준용한다.

③ 질권에 있어서 피담보채권의 범위는 저당권의 그것에 비하여 넓게 규정되어 있다.

④ 채권자는 피담보채권의 변제를 받을 때까지 질물을 유치할 수 있다.

⑤ 질권자는 채권의 변제를 받기 위하여 질물을 경매할 수 있고, 우선변제권을 가지므로 물상대위도 인정된다.

해설 | 원칙적으로 수탁보증인의 사전구상권에 관한 민법 제442조는 물상보증인에게 적용되지 아니하고 물상보증인은 <u>사전구상권을 행사할 수 없다</u>(대판 2009.7.23, 2009다19802 · 19819).

기본서 p.664~673　　　　　　　　　　　　　　　　　　　　　　　　정답 ①

---

10 질권자는 우선변제를 받을 수 있지만, 저당권자는 우선변제를 받을 수 없는 것으로 옳은 것을 모두 고른 것은?

> ㉠ 위약금
> ㉡ 실행비용
> ㉢ 보존비용
> ㉣ 이행기 경과 후 1년분의 지연배상
> ㉤ 담보물의 하자로 인한 손해배상

① ㉠, ㉡　　　　　　　　　　　　　② ㉠, ㉣

③ ㉡, ㉤　　　　　　　　　　　　　④ ㉢, ㉣

⑤ ㉢, ㉤

11 권리질권에 관한 설명으로 옳지 않은 것은? (다툼이 있으면 판례에 따름)

① 부동산임차권은 이를 질권의 목적으로 할 수 있다.

② 저당권으로 담보한 채권을 질권의 목적으로 하는 때에는 그 저당권등기에 부기등기를 하여야 그 효력이 저당권에 미친다.

③ 양도할 수 없는 채권은 질권의 목적이 될 수 없다.

④ 임대차보증금채권에 질권을 설정할 경우, 임대차계약서를 교부하지 않더라도 채권질권은 성립한다.

⑤ 채권질권의 설정자가 그 목적인 채권을 양도하는 경우, 질권자의 동의는 필요하지 않다.

12 권리질권에 관한 설명으로 옳지 않은 것은? (다툼이 있으면 판례에 따름)

① 지시채권의 입질은 그 증서에 배서하여 질권자에게 교부하여야 효력이 생긴다.

② 양도금지의 특약이 있는 채권은 질권의 대상으로 할 수 없지만, 양도금지의 특약으로 선의의 제3자에게는 대항할 수 없으므로, 질권자가 선의라면 유효하게 질권을 취득할 수 있다.

③ 채권질권자가 질권의 목적인 채권을 '직접 청구할 수 있다'는 의미는 질권설정자의 이름으로 청구하고 추심할 권한을 갖는다는 것을 말한다.

④ 무기명채권의 입질은 증서를 질권자에게 교부함으로써 그 효력이 생긴다.

⑤ 은행이 대출채권의 담보로 자기에 대한 예금채권을 질권의 목적으로 하는 경우와 같이, 질권자 자신에 대한 채권도 질권의 대상이 된다.

정답 및 해설

10 ⑤ 질권은 원본, 이자, 위약금, 질권실행의 비용, 질물보존의 비용 및 채무불이행 또는 질물의 하자로 인한 손해배상의 채권을 담보한다. 그러나 다른 약정이 있는 때에는 그 약정에 의한다(제334조). 그리고 저당권은 원본, 이자, 위약금, 채무불이행으로 인한 손해배상 및 저당권의 실행비용을 담보한다. 그러나 지연배상에 대하여는 원본의 이행기일을 경과한 후의 1년분에 한하여 저당권을 행사할 수 있다(제360조).

11 ① 양도성을 가지는 재산권이라 하더라도 부동산의 사용·수익을 목적으로 하는 권리(=지상권·전세권·부동산임차권 등)는 질권의 목적으로 할 수 없다(제354조 단서).

12 ③ 질권자는 질권의 목적이 된 채권을 직접 청구할 수 있다(제353조 제1항). 여기서 '직접 청구'한다고 함은, 제3채무자에 대한 집행권원이나 질권설정자의 추심위임 등을 요하지 않으며(대판 1960.9.1, 4292민상937), 질권자 자신의 이름으로 추심할 수 있다는 의미이다.

저당권에 관한 설명으로 옳은 것은? (다툼이 있으면 판례에 따름)

① 전세권은 저당권의 객체가 될 수 없다.

② 저당권 설정은 권리의 이전적 승계에 해당한다.

③ 민법 제365조에 따라 토지와 건물의 일괄경매를 청구한 토지 저당권자는 그 건물의 경매대가에서 우선변제를 받을 수 있다.

④ 물상보증인이 채권자를 대위하는 경우 그는 고유의 구상권의 범위에서 채권 및 그 담보에 관한 권리를 행사할 수 있다.

⑤ 저당물의 소유권을 취득한 제3자는 그 저당물의 보존을 위해 필요비를 지출하더라도 특별한 사정이 없는 한 그 저당물의 경매대가에서 우선상환을 받을 수 없다.

해설ㅣ 물상보증인이 채무자의 채무를 변제한 경우, 그는 민법 제370조에 의하여 준용되는 같은 법 제341조에 의하여 채무자에 대하여 구상권을 가짐과 동시에 민법 제481조에 의하여 당연히 채권자를 대위하고, 위 구상권과 변제자대위권은 원본, 변제기, 이자, 지연손해금의 유무 등에 있어서 내용이 다른 별개의 권리이다(대판 1997.5.30, 97다1556).

오답 체크ㅣ ① 민법상 저당권의 객체는 원칙적으로 부동산이다. 예외적으로 지상권·전세권도 저당권의 객체로 된다(제371조 제1항). 참고로 지역권은 저당권의 객체가 아니다.

② 저당권 설정은 권리의 설정적 승계에 해당한다.

③ 토지를 목적으로 저당권을 설정한 후 그 설정자가 그 토지에 건물을 축조한 때에는 저당권자는 토지와 함께 그 건물에 대하여도 경매를 청구할 수 있다. 그러나 그 건물의 경매대가에 대하여는 우선변제를 받을 권리가 없다(제365조).

⑤ 저당물의 제3취득자가 그 부동산의 보존, 개량을 위하여 필요비 또는 유익비를 지출한 때에는 제203조 제1항·제2항의 규정에 의하여 저당물의 경매대가에서 우선상환을 받을 수 있다(제367조).

기본서 p.677~698　　　　　　　　　　　　　　　　　　　　　　　　　　　정답 ④

---

13 저당권의 객체가 될 수 없는 것은?

① 부동산　　　　　　　　　② 등록된 자동차

③ 지역권　　　　　　　　　④ 광업권

⑤ 등기된 입목

14 저당권에 관한 설명으로 옳은 것을 모두 고른 것은? (다툼이 있으면 판례에 따름)

> ㉠ 불법말소된 저당권등기가 회복되기 전에 경매가 행하여져 매수인이 매각대금을 완납하였다면 저당권말소등기의 회복등기를 청구할 수 없다.
> ㉡ 채무자의 변제로 피담보채권이 소멸하면 말소등기를 하지 않아도 저당권은 소멸한다.
> ㉢ 저당권의 효력은 저당부동산에 부합된 물건에 미치므로, 명인방법을 갖춘 수목에도 토지저당권의 효력이 미친다.
> ㉣ 토지에 관하여 저당권이 설정될 당시 그 지상에 존재하는 건물이 미등기상태였다면 그 건물을 위한 법정지상권이 성립할 수 없다.
> ㉤ 건물 건축 개시 전의 나대지에 저당권이 설정될 당시 저당권자가 그 토지 소유자의 건물 건축에 동의한 경우, 저당토지의 임의경매로 인한 법정지상권은 성립하지 않는다.

① ㉠, ㉡, ㉤   ② ㉠, ㉢, ㉤

③ ㉠, ㉣, ㉤   ④ ㉡, ㉢, ㉣

⑤ ㉡, ㉢, ㉤

정답 및 해설

13 ③ ①③ 민법상 저당권의 객체는 원칙적으로 부동산이다. 예외적으로 지상권 또는 전세권을 저당권의 목적으로 할 수 있으나(제371조 제1항), 지역권은 저당권의 객체가 되지 못한다. 지역권은 요역지와 분리하여 양도하거나 다른 권리의 목적(예 저당권 설정)으로 하지 못하기 때문이다(제292조 제2항).

    ②④⑤ 저당권은 등기·등록할 수 있는 것만이 그 객체로 될 수 있다. 등기된 선박(상법 제871조), 광업권(광업법 제13조), 어업권(수산업법 제15조), 댐사용권, 공장재단, 광업재단, 자동차, 항공기, 건설기계, 입목등기가 이루어진 입목은 저당권의 객체가 되나, 명인방법에 의한 수목의 집단은 아니다.

14 ① ㉢ 명인방법을 갖춘 수목은 독립된 부동산이며, 토지에 부합하지 않는다. 따라서 토지저당권의 효력이 명인방법을 갖춘 수목에는 미치지 않는다.

    ㉣ 건물은 저당권 설정 당시에 실제로 존재하고 있었으면 충분하고, 미등기·무허가건물이어도 법정지상권은 인정된다(대판 2004.6.11, 2004다13533).

15 저당권의 효력이 미치는 목적물의 범위에 관한 설명으로 옳지 않은 것은? (다툼이 있으면 판례에 따름)

① 명인방법을 갖춘 수목에는 토지의 저당권의 효력이 미치지 않는다.

② 당사자는 설정계약으로 저당권의 효력이 종물에 미치지 않는 것으로 정할 수 있다.

③ 건물 소유를 목적으로 토지를 임차한 자가 그 토지 위에 소유하는 건물에 저당권을 설정한 경우 건물 소유를 목적으로 한 토지임차권에도 저당권의 효력이 미친다.

④ 증축된 건물부분이 기존건물에 부합되어 별개의 독립물로서의 효용을 갖지 않더라도 경매절차에서 경매목적물로 평가되지 아니하였다면, 경락인은 그 증축부분의 소유권을 취득할 수 없다.

⑤ 저당부동산에 대한 압류 이후의 저당권설정자의 저당부동산에 관한 차임채권에도 저당권의 효력이 미친다.

16 법률에 특별한 규정 또는 설정행위에 다른 약정이 없는 경우, 저당권의 우선변제적 효력이 미치는 것을 모두 고른 것은?

> ㉠ 토지에 저당권이 설정된 후 그 토지 위에 완공된 건물
> ㉡ 토지에 저당권이 설정된 후 토지소유자가 그 토지에 매설한 유류저장탱크
> ㉢ 저당토지가 저당권 실행으로 압류된 후 그 토지에 관하여 발생한 저당권설정자의 차임채권
> ㉣ 토지에 저당권이 설정된 후 토지의 전세권자가 그 토지에 식재하고 등기한 입목

① ㉡   ② ㉠, ㉣

③ ㉡, ㉢   ④ ㉠, ㉢, ㉣

⑤ ㉡, ㉢, ㉣

17 저당권의 물상대위에 관한 설명으로 옳은 것은? (다툼이 있으면 판례에 따름)

① 대위할 물건이 제3자에 의하여 압류된 경우에는 물상대위성이 없다.

② 전세권을 저당권의 목적으로 한 경우 저당권자에게 물상대위권이 인정되지 않는다.

③ 저당권설정자에게 대위할 물건이 인도된 후에 저당권자가 그 물건을 압류한 경우 물상대위권을 행사할 수 있다.

④ 저당권자는 저당목적물의 소실로 인하여 저당권설정자가 취득한 화재보험금청구권에 대하여 물상대위권을 행사할 수 있다.

⑤ 저당권이 설정된 토지가 공익사업을 위한 토지 등의 취득 및 보상에 관한 법률에 따라 협의취득된 경우, 저당권자는 그 보상금에 대하여 물상대위권을 행사할 수 있다.

제5장

정답 및 해설

15 ④ 건물의 증축부분이 기존건물에 부합하여 별도의 독립물이 되지 아니하는 한, 민법 제358조에 의하여 부합된 증축부분에도 효력이 미치는 것이므로 기존건물에 대한 경매절차에서 경매목적물로 평가되지 아니하였다고 할지라도 <u>경락인은 부합된 증축부분의 소유권을 취득한다</u>(대판 2002.10.25, 2000다65110).

16 ③ ㉡ 토지소유자가 그 토지에 매설한 유류저장탱크는 토지의 부합물로서 <u>저당권의 효력이 미친다</u>.
   ㉢ 저당부동산에 대한 압류가 있으면 압류 이후의 저당권설정자의 저당부동산에 관한 차임채권 등에도 <u>저당권의 효력이 미친다</u>(대판 2016.7.27, 2015다230020).
   ㉠ 건물은 토지와는 별개의 부동산이다. 따라서 토지에 저당권이 설정된 후 그 토지 위에 완공된 건물에는 <u>저당권의 효력이 미치지 않는다</u>.
   ㉣ 토지의 저당권은 토지 위의 수목에 대해서도 효력이 미친다. 그러나 등기된 입목이나 명인방법을 갖춘 수목, 전세권자가 식재한 수목에 대해서는 <u>토지저당권의 효력이 미치지 않는다</u>.

17 ④ ① 제3자가 압류하여 그 금전 또는 물건이 특정된 이상 저당권자가 스스로 이를 압류하지 않고서도 <u>물상대위권을 행사할 수 있다</u>(대판 2002.10.11, 2002다33137).
   ② 저당권자는 전세금반환채권에 대하여 압류 및 추심 또는 전부명령을 받거나 제3자가 전세금반환채권에 대하여 실시한 강제집행절차에서 배당요구를 하는 등의 방법으로 <u>물상대위권을 행사할 수 있다</u>(대결 1995.9.18, 95마684).
   ③ 저당권자가 물상대위권을 행사하기 위해서는 저당권설정자가 채권의 목적물인 금전 등을 인도받기 전에 해당 채권을 '압류'하여야 한다(제370조, 제342조).
   ⑤ 저당권의 목적토지가 공익사업을 위한 토지 등의 취득 및 보상에 관한 법률에 따라 협의취득된 경우에는, 그것이 사법상의 매매이고 공용징수가 아니므로 저당권자는 그 토지에 추급할 수 있고, 토지소유자가 수령할 보상금에 대하여 <u>물상대위를 할 수 없다</u>(대판 1981.5.26, 80다2109).

18 저당권의 피담보채권에 관한 설명으로 옳지 않은 것은? (다툼이 있으면 판례에 따름)

① 원본채권 전액이 피담보채권으로 되는 것이 보통이지만, 원본의 일부로써 피담보채권으로 하는 것도 상관없다.

② 민법은 저당권의 효력이 미치는 이자의 범위를 제한하고 있지 않다.

③ 민법은 채무불이행으로 인한 손해배상, 즉 지연배상(지연이자)은 원본의 이행기일을 경과한 후의 3년분에 한하여 피담보채권으로 하고 있다.

④ 위약금은 등기하면 저당권에 의하여 담보될 수 있다.

⑤ 저당권 실행비용도 피담보채권이 된다.

19 저당권에 관한 설명으로 옳지 않은 것은? (다툼이 있으면 판례에 따름)

① 수개의 채권을 담보하기 위하여 동일한 부동산에 수개의 저당권이 설정된 때에는 그 순위는 설정등기의 선후에 의한다.

② 후순위저당권자가 경매를 신청하더라도 선순위저당권은 소멸하며 그 배당에서 우선변제를 받게 된다.

③ 저당권의 효력은 법률에 특별한 규정 또는 설정행위에 다른 약정이 없으면 저당부동산에 부합된 물건과 종물에도 미친다.

④ 저당권은 그 담보한 채권과 분리하여 타인에게 양도하거나 다른 채권의 담보로 제공할 수 있다.

⑤ 전세권을 목적으로 저당권을 설정한 자는 저당권자의 동의 없이 전세권을 소멸하게 하는 행위를 하지 못한다.

20 저당권에 관한 설명으로 옳지 않은 것은? (다툼이 있으면 판례에 따름)

① 물상보증인은 수탁보증인과 마찬가지로 원칙적으로 채무자에게 사전구상권을 행사할 수 있다.

② 저당부동산에 대하여 전세권을 취득한 제3자는 저당권자에게 그 부동산으로 담보된 채권을 변제하고 저당권의 소멸을 청구할 수 있다.

③ 저당권 설정 후 저당부동산에 부합된 물건에 대해서도 특별한 사정이 없는 한 저당권의 효력은 미친다.

④ 저당권에 기한 물권적 청구권에는 반환청구권은 인정되지 않고, 방해제거와 방해예방 청구권이 인정된다.

⑤ 저당목적물을 권한 없이 멸실 · 훼손하거나 담보가치를 감소시키는 행위는 특별한 사정이 없는 한 불법행위가 될 수 있다.

정답 및 해설

18 ③　③⑤ 민법은 저당권의 피담보채권의 범위에 관하여 보충규정(제360조 본문)을 두고 있는바, 원본 · 이자 · 위약금 · 채무불이행으로 인한 손해배상 및 저당권 실행비용을 담보한다. 그러나 지연배상에 관하여는 원본의 이행기일을 도과한 후의 <u>1년분에 한하여</u> 저당권을 행사할 수 있다(제360조 단서).

19 ④　저당권은 그 담보한 채권과 분리하여 타인에게 양도하거나 <u>다른 채권의 담보로 하지 못한다</u>(제361조).

20 ①　수탁보증인의 사전구상권에 관한 민법 제442조는 물상보증인에게 적용되지 아니하고, 물상보증인은 사전 <u>구상권을 행사할 수 없다</u>(대판 2009.7.23, 2009다19802 · 19819).

21 저당토지 위의 건물에 대한 일괄경매청구권에 관한 설명으로 옳은 것은? (다툼이 있으면 판례에 따름)

① 일괄경매청구권은 저당권설정자가 건물을 축조하여 소유하고 있는 경우에만 인정된다.

② 저당권설정자로부터 저당토지에 대해 용익권을 설정받은 자가 그 지상에 건물을 신축한 후 저당권설정자가 그 건물의 소유권을 취득한 경우, 저당권자는 토지와 건물에 대해 일괄경매를 청구할 수 있다.

③ 저당토지 위의 건물에 대한 일괄경매청구권의 요건을 구비한 경우 저당권자는 일괄경매를 신청할 의무를 부담한다.

④ 토지 저당권자는 건물의 매각대금에 대해서도 우선변제를 받을 수 있다.

⑤ 저당토지만 경매해도 충분히 피담보채권을 변제받을 수 있는 경우라면 건물에 대한 일괄경매가 허용되지 않는다.

22 甲은 그 소유 나대지(X)에 乙에 대한 채무담보를 위해 乙명의의 저당권을 설정하였다. 이후 丙은 X에 건물(Y)을 신축하여 소유하고자 甲으로부터 X를 임차하여 Y를 완성한 후, Y에 丁명의의 저당권을 설정하였다. 이에 관한 설명으로 옳지 않은 것은? (다툼이 있으면 판례에 따름)

① 乙은 甲에 대한 채권과 분리하여 자신의 저당권을 타인에게 양도할 수 없다.

② 乙이 X에 대한 저당권을 실행하는 경우, Y에 대해서도 일괄경매를 청구할 수 있다.

③ 丁의 Y에 대한 저당권 실행으로 戊가 경락을 받아 그 대금을 완납하면, 특별한 사정이 없는 한 丙의 X에 관한 임차권은 戊에게 이전된다.

④ 丁의 Y에 대한 저당권이 실행되더라도 乙의 저당권은 소멸하지 않는다.

⑤ 甲이 X를 매도하는 경우, 乙은 그 매매대금에 대해 물상대위권을 행사할 수 없다.

23 저당부동산의 제3취득자에 관한 설명으로 옳은 것을 모두 고른 것은? (다툼이 있으면 판례에 따름)

> ⊙ 저당부동산에 대한 후순위저당권자는 저당부동산의 피담보채권을 변제하고 그 저당권의 소멸을 청구할 수 있는 제3취득자에 해당하지 않는다.
> ⓛ 저당부동산의 제3취득자는 부동산의 보존·개량을 위해 지출한 비용을 그 부동산의 경매대가에서 우선상환을 받을 수 없다.
> ⓒ 저당부동산의 제3취득자는 저당권을 실행하는 경매에 참가하여 매수인이 될 수 있다.
> ⓔ 피담보채권을 변제하고 저당권의 소멸을 청구할 수 있는 제3취득자에는 경매신청 후에 소유권, 지상권 또는 전세권을 취득한 자도 포함된다.

① ⊙, ⓛ
② ⊙, ⓔ
③ ⓛ, ⓒ
④ ⊙, ⓒ, ⓔ
⑤ ⓛ, ⓒ, ⓔ

정답 및 해설

21 ② ①② 토지소유자인 <u>저당권설정자가 축조하여 소유하고 있는 건물이어야 한다</u>(대결 1994.1.24, 93마736). 한편, 저당권설정자로부터 저당토지에 대한 <u>용익권을 설정받은 자가 그 토지에 건물을 축조한 경우라도 그 후 저당권설정자가 그 건물의 소유권을 취득한 경우에는</u> 저당권자는 토지와 함께 그 건물에 대하여 경매를 청구할 수 있다(대판 2003.4.11, 2003다3850).

③ <u>일괄경매권은 권리이지 의무가 아니므로</u>, 저당권자는 특별한 사정이 없는 한 일괄경매를 신청하지 않을 수도 있다. 따라서 특별한 사정이 없는 한, 자신의 자유로운 선택에 따라 토지만에 대하여 경매를 신청하거나 토지·건물을 일괄하여 경매를 청구할 수 있다(대판 1977.4.26, 77다77).

④ 일괄경매를 하는 경우에도 저당권의 우선변제적 효력은 건물에 미치지 않고, <u>저당권자가 우선변제를 받는 범위는 토지의 매각대금에 한정된다</u>(제365조 단서).

⑤ 토지만을 경매하여 그 대금으로부터 충분히 피담보채권의 변제를 받을 수 있더라도, 제365조에 의한 일괄경매에 민사집행법 제124조의 <u>과잉경매의 제한은 적용되지 않는다</u>(대결 1967.12.22, 67마162).

22 ② 토지저당권자가 일괄경매를 청구하기 위해서는 건물이 저당권설정자의 소유이어야 한다. Y건물은 丙의 소유이므로 乙이 X에 대한 저당권을 실행하는 경우, <u>Y에 대해서도 일괄경매를 청구할 수 없다</u>.

23 ④ ⓛ 저당부동산의 제3취득자는 부동산의 보존·개량을 위해 지출한 비용을 그 부동산의 경매대가에서 <u>우선상환을 받을 수 있다</u>(제367조).

---

24 甲은 乙로부터 1억 5천만원을 차용하면서 자신의 A·B·C 부동산에 저당권을 설정하였다. 그 후 乙은 甲이 채무를 변제하지 않자, 위 각 부동산을 동시 경매하였다. 위 부동산에 관한 경락대금이 각 9천만원(A), 6천만원(B) 및 3천만원(C)이었다면 乙이 B부동산에서 변제받게 되는 금액은 얼마인가? (다만, 각 부동산에 대한 乙의 저당권의 순위는 모두 제1순위이다)

① 7천5백만원   ② 5천5백만원
③ 5천만원   ④ 3천만원
⑤ 2천5백만원

25 甲은 乙에 대한 자신의 채권을 담보하기 위하여 乙의 토지 X(시가 3천만원), 丙의 토지 Y(시가 2천만원), 丁의 토지 Z(시가 1천만원)에 대하여 각각 1번 근저당권(채권최고액 3천만원)을 설정하였다. X토지에 대하여는 2번 근저당권(채권최고액 2천만원)이 존재한다. 그런데 甲은 X토지만을 경매하여 전액을 선순위자로 배당받아 갔다. 이 경우 X토지의 2번 저당권자는 얼마의 범위에서 Y토지에 대해 甲을 대위하여 저당권을 행사할 수 있는가? (다툼이 있으면 판례에 따름)

① 5백만원   ② 1천만원
③ 1천5백만원   ④ 2천만원
⑤ 0원(대위하여 저당권을 행사할 수 없다)

26 甲은 채무자 乙의 X토지와 제3자 丙의 Y토지에 대하여 피담보채권 5천만원의 1번 공동
저당권을, 丁은 X토지에 乙에 대한 피담보채권 2천만원의 2번 저당권을, 戊는 Y토지에
丙에 대한 피담보채권 3천만원의 2번 저당권을 취득하였다. Y토지가 경매되어 배당금액
5천만원 전액이 甲에게 배당된 후 X토지 매각대금 중 4천만원이 배당되는 경우, 戊가
X토지 매각대금에서 배당받을 수 있는 금액은? (다툼이 있으면 판례에 따름)

① 0원   ② 1천만원
③ 2천만원   ④ 3천만원
⑤ 4천만원

정답 및 해설

24 ③ 공동저당에서 동시배당의 경우에는 각 부동산의 경매대가에 비례하여 그 채권의 분담을 정하므로(제368조
제1항), 乙이 B부동산에 대하여 배당을 받는 금액은 1억 5천만원 × 6천만원/(9천만원 + 6천만원 + 3천만
원) = <u>5천만원</u>이 된다.

25 ⑤ 공동저당의 목적인 채무자 소유의 부동산과 물상보증인 소유의 부동산 중 채무자 소유의 부동산에 대하여
먼저 경매가 이루어져 그 경매대금의 교부에 의하여 1번 공동저당권자가 변제를 받더라도, 채무자 소유의
부동산에 대한 후순위저당권자는 민법 제368조 제2항 후단에 의하여 1번 공동저당권자를 대위하여 물상
보증인 소유의 부동산에 대하여 저당권을 행사할 수 없다(대결 1995.6.13, 95마500). 따라서 사안에서
A토지의 2번 저당권자는 甲을 대위하여서 물상보증인 丙 소유 부동산인 B토지에 대하여 <u>대위를 주장할
수 없다</u>.

26 ④ 물상보증인의 부동산이 먼저 경매되어 1번 저당권자에게 대위변제를 한 물상보증인은 1번 저당권을 대위취
득하고, 그 물상보증인 소유의 부동산의 후순위저당권자는 1번 저당권에 대하여 물상대위를 할 수 있다(대
판 1994.5.10, 93다25417). 따라서 戊는 丁에 우선하여 자기 채권 <u>3천만원</u>을 우선배당받을 수 있다(물상
보증인 우선설).

27 근저당권에 관한 설명으로 옳은 것은? (다툼이 있으면 판례에 따름)

① 후순위저당권자가 저당부동산에 대해 경매를 신청한 경우, 선순위근저당권의 피담보채무 확정시기는 매수인이 매각대금을 완납한 때이다.

② 근저당권의 피담보채권의 확정 전에 발생한 원본채권에 관하여 확정 후에 발생하는 이자나 지연손해금 채권은 채권최고액의 범위 내에 있더라도 그 근저당권에 의하여 담보되지 않는다.

③ 근저당권을 설정한 이후 피담보채권이 확정되기 전에 근저당설정자와 근저당권자의 합의로 채무자를 추가할 경우에는 특별한 사정이 없는 한, 이해관계인의 승낙을 받아야 한다.

④ 채권자는 피담보채권이 확정되기 전에 그 채권의 일부를 양도하여 근저당권의 일부양도를 할 수 있다.

⑤ 확정된 피담보채무액이 채권최고액을 초과하더라도 근저당권설정자인 채무자는 채권최고액을 변제하고 근저당권의 말소를 청구할 수 있다.

28 근저당권에 관한 설명으로 옳지 않은 것은? (다툼이 있으면 판례에 따름)

① 저당권과 달리 근저당권은 채권최고액을 정하여 등기하여야 한다.

② 피담보채권의 이자는 채권최고액에 포함된 것으로 본다.

③ 근저당권의 실행비용은 채권최고액에 포함되지 않는다.

④ 근저당권자가 피담보채무의 불이행을 이유로 경매신청을 하여 경매개시결정이 있은 후에 경매신청이 취하된 경우에는 채무확정의 효과가 번복된다.

⑤ 최선순위 근저당권자가 경매를 신청하여 경매개시결정이 된 경우, 그 근저당권의 피담보채권은 경매신청시에 확정된다.

정답 및 해설

27 ① ② 확정 전에 발생한 원본채권에 관하여 확정 후에 발생하는 이자나 지연손해금 채권은 채권최고액의 범위 내에서 근저당권에 의하여 여전히 담보되는 것이다(대판 2007.4.26, 2005다38300).

③ 후순위저당권자 등 이해관계인은 근저당권의 채권최고액에 해당하는 담보가치가 근저당권에 의하여 이미 파악되어 있는 것을 알고 이해관계를 맺었기 때문에 이러한 변경으로 예측하지 못한 손해를 입었다고 볼 수 없으므로, 피담보채무의 범위 또는 채무자를 변경할 때 이해관계인의 승낙을 받을 필요가 없다(대판 2021.12.16, 2021다255648).

④ 근저당 거래관계가 계속 중인 경우, 즉 근저당권의 피담보채권이 확정되기 전에 그 채권의 일부를 양도하거나 대위변제한 경우 근저당권이 양수인이나 대위변제자에게 이전할 여지는 없다(대판 2002.7.26, 2001다53929).

⑤ 근저당권은 원본, 이자, 위약금, 채무불이행으로 인한 손해배상 및 근저당권의 실행비용을 담보하는 것이며, 이것이 근저당에 있어서의 채권최고액을 초과하는 경우에 근저당권자로서는 그 채무자 겸 근저당권설정자와의 관계에 있어서는 그 채무의 일부인 채권최고액과 지연손해금 및 집행비용만을 받고 근저당권을 말소시켜야 할 이유는 없을 뿐 아니라, 채무금 전액에 미달하는 금액의 변제가 있는 경우에 이로써 우선 채권최고액 범위의 채권에 변제충당한 것으로 보아야 한다는 이유도 없으니 채권 전액의 변제가 있을 때까지 근저당의 효력은 잔존채무에 여전히 미친다고 할 것이다(대판 2010.5.13, 2010다3681).

28 ④ 경매신청으로 채권액이 확정되면 보통의 저당권으로 전환되므로, 경매개시결정 후 경매신청이 취하되었다고 하더라도 채무확정의 효과는 번복되지 않는다(대판 2002.11.26, 2001다73022).

10개년 출제비중분석

5%

제3편
출제비중

장별 출제비중

1장	2장	3장	4장	5장
0.25%	2.25%	0.75%	1.25%	0.5%

제3편

채권총론

제1장 채권의 목적

민법상 채권의 목적에 관한 설명으로 옳지 않은 것은? (다툼이 있으면 판례에 따름)

① 선택채권의 경우, 특별한 사정이 없는 한 선택의 효력은 소급하지 않는다.

② 금전으로 가액을 산정할 수 없는 것이라도 채권의 목적으로 할 수 있다.

③ 종류채권의 경우, 목적물이 특정된 때부터 그 특정된 물건이 채권의 목적물이 된다.

④ 특정물매매계약의 매도인은 특별한 사정이 없는 한, 그 목적물을 인도할 때까지 선량한 관리자의 주의로 그 물건을 보존하여야 한다.

⑤ 채권액이 다른 나라 통화로 지정된 때에는, 채무자는 지급할 때에 있어서의 이행지의 환금시가에 의하여 우리나라 통화로 변제할 수 있다.

해설 | ① 선택의 효력은 그 채권이 발생한 때에 <u>소급한다</u>(제386조).
② 제373조
③ 종류채권이 특정되면, 목적물이 특정된 때부터 그 특정된 물건이 채권의 목적물이 되는 특정물채권으로 전환(제375조 제2항)되어 선관의무(제374조)를 부담한다.
④ 제374조
⑤ 제378조

기본서 p.721~730

정답 ①

01 채권의 목적에 관한 설명으로 옳지 않은 것은? (다툼이 있으면 판례에 따름)

① 특정물채권의 채무자는 이행기의 현상대로 그 물건을 인도하여야 한다.

② 특정물의 인도가 채권의 목적인 때에는 채무자는 그 물건을 인도하기까지 자기 물건과 동일한 주의로 보존하여야 한다.

③ 채권의 목적을 종류로만 지정한 경우에, 법률행위의 성질이나 당사자의 의사에 의하여 품질을 정할 수 없는 때에는 채무자는 중등품질의 물건으로 이행하여야 한다.

④ 금전채무에 관하여 이행지체에 대비한 지연손해금 비율을 따로 약정한 경우, 그 약정은 일종의 손해배상액의 예정이다.

⑤ 채권의 목적이 수개의 행위 중에서 선택에 좇아 확정될 경우에 다른 법률의 규정이나 당사자의 약정이 없으면 선택권은 채무자에게 있다.

02 甲은 乙의 농장에서 키우는 유일한 진돗개 A를 매수하면서, 1주일 후 잔금지급과 동시에 A를 인도받기로 하였다. 이에 관한 설명으로 옳지 않은 것은? (단, 담보책임의 문제는 논외로 하며, 다툼이 있으면 판례에 따름)

① 乙은 다른 약정이 없는 한 A를 자신의 농장에서 甲에게 인도하면 된다.

② 乙이 선관주의의무를 다하여 A를 관리하였으나 丙이 A를 훔쳐간 경우, 乙은 甲에게 손해를 배상할 책임이 없다.

③ 乙이 선관주의의무를 다하여 A를 관리하였는지 여부에 대한 증명책임은 甲에게 있다.

④ 乙이 선관주의의무를 다하여 A를 관리할 의무는 A에 대한 매매계약이 성립한 시점부터 발생한다.

⑤ 乙이 선관주의의무를 다하여 A를 관리하였으나 A가 질병에 걸린 경우, 乙은 A를 현상 그대로 인도하면 된다.

정답 및 해설

01 ② 특정물의 인도가 채권의 목적인 때에는 채무자는 그 물건을 인도하기까지 <u>선량한 관리자의 주의로 보존하</u>여야 한다(제374조).

02 ③ ②③ 채무자가 선관의무를 위반하여 목적물을 멸실케 한 경우에는 손해배상의무를 부담한다(제390조). 선관의무를 다하였는지 여부에 대한 <u>입증책임은 채무자가 진다</u>(대판 2001.1.19, 2000다57351). 채무자가 선관의무를 다하였음에도 목적물이 멸실 또는 훼손된 경우에 채무자는 손해배상의무를 부담하지 않으며, 그 멸실·훼손에 따른 위험(급부위험)은 채권자가 부담한다. 다만 특정물채권이 쌍무계약에 기하여 발생한 경우에는, 급부위험과는 별도로 대가위험도 문제된다[위험부담의 문제(제537조, 제538조)].

03 금전채권에 관한 설명으로 옳지 않은 것은? (다툼이 있으면 판례에 따름)

① 우리나라 통화를 외화채권에 변제충당할 때 특별한 사정이 없는 한 채무이행기의 외국환시세에 의해 환산한다.

② 금전채무의 지연손해금채무는 금전채무의 이행지체로 인한 손해배상채무로서 이행기의 정함이 없는 채무에 해당한다.

③ 민사채권의 법정이율은 모두 연 5푼이다.

④ 금전채무의 약정이율은 있었지만 이행지체로 인해 발생한 지연손해금에 관한 약정이 없는 경우, 특별한 사정이 없는 한 지연손해금은 그 약정이율에 의해 산정한다.

⑤ 채권의 목적이 다른 나라 통화로 지급할 것인 경우, 채무자는 그 국가의 강제통용력 있는 각종 통화로 변제할 수 있다.

04 금전채권에 관한 설명으로 옳지 않은 것은? (다툼이 있으면 판례에 따름)

① 금전채무불이행의 손해배상에 관하여 채권자는 손해의 증명을 요하지 않는다.

② 금전채무불이행의 손해배상에 관하여 채무자는 과실 없음을 항변하지 못한다.

③ 금전채무는 이행불능, 위험부담의 문제가 생기지 않는다.

④ 금전채무의 이행지체로 인하여 발생하는 지연손해금은 3년간의 단기소멸시효의 대상이다.

⑤ 금전채무에 관하여 이행지체에 대비한 지연손해금 비율을 따로 약정한 경우, 이는 일종의 손해배상액의 예정이다.

05 금전채권·이자채권에 관한 설명으로 옳은 것은? (다툼이 있으면 판례에 따름)

① 금전채무의 불이행으로 인한 지연손해금의 비율이 법정이율보다 낮은 비율로 한 약정은 무효이다.

② 주채무가 외화채무인 경우, 채권자와 보증인 사이에 미리 약정한 환율로 환산한 원화로 보증채무를 이행하기로 약정하는 것은 보증채무의 부종성에 따라 허용되지 않는다.

③ 금전채무에서 이자를 약정한 경우, 변제기 이후에는 다른 의사표시가 없는 한 법정이자를 지급하면 된다.

④ 채권액이 다른 나라의 통화로 지정된 때에는 채무자는 지급할 때에 있어서의 이행지의 환금시가에 의하여 우리나라 통화로 변제할 수 있다.

⑤ 이미 발생한 이자에 관하여 채무자가 이행을 지체한 경우 채권자는 그 이자에 대한 지연손해금을 청구할 수 없다.

정답 및 해설

03 ① 채권액이 외국통화로 정해진 금전채권인 외화채권을 채무자가 우리나라 통화로 변제하는 경우에 그 환산시기는 이행기가 아니라 현실로 이행하는 때, 즉 현실이행시의 외국환시세에 의하여 환산한 우리나라 통화로 변제하여야 하고, 우리나라 통화를 외화채권에 변제충당할 때도 특별한 사정이 없는 한 현실로 변제충당할 당시의 외국환시세에 의하여 환산하여야 한다(대판 2000.6.9, 99다56512).

04 ④ 변제기 이후에 지급하는 지연이자는 금전채무의 이행을 지체함으로 인한 손해배상금이지 이자가 아니며 또 민법 제163조 제1호 소정의 1년 이내의 기간으로 정한 채권도 아니므로 단기소멸시효의 대상이 되는 것도 아니다(대판 1989.2.28, 88다카214).

05 ④ ① 금전채무불이행으로 인한 손해배상액은 법정이율에 의해 정해진다. 그러나 법령의 제한에 위반하지 아니한 약정이율이 있으면 그 이율에 의한다(제397조). 법정이율보다 낮은 것은 문제되지 않는다.

② 보증채무는 주채무와는 별개의 독립한 채무로서, 다수당사자의 채권관계에서 나타나는 기본적인 성질이다. 따라서 주채무가 외화채무이더라도 채권자와 보증인 사이에 미리 약정한 환율로 환산한 원화로 보증채무를 이행하기로 약정하는 것은 가능하다.

③ 민법 제397조 제1항은 본문에서 금전채무불이행의 손해배상액을 법정이율에 의할 것을 규정하고, 그 단서에서 "그러나 법령의 제한에 위반하지 아니한 약정이율이 있으면 그 이율에 의한다."고 정한다(대판 2009.12.24, 2009다85342).

⑤ 이미 발생한 이자에 관하여 채무자가 이행을 지체한 경우에는 그 이자에 대한 지연손해금을 청구할 수 있다(대판 1996.9.20, 96다25302).

06 채권의 목적에 관한 설명으로 옳은 것은? (다툼이 있으면 판례에 따름)

① 채권의 목적이 어느 종류의 다른 나라 통화로 지급할 것인 경우에, 그 통화가 변제기에 강제통용력을 잃은 때에는 우리나라 통화로 변제하여야 한다.

② 채권의 목적이 어느 종류의 통화로 지급할 것인 경우에, 그 통화가 변제기에 강제통용력을 잃은 때에는 채무자는 다른 통화로 변제하여야 한다.

③ 채권성립 후 선택권 없는 당사자의 과실로 급부가 불능으로 된 경우, 선택권자는 불능으로 된 급부를 선택할 수 없다.

④ 원본채권이 양도된 경우 이미 변제기에 도달한 이자채권은 원본채권의 양도 당시 그 이자채권도 양도한다는 의사표시가 없어도 당연히 양도된다.

⑤ 채권의 목적을 종류로만 지정한 경우에 법률행위의 성질이나 당사자의 의사에 의하여 품질을 정할 수 없을 때에는, 그 물건의 품질은 채무자가 임의로 정하여 이행하면 된다.

07 선택채권에 관한 설명으로 옳지 않은 것은?

① 선택채권에서 특정의 대상이 되는 두 개의 급부 중 하나가 원시적 불능인 경우, 잔존하는 급부에 대한 채권도 소멸한다.

② 선택권자인 제3자가 선택할 수 없는 경우에는 선택권은 채무자에게 이전한다.

③ 채권자 또는 채무자가 선택하는 경우에는 그 선택은 상대방에 대한 의사표시로 한다.

④ 제3자에 의한 급부의 선택은 채무자 및 채권자에 대한 의사표시로 한다.

⑤ 채권자 또는 채무자가 선택권 행사기간 내에 선택권을 행사하지 않으면 상대방은 상당한 기간을 정하여 그 선택을 최고할 수 있다.

08 선택채권에 관한 설명으로 옳은 것은? (다툼이 있으면 판례에 따름)

① 채권의 목적인 급부 중 선택권 없는 당사자의 과실에 의해 불능으로 된 것이 있을 경우에, 선택권 있는 당사자는 불능으로 된 급부를 선택할 수 있다.

② 선택권 행사의 기간이 있는 경우, 선택권자가 그 기간 내에 선택권을 행사하지 않으면 즉시 상대방에게 선택권이 이전된다.

③ 제3자가 선택권을 가지는 경우에 제3자가 선택할 수 없는 때에는, 선택권은 채권자에게 속한다.

④ 채무자가 한 선택의 의사표시는 채권자의 이익을 해치지 않는 한 언제라도 이것을 철회할 수 있다.

⑤ 선택채권의 소멸시효는 선택권을 행사한 때부터 진행한다.

정답 및 해설

06 ② ① 채권의 목적이 어느 종류의 다른 나라 통화로 지급할 것인 경우에, 그 통화가 변제기에 강제통용력을 잃은 때에는 그 나라의 다른 통화로 변제하여야 한다(제377조 제2항).

③ 채권의 목적으로 선택할 수개의 행위 중에 처음부터 불능한 것이나 또는 후에 이행불능하게 된 것이 있으면 채권의 목적은 잔존한 것에 존재한다(제385조 제1항). 선택권 없는 당사자의 과실로 인하여 이행불능이 된 때에는 전항의 규정을 적용하지 아니한다(제385조 제2항). 즉, 잔존하는 급부로 특정되지 않으며, 선택채권의 존속에 영향이 없다. 그러므로 선택권자는 잔존급부 대신 불능급부도 선택할 수 있다(제385조 제2항).

④ 이자채권은 원본채권에 대하여 종속성을 갖고 있으나 이미 변제기에 도달한 이자채권은 원본채권과 분리하여 양도할 수 있고 원본채권과 별도로 변제할 수 있으며 시효로 인하여 소멸되기도 하는 등 어느 정도 독립성을 갖게 되는 것이므로, 원본채권이 양도된 경우 이미 변제기에 도달한 이자채권은 원본채권의 양도 당시 그 이자채권도 양도한다는 의사표시가 없는 한 당연히 양도되지는 않는다(대판 1989.3.28, 88다카12803).

⑤ 채권의 목적을 종류로만 지정한 경우에 법률행위의 성질이나 당사자의 의사에 의하여 품질을 정할 수 없는 때에는, 채무자는 중등품질의 물건으로 이행하여야 한다(제375조 제1항).

07 ① 채권의 목적으로 선택할 수개의 행위 중에 처음부터 불능한 것이나 또는 후에 이행불능하게 된 것이 있으면 채권의 목적은 잔존한 것에 존재한다(제385조 제1항).

08 ① ② 선택권 행사의 기간이 있는 경우에, 선택권자가 그 기간 내에 선택권을 행사하지 아니하는 때에는 상대방은 상당한 기간을 정하여 그 선택을 최고할 수 있고, 선택권자가 그 기간 내에 선택하지 아니하면 선택권은 상대방에게 있다(제381조 제1항).

③ 제3자가 선택권을 가지는 경우에 제3자가 선택할 수 없는 때에는, 선택권은 채무자에게 있다(제384조 제1항).

④ 선택의 의사표시는 상대방의 동의가 없으면 철회하지 못한다(제382조 제2항).

⑤ 선택채권의 소멸시효는 선택권을 행사할 수 있을 때부터 진행한다. 따라서 무권대리인이 대리권을 증명하지 못하고 본인의 추인도 얻지 못한 경우, 상대방의 계약이행청구권이나 손해배상청구권의 소멸시효는 그 선택권을 행사할 수 있을 때부터 진행한다(대판 1963.8.22, 63다323).

제2장 채권의 효력

대표예제 78 　　채무불이행 ★★

채무불이행에 관한 설명으로 옳지 않은 것은? (다툼이 있으면 판례에 따름)

① 민법 제391조에서의 이행보조자로서의 피용자는 채무자의 지시, 감독을 받는 관계에 있어야 한다.
② 채무불이행책임은 이행보조자가 아니라 채무자가 진다.
③ 상가건물의 점포를 분양하면서 분양대금을 완납하고 건물 준공 후 공부정리가 완료되는 즉시 소유권을 이전하기로 약정한 경우, 이는 불확정기한을 이행기로 정한 것으로 보아야 한다.
④ 금전채무의 불이행으로 확정된 지연손해배상금채무는 채권자로부터 이행청구를 받은 때로부터 지체책임을 부담하게 된다.
⑤ 대상청구권이 인정되기 위해서는 급부가 후발적 불능이어야 하고, 급부를 불능하게 하는 사정의 결과로 채무자가 채권의 목적물에 관하여 '대신하는 이익'을 취득하여야 한다.

해설 | ① 민법 제391조에서의 이행보조자로서의 피용자라 함은 <u>일반적으로 채무자의 의사관여 아래 그 채무의 이행행위에 속하는 활동을 하는 사람이면 족하고, 반드시 채무자의 지시 또는 감독을 받는 관계에 있어야 하는 것은 아니므로 채무자에 대하여 종속적인가 독립적인 지위에 있는가는 문제되지 않는다. 임대인이 임차인과의 임대차계약상의 약정에 따라 제3자에게 도급을 주어 임대차목적 시설물을 수선한 경우에는 그 수급인도 임대인에 대하여 종속적인지 여부를 불문하고 이행보조자로서의 피용자라고 보아야 할 것이고, 이러한 수급인이 시설물 수선공사 등을 하던 중 수급인의 과실로 인하여 화재가 발생한 경우에는, 임대인은 민법 제391조에 따라 위 화재발생에 귀책사유가 있다</u> 할 것이어서 임차인에 대한 채무불이행상의 손해배상책임이 있다(대판 2002.7.12, 2001다44338).
② <u>이행보조자의 고의·과실은 채무자의 고의·과실로 간주되어 채무자가 채무불이행책임을 지게 된다</u>(제391조). 이행보조자는 채권관계의 당사자가 아니므로 채무불이행책임을 지지 않는다. 다만, 불법행위의 요건을 갖추는 것을 전제로 불법행위책임을 질 수는 있다(대판 1990.8.28, 90다카10343). 이 경우 채무자가 채권자에 대해서 지는 책임과는 부진정연대채무관계에 있다(대판 1994.11.11, 94다22446).
③ <u>상가건물의 점포를 분양하면서 분양대금을 완납하고 건물 준공 후 공부정리가 완료되는 즉시 소유권을 이전하기로 약정한 경우, 그 점포에 관한 소유권이전등기에 관하여 확정기한이 아니라 불확정기한을 이행기로 정하는 합의가 이루어진 것으로 보아야 할 것이며, 건설공사의 진척상황 및 사회경제적 상황에 비추어 분양대금이 완납되고 분양자가 건물을 준공한 날로부터 사용승인검사 및 소유권보존등기를 하는 데 소요될 것으로 예상할 수 있는 합리적이고 상당한 기간이 경과한 때 그 이행기가 도래한다</u>고 보아야 한다(대판 2008.12.24, 2006다25745).

④ 금전채무의 지연손해금채무는 금전채무의 이행지체로 인한 손해배상채무로서 이행기의 정함이 없는 채무에 해당하므로, 채무자는 확정된 지연손해금채무에 대하여 채권자로부터 이행청구를 받은 때로부터 지체책임을 부담하게 된다(대판 2004.7.9, 2004다11582).

⑤ 대판 2003.11.14, 2003다35482

기본서 p.737~757   정답 ①

01 이행보조자에 관한 설명으로 옳은 것은? (다툼이 있으면 판례에 따름)

① 이행보조자는 채무자에게 종속되어 지시·감독을 받는 관계에 있는 자를 말한다.

② 동일한 사실관계에 기하여 채무자와 이행보조자가 각 채무불이행책임과 불법행위책임을 지는 경우, 이들의 책임은 연대채무관계에 있다.

③ 채무자가 이행보조자의 선임·감독상의 주의의무를 다하더라도 채무자는 이행보조자에 의해 유발된 채무불이행책임을 면하지 못한다.

④ 이행보조자의 경과실에 대하여 채무자가 채무불이행책임을 지지 아니한다는 내용의 특약은 원칙적으로 무효이다.

⑤ 채무자가 이행보조자의 선임·감독에 상당한 주의를 다하였음을 증명한 경우, 채무자는 이행보조자의 과책에 대하여 그 책임을 면한다.

정답 및 해설

01 ③ ① 민법 제391조는 이행보조자의 고의·과실을 채무자의 고의·과실로 본다고 정하고 있는데, 이러한 이행보조자는 채무자의 의사 관여 아래 채무의 이행행위에 속하는 활동을 하는 사람이면 충분하고, 반드시 채무자의 지시 또는 감독을 받는 관계에 있어야 하는 것은 아니다(대판 2018.2.13, 2017다275447).

② 이행보조자의 고의·과실은 채무자의 고의·과실로 간주되어 채무자가 채무불이행책임을 지게 된다(제391조). 이행보조자는 채권관계의 당사자가 아니므로 채무불이행책임을 지지 않는다. 다만, 불법행위의 책임을 질 수는 있다(대판 1990.8.28, 90다카10343). 이 경우 채무자가 채권자에 대해서 지는 책임과는 부진정연대채무관계에 있다(대판 1994.11.11, 94다22446).

④ 당사자 사이에 채무자 또는 이행보조자의 책임을 면하는 내용의 특약이 있었던 경우 그러한 특약도 원칙적으로 유효하다.

⑤ 이행보조자의 고의·과실은 채무자의 고의·과실로 간주되어 채무자가 채무불이행책임을 지게 된다(제391조).

02 이행지체에 관한 설명으로 옳지 않은 것은? (다툼이 있으면 판례에 따름)

① 당사자가 불확정한 사실이 발생한 때를 이행기로 정한 경우에는 그 사실이 발생한 때 또는 발생이 불가능하게 된 때에 이행기가 도래한다.

② 동시이행관계에 있는 채무는 상대방이 채무의 이행을 제공하지 않는 한, 이행기가 도래하여도 지체책임을 지지 않는다.

③ 불법행위에 기인한 손해배상채무는 피해자로부터 최고를 받은 때로부터 지체책임을 진다.

④ 채무이행의 기한이 없는 경우, 채무자는 이행청구를 받은 때부터 지체책임을 진다.

⑤ 불법행위로 인한 손해배상채무는 원칙적으로 그 성립과 동시에 당연히 이행지체가 성립된다.

03 민법상 채무의 종류에 따른 이행지체책임의 발생시기가 잘못 연결된 것을 모두 고른 것은? (당사자 사이에 다른 약정은 없으며, 다툼이 있으면 판례에 따름)

㉠ 부당이득반환채무 – 수익자가 이행청구를 받은 때
㉡ 불확정기한부 채무 – 채무자가 기한의 도래를 안 때
㉢ 동시이행의 관계에 있는 쌍방의 채무 – 쌍방의 이행제공 없이 쌍방 채무의 이행기가 도래한 때

① ㉠   ② ㉡
③ ㉢   ④ ㉠, ㉡
⑤ ㉡, ㉢

04 채무불이행에 관한 설명으로 옳은 것은? (다툼이 있으면 판례에 따름)

① 불법행위로 인한 손해배상채무는 기한 없는 채무이므로 청구시부터 지체에 빠진다.

② 소유권이전등기의무자가 그 부동산상에 제3자 명의로 가등기를 마쳐 주었다면, 그 가등기만으로 소유권이전등기의무는 이행불능으로 된다.

③ 채무자의 귀책사유 있는 이행불능의 경우, 손해배상을 청구해야 하며 대상청구권을 행사할 수는 없다.

④ 부동산소유권이전채무의 이행불능으로 인하여 매수인이 매도인에 대하여 갖게 되는 손해배상채권의 소멸시효는 계약체결시부터 진행한다.

⑤ 채무자의 채무불이행책임과 그 이행보조자의 불법행위책임이 모두 성립하는 경우, 양자는 부진정연대채무관계에 있다.

정답 및 해설

02 ③ 불법행위로 인한 손해배상채무는 손해발생과 동시에 이행기가 도래하는 것이다(대판 1975.5.27, 74다1393). 즉, 최고 없이 불법행위시로부터 당연히 지체의 효과로서 손해배상책임이 발생한다.

03 ③ ㉢ 쌍무계약에서 쌍방의 채무가 동시이행관계에 있는 경우, 일방의 채무의 이행기가 도래하더라도 상대방 채무의 이행제공이 있을 때까지는 그 채무를 이행하지 않아도 이행지체의 책임을 지지 않는다(대판 1998. 3.13, 97다54604).

㉠ 타인의 토지를 점유함으로 인한 부당이득반환채무는 이행의 기한이 없는 채무로서 이행청구를 받은 때로부터 지체책임이 있다(대판 2008.2.1, 2007다8914).

㉡ 제387조 제1항

04 ⑤ ① 불법행위로 인한 손해배상채무는 손해발생과 동시에 이행기가 도래하는 것이다(대판 1975.5.27, 74다1393). 즉, 최고 없이 불법행위시로부터 당연히 지체의 효과로서 손해배상책임이 발생한다.

② 부동산소유권이전등기의무자가 그 부동산상에 가등기를 경료한 경우 가등기는 본등기의 순위보전의 효력을 가지는 것에 불과하고, 또한 그 소유권이전등기의무자의 처분권한이 상실되지도 아니하므로 그 가등기만으로는 소유권이전등기의무가 이행불능이 된다고 할 수 없다(대판 1991.7.26, 91다8104).

③ 우리 민법에는 이행불능의 효과로서 채권자의 전보배상청구권과 계약해제권 외에 별도로 대상청구권을 규정하고 있지 않으나, 해석상 대상청구권을 부정할 이유가 없다(대판 1992.5.12, 92다4581·4598).

④ 매매로 인한 부동산소유권이전채무가 이행불능됨으로써 매수인이 매도인에 대하여 갖게 되는 손해배상채권은 그 부동산소유권의 이전채무가 이행불능된 때에 발생하는 것이고 그 계약체결일에 생기는 것은 아니므로, 위 손해배상채권의 소멸시효는 계약체결일 아닌 소유권이전채무가 이행불능된 때부터 진행한다(대판 1990.11.9, 90다카22513). 즉, 판례는 채무불이행으로 인한 손해배상청구권의 소멸시효는 채무불이행시로부터 진행한다고 한다(대판 1995.6.30, 94다54269).

05 甲은 자기 소유의 부동산을 乙에게 매도하고 계약금과 중도금을 수령하였다. 그 뒤 甲은 그 부동산 소재지 주변이 개발될 것이라는 정보를 미리 입수한 丙이 매매대금으로 그 부동산 시세의 두 배를 제시하자 丙에게 매도하고 이전등기를 해주었다. 이에 관한 설명으로 옳지 않은 것은? (다툼이 있으면 판례에 따름)

① 甲의 乙에 대한 소유권이전의무는 특별한 사정이 없는 한 이행불능이 된다.
② 乙은 甲을 상대로 전보배상을 청구할 수 있다.
③ 乙은 이행의 최고 없이도 甲과의 매매계약을 해제할 수 있다.
④ 甲은 乙에게 계약금의 배액을 상환하고 매매계약을 해제할 수 있다.
⑤ 丙이 甲의 배임행위에 적극 가담한 경우, 甲과 丙 사이의 매매계약은 반사회적 법률행위로서 무효이다.

06 매매계약의 불능에 관한 설명으로 옳지 않은 것은? (다툼이 있으면 판례에 따름)

① 계약목적이 원시적·객관적 전부불능인 경우, 악의의 매도인은 매수인이 그 계약의 유효를 믿었음으로 인하여 받은 손해를 배상하여야 한다.
② 계약목적이 원시적·주관적 전부불능인 경우, 선의의 매수인은 악의의 매도인에게 계약상 급부의 이행을 청구할 수 있다.
③ 당사자 쌍방의 귀책사유 없이 매도인의 채무가 후발적·객관적 전부불능된 경우, 매도인은 매수인에게 매매대금의 지급을 구하지 못한다.
④ 매도인의 귀책사유로 그의 채무가 후발적·객관적 전부불능된 경우, 매수인은 매도인에게 전보배상을 청구할 수 있다.
⑤ 대상(代償)을 발생시키는 매매목적물의 후발적 불능에 대하여 매도인의 귀책사유가 존재하는 경우, 매수인은 대상청구권을 행사하지 못한다.

07 이행불능에 관한 설명으로 옳지 않은 것은? (다툼이 있으면 판례에 따름)

① 甲 소유의 X토지를 임차한 乙이 甲으로부터 X토지의 소유권을 취득한 丙의 요구에 따라 丙에게 직접 X토지를 인도한 때에는, 甲의 乙에 대한 임대차계약상의 의무는 이행불능이 되지 않는다.

② 매매목적 부동산이 이중으로 양도되어 제2매수인 앞으로 소유권이전등기가 경료되면 특별한 사정이 없는 한, 제1매수인은 매도인에 대하여 전보배상을 청구할 수 있다.

③ 매도인 甲의 매매목적물에 관한 소유권이전의무가 매수인 乙의 귀책사유로 이행불능이 된 경우에는, 乙은 그 이행불능을 이유로 계약을 해제할 수 없다.

④ 이행불능의 효과로는 전보배상청구권, 계약해제권, 대상청구권이 인정될 수 있다.

⑤ 매매목적 부동산에 관하여 제3자의 처분금지가처분의 등기가 기입되었다는 사정만으로 이행불능이 되는 것은 아니다.

정답 및 해설

05 ④ 계약금을 상대방에게 교부한 때에는 당사자간에 다른 약정이 없는 한 당사자의 일방이 이행에 착수할 때까지 교부자는 이를 포기하고, 수령자는 그 배액을 상환하여 매매계약을 해제할 수 있다(제565조 제1항). 매수인에 의한 중도금의 지급이나 매도인에 의한 매매목적물의 인도(대판 1994.11.11, 94다17659)는 이행에 착수한 것이므로 계약금계약에 의한 해제는 인정되지 않는다.

06 ⑤ 후발적 불능인 한, 채무자에게 책임 있는 사유로 인한 것이냐의 여부는 문제되지 않는다(대판 1996.6.25, 95다6601).

07 ① 임대차계약이 성립된 후 그 존속기간 중에 임대인이 임대차 목적물에 대한 소유권을 상실한 사실 그 자체만으로 바로 임대차에 직접적인 영향을 미친다고 볼 수는 없지만, 임대인이 임대차 목적물의 소유권을 제3자에게 양도하고 그 소유권을 취득한 제3자가 임차인에게 그 임대차 목적물의 인도를 요구하여 이를 인도하였다면, 임대인이 임차인에게 임대차 목적물을 사용·수익케 할 의무는 이행불능이 되었다(대판 199.3.8, 95다15087).

민법 제390조의 채무불이행책임과 제750조의 불법행위책임(이하 '양 책임')에 관한 비교 설명으로 옳지 않은 것은?

① 양 책임이 성립하기 위해서는 채무자 또는 가해자에게 귀책사유가 있어야 한다는 점에서 공통된다.

② 양 책임이 성립하는 경우, 채권자나 피해자에게 과실이 있다면 과실상계가 적용된다는 점에서 공통된다.

③ 양 책임이 성립하는 경우, 채권자나 피해자가 행사하는 손해배상채권의 소멸시효는 3년이 적용된다는 점에서 공통된다.

④ 양 책임이 성립하는 경우, 손해배상은 통상의 손해를 그 한도로 한다는 점에서 공통된다.

⑤ 양 책임이 성립하는 경우, 채무자나 가해자가 발생한 손해 전부를 배상한 때에는 손해배상자의 대위가 인정된다는 점에서 공통된다.

해설 | ③ 채무불이행으로 인한 손해배상채권의 소멸시효는 10년이 원칙이다(제162조 제1항). 불법행위로 인한 손해배상의 청구권은 피해자나 그 법정대리인이 그 손해 및 가해자를 안 날로부터 3년간 이를 행사하지 아니하면 시효로 인하여 소멸한다. 불법행위를 한 날로부터 10년을 경과한 때에도 같다(제766조 제1항·제2항).
① 제390조, 제750조
②④⑤ 손해배상의 범위(제393조), 손해배상의 방법(금전배상주의, 제394조), 과실상계(제396조), 손해배상자의 대위(제399조)는 제763조에 의하여 준용된다.

기본서 p.740~783   정답 ③

08 채무불이행책임에 관한 설명으로 옳은 것은? (다툼이 있으면 판례에 따름)

① 위약금의 약정은 손해배상액의 예정으로 본다.

② 채권자의 단순한 부주의라도 그것이 손해 확대의 원인이 되는 경우, 이를 이유로 과실상계할 수 있다.

③ 위약금이 위약벌인 때에도 손해배상액의 예정에 관한 규정을 유추적용하여 법원은 그 액을 감액할 수 있다.

④ 손해배상청구권의 소멸시효는 본래의 채권을 행사할 수 있는 때로부터 진행된다.

⑤ 채무불이행으로 인하여 채권자의 생명침해가 있는 경우, 채권자의 직계존속은 민법 제752조를 유추적용하여 채무불이행을 이유로 한 위자료를 청구할 수 있다.

09 채권의 효력에 관한 설명으로 옳지 않은 것은?

① 채무자는 귀책사유가 없으면 민법 제390조의 채무불이행에 따른 손해배상책임을 지지 않는다.

② 채무자의 법정대리인이 채무자를 위하여 채무를 이행하는 경우, 법정대리인의 고의나 과실은 채무자의 고의나 과실로 본다.

③ 채무불이행을 이유로 계약을 해제하면 별도로 손해배상을 청구하지 못한다.

④ 특별한 사정으로 인한 손해는 채무자가 그 사정을 알았거나 알 수 있었을 때에 한하여 배상의 책임이 있다.

⑤ 지연손해배상액을 예정한 경우, 채권자는 예정배상액의 청구와 함께 본래의 급부이행을 청구할 수 있다.

정답 및 해설

08 ② ① 위약금의 약정은 손해배상액의 <u>예정으로 추정한다</u>(제398조 제4항).

③ 위약벌의 약정은 채무의 이행을 확보하기 위하여 정해지는 것으로서 손해배상의 예정과는 그 내용이 다르므로, 손해배상의 예정에 관한 민법 제398조 제2항을 유추적용하여 <u>그 액을 감액할 수는 없고</u>, 다만 그 의무의 강제에 의하여 얻어지는 채권자의 이익에 비하여 약정된 벌이 과도하게 무거울 때에는 그 일부 또는 전부가 공서양속에 반하여 무효로 된다(대판 1993.3.23, 92다46905).

④ 소멸시효는 <u>권리를 행사할 수 있는 때부터 진행한다</u>(제166조 제1항). 채무불이행으로 인한 손해배상청구권은 현실적으로 손해가 발생한 때에 성립하고, 현실적으로 손해가 발생하였는지 여부는 사회통념에 비추어 객관적이고 합리적으로 판단하여야 한다(대판 2020.6.11, 2020다201156).

⑤ 숙박업자가 숙박계약상의 고객 보호의무를 다하지 못하여 투숙객이 사망한 경우, 숙박계약의 당사자가 아닌 그 투숙객의 근친자가 그 사고로 인하여 정신적 고통을 받았다 하더라도 숙박업자의 그 망인에 대한 <u>숙박계약상의 채무불이행을 이유로 위자료를 청구할 수는 없다</u>(대판 2000.11.24, 2000다38718 · 38725).

09 ③ 계약의 해지 또는 해제는 손해배상의 청구에 영향을 미치지 아니한다(제551조). 따라서 <u>계약을 해제하여도 손해배상을 청구할 수 있다.</u>

10 민법상 과실상계에 관한 설명으로 옳지 않은 것은? (다툼이 있으면 판례에 따름)

① 불법행위의 성립에 관한 가해자의 과실과 과실상계에서의 피해자의 과실은 그 의미를 달리한다.

② 피해자에게 과실이 있는 경우 가해자가 과실상계를 주장하지 않았더라도 법원은 손해배상액을 정함에 있어서 이를 참작하여야 한다.

③ 매도인의 하자담보책임은 법이 특별히 인정한 무과실책임이지만, 그 하자의 발생 및 확대에 가공한 매수인의 잘못이 있다면 법원은 이를 참작하여 손해배상의 범위를 정하여야 한다.

④ 피해자의 부주의를 이용하여 고의의 불법행위를 한 자는, 특별한 사정이 없는 한 피해자의 그 부주의를 이유로 과실상계를 주장할 수 없다.

⑤ 손해를 산정함에 있어서 손익상계와 과실상계를 모두 하는 경우 손익상계를 먼저 하여야 한다.

11 손해배상액의 예정에 관한 설명으로 옳지 않은 것은? (다툼이 있으면 판례에 따름)

① 채무자는 특별한 사정이 없는 한 자신의 귀책사유 없음을 이유로 예정배상액의 지급책임을 면할 수 있다.

② 손해배상액의 예정에는 특별한 사정이 없는 한 통상손해뿐만 아니라 특별손해도 포함된다.

③ 손해배상액이 예정되어 있는 경우라도 과실상계할 수 있다.

④ 예정배상액의 감액범위에 대한 판단은 사실심변론종결 당시를 기준으로 한다.

⑤ 채무불이행으로 인한 손해배상액의 예정이 있는 경우에는 채권자는 채무불이행 사실만 증명하면 손해의 발생 및 그 액을 증명하지 아니하고 예정배상액을 청구할 수 있다.

12 강제이행에 관한 설명으로 옳은 것은? (다툼이 있으면 판례에 따름)

① 강제이행과 손해배상청구는 양립할 수 없다.

② 부대체적 채무인 부작위채무에 대한 강제집행은 간접강제만 가능하다.

③ 하는 채무에 대한 대체집행은 허용되지 않는다.

④ 동산인도채무와 같은 주는 채무에서는 간접강제만 허용된다.

⑤ 채무가 채무자의 법률행위를 목적으로 한 경우, 채무자가 이를 이행하지 않으면 채권자는 채무자의 비용으로 제3자에게 이를 하게 할 것을 법원에 청구할 수 있다.

정답 및 해설

10 ⑤ 과실상계와 손익상계의 순서에 관하여 판례는, "먼저 산정된 손해액에서 <u>과실상계를 한 다음에</u> 위 이득을 공제하여야 한다(대판 1990.5.8, 89다카29129)."고 하였다.

11 ③ 지체상금이 손해배상의 예정으로 인정되어 이를 감액함에 있어서는 채무자가 계약을 위반한 경위 등 제반 사정이 참작되므로, 손해배상액의 감경에 앞서 <u>채권자의 과실 등을 들어 따로 감경할 필요는 없다</u>(대판 2002.1.25, 99다57126).

12 ② ① 강제이행은 손해배상의 청구에 <u>영향을 미치지 아니한다</u>(제398조 제4항).

③ 하는 채무 중 제3자가 이행하여도 무방한 채무, 즉 <u>대체적 작위채무는 대체집행이 허용된다</u>(제389조 제2항).

④ <u>주는 채무는 직접강제만 인정된다.</u> 직접강제가 인정되는 채무에서는 대체집행이나 간접강제는 허용되지 않는다. 간접강제란 채무불이행에 대한 제재를 고지함으로써 그 제재를 면하기 위하여 채무를 이행하도록 동기를 부여하는 것을 목적으로 하는 집행방법이다(대판 2003.10.24, 2003다36331).

⑤ 채무가 법률행위를 목적으로 한 때에는 <u>채무자의 의사표시에 갈음할 재판을 청구할 수 있다</u>(제389조 제2항).

대표예제 80 · **채권자지체 ★**

채권자지체에 관한 설명으로 옳은 것은? (다툼이 있으면 판례에 따름)

① 채권자지체 중에는 채무자는 고의가 있는 경우에만 책임이 있다.
② 이자 있는 채무의 경우에 채권자지체가 있으면, 채무자는 이자를 지급할 의무가 없다.
③ 쌍무계약에서 채권자지체 중에는 위험이 채무자에게 이전된다.
④ 채권자지체의 성립에 채권자의 귀책사유가 요구된다.
⑤ 채권자지체의 효과로서 채무불이행책임과 마찬가지로 손해배상이나 계약해제를 주장할 수 있다.

해설| 채권자지체 중에는 이자 있는 채권이라도 채무자는 이자를 지급할 의무가 없다(제402조).

오답
체크
① 채권자지체 중에는 채무자의 주의의무가 경감되어, 채무자는 고의 또는 중대한 과실이 있을 때에만 채무불이행책임을 진다(제401조).
③ 쌍무계약의 경우 채권자지체 중에 당사자 쌍방의 귀책사유 없이 급부가 불능이 된 때에는 채무자는 급부의무를 면하는 데 그치지 않고, 반대급부청구권도 상실하지 아니한다. 즉, 채권자지체 중에는 위험이 채권자에게 이전된다.
④⑤ 채무의 내용인 급부가 실현되기 위하여 채권자의 수령 그 밖의 협력행위가 필요한 경우에, 채무자가 채무의 내용에 따른 이행제공을 하였는데도 채권자가 수령 그 밖의 협력을 할 수 없거나 하지 않아 급부가 실현되지 않는 상태에 놓이면 채권자지체가 성립한다. 채권자지체의 성립에 채권자의 귀책사유는 요구되지 않는다. 채권자지체가 성립하는 경우 그 효과로서 원칙적으로 채권자에게 민법 규정에 따른 일정한 책임이 인정되는 것 외에, 채무자가 채권자에 대하여 일반적인 채무불이행책임과 마찬가지로 손해배상이나 계약해제를 주장할 수는 없다(대판 2021.10.28, 2019다293036).

기본서 p.757~759

정답 ②

대표예제 81 채권자대위권 ★★

채권자대위권에 관한 설명으로 옳은 것은? (다툼이 있으면 판례에 따름)

① 채권자대위권은 절차법상의 권리이다.

② 채권자는 피보전채권의 이행기가 도래하기 전이라도 피대위채권의 시효중단을 위해서 채무자를 대위하여 제3채무자에게 이행청구를 할 수 있다.

③ 채무자와 제3채무자 사이의 소송이 계속된 이후의 소송수행과 관련한 개개의 소송상 행위도 채권자대위가 허용된다.

④ 채권자는 자신의 채권을 보전하기 위하여 채무자의 제3자에 대한 채권자취소권을 대위행사할 수 없다.

⑤ 채권자대위소송의 제기로 인한 소멸시효 중단의 효과는 채무자에게 미치지 않는다.

해설 | 채무자의 피대위채권이 시효로 소멸하려 할 때 시효중단을 위해서 채권자는 피보전채권의 이행기가 도래하기 전이라도 채권자대위권을 행사할 수 있다.

오답
체크 |
① 채권자대위권의 성질에 관하여, 소송법상의 권리가 아니고 실체법상의 권리이며, 구체적으로는 일종의 법정재산관리권이라고 한다(통설).

③ 실체법상 확인된 권리를 주장하는 방법으로 인정되는 소송행위(소의 제기, 강제집행신청, 청구이의의 소, 제3자이의의 소, 가처분명령의 취소신청 등)도 대위할 수 있으나, 개별적 소송행위(공격방어방법의 제출, 상소나 재심의 소제기, 이의신청 등)는 대위할 수 없다(통설). 제3자를 위한 계약에서 수익의 의사표시도 대위행사가 가능하다(통설). 재산권이더라도 압류할 수 없는 권리(보상청구권 또는 급여를 받을 권리 등)는 채권의 공동담보가 될 수 없으므로, 채권자대위권의 객체가 되지 않는다.

④ 채권자취소권도 채권자가 채무자를 대위하여 행사하는 것이 가능하다(대판 2001.12.27, 2000다73049).

⑤ 채권자대위권 행사의 효과는 채무자에게 귀속되는 것이므로 채권자대위소송의 제기로 인한 소멸시효 중단의 효과 역시 채무자에게 생긴다(대판 2011.10.13, 2010다80930).

기본서 p.759~765   정답 ②

13 채권자대위권에 관한 설명으로 옳지 않은 것은? (다툼이 있으면 판례에 따름)

① 물권적 청구권도 채권자대위권의 피보전권리가 될 수 있다.

② 피보전채권의 이행기가 도래하기 전이라도 채권자는 법원의 허가를 얻어 채무자의 제 3자에 대한 채권자취소권을 대위행사할 수 있다.

③ 이혼으로 인한 재산분할청구권을 보전하기 위하여 채권자대위권을 행사할 수 있다.

④ 채권자대위권 행사에 대하여 제3채무자는 채무자가 채권자에 대하여 가지는 항변으로 대항할 수 없다.

⑤ 채권자대위소송에서 피보전채권의 존재 여부는 법원의 직권조사사항이다.

14 채권자대위권에 관한 설명으로 옳은 것은? (다툼이 있으면 판례에 따름)

① 채무자가 대위권 행사의 통지를 받지 못한 경우에는 채권자가 대위권을 행사한다는 것을 알았더라도, 채무자는 대위행사되는 권리를 처분할 수 있으며 이를 가지고 채권 자에게 대항할 수 있다.

② 조합원의 조합탈퇴권은 일신전속적 권리이므로 대위의 대상이 되지 못한다.

③ 채무자가 자신의 제3채무자에 대한 권리를 이미 재판상 행사하였더라도 채권자는 그 권리를 대위행사할 수 있다.

④ 채권자대위권으로 보전되는 채권은 제3채무자에게 대항할 수 있는 것임을 요하지 않는다.

⑤ 채권자가 채무자에 대한 소유권이전등기청구권을 보전하기 위하여 채무자의 제3자에 대한 소유권이전등기청구권을 대위행사하는 경우에도 채무자의 무자력을 그 요건으로 한다.

15 乙의 채권자 甲이 乙의 丙에 대한 금전채권에 대하여 채권자대위권을 행사하는 경우에 관한 설명으로 옳은 것은? (다툼이 있으면 판례에 따름)

① 甲은 乙의 동의를 받지 않는 한 채권자대위권을 행사할 수 없다.

② 甲의 乙에 대한 채권이 금전채권인 경우, 甲은 丙에게 직접 자기에게 이행하도록 청구하여 상계적상에 있는 자신의 채권과 상계할 수 없다.

③ 甲이 丙을 상대로 채권자대위권을 행사한 경우, 甲의 채권자대위소송의 제기로 인한 소멸시효 중단의 효력은 乙의 丙에 대한 채권에 생긴다.

④ 甲이 丙을 상대로 채권자대위권을 행사하고 사실을 乙에게 통지한 이후 乙이 丙에 대한 채권을 포기한 경우, 丙은 乙의 채권포기 사실을 들어 甲에게 대항할 수 있다.

⑤ 乙이 丙을 상대로 금전채무 이행청구의 소를 제기하며 패소판결이 확정된 경우, 甲은 乙에 대한 금전채권을 보전하기 위해 丙을 상대로 채권자대위권을 행사할 수 있다.

정답 및 해설

13 ③ 이혼으로 인한 재산분할청구권은 협의 또는 심판에 의하여 그 구체적 내용이 형성되기까지는 그 범위 및 내용이 불명확·불확정하기 때문에 구체적으로 권리가 발생하였다고 할 수 없으므로, 이를 보전하기 위하여 <u>채권자대위권을 행사할 수 없다</u>(대판 1999.4.9, 98다58016).

14 ④ ① 채권자로부터 대위권 행사의 통지를 받은 후에는 채무자가 대위행사된 권리를 처분하더라도 그 처분으로 <u>채권자에게 대항할 수 없다</u>(제405조 제2항). 대위권 행사의 통지가 없더라도 채무자가 대위권 행사의 사실을 알고 있었다면, <u>통지가 있었던 것과 마찬가지의 효과가 생긴다</u>(대판 1988.1.19, 85다카1792).

② 조합원이 탈퇴하면 그 당시의 조합재산상태에 따라 다른 조합원과 사이에 지분의 계산을 하여 지분환급청구권을 가지게 되는바(민법 제719조 참조), 조합원이 조합을 탈퇴할 권리는 그 성질상 조합계약의 해지권으로서 그의 일반재산을 구성하는 재산권의 일종이라 할 것이고, <u>채권자대위가 허용되지 않는 일신전속적 권리라고는 할 수 없다</u>(대결 2007.11.30, 2005마1130).

③ 채무자가 이미 소를 제기하고 있는 때는 물론이고(대판 1970.4.28, 69다1311), 설사 부적당한 소송으로 패소한 때에도 <u>대위권은 인정되지 않는다</u>(대판 1993.3.26, 92다32876).

⑤ 보전하려는 채권이 소유권이전등기청구권 등 특정의 채권인 때에는 일정한 요건이 구비되어 있는 한 <u>채무자의 무자력은 그 요건이 아니다</u>.

15 ③ ① 채권자가 채권자대위권을 행사하는 데 <u>채무자의 동의를 받아야 하는 것은 아니다</u>.

② 대위하는 권리가 실현되기 위하여 변제의 수령이 필요한 경우에 채권자가 채무자에게 인도할 것을 청구할 수 있음은 물론이나, 직접 자기에게 인도할 것을 청구할 수도 있다(대판 2005.4.15, 2004다70024). 그리고 채권자의 채무자에 대한 채권과 채무자의 채권자에 대한 인도채권이 상계적상에 있다면, <u>상계의 의사표시에 의하여 '사실상'의 우선변제를 받을 수 있다</u>.

④ 채권자로부터 대위권 행사의 통지를 받은 후에는 채무자가 대위행사된 권리를 처분하더라도 그 처분으로 채권자에게 대항할 수 없다(제405조 제2항). 따라서 통지 이후에는 채무자가 처분권을 상실하므로 제3채무자는 채무자가 그 권리를 소멸시키는 행위(채무면제, 채권포기, 채권양도, 합의해제)를 하더라도 이를 가지고 <u>채권자에게 대항할 수는 없다</u>.

⑤ 채무자가 그의 권리행사에 착수한 이상, 그 방법이나 결과가 좋든 나쁘든 채권자는 대위권을 행사할 수 없다. 즉, 채무자가 이미 소를 제기하고 있는 때는 물론이고(대판 1970.4.28, 69다1311), 설사 부적당한 소송으로 패소한 때에도 <u>대위권은 인정되지 않는다</u>(대판 1993.3.26, 92다32876).

채권자취소권에 관한 설명으로 옳은 것은? (다툼이 있으면 판례에 따름)

① 채권자취소권은 재판상 또는 재판 외에도 행사할 수 있다.

② 특정물에 대한 소유권이전등기청구권과 같은 특정채권도 채권자취소권의 피보전채권이 될 수 있다.

③ 채권자취소권에 의해 보전되는 채권은 특별한 경우 사해행위 이후에도 성립할 수 있다.

④ 상속재산의 분할협의는 채권자취소권의 대상이 될 수 없다.

⑤ 수인의 채권자 중 일부가 제기한 채권자취소권 행사의 효력은 취소소송을 행한 채권자에게만 귀속된다.

해설 | 채권자취소권에 의하여 보호될 수 있는 채권은 원칙적으로 사해행위라고 볼 수 있는 행위가 행하여지기 전에 발생된 것임을 요하지만, 그 사해행위 당시에 이미 채권 성립의 기초가 되는 법률관계가 발생되어 있고 가까운 장래에 그 법률관계에 터잡아 채권이 성립되리라는 점에 대한 고도의 개연성이 있으며, 실제로 가까운 장래에 그 개연성이 현실화되어 채권이 성립된 경우에는 그 채권도 채권자취소권의 피보전채권이 될 수 있다(대판 2005.8.19, 2004다53173).

오답
체크 | ① 사해행위의 취소는 법원에 <u>소를 제기하는</u> 방법으로 청구할 수 있을 뿐, 소송상의 공격방어방법으로 <u>주장할 수는 없다</u>(대판 1998.3.13, 95다48599).

② 채권자취소권을 특정물에 대한 소유권이전등기청구권을 보전하기 위하여 행사하는 것은 <u>허용되지 않으므로</u>, 부동산의 제1양수인은 자신의 소유권이전등기청구권 보전을 위하여 양도인과 제3자 사이에서 이루어진 이중양도행위에 대하여 <u>채권자취소권을 행사할 수 없다</u>(대판 1999.4.27, 98다56690).

④ 상속재산의 분할협의는 상속이 개시되어 공동상속인 사이에 잠정적 공유가 된 상속재산에 대하여 그 전부 또는 일부를 각 상속인의 단독소유로 하거나 새로운 공유관계로 이행시킴으로써 상속재산의 귀속을 확정시키는 것으로 그 성질상 재산권을 목적으로 하는 법률행위이므로 <u>사해행위취소권 행사의 대상이 될 수 있다</u>(대판 2007.7.26, 2007다29119).

⑤ 어느 한 채권자가 동일한 사해행위에 관한 채권자취소 및 원상회복청구는 <u>모든 채권자의 이익을 위하여 그 효력이 있다</u>(제407조).

기본서 p.765~772　　　　　　　　　　　　　　　　　　　　　　　　　　　정답 ③

16 채권자취소권에 관한 설명으로 옳은 것을 모두 고른 것은? (다툼이 있으면 판례에 따름)

> ㉠ 채권자취소의 소는 취소원인을 안 날로부터 3년, 법률행위가 있는 날로부터 10년 내에 제기하여야 한다.
> ㉡ 채권자가 채무자의 사해의사를 증명하면 수익자의 악의는 추정된다.
> ㉢ 채무초과상태에 있는 채무자의 상속포기는 채권자취소권의 대상이 되지 못한다.
> ㉣ 사해행위 이전에 성립된 채권을 양수하였으나, 그 대항요건을 사해행위 이후에 갖춘 양수인은 이를 피보전채권으로 하는 채권자취소권을 행사할 수 없다.
> ㉤ 건물신축의 도급인이 민법 제666조에 따른 수급인의 저당권설정청구권 행사에 의해 그 건물에 저당권을 설정하는 행위는, 특별한 사정이 없는 한 사해행위에 해당하지 않는다.

① ㉠, ㉡, ㉤
② ㉠, ㉢, ㉣
③ ㉠, ㉣, ㉤
④ ㉡, ㉢, ㉣
⑤ ㉡, ㉢, ㉤

정답 및 해설

16 ⑤ ㉡ 사해행위취소소송에서 수익자의 악의는 추정되므로 해당 법률행위 당시에 채권자를 해함을 알지 못하였다는 점은 수익자가 증명하여야 한다(대판 2018.4.10, 2016다272311).
　　㉢ 대판 2011.6.9, 2011다29307
　　㉤ 대판 2018.11.29, 2015다19827
　　㉠ 채권자취소의 소는 채권자가 취소원인을 안 날로부터 <u>1년</u>, 법률행위 있는 날로부터 <u>5년</u> 내에 제기하여야 한다(제406조 제2항).
　　㉣ 채권이 사해행위 이전에 성립되어 있는 이상 그 채권이 양도된 경우에도 그 양수인이 채권자취소권을 행사할 수 있고, 이 경우 채권양도의 대항요건을 사해행위 이후에 갖추었더라도 채권양수인이 <u>채권자취소권을 행사하는 데 아무런 장애사유가 될 수 없다</u>(대판 2006.6.29, 2004다5822).

17 채권자 甲, 채무자 乙, 수익자 丙을 둘러싼 채권자취소소송에 관한 설명으로 옳은 것은? (단, 乙에게는 甲 외에 다수의 채권자가 존재하며, 다툼이 있으면 판례에 따름)

① 채권자취소소송에서 원고는 甲이고, 피고는 乙과 丙이다.

② 원상회복으로 丙이 금전을 지급하여야 하는 경우에, 甲은 직접 자신에게 이를 지급할 것을 청구할 수 있다.

③ 채권자취소권 행사의 효력은 소를 제기한 甲의 이익을 위해서만 발생한다.

④ 乙의 사해의사는 특정 채권자인 甲을 해한다는 인식이 필요하다.

⑤ 채권자취소소송은 甲이 乙의 대리인으로서 수행하는 것이다.

18 채권자취소권에 관한 설명으로 옳지 않은 것은? (다툼이 있으면 판례에 따름)

① 채권자가 사해행위취소소송을 통해 원상회복만을 구하는 경우, 법원은 가액배상을 명할 수 없다.

② 채권자가 사해행위의 취소와 원상회복을 구하는 경우, 사해행위의 취소만을 먼저 청구한 다음 원상회복을 나중에 청구할 수도 있다.

③ 채무초과상태의 채무자가 유일한 재산을 우선변제권 있는 채권자에게 대물변제로 제공하는 경우, 특별한 사정이 없는 한 사해행위가 되지 않는다.

④ 사해행위취소소송에서 채무자는 피고적격이 없다.

⑤ 채권자취소권의 행사에 있어서 제척기간의 도과에 관한 증명책임은 사해행위취소소송의 상대방에게 있다.

정답 및 해설

17 ② ① 채권자취소권은 채권자가 자기의 이름으로 수익자 또는 전득자를 피고로 하여 재판상 행사하여야 한다 (공격방어방법 ×). 채무자를 상대로 그 소송을 제기할 수는 없다(대판 1991.8.13, 91다13717).

③ 채권자취소권 행사의 효과는 모든 채권자의 이익을 위하여 그 효력이 있다(제407조). 즉, 수익자 또는 전득자로부터 받은 재산이나 이익은 채무자의 일반재산으로 회복되고 모든 채권자를 위하여 공동담보가 된다.

④ 특정한 채권자를 해한다는 것을 인식할 필요는 없고, 일반적으로 채권자를 해한다는 것 즉 공동담보에 부족이 생긴다는 것을 알고 있으면 된다(대판 1998.5.12, 97다57320).

⑤ 채권자대위권과 달리 채무자의 권리를 대신 행사하는 것이 아니라, 채권자가 자신의 권리를 행사하는 것이다.

18 ① 사해행위인 계약 전부의 취소와 부동산 자체의 반환을 구하는 청구취지 속에는 일부취소를 하여야 할 경우 그 일부취소와 가액배상을 구하는 취지도 포함되어 있다고 볼 수 있으므로 청구취지의 변경이 없더라도 바로 가액반환을 명할 수 있다(대판 2001.6.12, 99다20612).

제3장 다수당사자의 채권관계

대표예제 83 | 다수당사자의 채권관계 ★★

다수당사자간의 법률관계에 관한 설명으로 옳지 않은 것은? (다툼이 있으면 판례에 따름)

① 공동임차인의 차임지급의무는 특별한 사정이 없는 한 불가분채무이다.

② 채무를 변제한 보증인은 주채무자의 부탁 여부와 관계없이 채권자를 대위할 수 있다.

③ 연대채무자 중 1인이 연대의 면제를 받더라도, 다른 연대채무자는 채무 전액을 부담한다.

④ 부진정연대채무의 다액채무자가 일부 변제한 경우, 그 변제로 인하여 먼저 소멸하는 부분은 다액채무자가 단독으로 부담하는 부분이다.

⑤ 보증채무의 이행을 확보하기 위하여 채권자와 보증인은 보증채무에 관해서만 손해배상액을 예정할 수 있다.

해설 | ① 공동임차인의 차임지급의무는 특별한 사정이 없는 한 연대채무이다(제654조, 제616조).
② 보증인은 주채무자의 부탁 여부와 관계없이 변제할 정당한 이익이 있는 자이므로, 변제에 의해 당연히 채권자의 채권 및 담보에 관한 권리를 대위한다(제481조).
③ 상대적 연대면제는 면제를 받은 채무자만이 그의 부담부분만을 목적으로 하는 분할채무를 부담하고, 나머지의 채무자는 전부급부의무를 그대로 진다.
④ 대판 2018.3.22, 2012다74236(전합)
⑤ 제429조 제2항

기본서 p.781~805

정답 ①

01 불가분채무에 해당하지 않는 것은? (다툼이 있으면 판례에 따름)

① 공동의 점유·사용으로 인한 부당이득반환채무

② 건물의 공유자가 공동으로 건물을 임대하고 보증금을 수령한 경우의 보증금반환채무

③ 공동상속인들의 건물철거의무

④ 매도된 부동산의 공동상속인이 부담하는 이전등기의무

⑤ 공유 토지에 수목이 부합되어 이익을 얻은 토지공유자들의 제3자에 대한 부당이득반환채무

02 甲·乙·丙이 丁에 대하여 9백만원의 연대채무를 부담하고 있고, 각자의 부담부분은 균등하다. 甲이 丁에 대하여 6백만원의 상계적상에 있는 반대채권을 가지고 있는 경우에 관한 설명으로 옳은 것은? (당사자 사이에 다른 약정은 없으며, 다툼이 있으면 판례에 따름)

① 甲이 6백만원에 대해 丁의 채무와 상계한 경우, 남은 3백만원에 대해 乙과 丙이 丁에게 각각 1백5십만원의 분할채무를 부담한다.

② 甲이 6백만원에 대해 丁의 채무와 상계한 경우, 甲·乙·丙은 丁에게 3백만원의 연대채무를 부담한다.

③ 甲이 상계권을 행사하지 않은 경우, 乙과 丙은 甲의 상계권을 행사할 수 없고, 甲·乙·丙은 丁에게 3백만원의 연대채무를 부담한다.

④ 甲이 상계권을 행사하지 않은 경우, 乙은 丁을 상대로 甲의 6백만원에 대해 상계할 수 있고, 乙과 丙이 丁에게 각각 1백5십만원의 분할채무를 부담한다.

⑤ 甲이 상계권을 행사하지 않은 경우, 丙은 丁을 상대로 甲의 6백만원에 대해 상계할 수 있고, 乙과 丙이 丁에게 3백만원의 연대채무를 부담한다.

03 원칙적으로 연대채무(또는 부진정연대채무)가 발생하는 경우를 모두 고른 것은? (다툼이 있으면 판례에 따름)

> ㉠ 법인 대표자의 직무상 불법행위에 대한 법인과 대표자의 책임
> ㉡ 공동임차인의 임대인에 대한 임차물반환의무
> ㉢ 금전채무를 상속한 공동상속인들의 책임
> ㉣ 공동상속인들의 건물철거의무
> ㉤ 일상가사로 인한 금전채무에 대한 부부의 책임

① ㉠, ㉡, ㉢
② ㉠, ㉡, ㉤
③ ㉠, ㉢, ㉤
④ ㉠, ㉣, ㉤
⑤ ㉡, ㉢, ㉣

정답 및 해설

01 ④ ① 공유자가 공유물에 대한 관계에서 부당이득을 한 경우 그 이득을 상환하는 의무는 <u>불가분적 채무이므로</u> 시의 공유재산인 토지를 공유건물의 주차장 용도로 허가 없이 점유·사용한 공유자 중 1인에 대하여 한 변상금 전액부과처분은 적법하다(대판 1992.9.22, 92누2202).

② 건물의 공유자가 공동으로 건물을 임대하고 보증금을 수령한 경우, 특별한 사정이 없는 한 그 임대는 각자 공유지분을 임대한 것이 아니고 임대목적물을 다수의 당사자로서 공동으로 임대한 것이고 그 보증금반환채무는 성질상 <u>불가분채무</u>에 해당된다고 보아야 할 것이다(대판 1998.12.8, 98다43137). 또한 채권적인 전세계약에 있어서 <u>전세물건의 소유자가 공유자일 경우에는 그 전세계약과 관련하여 받은 전세금반환채무는 성질상 불가분</u>의 것이다(대판 1967.4.25, 67다328).

③ 공동상속인들의 건물철거의무는 그 성질상 <u>불가분채무</u>라고 할 것이고, 각자 그 지분의 한도 내에서 건물 전체에 대한 철거의무를 지는 것이다(대판 1980.6.24, 80다756).

⑤ 공유자가 공유물에 대한 관계에서 법률상 원인 없이 이득을 하고 그로 인하여 제3자에게 손해를 입게 한 경우에 그 이득을 상환할 의무는 <u>불가분적 채무</u>라고 보아야 한다(대판 1980.7.22, 80다649).

02 ② ①② 어느 연대채무자가 채권자에 대하여 채권이 있는 경우에 그 채무자가 상계한 때에는 채권은 모든 연대채무자의 이익을 위하여 소멸한다(제418조 제1항). 따라서 <u>甲이 6백만원에 대해 丁의 채무와 상계한 경우, 채무 중 6백만원은 소멸하며 甲·乙·丙은 丁에게 3백만원의 연대채무</u>를 부담한다.

③④⑤ 상계할 채권이 있는 연대채무자가 상계하지 아니한 때에는 그 채무자의 부담부분에 한하여 다른 연대채무자가 상계할 수 있다(제418조 제2항). 따라서 <u>甲이 상계권을 행사하지 않은 경우, 다른 연대채무자 乙과 丙은 甲의 부담부분에 해당하는 3백만원을 상계할 수 있고, 甲·乙·丙은 丁에게 6백만원의 연대채무를 부담</u>한다.

03 ② ㉠ 부진정연대채무
　　㉡ 연대채무
　　㉤ 연대채무
　　㉢ <u>분할채무</u>
　　㉣ <u>불가분채무</u>

04 부진정연대채무에 해당하지 않는 것은? (다툼이 있으면 판례에 따름)

① 피용자의 가해행위로 인한 사용자와 감독자의 배상의무

② 동물의 가해행위에 대한 점유자와 보관자의 배상의무

③ 공동불법행위자 중 1인에 대하여 구상의무를 부담하는 다른 공동불법행위자들의 구상권자에 대한 채무

④ 이행보조자가 고의로 목적물을 멸실한 경우, 채무자의 채무불이행책임과 이행보조자의 불법행위책임

⑤ 책임무능력자의 불법행위에 대한 법정감독의무자의 배상의무와 대리감독자의 배상의무

05 민법상 보증채무에 관한 설명으로 옳지 않은 것은? (다툼이 있으면 판례에 따름)

① 주채무가 민사채무이고 보증채무가 상사채무인 경우, 보증채무의 소멸시효기간은 주채무에 따라 결정된다.

② 수탁보증인이 과실 없이 채권자에게 보증채무를 이행할 재판을 받은 경우, 주채무자에 대하여 사전구상권을 행사할 수 있다.

③ 주채권과 분리하여 보증채권만을 양도하기로 하는 약정은 그 효력이 없다.

④ 보증채권을 주채권과 함께 양도하는 경우, 대항요건은 주채권의 이전에 관하여만 구비하면 족하다.

⑤ 보증인은 주채무자의 채권에 의한 상계로 채권자에게 대항할 수 있다.

06 보증채무에 관한 설명으로 옳은 것은? (다툼이 있으면 판례에 따름)

① 보증인이 주채무자에게 사전통지를 하지 않고 채권자에게 변제한 경우, 주채무자는 채권자에게 대항할 수 있는 사유로 보증인에게 대항할 수 있다.

② 주채무자가 시효의 이익을 포기하면 보증인에게 그 효력이 미친다.

③ 주채무자의 의사에 반하여 보증인이 된 자는, 주채무를 소멸하게 한 시점에 주채무자가 이익을 받은 한도에서 구상할 수 있다.

④ 장래의 채무에 대한 보증계약은 효력이 없다.

⑤ 주채무자가 채권자에 대하여 해제권이 있는 동안에는, 보증인은 채권자에 대하여 채무의 이행을 거절할 수 없다.

07 보증채무에 관한 설명으로 옳은 것은? (다툼이 있으면 판례에 따름)

① 보증인에 대한 시효의 중단은 주채무자에 대하여 그 효력이 있다.

② 주채무자에 대한 시효의 중단은 보증인에 대하여 그 효력이 없다.

③ 보증인은 그 보증채무에 관한 위약금 기타 손해배상액을 예정할 수 없다.

④ 보증인의 보증의사를 표시하기 위한 '기명날인'은 보증인이 직접 하여야 하고, 타인이 이를 대행하는 방법으로 할 수 없다.

⑤ 채무자의 부탁으로 보증인이 된 자의 구상권은 면책된 날 이후의 법정이자 및 피할 수 없는 비용 기타 손해배상을 포함한다.

정답 및 해설

04 ③ 공동불법행위자는 채권자에 대한 관계에서는 부진정연대책임을 지되, 공동불법행위자들 내부관계에서는 일정한 부담부분이 있고, 이 부담부분은 공동불법행위자의 과실의 정도에 따라 정하여지는 것으로서 공동불법행위자 중 1인이 자기의 부담부분 이상을 변제하여 공동의 면책을 얻게 하였을 때에는 다른 공동불법행위자에게 그 부담부분의 비율에 따라 구상권을 행사할 수 있고, 공동불법행위자 중 1인에 대하여 구상의무를 부담하는 다른 공동불법행위자가 수인인 경우에는 특별한 사정이 없는 이상 그들의 구상권자에 대한 채무는 이를 부진정연대채무로 보아야 할 근거는 없으며, 오히려 다수당사자 사이의 분할채무의 원칙이 적용되어 각자의 부담부분에 따른 분할채무로 봄이 상당하다(대판 2002.9.27, 2002다15917).

05 ① 보증채무는 주채무와는 별개의 독립한 채무이므로, 보증채무와 주채무의 소멸시효기간은 채무의 성질에 따라 각각 별개로 정해진다(대판 2014.6.12, 2011다76105).

06 ① ② 주채무가 시효로 소멸한 때 보증인도 그 시효소멸을 원용할 수 있으며(대판 2002.5.14, 2000다62476), 주채무자가 시효이익을 포기하더라도 보증인에게는 그 효력이 없다(대판 1991.1.29, 89다카1114).
③ 주채무자의 의사에 반하여 보증인이 된 자가 변제 기타 자기의 출재로 주채무를 소멸하게 한 때에는, 주채무자는 현존이익의 한도에서 배상하여야 한다(제444조 제2항).
④ 보증은 장래의 채무에 대하여도 할 수 있다(제428조 제2항).
⑤ 주채무자가 채권자에 대하여 취소권 또는 해제권이나 해지권이 있는 동안은, 보증인은 채권자에 대하여 채무의 이행을 거절할 수 있다(제435조). 그러나 보증인이 위의 권리들을 직접 행사할 수는 없다.

07 ⑤ ① 보증채무에 대한 소멸시효가 중단되었다고 하더라도 이로써 주채무에 대한 소멸시효가 중단되는 것은 아니고, 주채무가 소멸시효 완성으로 소멸된 경우에는 보증채무도 그 채무 자체의 시효중단에 불구하고 부종성에 따라 당연히 소멸된다(대판 2002.5.14, 2000다62476).
② 주채무자에 대한 시효중단은 보증인에 대하여도 효력이 있다(제440조).
③ 보증인은 그 보증채무에 관한 위약금 기타 손해배상액을 예정할 수 있다(제429조 제2항).
④ 보증은 그 의사가 보증인의 기명날인 또는 서명이 있는 서면으로 표시되어야 효력이 발생한다. '보증인의 서명'은 원칙적으로 보증인이 직접 자신의 이름을 쓰는 것을 의미하므로 타인이 보증인의 이름을 대신 쓰는 것은 이에 해당하지 않지만, '보증인의 기명날인'은 타인이 이를 대행하는 방법으로 하여도 무방하다(대판 2019.3.14, 2018다282473).

제4장 채권양도와 채무인수

대표예제 84 채권양도 ★★

채권양도에 관한 설명으로 옳지 않은 것은? (다툼이 있으면 판례에 따름)

① 기존 채권이 제3자에게 이전되어 채권양도인지 경개인지 당사자의 의사가 명백하지 않은 경우, 일반적으로 채권의 양도로 보아야 한다.

② 가압류된 채권도 양도할 수 있으며, 이 경우 양수인은 가압류에 의해 권리가 제한된 상태의 채권을 양수받게 된다.

③ 채권매매에 따른 지명채권의 양도는 준물권행위로서의 성질을 가진다.

④ 임차인은 임차보증금반환채권을 임차권과 분리하여 제3자에게 양도할 수 있다.

⑤ 양도인의 채권양도의 통지만 있었던 경우, 채무자는 그 통지 이전에 양도인에 대하여 가지던 동시이행의 항변권으로 양수인에게 대항할 수 없다.

해설 | ⑤ 채권양도에 의하여 채권은 그 동일성을 유지하면서 양도인으로부터 양수인에게 이전하므로 채권에 부착된 항변사유도 채권과 함께 양수인에게 이전된다. 채무자는 통지를 받을 때까지 양도인에 대하여 생긴 사유, 즉 채무 부존재, 소멸 등의 항변을 양수인에게도 할 수 있다. 통지 이후에 생긴 사유로는 양수인에게 대항할 수 없다. 통설은 채무자의 반대채권이 통지 전에 양도인에 대해 성립만 하고 있었다면(이행기의 선후에 관계없이) 양수인에게도 상계권을 행사할 수 있다고 한다.

① 기존 채권이 제3자에게 이전된 경우 이를 채권의 양도로 볼 것인가 또는 경개로 볼 것인가는 일차적으로 당사자의 의사에 의하여 결정되고, 만약 당사자의 의사가 명백하지 아니할 때에는 특별한 사정이 없는 한 동일성을 상실함으로써 채권자가 담보를 잃고 채무자가 항변권을 잃게 되는 것과 같이 스스로 불이익을 초래하는 의사를 표시하였다고는 볼 수 없으므로 일반적으로 채권의 양도로 볼 것이다(대판 1996.7.9, 96다16612).

② 가압류된 채권도 이를 양도하는 데 아무런 제한이 없다 할 것이나, 다만 가압류된 채권을 양수받은 양수인은 그러한 가압류에 의하여 권리가 제한된 상태의 채권을 양수받는다고 보아야 할 것이고, 이는 채권을 양도받았으나 확정일자 있는 양도통지나 승낙에 의한 대항요건을 갖추지 아니하는 사이에 양도된 채권이 가압류된 경우에도 동일하다(대판 2002.4.26, 2001다59033).

③ 지명채권의 양도란 채권의 귀속주체가 법률행위에 의하여 변경되는 것으로서 이른바 준물권행위 내지 처분행위의 성질을 가지므로, 그것이 유효하기 위하여는 양도인이 채권을 처분할 수 있는 권한을 가지고 있어야 한다. 처분권한 없는 자가 지명채권을 양도한 경우 특별한 사정이 없는 한 채권양도로서 효력을 가질 수 없으므로 양수인은 채권을 취득하지 못한다(대판 2016.7.14, 2015다46119).

④ 임대차보증금반환채권을 양도하는 경우에 확정일자 있는 증서로 이를 채무자에게 통지하거나 채무자가 확정일자 있는 증서로 이를 승낙하지 아니한 이상, 양도로써 채무자 이외의 제3자에게 대항할 수 없다(대판 2017.1.25, 2014다52933).

기본서 p.811~821

정답 ⑤

01 채권양도에 관한 설명으로 옳지 않은 것은? (다툼이 있으면 판례에 따름)

① 근로자가 임금채권을 양도한 경우, 양수인은 스스로 사용자에 대하여 임금지급을 청구할 수 없다.

② 주채권과 분리하여 보증채권만을 양도하기로 하는 약정은 그 효력이 없다.

③ 지명채권의 양도통지를 한 후 그 양도계약이 해제된 경우, 양도인이 그 해제를 이유로 채무자에게 양도채권으로 대항하려면 양수인이 그 채무자에게 해제사실을 통지하여야 한다.

④ 매매로 인한 소유권이전등기청구권에 관한 양도제한의 법리는 취득시효 완성으로 인한 소유권이전등기청구권의 양도에도 적용된다.

⑤ 당사자 사이에 양도금지의 특약이 있는 채권이더라도 전부명령에 의하여 전부될 수 있다.

02 지명채권의 양도에 관한 설명으로 옳지 않은 것은? (다툼이 있으면 판례에 따름)

① 장래의 채권도 그 권리의 특정이 가능하고 가까운 장래에 발생할 것임이 상당 정도 기대되는 경우에는 채권양도의 대상이 될 수 있다.

② 채권의 양도를 승낙함에 있어서는 이의를 보류할 수 있고, 양도금지의 특약이 있는 채권양도를 승낙하면서 조건을 붙일 수도 있다.

③ 채권양도에 대한 채무자의 승낙은 양도인 또는 양수인에 대하여 할 수 있다.

④ 채권이 이중으로 양도된 경우, 양수인 상호간의 우열은 통지 또는 승낙에 붙여진 확정일자의 선후에 의하여 결정된다.

⑤ 채권양도 없이 채무자에게 채권양도를 통지한 경우, 선의인 채무자는 양수인에게 대항할 수 있는 사유로 양도인에게 대항할 수 있다.

정답 및 해설

01 ④ 취득시효 완성으로 인한 소유권이전등기청구권의 양도의 경우에는 매매로 인한 소유권이전등기청구권에 관한 양도제한의 법리가 적용되지 않는다(대판 2018.7.12, 2015다36167).

02 ④ 채권이 이중으로 양도된 경우, 양수인 상호간의 우열은 확정일자 있는 양도통지가 채무자에게 도달한 일시 또는 확정일자 있는 승낙의 일시의 선후에 의하여 결정하여야 하고, 확정일자 있는 증서에 의하지 아니한 통지나 승낙이 있는 채권양도의 양수인은 확정일자 있는 증서에 의한 통지나 승낙이 있는 채권양도의 양수인에게 대항할 수 없다(대판 2013.6.28, 2011다83110).

03 지명채권의 양도에 관한 설명으로 옳지 않은 것은? (다툼이 있으면 판례에 따름)

① 채권자와 채무자 사이에 양도금지특약이 있는 경우, 채무자는 그 사실을 모르는 양수인에게 그 특약을 주장할 수 있다.

② 채권의 양수인도 양도인으로부터 채권양도통지의 권한을 위임받아 대리인으로서 통지할 수 있다.

③ 채무자에 대한 채권양도의 통지에는 조건이나 기한을 붙일 수 없다.

④ 채무자가 이의를 보류하지 아니하고 채권양도를 승낙한 경우, 양도인에게 대항할 수 있는 사유를 가지고 양수인에게 대항하지 못한다.

⑤ 지명채권의 양도통지가 확정일자 없는 증서에 의하여 이루어짐으로써 제3자에 대한 대항력을 갖추지 못하였으나, 그 후 그 증서에 확정일자를 얻은 경우에는 그 일자 이후에는 제3자에 대한 대항력을 취득한다.

04 지명채권의 양도에 관한 설명으로 옳은 것은? (다툼이 있으면 판례에 따름)

① 지명채권의 양도는 채권자의 통지 또는 채무자의 승낙에 의하여 효력이 발생한다.

② 양도인이 양도통지만을 한 때에는 채무자는 그 통지를 받을 때까지 양도인에 대하여 생긴 사유로써 양수인에게 대항할 수 있다.

③ 채무자는 채권양도의 통지를 받거나 이를 승낙할 이익을 미리 포기할 수 없다.

④ 채무자가 이의를 보류하지 않고 채권양도를 승낙한 후에 취득한 양도인에 대한 채권으로 양수인에 대하여 상계로 대항할 수 있다.

⑤ 채권양도의 통지는 관념의 통지로서, 양도인이 직접 하여야 하며 대리가 허용되지 않는다.

대표예제 85 　채무인수 ★

채무인수에 관한 설명으로 옳은 것은? (다툼이 있으면 판례에 따름)

① 채권자와 인수인의 계약에 의한 중첩적 채무인수는 채무자의 의사에 반하여 할 수 없다.

② 채무자와 인수인의 계약에 의한 면책적 채무인수는 채권자의 승낙이 없더라도 유효하다.

③ 면책적 채무인수인은 전(前) 채무자의 항변할 수 있는 사유로 채권자에게 대항할 수 있다.

④ 채무인수가 면책적 인수인지, 중첩적 인수인지 분명하지 않은 때에는 이를 면책적 채무인수로 본다.

⑤ 부동산 매수인이 매매목적물에 설정된 저당권의 피담보채무를 인수하는 한편 그 채무액을 매매대금에서 공제하기로 약정한 경우, 특별한 사정이 없는 한 이는 매도인을 면책시키는 채무인수로 본다.

해설 | 면책적 채무인수는 채무가 동일성을 유지하면서 이전하므로 종된 권리나 항변권은 그대로 이전된다.

오답
체크 |
① 병존적 채무인수는 채무자의 채무에 대한 담보로서의 기능을 한다는 점에서 면책적 채무인수와는 달리 채무자의 의사에 반해서도 유효하게 성립할 수 있다(대판 1988.11.22, 87다카1836).

② 채무인수는 채무자와 인수인 사이의 계약으로도 할 수 있다. 그러나 이러한 채무인수는 <u>채권자의 승낙이 있어야 효력이 생긴다</u>(제454조 제1항).

④ 채무인수가 병존적인가 면책적인가가 명확하지 않을 경우에는 <u>채권자의 보호를 위해 병존적인 것으로 볼 것이다</u>(대판 2002.9.24, 2002다36228).

⑤ 부동산의 매수인이 매매목적물에 관한 근저당권의 피담보채무, 가압류채무, 임대차보증금반환채무를 인수하는 한편 그 채무액을 매매대금에서 공제하기로 약정한 경우, 다른 특별한 사정이 없는 이상, 이는 매도인을 면책시키는 <u>채무인수가 아니라 이행인수로 보아야 한다</u>(대판 2002.5.10, 2000다18578).

기본서 p.821~825　　　　　　　　　　　　　　　　　　　　　　　　　　　　　　　정답 ③

정답 및 해설

03 ① 채권은 당사자가 반대의 의사를 표시한 경우에는 양도하지 못한다. 그러나 그 의사표시로써 <u>선의의 제3자에게 대항하지 못한다</u>(제449조 제2항).

04 ② ① 채권양도는 채권을 그 내용의 동일성을 유지하면서 양수인에게 이전시키는 채권자와 양수인의 법률행위로서 양자의 계약만으로 성립한다. 따라서 양도계약에 관여하지 않은 채무자나 제3자의 보호를 위하여, 대항요건으로 <u>양도인의 채무자에 대한 통지</u> 또는 채무자의 승낙이 요구된다(제450조).

③ 민법 제450조는 '채무자 기타 제3자'에 대한 대항요건과 '채무자 이외의 제3자'에 대한 대항요건을 규정하고 있다. 채무자에 대한 대항요건(제450조 제1항: 임의규정)은 채무자의 이익을 보호하기 위한 것으로서 당사자간의 특약으로 <u>그의 이익을 포기할 수 있으나</u>, 제3자에 대한 대항요건(제450조 제2항: 강행규정)은 사회질서에 관계되는 것으로서 특약으로 이를 배제할 수 없다.

④ 이의를 유보하지 않은 승낙, 즉 채무자가 채권양도를 승낙함에 있어서 양도인에 대하여 항변사유를 가짐에도 이를 밝히지 않고 승낙을 한 경우에, 채무자는 양도인에게 대항할 수 있는 사유로써 양수인에게 대항하지 못한다(제451조 제1항). 그러므로 채무자는 채권양도를 승낙한 후에 취득한 양도인에 대한 채권으로써 양수인에 대하여 <u>상계로써 대항하지 못한다</u>(대판 1984.9.11, 83다카2288).

⑤ 채권양도의 통지란 양도인이 채무자에 대해 채권양도가 있었다는 사실을 알리는 행위로서 관념의 통지에 해당하고(대판 2000.4.11, 2000다2627), <u>양수인은 양도인으로부터 수권을 받아 통지를 대리하거나 사자로서 통지할 수는 있다</u>(대판 2004.2.13, 2003다43490).

05 채무인수에 관한 설명으로 옳은 것은? (다툼이 있으면 판례에 따름)

① 채권자가 채무인수에 대하여 승낙한 경우, 다른 의사표시가 없으면 채무인수의 효력은 승낙한 때로부터 그 효력이 생긴다.

② 채무자와 인수인의 계약에 의한 면책적 채무인수는 채권자의 승낙이 없더라도 면책적 채무인수의 효력이 있다.

③ 이자채무나 위약금채무 등 종된 채무는 인수인에게 이전되지 않는다.

④ 채무자와 인수인 사이에 이루어진 병존적 채무인수약정은 일종의 제3자를 위한 계약이다.

⑤ 제3자가 제공한 채권의 담보는 다른 의사표시가 없으면 채무인수에 의하여 영향을 받지 않는다.

06 채무인수와 이행인수에 관한 설명으로 옳지 않은 것은? (다툼이 있으면 판례에 따름)

① 면책적 채무인수가 있는 경우, 인수채무의 소멸시효는 채무인수와 동시에 채무승인에 따라 채무인수일로부터 새로이 진행한다.

② 이행인수인은 채권자에 대하여 직접 의무를 부담하지 않고 채무자에 대하여 그가 부담하는 채무를 채권자에게 이행할 의무를 가진다.

③ 이해관계 없는 제3자는 채무자의 의사에 반하여 면책적으로 채무를 인수할 수 없다.

④ 채무자의 부탁으로 병존적으로 채무를 인수한 제3자는 채무자와 연대채무관계에 있다.

⑤ 채무인수가 있으면 계약관계로부터 생기는 취소권·해제권은 인수인에게 이전된다.

정답 및 해설

05 ④ ① 채권자의 승낙은 다른 의사표시가 없으면 <u>채무를 인수한 때에 소급하여 그 효력이 생긴다</u>. 그러나 제3자의 권리를 침해하지 못한다(제457조).

② 제3자가 채무자와의 계약으로 채무를 인수한 경우에는 <u>채권자의 승낙에 의하여 그 효력이 생긴다</u>(제454조 제1항).

③ 채무인수에 의해 채무는 그 동일성을 유지하면서 채무자로부터 인수인에게 이전되므로, <u>채무뿐만 아니라 그 채무에 종속되는 채무도 같이 이전된다</u>.

⑤ 전 채무자의 채무에 대한 보증이나 제3자가 제공한 담보는 <u>채무인수로 인하여 소멸한다</u>. 그러나 보증인이나 제3자가 채무인수에 동의한 경우에는 그러하지 아니하다(제459조).

06 ⑤ 채무가 동일성을 유지하면서 이전하므로 종된 권리나 항변권은 그대로 이전된다. 그러나 <u>취소권, 해제권, 상계권 등은 계약당사자가 갖는 권리이므로 이전하지 않는다</u>.

제5장 채권의 소멸

대표예제 86 | **변제 ★★**

변제에 관한 설명으로 옳은 것은? (다툼이 있으면 판례에 따름)

① 채무자가 채무 전부를 변제한 때에 인정되는 채권증서반환청구권은 변제와 동시이행관계에 있다.

② 채무의 변제로 타인의 물건을 인도한 채무자는 채권자에게 손해를 배상하고 물건의 반환을 청구할 수 있다.

③ 채무자가 채권자의 승낙 없이 본래의 채무이행에 갈음하여 동일한 가치의 물건으로 급여한 때에는 변제와 같은 효력이 있다.

④ 사실상의 이해관계를 가진 자는 변제할 정당한 이익이 있으므로 변제로 당연히 채권자를 대위한다.

⑤ 법률상 이해관계 있는 제3자는 특별한 사정이 없는 한, 채무자의 의사에 반하여 변제할 수 있다.

해설 | 이해관계 없는 제3자는 채무자의 의사에 반하여 변제하지 못한다(제469조 제2항). 그러나 연대채무자 · 보증인 · 물상보증인 · 저당부동산의 제3취득자(대판 1995.3.24, 94다44620) 등과 같이 채무의 변제에 대하여 법률상 이해관계를 가지는 자는 채무자의 의사에 반해서도 변제할 수 있다.

오답체크 | ① 변제와 채권증서의 반환은 동시이행관계가 아니며, 변제가 선이행되어야 한다(대판 2005.8.19, 2003다22042).

② 채무의 변제로 타인의 물건을 인도한 채무자는 다시 유효한 변제를 하지 아니하면 그 물건의 반환을 청구하지 못한다(제463조).

③ 채무자가 채권자의 승낙을 얻어 본래의 채무이행에 갈음하여 다른 급여를 한 때에는 변제와 같은 효력이 있다(제466조).

④ 제481조에서 정하는 '변제할 정당한 이익이 있는 자'란 변제를 하지 않으면 채권자로부터 집행을 받게 되거나 또는 채무자에 대한 자기의 권리를 잃게 되는 지위에 있기 때문에, 변제함으로써 당연히 대위의 보호를 받아야 할 법률상의 이익을 가지는 자를 가리키며, 사실상의 이해관계를 가지는 자는 포함되지 않는다(대판 1990.4.10, 89다카24834).

기본서 p.833~848

정답 ⑤

01 변제에 관한 설명으로 옳은 것은? (다툼이 있으면 판례에 따름)

① 변제충당에 관한 민법 제476조 내지 제479조의 규정은 강행규정이다.
② 등기이전을 해줄 수 있는 준비 또는 태세를 갖추고 있었다는 사정만으로도 이행제공으로 볼 수 있다.
③ 변제자가 주채무자인 경우, 보증인이 있는 채무가 보증인이 없는 채무보다 변제이익이 더 많다.
④ 민법 제470조의 채권의 준점유자에는 채권자의 대리인이라고 하면서 채권을 행사하는 경우도 포함된다.
⑤ 착오로 변제기 이전에 변제한 자에 대하여 채권자는 그로 인하여 얻은 이익을 반환할 필요가 없다.

02 변제에 관한 설명으로 옳지 않은 것은? (다툼이 있으면 판례에 따름)

① 법률상 이해관계 없는 제3자는 채무자의 의사에 반하여 변제할 수 없다.
② 채권의 일부에 대하여 변제자대위가 인정되는 경우, 그 대위자는 채무자의 채무불이행을 이유로 채권자와 채무자간의 계약을 해제할 수 있다.
③ 채권의 준점유자에 대한 변제는 변제자가 선의이며 과실 없는 때에 한하여 효력이 있다.
④ 채무자가 채무의 변제로 인도한 타인의 물건을 채권자가 선의로 소비한 경우에 채권은 소멸한다.
⑤ 채무의 변제와 영수증 교부의무는 동시이행의 관계에 있다.

03 변제충당에 관한 설명으로 옳은 것은? (다툼이 있으면 판례에 따름)

① 변제자는 급부한 후에도 충당의 지정을 할 수 있다.

② 변제자가 지정하지 아니한 경우에 변제수령자는 수령시에 채무를 지정하여 충당할 수 있지만, 변제자가 상당한 기간 내에 이의를 제기하면 그 충당은 효력을 상실한다.

③ 보증인이 변제를 하는 경우에 주채무자의 승낙이 없으면 변제의 충당을 할 수 없다.

④ 법정충당의 경우 수개의 채무가 변제기에 있는 때에는 변제기가 먼저 도래한 채무에 충당한다.

⑤ 1개 또는 수개의 채무의 비용 및 이자를 지급할 경우, 채무자가 그 전부를 소멸하게 하지 못한 급여를 한 때에는 다른 의사표시가 없으면 비용, 이자, 원본의 순서로 변제에 충당하여야 한다.

정답 및 해설

01 ④ ① 변제충당에 관한 민법 제476조 내지 제479조의 규정은 임의규정이므로 변제자(채무자)와 변제수령자(채권자)는 계약(약정)에 의하여 급부를 어느 채무에 어떤 방법으로 충당할 것인가를 결정할 수 있다(대판 1987.3.24, 84다카1324).

② 등기는 등기권리자와 등기의무자가 공동신청하여야 한다(부등법 제28조). 따라서 채권자는 등기에 필요한 제반 서류를 준비하여 등기소에 출두함으로써, 채무자는 등기와 상환으로 지급해야 할 대금과 기타 등기에 필요한 서류를 준비하여 등기소에 출두함으로써, 현실제공을 해야 한다. 등기이전을 해줄 수 있는 준비 또는 태세를 갖추고 있었다는 사정만으로는 이행제공으로 볼 수 없다(대판 1994.10.11, 94다24565).

③ 변제자가 주채무자인 경우에, 보증인이 있는 채무와 보증인이 없는 채무 사이에 있어서 전자가 후자에 비하여 변제이익이 더 많다고 볼 근거는 전혀 없는 것이고, 양자는 변제의 이익의 점에 있어 차이가 없다고 봄이 상당하다고 할 것이며, 이와 같이 변제의 이익이 같을 경우에는 변제금은 이행기가 먼저 도래한 채무나 먼저 도래할 채무의 변제에 충당하여야 할 것이다(제477조 제3호, 대판 1985.3.12, 84다카2093).

⑤ 변제기에 있지 아니한 채무를 변제한 때에는 그 반환을 청구하지 못한다. 그러나 채무자가 착오로 인하여 변제한 때에는 채권자는 이로 인하여 얻은 이익을 반환하여야 한다(제743조).

02 ② 채권의 일부에 대하여 변제자대위가 인정되는 경우, 채무불이행을 원인으로 하는 계약의 해지 또는 해제는 채권자만이 할 수 있고, 채권자는 대위자에게 그 변제한 가액과 이자를 상환하여야 한다(제483조 제2항).

03 ⑤ ① 변제자는 변제제공시에 충당의 지정을 하여야 한다(제476조 제1항). 즉, 지정은 급부와 동시에 행하여져야 한다.

② 변제자가 변제제공시에 변제의 충당을 하지 않을 때에는 변제수령자가 그 당시 변제자에 대한 의사표시로써 변제의 충당을 할 수 있게 된다(제476조 제2항). 변제수령자의 지정충당에 대해 변제자가 즉시 이의를 제기한 때에는 그 충당은 효력을 잃고(제476조 제2항), 변제는 법정충당에 의해 결정된다.

③ 보증인의 변제에 따른 충당의 경우 주채무자에 의한 제한은 없다. 즉, 주채무자의 승낙을 요하지 아니한다.

④ 채무 전부의 이행기가 도래하였거나 도래하지 아니한 때에는 채무자에게 변제이익이 많은 채무의 변제에 충당한다(제477조 제2호).

제5장 채권의 소멸　**331**

04 원본채무를 법정변제충당하는 경우에 관한 설명으로 옳지 않은 것은? (다툼이 있으면 판례에 따름)

① 채무 전부의 이행기가 도래하였거나 도래하지 아니한 때에는 채무자에게 변제이익이 많은 채무의 변제에 충당한다.

② 이행기와 변제이익이 같은 채무는 각 채무액에 비례하여 변제에 충당한다.

③ 채무 중에 이행기가 도래한 것과 도래하지 아니한 것이 있으면 이행기가 도래한 채무의 변제에 충당한다.

④ 채무자 소유의 부동산에 대한 경매의 경우에도 채권자에 대한 배당금은 법정변제충당의 방법에 따라 충당한다.

⑤ 주채무자가 변제하는 경우, 보증인이 있는 채무와 보증인이 없는 채무 중 보증인이 없는 채무의 변제에 충당한다.

05 변제자대위에 관한 설명으로 옳은 것은? (다툼이 있으면 판례에 따름)

① 대위변제자는 채권자의 권리를 취득하는 것이 아니라, 변제자의 명의로 그 권리를 행사할 권한을 갖는 데 불과하다.

② 채무자에 대한 구상권이 없으면 변제자는 채권자를 대위할 수 없다.

③ 변제할 정당한 이익이 있는 자인지의 여부를 불문하고 변제자는 채권자의 승낙이 있어야 채권자를 대위할 수 있다.

④ 변제할 정당한 이익이 있는 자가 채무자를 위하여 근저당권의 피담보채무의 일부를 대위변제한 경우에, 대위변제자는 근저당권의 실행으로 인한 배당절차에서 채권자에 대하여 우선변제권을 갖는다.

⑤ 저당물의 제3취득자는 보증인에 대하여 채권자를 대위할 수 있다.

대표예제 87 \ 공탁 ★

공탁에 관한 설명으로 옳지 않은 것은? (다툼이 있으면 판례에 따름)

① 공탁을 하는 자는 변제자이므로 채무자뿐만 아니라 제3자도 할 수 있다.

② 공탁의 목적물은 변제의 목적물로 동산이든 부동산이든 불문한다.

③ 변제공탁에 있어서 채권자에게 반대급부 기타 조건의 이행의무가 없음에도 불구하고 채무자가 이를 조건으로 공탁한 때에는 채권자가 이를 수락하지 않는 한 그 변제공탁은 무효이다.

④ 채권자에 대한 공탁통지가 이루어졌을 때 공탁의 효력이 발생하여 채무가 소멸한다.

⑤ 공탁은 채무이행지의 공탁소에 하여야 한다.

해설 | ④ 공탁에 의하여 채무가 소멸하는 시기는 공탁공무원의 수탁처분과 공탁물 수령이 있는 때이다. 채권자에 대한 공탁통지나 채권자의 수익의 의사표시 또는 채권자의 공탁물출급청구권의 행사가 있는 때에 공탁의 효력이 생기는 것은 아니다(대판 1976.3.9, 75다1200).

①⑤ 공탁을 하는 자는 변제자이므로 채무자 외에 제3자도 변제할 수 있으며, 채무이행지의 공탁소에서 하면 된다(제488조 제1항).

② 변제의 목적물이 공탁의 목적물이 되는 것이다. 따라서 동산이든 부동산이든 공탁의 목적물이 될 수 있다(통설).

③ 변제공탁에 있어서 채권자에게 반대급부 기타 조건의 이행의무가 없음에도 불구하고 채무자가 이를 조건으로 공탁한 때에는 채권자가 이를 수락하지 않는 한 그 변제공탁은 무효이다(대판 2002.12.6, 2001다2846).

기본서 p.849~852   정답 ④

정답 및 해설

04 ⑤ 변제자가 주채무자인 경우, 보증인이 있는 채무와 보증인이 없는 채무 사이에 변제이익의 점에서 차이가 없다고 보아야 하므로, 보증기간 중의 채무와 보증기간 종료 후의 채무 사이에서는 변제이익의 점에서 차이가 없고, 따라서 주채무자가 변제한 금원은 이행기가 먼저 도래한 채무부터 법정변제충당하여야 한다(대판 1999.8.24, 99다26481).

05 ② ① 대위자는 그 구상권의 범위 내에서 채권자가 가지고 있던 '채권 및 그 담보에 관한 권리'를 행사할 수 있다(제482조 제1항). 따라서 이행청구권·손해배상청구권·채권자대위권·채권자취소권 등 그 채권에 대하여 채권자가 가지고 있던 권리 및 그 채권을 담보하는 보증채무·연대채무 등의 인적 담보와 질권·저당권 등의 물적 담보는 물론 특약에 기하여 채권자가 가지게 되는 권리(대판 1997.11.14, 95다11009)를 구상권의 범위 내에서(대판 1999.10.22, 98다22451) 법률의 규정에 의하여 당연히 대위자에게 이전된다.

③ 변제자가 변제할 정당한 이익이 없는 경우에는 채권자의 의사를 고려하여 채권자의 승낙이 있는 때에 한해 채권자를 대위할 수 있는 것으로 한다. 또한 민법은 채무자를 보호하기 위해 변제자가 대위를 하는 데에는 채권양도에 관한 제450조 내지 제452조의 규정을 준용하는 것으로 규정한다. 그러나 법정대위에서는 임의대위와 달리 채권자의 승낙이 필요 없으며, 채무자 또는 제3자가 예상할 수 있는 점에서 이들에 대한 대항요건도 필요하지 않다.

④ 일부대위자는 단독으로 대위한 권리를 행사할 수 없고, 채권자가 그의 권리를 행사하는 경우에만 '채권자와 함께' 그 권리를 행사할 수 있을 뿐이며, 이러한 경우에도 나머지 채무액의 변제에 관하여 채권자가 대위자보다 우선한다[통설·판례(대판 1996.12.6, 96다35774)].

⑤ 보증인은 제3취득자에 대해 채권자를 대위하지만, 반대로 "제3취득자는 보증인에 대해 채권자를 대위하지 못한다(제482조 제2항 제2호)." 제3취득자는 담보의 존재를 알고 또 법정대위의 부담을 각오하고 부동산을 취득한 것이므로 보증인에 비해 특별히 보호할 필요가 없다는 판단에서이다.

06 공탁에 관한 설명으로 옳은 것은? (다툼이 있으면 판례에 따름)

① 변제자가 과실 없이 채권자를 알 수 없는 경우에는, 변제자의 주소지 공탁소에 변제의 목적물을 공탁하여 그 채무를 면할 수 있다.

② 일부공탁의 경우에는 원칙적으로 일부변제의 효력만이 있다.

③ 공탁유효의 확정판결이 나온 뒤에도 공탁자는 공탁물을 회수할 수 있다.

④ 공탁물 수령시에 채권자의 이의유보의 표시는 공탁공무원뿐만 아니라 공탁자에게도 할 수 있다.

⑤ 채무에 부착된 저당권이 공탁으로 소멸한 경우에는 공탁자는 공탁물을 회수할 수 있다.

대표예제 88 \ 상계 ★★

상계에 관한 설명으로 옳은 것은? (다툼이 있으면 판례에 따름)

① 고의의 불법행위로 인하여 손해배상채무를 부담하는 자는 그 채무를 수동채권으로 하여 상계하지 못한다.

② 자동채권의 변제기는 도래하였으나 수동채권의 변제기가 도래하지 않은 경우에는 상계를 할 수 없다.

③ 채권자가 주채무자에 대하여 상계적상에 있는 자동채권을 상계하지 않는 경우, 보증채무자는 이를 이유로 보증한 채무의 이행을 거부할 수 있다.

④ 채무자는 채권양도를 승낙한 후에도 양도인에 대한 채권을 새로 취득한 경우에 이를 가지고 양수인에 대하여 상계할 수 있다.

⑤ 벌금형이 확정된 경우, 그 벌금채권은 상계의 자동채권이 될 수 없다.

해설 | 민법 제496조는 "채무가 고의의 불법행위로 인한 것인 때에는 그 채무자는 상계로 채권자에게 대항하지 못한다."라고 정하고 있다. 고의에 의한 불법행위의 발생을 방지함과 아울러 고의의 불법행위로 인한 피해자에게 현실의 변제를 받게 하려는 데 이 규정의 취지가 있다. 이 규정은 고의의 불법행위로 인한 손해배상채권을 수동채권으로 한 상계에 관한 것이다(대판 2017.2.15, 2014다19776).

오답 체크 | ② 민법은 쌍방의 채권이 모두 변제기에 있을 것을 요구한다(제492조 제1항). 자동채권은 반드시 변제기에 있어야 한다. 그러나 상계자는 기한의 이익을 포기할 수 있다는 점에서, 반드시 수동채권의 변제기가 도래할 필요는 없다(대판 1979.6.12, 79다662).

③ 상계는 단독행위로서 상계를 할지는 채권자의 의사에 따른 것이고, 상계적상에 있는 자동채권이 있다고 하여 반드시 상계를 해야 할 것은 아니다. 채권자가 주채무자에 대하여 상계적상에 있는 자동채권을 상계하지 않았다고 하여 이를 이유로 보증채무자가 보증한 채무의 이행을 거부할 수 없으며, 나아가 보증채무자의 책임이 면책되는 것도 아니다(대판 2018.9.13, 2015다209347).

④ 채무자는 채권양도를 승낙한 후에 취득한 양도인에 대한 채권으로써 양수인에 대하여 <u>상계로써 대항하지 못한다</u>(대판 1984.9.11, 83다카2288).

⑤ 형벌의 일종인 벌금도 일정 금액으로 표시된 추상적 경제가치를 급부목적으로 하는 채권인 점에서는 다른 금전채권들과 본질적으로 다를 것이 없고, 다만 발생의 법적 근거가 공법관계라는 점에서만 차이가 있을 뿐이나, 채권 발생의 법적 근거가 무엇인지는 급부의 동종성을 결정하는 데 영향이 없으며, 벌금형이 확정된 이상 벌금채권의 변제기는 도래한 것이므로 달리 이를 금하는 특별한 법률상 근거가 없는 이상 <u>벌금채권은 적어도 상계의 자동채권이 되지 못할 아무런 이유가 없다</u>(대판 2004.4.27, 2003다37891).

기본서 p.852~857

정답 ①

---

07 상계에 관한 설명으로 옳지 않은 것은? (다툼이 있으면 판례에 따름)

① 상계할 채권이 있는 연대채무자가 상계하지 아니한 때에는 그 채무자의 부담부분에 한하여 다른 연대채무자가 상계할 수 있다.

② 고의의 불법행위로 인한 손해배상채권을 자동채권으로 하는 상계는 허용되지 않는다.

③ 채무자는 채권자와의 상계금지특약을 가지고 선의의 채권양수인에게 대항하지 못한다.

④ 수탁보증인이 주채무자에 대하여 가지는 사전구상권을 자동채권으로 하는 상계는 원칙적으로 허용되지 않는다.

⑤ 지급금지명령을 받은 제3채무자는 그 후에 취득한 채권에 의한 상계로 그 명령을 신청한 채권자에게 대항하지 못한다.

정답 및 해설

06 ④ ① 공탁은 <u>채무이행지의 공탁소</u>에 하여야 한다(제488조 제1항).

② 공탁은 채무의 이행지가 공탁소로 바뀐 것 이외에는 아무런 변동이 없다. 따라서 변제자는 본래의 채무의 내용대로 공탁을 하여야 한다. <u>채무의 일부에 대한 공탁은 채권자가 승낙하지 않는 한 무효이다</u>(대판 1977.9.13, 76다1866).

③⑤ 공탁은 본래 채무자의 보호를 목적으로 하는 제도이므로, 채권자나 제3자에게 불이익을 주지 않는 한 공탁자가 공탁물을 회수하는 것을 막을 이유가 없다. 공탁자가 공탁물을 회수한 경우에는 '공탁하지 아니한 것으로 본다'. 따라서 공탁의 효과가 소급적으로 소멸하여, 채무는 처음부터 소멸하지 않은 것으로 된다. 그러나 회수를 함으로써 채권자나 제3자에게 불이익을 주는 경우에는 공탁물을 회수할 수 없다. 즉, <u>채권자가 공탁을 승인하거나 공탁소에 대하여 공탁물을 받기를 통고한 때, 공탁유효의 판결이 확정된 때, 질권 또는 저당권이 공탁으로 인하여 소멸한 때에는 공탁물을 회수할 수 없다</u>(제489조).

07 ② 고의의 불법행위를 한 자는 피해자의 손해배상채권을 수동채권으로 하여 상계하지 못한다(제496조, 대판 1990.12.21, 90다7586). 그러나 고의의 불법행위로 인한 손해배상채권이라 하더라도 피해자가 이를 <u>자동채권으로 하여 상계하는 것은 인정된다</u>(대판 1983.10.11, 83다카542).

08 상계가 허용되는 경우는? (다툼이 있으면 판례에 따름)

① 수동채권이 고의의 불법행위로 인한 손해배상청구권인 경우
② 자동채권에 조건 미성취의 항변권이 붙어 있는 경우
③ 자동채권의 변제기가 도래하지 않은 경우
④ 수동채권이 압류금지채권인 경우
⑤ 자동채권과 수동채권이 이행지가 다른 경우

대표예제 89 \ **기타 채권의 소멸원인 ★**

채권의 일반적 소멸원인 중 그 법적 성질이 계약에 해당하는 것은?

① 면제   ② 상계
③ 경개   ④ 변제
⑤ 혼동

해설 | ③ 경개는 <u>계약</u>이다.
    ① 면제는 채권자의 <u>단독행위</u>이다.
    ② 상계는 <u>단독행위</u>이다.
    ④ 변제는 준법률행위로서 <u>사실행위</u>이다.
    ⑤ 혼동은 <u>사건</u>이다.

기본서 p.857~860   정답 ③

09 채권의 소멸에 관한 설명으로 옳지 않은 것은? (다툼이 있으면 판례에 따름)

① 채권의 준점유자에 대한 변제는 변제자가 선의·무과실인 경우에 한하여 유효하다.

② 경개계약의 성립 후에 그 계약을 합의해제하여 구채권을 부활시키는 것은 적어도 당사자 사이에서는 가능하다.

③ 경개계약은 신채권을 성립시키고 구채권을 소멸시키는 처분행위이다.

④ 면제는 단독행위로서 하는 경우에는 일반원칙에 따라 조건을 붙이지 못한다.

⑤ 채권과 채무가 동일인에게 귀속하더라도 그 채권이 제3자의 권리의 목적이 된 때에는 소멸하지 않는다.

정답 및 해설

08 ⑤ ① 고의의 불법행위를 한 자는 피해자의 손해배상채권을 수동채권으로 하여 상계하지 못한다(제496조, 대판 1990.12.21, 90다7586).

② 자동채권에 항변권이 붙은 경우에도 상계는 허용되지 않는다. 매매대금채권에 동시이행의 항변권이 붙어 있는 경우(대판 1975.10.21, 75다48), 수탁보증인의 주채무자에 대한 사전구상권에는 주채무자의 항변권이 부착되어 있으므로 이를 가지고 상계할 수 없다(대판 2001.11.13, 2001다55222).

③ 민법은 쌍방의 채권이 모두 변제기에 있을 것을 요구한다(제492조 제1항). 자동채권은 반드시 이행기에 있어야 한다. 그러나 상계자는 기한의 이익을 포기할 수 있다는 점에서, 반드시 수동채권의 변제기가 도래할 필요는 없다(대판 1979.6.12, 79다662).

④ 압류금지채권을 수동채권으로 하는 경우 상계가 금지되며, 자동채권인 경우에는 상계가 허용된다(제497조).

09 ④ 면제는 단독행위이기는 하지만 상대방에게 불이익을 줄 염려가 없으므로 조건과 기한을 붙일 수 있다.

10개년 출제비중분석

14.75%

제4편
출제비중

장별 출제비중

7.25%

3.75%

1%

2.5%

0.25%

1장   2장   3장   4장   기타

제4편

채권각론

제1장 계약총론

민법상 편무계약에 해당하는 것만 모두 고른 것은?

㉠ 도급	㉡ 조합
㉢ 증여	㉣ 사용대차

① ㉠, ㉡   ② ㉠, ㉢

③ ㉡, ㉢   ④ ㉡, ㉣

⑤ ㉢, ㉣

해설 | ㉢ 증여는 편무 · 무상 · 낙성 · 불요식 계약이다.
      ㉣ 사용대차는 편무 · 무상 · 낙성 · 불요식 계약이다.
      ㉠ 도급계약은 쌍무 · 유상 · 낙성 · 불요식 계약이다.
      ㉡ 조합계약은 쌍무계약인가에 관하여 논의가 있으나, 편무계약은 아니다.

기본서 p.871~872   정답 ⑤

01 민법이 규정하고 있는 전형계약이 아닌 것은?

① 사무관리   ② 위임

③ 도급   ④ 증여

⑤ 매매

대표예제 91 계약의 성립 ★★

계약의 성립에 관한 설명으로 옳지 않은 것은? (다툼이 있으면 판례에 따름)

① 청약자가 청약의 의사표시를 발송한 후 상대방에게 도달 전에 사망한 경우, 그 청약은 효력을 상실한다.

② 청약자의 의사표시에 의하여 승낙의 통지가 필요 없는 경우, 계약은 승낙의 의사표시로 인정되는 사실이 있는 때에 성립한다.

③ 승낙기간을 정하지 않은 청약은 청약자가 상당한 기간 내에 승낙의 통지를 받지 못한 때에는 그 효력을 잃는다.

④ 당사자 사이에 동일한 내용의 청약이 상호 교차된 경우에는 양 청약이 상대방에게 도달한 때에 계약이 성립한다.

⑤ 매도인이 매수인에게 매매계약의 합의해제를 청약한 경우, 매수인이 그 청약에 대하여 조건을 가하여 승낙한 때에는 그 합의해제의 청약은 거절된 것으로 본다.

해설│ ① 청약이 발신된 뒤 상대방에게 도달하기 전에 사망하거나 제한능력자가 되어도 <u>청약의 효력에는 영향이 없다</u>(제111조 제2항).

② 청약자의 의사표시나 관습에 의하여 승낙의 통지가 필요하지 아니한 경우에는 계약은 승낙의 의사표시로 인정되는 사실이 있는 때에 성립한다(제532조). 이를 의사실현이라고 한다.

③ 제529조

④ 제533조

⑤ 매매계약 당사자 중 매도인이 매수인에게 매매계약의 합의해제를 청약하였다고 할지라도, 매수인이 그 청약에 대하여 조건을 붙이거나 변경을 가하여 승낙한 때에는 민법 제534조의 규정에 비추어 그 <u>청약의 거절과 동시에 새로 청약한 것으로 보게 되는 것</u>이고, 그로 인하여 종전의 매도인의 청약은 실효된다 할 것이다(대판 2009.2.12, 2008다71926).

기본서 p.873~879   정답 ①

정답 및 해설

01 ① 사무관리는 의무 없이 타인을 위하여 그의 사무를 처리하는 행위이다(제734조 제1항). 사무관리는 부당이득·불법행위와 더불어 <u>법정채권의 발생원인</u>이다.

02 계약의 성립에 관한 설명으로 옳지 않은 것은? (다툼이 있으면 판례에 따름)

① 청약은 그에 응하는 승낙만 있으면 곧 계약이 성립하는 구체적·확정적 의사표시여야 한다.
② 일정한 사실행위도 승낙의 의사표시로 인정되어 계약을 성립시킬 수 있다.
③ 매도인의 청약에 대하여 매수인이 조건을 붙여 승낙하였다면 매도인의 청약은 실효된다.
④ 격지자간의 계약은 승낙의 통지가 도달한 때에 성립한다.
⑤ 승낙의 기간을 정한 계약의 청약에 대해 승낙의 통지가 그 기간 후에 도달하였다면 원칙적으로 청약은 그 효력을 잃는다.

03 청약과 승낙에 관한 설명으로 옳은 것은?

① 청약과 승낙의 의사표시는 특정인에 대해서만 가능하다.
② 승낙자가 청약에 변경을 가하지 않고 조건만을 붙여 승낙한 경우에는 계약이 성립된다.
③ 청약자는 청약이 상대방에게 도달하기 전에는 임의로 이를 철회할 수 있다.
④ 당사자간에 동일한 내용의 청약이 상호 교차된 경우에는 양 청약의 통지가 상대방에게 발송된 때에 계약이 성립한다.
⑤ 승낙의 기간을 정한 청약은 승낙자가 그 기간 내에 승낙의 통지를 발송하지 아니한 때에는 그 효력을 잃는다.

04 계약의 성립에 관한 설명으로 옳지 않은 것은?

① 승낙자가 청약에 대해 그 일부만을 승낙할 경우 그 청약을 거절하고 새로운 청약을 한 것으로 본다.
② 청약자는 연착된 승낙을 새로운 청약으로 보아 그에 대하여 승낙함으로써 계약을 성립시킬 수 있다.
③ 승낙기간을 정한 계약의 청약은 청약자가 그 기간 내에 승낙의 통지를 받지 못한 때에는 그 효력을 잃는다.
④ 당사자간에 동일한 내용의 청약이 상호 교차된 경우에 양 청약이 상대방에게 도달한 때에 계약이 성립한다.
⑤ 승낙의 연착 통지를 하여야 할 청약자가 연착의 통지를 하면 계약이 성립한다.

05 계약의 성립에 관한 설명으로 옳지 않은 것은? (다툼이 있으면 판례에 따름)

① 청약은 상대방이 있는 의사표시이지만, 상대방은 청약 당시에 특정되어 있지 않아도 된다.

② 관습에 의하여 승낙의 통지가 필요하지 않은 경우에, 계약은 승낙의 의사표시로 인정되는 사실이 있는 때에 성립한다.

③ 청약이 상대방에게 발송된 후 도달하기 전에 발생한 청약자의 사망은 그 청약의 효력에 영향을 미치지 아니한다.

④ 승낙자가 승낙기간을 도과한 후 승낙을 발송한 경우에, 이를 수신한 청약자가 승낙의 연착을 통지하지 아니하면 그 승낙은 연착되지 아니한 것으로 본다.

⑤ 승낙자가 청약에 변경을 가하여 승낙한 경우, 그 청약의 거절과 동시에 새로 청약한 것으로 본다.

정답 및 해설

02 ④ 격지자간의 계약은 승낙의 통지를 <u>발송한 때</u>에 성립한다(제531조).

03 ③ ① <u>청약</u>은 상대방 있는 의사표시이지만, 그 상대방은 <u>특정인이 아니더라도 상관없다</u>. 그러나 <u>승낙</u>은 청약의 상대방이 <u>특정의 청약자</u>에 대하여 계약을 성립시킬 의사를 가지고 행하여야 한다(주관적 합치). 즉, 불특정다수인에 대한 승낙이란 있을 수 없다.
　② 승낙자가 청약에 대하여 <u>조건을 붙이거나 변경을 가하여 승낙한 때에는 그 청약의 거절과 동시에 새로 청약한 것으로 본다</u>(제534조).
　④ 당사자간에 동일한 내용의 청약이 상호 교차된 경우에는 양 청약이 <u>상대방에게 도달한 때</u>에 계약이 성립한다(제533조).
　⑤ 승낙기간이 있는 경우에는 승낙의 통지가 그 기간 내에 <u>도달하지 않는 한</u>, 청약의 승낙적격은 상실되고 <u>계약은 성립하지 않는다</u>(제528조 제1항).

04 ⑤ 승낙의 통지가 기간 후에 도착하였더라도 통상적인 경우라면 그 기간 내에 도달할 수 있었을 경우에는 청약자는 지체 없이 상대방에게 그 연착을 통지함으로써 계약이 성립되지 않았음을 알려야 한다(제528조 제2항). 즉, <u>계약은 성립하지 않는다</u>.

05 ④ 승낙기간을 도과한 후 승낙을 발송한 경우에는 <u>연착통지를 하지 않아도 되며, 계약은 성립하지 않는다</u>.

06 甲은 2020년 2월 1일 자기 소유의 중고자동차를 1천만원에 매수할 것을 乙에게 청약하는 내용의 편지를 발송하였다. 이에 관한 설명으로 옳지 않은 것은?

① 甲의 편지가 2020년 2월 5일 乙에게 도달하였다면, 甲은 위 청약을 임의로 철회하지 못한다.

② 甲의 편지가 2020년 2월 5일 乙에게 도달하였다면, 그 사이 甲이 사망하였더라도 위 청약은 유효하다.

③ 乙이 위 중고자동차를 9백만원에 매수하겠다고 회신하였다면, 乙은 甲의 청약을 거절하고 새로운 청약을 한 것이다.

④ 甲의 편지를 2020년 2월 5일 乙이 수령하였더라도 乙이 미성년자라면, 甲은 원칙적으로 위 청약의 효력발생을 주장할 수 없다.

⑤ 乙이 위 청약을 승낙하는 편지를 2020년 2월 10일에 발송하여 甲에게 2020년 2월 15일에 도달하였다면 甲과 乙간의 계약성립일은 2020년 2월 15일이다.

대표예제 92 \ **동시이행의 항변권 ★★**

동시이행의 항변권에 관한 설명으로 옳지 않은 것은? (다툼이 있으면 판례에 따름)

① 종전의 임차인이 임대인의 동의 아래 임대인으로부터 새로 목적물을 임차한 사람에게 그 목적물을 직접 이전해 준 경우, 임대인은 종전 임차인의 보증금반환청구에 대하여 목적물 반환과 동시에 이행할 것을 항변하지 못한다.

② 동시이행항변권에 따른 이행지체책임 면제의 효력은 그 항변권을 행사·원용하여야 발생한다.

③ 특별한 사정이 없는 한, 자동채권과 수동채권이 동시이행관계에 있다고 하더라도 서로 현실적으로 이행하여야 할 필요가 없는 경우라면 상계가 허용된다.

④ 동시이행의 관계에 있는 쌍방의 채무 중 어느 한 채무가 이행불능이 됨에 따라 발생한 손해배상채무도 여전히 상대방의 채무와 동시이행의 관계에 있다.

⑤ 상대방의 이행제공이 있었으나 이를 수령하지 않아 수령지체에 빠진 자는 그 후 상대방이 자기 채무의 이행제공을 다시 하지 않고 이행을 청구한 경우에 동시이행의 항변권을 행사할 수 있다.

해설 | ② 쌍무계약에서 쌍방의 채무가 동시이행관계에 있는 경우, 일방의 채무의 이행기가 도래하더라도 상대방 채무의 이행제공이 있을 때까지는 그 채무를 이행하지 않아도 이행지체의 책임을 지지 않는 것이고, 이와 같은 효과는 이행지체의 책임이 없다고 주장하는 자가 반드시 <u>동시이행의 항변권을 행사하여야만</u> 발생하는 것은 아니다(대판 1998.3.13, 97다54604).

① 임대차관계가 종료된 후 임차인이 목적물을 임대인에게 반환하였으면 임대인은 보증금을 무조건으로 반환하여야 하고, 임차인으로부터 목적물의 인도를 받는 것과의 상환이행을 주장할 수 없다. 그리고 이는 종전의 임차인이 임대인으로부터 새로 목적물을 임차한 사람에게 그 목적물을 임대인의 동의 아래 직접 넘긴 경우에도 다를 바 없다. 그 경우 임차인의 그 행위는 임대인이 임차인으로부터 목적물을 인도받아 이를 새로운 임차인에게 다시 인도하는 것을 사실적인 실행의 면에서 간략하게 한 것으로서, 법적으로는 두 번의 인도가 행하여진 것으로 보아야 하므로, 역시 임대차관계 종료로 인한 임차인의 임대인에 대한 목적물반환의무는 이로써 제대로 이행되었다고 할 것이기 때문이다(대판 2009.6.25, 2008다55634).

③ 상계의 대상이 될 수 있는 자동채권과 수동채권이 동시이행관계에 있다고 하더라도 서로 현실적으로 이행하여야 할 필요가 없는 경우라면 상계로 인한 불이익이 발생할 우려가 없고 오히려 상계를 허용하는 것이 동시이행관계에 있는 채권·채무 관계를 간명하게 해소할 수 있으므로 특별한 사정이 없는 한 상계가 허용된다(대판 2006.7.28, 2004다54633).

④ 일방의 채무가 채무자의 책임 있는 사유로 이행불능이 된 경우에는 이행불능에 갈음한 손해배상채권과 반대급부채권 사이에 동시이행관계는 존속한다(대판 2000.2.25, 97다30066).

⑤ 당사자 일방이 이행의 제공을 하였음에도 상대방이 수령지체에 빠진 경우, 판례는 "그 이행의 제공이 계속되지 않는 한 과거에 이행의 제공이 있었다는 사실만으로 상대방이 가진 동시이행의 항변권은 소멸하지 않는다."고 한다(대판 1972.11.14, 72다1513).

기본서 p.880~884　　　　　　정답 ②

정답 및 해설

06 ⑤ 격지자간의 계약은 승낙의 통지를 발송한 때에 성립한다(제531조). 따라서 <u>계약성립일은 2020년 2월 10일</u>이다.

07 동시이행의 항변권에 관한 설명으로 옳지 않은 것은? (다툼이 있으면 판례에 따름)

① 근저당권 실행을 위한 임의경매절차에서 근저당권자가 배당을 받았으나 그 경매가 무효가 된 경우, 낙찰자의 채무자에 대한 소유권이전등기말소의무와 근저당권자의 낙찰자에 대한 배당금반환의무는 동시이행관계에 있다.

② 매수인이 선이행의무 있는 중도금을 지급하지 않았다 하더라도 잔대금지급일이 도래하면 특별한 사정이 없는 한, 매수인의 중도금 및 잔대금의 지급과 매도인의 소유권이전등기 소요서류의 제공은 동시이행관계에 있다.

③ 동시이행의 관계에 있는 쌍방의 채무 중 어느 한 채무가 이행불능이 됨으로 인하여 발생한 손해배상채무도 여전히 다른 채무와 동시이행의 관계에 있다.

④ 쌍무계약에서 쌍방의 채무가 동시이행관계에 있는 경우, 일방의 채무의 이행기가 도래하더라도 상대방채무의 이행제공이 있을 때까지는 그 채무를 이행하지 않아도 이행지체의 책임을 지지 않는다.

⑤ 쌍무계약의 당사자 일방이 먼저 한 번 현실의 제공을 하고 상대방을 수령지체에 빠지게 하였다 하더라도 그 이행의 제공이 계속되지 않는 경우는, 과거에 이행의 제공이 있었다는 사실만으로 상대방이 가지는 동시이행의 항변권이 소멸하는 것은 아니다.

08 동시이행항변권에 대한 설명 중 옳은 것을 모두 묶은 것은? (다툼이 있으면 판례에 따름)

㉠ 동시이행의 항변권이 붙은 채권을 자동채권으로 하여 상계하지 못하는 것이 원칙이다.
㉡ 지입계약의 종료에 따른 지입회사의 지입차량에 대한 소유권이전등록절차 이행의무와 지입차주의 연체된 관리비 등의 지급의무는 서로 동시이행관계에 있다.
㉢ 매매계약이 취소된 경우 당사자 쌍방의 원상회복의무는 동시이행의 관계에 있다.
㉣ 매도인의 토지거래계약허가 신청절차에 협력할 의무와 매수인의 대금지급의무는 동시이행의 관계에 있다.

① ㉠, ㉡   ② ㉠, ㉢
③ ㉢, ㉣   ④ ㉠, ㉡, ㉢
⑤ ㉠, ㉡, ㉣

09 동시이행관계가 인정되지 않는 것만을 고른 것은? (다툼이 있으면 판례에 따름)

> ㉠ 매매계약이 해제된 경우에 매도인과 매수인의 원상회복의무
> ㉡ 가압류등기가 있는 부동산매매에서 매도인의 소유권이전등기의무 및 가압류등기의 말소
>   의무와 매수인의 대금지급의무
> ㉢ 주택 임대인과 임차인 사이의 임대차보증금반환의무와 임차권등기명령에 의해 마쳐진
>   임차권등기의 말소의무
> ㉣ 채권담보의 목적으로 마쳐진 가등기의 말소의무와 피담보채무의 변제의무

① ㉠   ② ㉢

③ ㉣   ④ ㉡, ㉢

⑤ ㉢, ㉣

정답 및 해설

07 ① 근저당권 실행을 위한 경매가 무효로 되어 채권자(= 근저당권자)가 채무자를 대위하여 낙찰자에 대한 소유권이전등기말소청구권을 행사하는 경우, 낙찰자가 부담하는 소유권이전등기말소의무는 채무자에 대한 것인 반면, 낙찰자의 배당금반환청구권은 실제 배당금을 수령한 채권자(= 근저당권자)에 대한 채권인바, 채권자(= 근저당권자)가 낙찰자에 대하여 부담하는 배당금반환채무와 낙찰자가 채무자에 대하여 부담하는 소유권이전등기말소의무는 서로 이행의 상대방을 달리하는 것으로서, 채권자(= 근저당권자)의 배당금반환채무가 동시이행의 항변권이 부착된 채 채무자로부터 승계된 채무도 아니므로, 위 두 채무는 동시에 이행되어야 할 관계에 있지 아니하다(대판 2006.9.22, 2006다24049).

08 ④ ㉣ 국토이용관리법상의 토지거래규제구역 내의 토지에 관하여 관할 관청의 토지거래허가 없이 매매계약이 체결됨에 따라 그 매수인이 그 계약을 효력이 있는 것으로 완성시키기 위하여 매도인에 대하여 그 매매계약에 관한 토지거래허가 신청절차에 협력할 의무의 이행을 청구하는 경우, 매도인의 토지거래계약허가 신청절차에 협력할 의무와 토지거래허가를 받으면 매매계약 내용에 따라 매수인이 이행하여야 할 매매대금지급의무나 이에 부수하여 매수인이 부담하기로 특약한 양도소득세 상당 금원의 지급의무 사이에는 상호 이행상의 견련성이 있다고 할 수 없으므로, 매도인으로서는 그러한 의무이행의 제공이 있을 때까지 그 협력의무의 이행을 거절할 수 있는 것은 아니다(대판 1996.10.25, 96다23825).

09 ⑤ ㉢ 주택임대인의 임대차보증금의 반환의무가 임차인의 임차권등기말소의무보다 먼저 이행되어야 할 의무이다(대판 2005.6.9, 2005다4529).
　㉣ 채무담보의 목적으로 경료된 채권자 명의의 소유권이전등기나 그 청구권 보전의 가등기의 말소를 구하려면 먼저 채무를 변제하여야 하고, 피담보채무의 변제와 교환적으로 말소를 구할 수는 없다(대판 1984.9.11, 84다카781).

위험부담에 관한 설명으로 옳지 않은 것은? (다툼이 있으면 판례에 따름)

① 후발적 불능이 당사자 쌍방에게 책임 없는 사유로 생긴 때에는 위험부담의 문제가 발생한다.
② 편무계약의 경우 원칙적으로 위험부담의 법리가 적용되지 않는다.
③ 당사자 일방이 대상청구권을 행사하면 상대방에 대하여 반대급부를 이행할 의무가 있다.
④ 당사자 쌍방의 귀책사유 없는 이행불능으로 매매계약이 종료된 경우, 매도인은 이미 지급받은 계약금을 반환하지 않아도 된다.
⑤ 우리 민법은 채무자위험부담주의를 원칙으로 한다.

해설 | 민법 제537조는 채무자위험부담주의를 채택하고 있는바, 쌍무계약에서 당사자 쌍방의 귀책사유 없이 채무가 이행불능된 경우 채무자는 급부의무를 면함과 더불어 반대급부도 청구하지 못하므로, 쌍방 급부가 없었던 경우에는 계약관계는 소멸하고 이미 이행한 급부는 법률상 원인 없는 급부가 되어 부당이득의 법리에 따라 <u>반환청구할 수 있다</u>(대판 2009.5.28, 2008다98655·98662).

기본서 p.884~886   정답 ④

10 甲과 乙이 乙 소유의 주택에 대한 매매계약을 체결하였는데, 주택이 계약 체결 후 소유권 이전 및 인도 전에 소실되었다. 이에 관한 설명으로 옳지 않은 것은? (다툼이 있으면 판례에 따름)

① 甲과 乙의 책임 없는 사유로 주택이 소실된 경우, 乙은 甲에게 매매대금의 지급을 청구할 수 없다.
② 甲과 乙의 책임 없는 사유로 주택이 소실된 경우, 乙이 계약금을 수령하였다면 甲은 그 반환을 청구할 수 있다.
③ 甲의 과실로 주택이 소실된 경우, 乙은 甲에게 매매대금의 지급을 청구할 수 있다.
④ 乙의 과실로 주택이 소실된 경우, 甲은 계약을 해제할 수 있다.
⑤ 甲의 수령지체 중에 甲과 乙의 책임 없는 사유로 주택이 소실된 경우, 乙은 甲에게 매매대금의 지급을 청구할 수 없다.

대표예제 94   제3자를 위한 계약 ★

제3자를 위한 계약에 관한 설명으로 옳은 것을 모두 고른 것은? (다툼이 있으면 판례에 따름)

- ㉠ 계약체결 당시에 수익자가 특정되어 있지 않으면 제3자를 위한 계약은 성립할 수 없다.
- ㉡ 계약당사자가 제3자에 대하여 가진 채권에 관하여 그 채무를 면제하는 계약도 제3자를 위한 계약에 준하는 것으로 유효하다.
- ㉢ 낙약자는 요약자와 수익자 사이의 법률관계에 기한 항변으로 수익자에게 대항하지 못한다.
- ㉣ 낙약자가 채무를 불이행하는 경우, 수익자는 낙약자의 채무불이행을 이유로 계약을 해제할 수 있다.

① ㉠, ㉡   ② ㉡, ㉢
③ ㉢, ㉣   ④ ㉠, ㉡, ㉣
⑤ ㉡, ㉢, ㉣

해설 | ㉡ 대판 1980.9.24, 78다709
㉢ 대판 2003.12.11, 2003다49771
㉠ 제3자는 처음부터 확정되어 있을 필요는 없으며, 확정될 수 있으면 충분하다.
㉣ 낙약자의 채무불이행이 성립하면, 수익자는 낙약자에게 손해배상청구권을 가지는 반면, 제3자는 계약의 당사자가 아니므로 해제권이나 해제를 원인으로 한 원상회복청구권을 가지지 못한다(대판 1994.8.12, 92다41559).

기본서 p.886~891   정답 ②

정답 및 해설

10 ⑤ 쌍무계약의 당사자 일방의 채무가 채권자의 책임 있는 사유로 이행할 수 없게 된 때에는, 채무자는 상대방의 이행을 청구할 수 있다. 채권자의 수령지체 중에 당사자 쌍방의 책임 없는 사유로 이행할 수 없게 된 때에도 같다(제538조 제1항).

11 제3자를 위한 계약에 관한 설명으로 옳은 것은? (다툼이 있으면 판례에 따름)

① 채무자와 인수인 사이에 체결되는 중첩적 채무인수계약은 제3자를 위한 계약이 아니다.

② 낙약자는 특별한 사정이 없는 한, 요약자와의 기본관계에서 발생한 항변으로써 수익자의 청구에 대항할 수 있다.

③ 요약자와 낙약자의 합의에 따라 제3자의 권리를 소멸시킬 수 있음을 미리 유보하였더라도, 제3자에게 그 권리가 확정적으로 귀속되었다면 요약자와 낙약자는 제3자의 권리를 소멸시키지 못한다.

④ 제3자가 수익의 의사표시를 한 후에는, 요약자는 원칙적으로 낙약자에 대하여 제3자에게 급부를 이행할 것을 요구할 수 있는 권리를 갖지 못한다.

⑤ 제3자가 수익의 의사표시를 한 경우, 특별한 사정이 없는 한 요약자는 낙약자의 채무불이행을 이유로 제3자의 동의 없이 계약을 해제할 수 없다.

12 甲이 乙에게 자신의 주택을 매도하면서 乙은 중도금 및 잔금을 丙에게 지급하기로 약정하였다. 이에 관한 설명으로 옳지 않은 것은? (다툼이 있으면 판례에 따름)

① 丙이 乙에게 수익의 의사표시를 하여야 중도금 및 잔금의 지급을 청구할 수 있다.

② 乙의 채무불이행을 이유로 丙은 매매계약을 해제할 수 없다.

③ 丙이 수익의 의사표시를 한 후에 乙의 귀책사유에 의하여 채무가 불이행된 경우, 丙은 乙에 대하여 손해배상을 청구할 수 있다.

④ 乙은 甲의 채무불이행을 이유로 매매계약을 해제할 수 있다.

⑤ 乙이 丙에게 중도금 및 잔금을 전부 지급한 후에 甲의 채무불이행을 이유로 매매계약을 해제한 경우, 특별한 사정이 없는 한 乙은 계약해제에 기한 원상회복을 원인으로 丙에게 그 반환을 청구할 수 있다.

대표예제 95 | 계약의 해제·해지 ★★★

계약해제에 관한 설명으로 옳지 않은 것은? (다툼이 있으면 판례에 따름)

① 약정해제권 행사의 경우, 특별한 사정이 없는 한 그 해제의 효과로서 손해배상청구는 할 수 없다.

② 해제로 인해 소멸되는 계약상의 채권을 계약해제 이전에 양수한 자는 계약해제의 효과를 규정한 민법 제548조 제1항 단서에 의해 보호받는 제3자에 해당하지 않는다.

③ 이행지체로 계약이 해제된 경우, 원상회복의무의 이행으로 반환할 금전에는 그 받은 날로부터 이자를 가하여야 한다.

④ 이행거절로 인한 계약해제의 경우, 해제자는 상대방의 최고 및 동시이행관계에 있는 자기 채무의 이행을 제공할 필요가 없다.

⑤ 계약해제에 따른 원상회복으로 매매대금의 반환을 구하는 경우, 해제자가 해제원인의 일부를 제공하였다면 과실상계가 적용된다.

해설 | ⑤ 계약의 해제로 인한 원상회복청구권에 대하여 해제자가 해제의 원인이 된 채무불이행에 관하여 '원인'의 일부를 제공하였다는 등의 사유를 내세워 신의칙 또는 공평의 원칙에 기하여 일반적으로 손해배상에 있어서의 과실상계에 준하여 권리의 내용이 제한될 수 있다고 하는 것은 허용되어서는 아니 된다(대판 2014.3.13, 2013다34143).
① 대판 1983.1.18, 81다89·90
② 대판 2003.1.24, 2000다22850
③ 제548조 제2항
④ 대판 2003.2.25, 2000다40995

기본서 p.891~903 정답 ⑤

정답 및 해설

11 ② ① 채무자와 인수인의 합의에 의한 중첩적 채무인수는 일종의 <u>제3자를 위한 계약</u>이라고 할 것이므로, 채권자는 인수인에 대하여 채무이행을 청구하거나 기타 채권자로서의 권리를 행사하는 방법으로 수익의 의사표시를 함으로써 인수인에 대하여 직접 청구할 권리를 갖게 된다(대판 2013.9.13, 2011다56033).

③ 요약자와 낙약자의 합의에 의하여 제3자의 권리를 변경·소멸시킬 수 있음을 <u>미리 유보하였거나 제3자의 동의가 있는 경우가 아니면</u> 계약의 당사자인 요약자와 낙약자는 <u>제3자의 권리를 변경·소멸시키지 못하고</u>(민법 제541조), 만일 계약의 당사자가 제3자의 권리를 임의로 변경·소멸시키는 행위를 한 경우 이는 제3자에 대하여 효력이 없다(대판 2022.1.14, 2021다271183).

④ 제3자를 위한 계약에서 제3자는 채무자(낙약자)에 대하여 계약의 이익을 받을 의사를 표시한 때에 채무자에게 직접 이행을 청구할 수 있는 권리를 취득하고(민법 제539조), 요약자는 제3자를 위한 계약의 당사자로서 원칙적으로 제3자의 권리와는 별도로 낙약자에 대하여 제3자에게 <u>급부를 이행할 것을 요구할 수 있는 권리</u>를 가진다(대판 2022.1.27, 2018다259565).

⑤ 제3자를 위한 유상 쌍무계약의 경우, 요약자는 낙약자의 채무불이행을 이유로 제3자의 동의 없이 <u>계약을 해제할 수 있다</u>(대판 1970.2.24, 69다1410).

12 ⑤ <u>제3자를 위한 계약관계에서 낙약자와 요약자 사이의 법률관계(이른바 기본관계)를 이루는 계약이 해제된 경우</u> 그 계약관계의 청산은 계약의 당사자인 낙약자와 요약자 사이에 이루어져야 하므로, 특별한 사정이 없는 한 낙약자가 이미 제3자에게 급부한 것이 있더라도 <u>낙약자는 계약해제에 기한 원상회복 또는 부당이득을 원인으로 제3자를 상대로 그 반환을 구할 수 없다</u>(대판 2005.7.22, 2005다7566·7573).

13 계약의 해제에 관한 설명으로 옳은 것은? (다툼이 있으면 판례에 따름)

① 해약금에 관한 규정(민법 제565조)은 매매 이외의 유상계약에는 적용되지 않는다.

② 매매계약을 합의해제한 후 그 합의해제를 무효화시키고 해제된 계약을 부활시키는 약정은 할 수 없다.

③ 매도인의 매매목적물에 관한 소유권이전의무가 매수인의 귀책사유에 의하여 이행불능이 된 경우, 매수인은 이행불능을 이유로 계약을 해제할 수 있다.

④ 계약 일부의 이행이 불능인 경우, 이행이 가능한 나머지 부분만의 이행으로 계약의 목적을 달성할 수 없는 경우에는 계약 전부를 해제할 수 있다.

⑤ 매매계약 해제 이전에 매매목적물에 관하여 제3자에게 소유권이전등기가 경료된 뒤에 계약이 해제된 경우, 매도인은 소유권에 기하여 매수인의 제3자에 대한 소유권이전등기의 말소를 청구할 수 있다.

14 법정해제권에 관한 설명으로 옳지 않은 것은? (다툼이 있으면 판례에 따름)

① 매도인이 미리 계약을 이행하지 아니할 의사를 명백히 표시한 경우, 매수인은 자기채무의 이행제공 없이 계약을 해제할 수 있다.

② 채무이행의 최고액이 본래 이행할 채무액보다 현저히 과다하고, 채권자가 최고한 금액을 제공하지 않으면 수령을 거절할 것이 명백한 경우에도, 그 최고는 해제권 행사의 요건인 최고로서의 효력이 있다.

③ 일방 당사자의 계약위반을 이유로 상대방이 계약을 해제하였다면, 특별한 사정이 없는 한, 계약을 위반한 당사자도 계약해제의 효과를 주장할 수 있다.

④ 계약의 목적달성에 영향을 미치지 않는 부수적 채무의 불이행을 이유로 계약을 해제할 수 없다.

⑤ 계약의 목적달성과 관련이 없는 부수적 채무의 위반만을 이유로 한 해제권의 행사는 허용되지 않는다.

15 계약의 해제에 관한 설명으로 옳지 않은 것은? (다툼이 있으면 판례에 따름)

① 해제의 의사표시에는 원칙적으로 조건과 기한을 붙이지 못한다.

② 계약의 해제로 인한 원상회복청구권의 소멸시효는 해제한 때부터 진행한다.

③ 해제로 인한 원상회복의무는 부당이득반환의무의 성질을 가지고, 그 반환의무의 범위는 선의·악의를 불문하고 특단의 사유가 없는 한 받은 이익 전부이다.

④ 채무불이행을 원인으로 계약을 해제하면 그와 별도로 손해배상을 청구하지 못한다.

⑤ 당사자 사이에 별도의 약정이 없는 한 합의해지로 인하여 반환할 금전에는 그 받은 날로부터 이자를 더하여 지급할 의무가 없다.

정답 및 해설

13 ④ ① 매매에 관한 규정은 매매 외의 <u>유상계약에 준용한다</u>(제567조).

② <u>계약자유의 원칙상 허용</u>된다. 매매계약이 해제된 후에도 매도인이 별다른 이의 없이 일부 변제를 수령한 경우, 특별한 사정이 없는 한 당사자 사이에 <u>해제된 계약을 부활시키는 약정이</u> 있었다고 해석함이 상당하고, 이러한 경우 매도인으로서는 새로운 이행의 최고 없이 바로 해제권을 행사할 수 없다(대판 1992.10.27, 91다483).

③ 이행불능을 이유로 계약을 해제하기 위해서는 그 이행불능이 채무자의 귀책사유에 의한 경우이어야 하므로(민법 제546조), 매도인의 매매목적물에 관한 소유권이전의무가 이행불능이 되었다고 할지라도 그 이행불능이 매수인의 귀책사유에 의한 경우에는 매수인은 그 <u>이행불능을 이유로 계약을 해제할 수 없다</u>(대판 2002.4.26, 2000다50497).

⑤ 민법 제548조 제1항 단서에서 말하는 제3자란 일반적으로 그 해제된 계약으로부터 생긴 법률효과를 기초로 하여 해제 전에 새로운 이해관계를 가졌을 뿐 아니라 등기, 인도 등으로 완전한 권리를 취득한 자를 말한다(대판 2002.10.11, 2002다33502). 해제된 매매계약의 매수인으로부터 목적물을 매수하여 소유권을 취득한 자는 <u>제3자로서 보호된다</u>(대판 1999.9.7, 99다14877).

14 ② 채권자의 이행최고가 본래 이행하여야 할 채무액을 초과하는 금액의 이행을 요구하는 내용일 때에는 부적법한 최고라고 볼 수밖에 없는바, 채권자가 본래의 채무내용에 없는 항목의 금액을 가산하여 요구하고 있고 그 항목의 금액 자체가 적지 않은 금액으로서 채무자가 위 금액을 제외한 본래의 채무액만을 이행 제공하더라도 채권자가 이를 수령하지 않을 것이 명백한 경우에도 역시 과다한 최고로서 부적법하다고 할 것이므로 <u>이러한 최고에 기한 계약해제는 효력이 없다.</u>(대판 1990.6.26, 89다카34022).

15 ④ 계약의 해지 또는 해제는 <u>손해배상의 청구에 영향을 미치지 아니한다</u>(제551조).

16 계약해제에 관한 설명으로 옳지 않은 것은? (다툼이 있으면 판례에 따름)

① 제3자를 위한 계약에서 요약자는 낙약자의 채무불이행을 이유로 제3자의 동의 없이 기본관계를 이루는 계약을 해제할 수 있다.

② 매매계약이 무효인 경우, 매매대금의 반환에 대하여는 해제에 관한 규정이 유추적용되어 법정이자가 가산된다.

③ 당사자 일방이 합의해제에 따른 원상회복 및 손해배상의 범위에 관한 조건을 제시한 경우, 그 조건에 관한 합의까지 이루어져야 합의해제가 성립한다.

④ 매도인이 계약금계약에 의한 해제를 하는 경우, 매도인은 해제 의사표시와 약정 계약금의 배액을 제공하면 되고, 매수인의 수령거절시 공탁할 필요는 없다.

⑤ 계약해제로 인한 원상회복의무가 이행지체에 빠진 이후의 지연손해금률에 관하여 당사자 사이에 별도의 약정이 있는 경우, 그 지연손해금률이 법정이율보다 낮더라도 약정에 따른 지연손해금률이 적용된다.

17 민법 제548조 제1항 단서의 계약해제의 소급효로부터 보호받는 제3자에 해당하지 않는 자는? (다툼이 있으면 판례에 따름)

① X토지에 대한 매매계약이 해제되기 전에 매수인으로부터 X토지를 매수하여 소유권을 취득한 자

② X토지에 대한 매매계약이 해제되기 전에 매수인의 X토지에 저당권을 취득한 자

③ X토지에 대한 매매계약의 해제로 X토지의 소유권을 상실하게 된 매수인으로부터 해제 이전에 X토지를 임차하여 임차권등기를 마친 자

④ X토지에 대한 매매계약이 해제되기 전에 매수인과 매매계약 체결 후 그에 기한 소유권이전등기청구권 보전을 위한 가등기를 마친 자

⑤ X토지에 대한 매매계약이 해제되기 전에 매수인으로부터 X토지에 대한 소유권이전등기청구권을 양도받은 자

18 계약의 해제에 관한 설명으로 옳지 않은 것은? (특별한 사정이 없음을 전제로 하며, 다툼이 있으면 판례에 따름)

① 당사자는 합의로 계약을 해제할 수 있다.

② 채권자가 채무액을 현저히 초과하는 금액의 지급을 최고하고, 이 금액을 지급하지 않으면 수령하지 않을 것이 분명한 경우에 이 최고에 터잡은 채권자의 해제는 무효이다.

③ 계약체결에 관한 대리권만을 수여받은 대리인은 계약체결 후 그 계약을 해제할 수 없다.

④ 하나의 계약에서 일방이 수인(數人)인 경우에 상대방은 그 수인 모두에게 해제의 의사표시를 하여야 한다.

⑤ 매도인의 책임 있는 사유로 이행불능이 되어 매수인이 계약을 해제한 경우의 손해배상은 해제시 목적물의 시가를 기준으로 그 손해를 산정한다.

정답 및 해설

16 ② 매매계약이 무효인 경우, 매매대금의 반환에 대하여는 <u>부당이득반환의무가 인정</u>된다. 따라서 선의의 수익자는 그 받은 이익이 현존한 한도에서, 악의의 수익자는 그 받은 이익에 이자를 붙여 반환하고 손해가 있으면 이를 배상하여야 한다(제748조).

17 ⑤ <u>계약상의 채권을 양수한 자는 여기서 말하는 제3자에 해당하지 않는다</u>고 할 것인바, 계약이 해제된 경우 계약해제 이전에 해제로 인하여 소멸되는 채권을 양수한 자는 계약해제의 효과에 반하여 자신의 권리를 주장할 수 없음은 물론이고, 나아가 특단의 사정이 없는 한 채무자로부터 이행받은 급부를 원상회복하여야 할 의무가 있다(대판 2003.1.24, 2000다22850).

18 ⑤ 소유권이전등기 말소등기의무가 이행불능이 됨으로 말미암아 그 권리자가 입는 손해액은 원칙적으로 그 <u>이행불능이 될 당시의 목적물의 시가 상당액</u>이다(대판 2005.9.15, 2005다29474).

19 부동산 매매계약의 합의해제(해제계약)에 관한 설명으로 옳은 것은? (다툼이 있으면 판
례에 따름)

① 일부 이행된 계약의 묵시적 합의해제가 인정되기 위해서는 그 원상회복에 관하여도
의사가 일치되어야 한다.

② 합의해제시에 손해배상에 관한 특약 등을 하지 않았더라도 매도인은 채무불이행으로
인한 손해배상을 청구할 수 있다.

③ 합의해제의 소급효는 해제 전에 매매목적물에 대하여 저당권을 취득한 제3자에게 영
향을 미친다.

④ 합의해제에 따른 매도인의 원상회복청구권은 소유권에 기한 물권적 청구권으로서 소
멸시효의 대상이 되지 않는다.

⑤ 다른 약정이 없으면 합의해제로 인하여 반환할 금전에 그 받은 날로부터 이자를 가산
하여야 할 의무가 있다.

정답 및 해설

19 ④ ① 계약이 일부 이행된 경우에는 그 원상회복에 관하여도 의사가 일치되어야 할 것이다(대판 2011.4.28,
2010다98412 · 98429). 따라서 당사자 사이에 계약을 종료시킬 의사가 일치되었더라도 계약이 일부
이행된 경우에는 이미 이행된 부분에 관한 원상회복 및 손해배상에 관하여 아무런 약정 없이 계약을
종료시키는 합의만 하는 것은 경험칙에 비추어 이례적이고, 이 경우 합의해제가 성립하였다고 보기 어
렵다(대판 2021.2.10, 2020다271315).

② 합의해제시에 당사자 일방이 상대방에게 손해배상을 하기로 특약하거나 손해배상청구를 유보하는 의사
표시를 하는 등 다른 사정이 없는 한 채무불이행으로 인한 손해배상을 청구할 수 없다(제551조 참조,
대판 1989.4.25, 86다카1147 · 1148).

③ 계약의 합의해제에 있어서도 계약해제의 경우와 같이 이로써 제3자의 권리를 해할 수 없다(대판 2005.
6.9, 2005다6341).

⑤ 당사자 사이에 약정이 없는 이상 합의해제로 인하여 반환할 금전에 그 받은 날로부터의 이자를 가하여
야 할 의무가 있는 것은 아니다(제548조 제2항 참조, 대판 1996.7.30, 95다16011).

제2장 계약각론

대표예제 96 　매매 ★★★

매매계약에 관한 설명으로 옳은 것은? (다툼이 있으면 판례에 따름)

① 매매목적물과 대금은 반드시 계약체결 당시에 구체적으로 특정할 필요는 없고, 이를 나중에라도 구체적으로 특정할 수 있는 방법과 기준이 정해져 있으면 매매계약은 성립한다.

② 매도인이 매수인에게 현존하는 타인 소유의 물건을 매도하기로 약정한 경우, 그 매매계약은 원시적 불능에 해당하여 효력이 없다.

③ 매매예약완결권은 당사자 사이에 다른 약정이 없는 한 10년 내에 이를 행사하지 않으면 시효로 소멸한다.

④ 매도인과 매수인이 해제권을 유보하기 위해 계약금을 교부하기로 합의한 후 매수인이 약정한 계약금의 일부만 지급한 경우, 매도인은 실제 지급받은 금원의 배액을 상환하고 매매계약을 해제할 수 있다.

⑤ 매매계약에 관한 비용은 다른 약정이 없으면 매수인이 부담한다.

해설 | 매매계약에 있어서 그 목적물과 대금은 반드시 계약체결 당시에 구체적으로 특정될 필요는 없고, 이를 사후에라도 구체적으로 특정할 수 있는 방법과 기준이 정해져 있으면 족하다(대판 1997.1.24, 96다26176).

오답 체크 |

② 특정한 매매의 목적물이 타인의 소유에 속하는 경우라 하더라도, 그 매매계약이 원시적 이행불능에 속하는 내용을 목적으로 하는 당연무효의 계약이라고 볼 수 없다(대판 1993.9.10, 93다20283).

③ 민법 제564조가 정하고 있는 매매예약에서 예약자의 상대방이 매매예약완결의 의사표시를 하여 매매의 효력을 생기게 하는 권리, 즉 매매예약의 완결권은 일종의 형성권으로서 당사자 사이에 행사기간을 약정한 때에는 그 기간 내에, 약정이 없는 때에는 예약이 성립한 때부터 10년 내에 이를 행사하여야 하고, 그 기간이 지난 때에는 예약완결권은 제척기간의 경과로 소멸한다(대판 2018.11.29, 2017다247190).

④ 계약금 일부만 지급된 경우 수령자가 매매계약을 해제할 수 있다고 하더라도 해약금의 기준이 되는 금원은 '실제 교부받은 계약금'이 아니라 '약정 계약금'이라고 봄이 타당하다(대판 2015.4.23, 2014다231378).

⑤ 매매계약에 관한 비용은 당사자 쌍방이 균분하여 부담한다(제566조).

기본서 p.917~925

정답 ①

01 매매에 관한 설명으로 옳지 않은 것은? (다툼이 있으면 판례에 따름)

① 예약완결권의 제척기간 도과 여부는 법원이 직권으로 조사하여 재판에 고려하여야 한다.

② 매매계약과 더불어 체결된 계약금계약은 낙성계약이다.

③ 매매계약은 쌍무·유상의 계약이다.

④ 매매계약이 취소된 경우, 선의의 점유자인 매수인의 과실취득권이 인정되는 이상 선의의 매도인도 지급받은 대금의 운용이익 내지 법정이자를 반환할 의무가 없다.

⑤ 매매목적물의 인도 전이라도 매수인이 매매대금을 완납한 때에는 그 후의 과실수취권은 매수인에게 귀속된다.

02 매매의 일방예약에 관한 설명으로 옳지 않은 것은? (다툼이 있으면 판례에 따름)

① 예약완결권은 예약자의 상대방이 매매예약완결의 의사표시를 하여 효력이 생기게 하는 권리로서 형성권이다.

② 예약완결권은 당사자가 그 행사기간을 약정하지 않은 경우 그 예약이 성립한 때로부터 10년 내에 이를 행사하여야 한다.

③ 예약목적물인 부동산을 인도받은 경우, 예약완결권은 제척기간의 경과로 인하여 소멸하지 않는다.

④ 예약완결권은 양도성이 있으므로 이를 양수한 자는 예약완결권을 행사할 수 있다.

⑤ 매매예약완결의 의사표시 전에 목적물이 멸실된 경우, 매매예약완결의 의사표시를 하여도 매매의 효력은 발생하지 않는다.

03 계약금에 관한 설명으로 옳지 않은 것은? (다툼이 있으면 판례에 따름)

① 계약금이 수수된 후 매도인이 매매계약의 이행에는 전혀 착수한 바가 없다 하더라도 매수인이 중도금을 지급하였다면 매수인은 계약금을 포기하고 매매계약을 해제할 수 없다.

② 계약금만 수령한 매도인이 매수인에게 계약의 이행을 최고하고 매매잔금의 지급을 청구하는 소송을 제기한 경우, 다른 약정이 없는 한 매수인은 계약금을 포기하고 계약을 해제할 수 있다.

③ 채권계약에 있어서 당사자 사이에 교부된 계약금은 해약금으로서의 성질을 가지나, 그 계약금을 위약금으로 하기로 하는 특약이 없는 한, 당연히는 손해배상액의 예정으로서의 성질을 가진 것이라고 볼 수 없다.

④ 계약금계약은 금전 기타 유가물의 교부를 요건으로 하므로 계약금 지급약정만을 한 단계에서는 민법 제565조 제1항의 계약해제권이 발생하지 않는다.

⑤ 계약금을 받은 매도인이 그 배액을 상환하고 계약을 해제하려면 계약해제의 의사표시 외에 계약금 배액을 이행제공하여야 하고, 상대방이 수령하지 않으면 공탁하여야 한다.

정답 및 해설

01 ② 계약금의 교부도 하나의 계약이며, 그것은 금전 또는 유가물의 교부를 요건으로 하므로 <u>요물계약</u>이며(대판 1999.10.26, 99다48160), 주된 계약에 부수하여 행해지는 <u>종된 계약</u>이다(통설).

02 ③ 그 기간을 지난 때에는 상대방이 예약목적물인 부동산을 인도받은 경우라도 예약완결권은 <u>제척기간의 경과</u> <u>로 인하여 소멸한다</u>(대판 1997.7.25, 96다47494).

03 ⑤ 매매당사자간에 계약금을 수수하고 계약해제권을 유보한 경우에 매도인이 계약금의 배액을 상환하고 계약을 해제하려면 <u>계약해제의 의사표시 이외에 계약금 배액의 이행의 제공이 있으면 족하고, 상대방이 이를</u> <u>수령하지 아니한다 하여 이를 공탁할 필요는 없다</u>(대판 1981.10.27, 80다2784).

04 계약금에 관한 설명으로 옳지 않은 것은? (다툼이 있으면 판례에 따름)

① 계약금은 해약금으로 추정한다.
② 해약금에 의하여 해제하는 경우에는 손해배상청구가 인정되지 아니한다.
③ 당사자의 약정에 따라 계약금이 해약금과 손해배상의 예정을 겸하는 경우, 그것이 부당히 과다한 때에는 법원은 이를 적당히 감액할 수 있다.
④ 계약금의 일부만 지급된 경우, 해약금의 기준이 되는 금원은 실제 교부받은 계약금이 아니라 약정 계약금이다.
⑤ 계약금의 수령자는 배액을 제공하고 해제할 수 있으며, 제공된 금액을 상대방이 수령하지 않으면 공탁할 의무를 부담한다.

05 甲과 乙은 甲 소유의 부동산에 대하여 1억원에 매매계약을 체결하고 甲은 계약금 1천만원을 수령하였다. 이에 관한 설명으로 옳은 것은? (甲과 乙 사이에 다른 약정은 없으며, 다툼이 있으면 판례에 따름)

① 乙의 귀책사유로 甲이 계약을 해제한 경우 계약금은 당연히 甲에게 귀속된다.
② 甲은 수령한 계약금을 乙에게 반환하고 매매계약을 해제할 수 있다.
③ 乙이 약정기일에 중도금을 지급한 경우, 甲은 乙에게 2천만원을 상환하고 계약을 해제할 수 없다.
④ 乙은 중도금을 지급한 후라도 계약금과 중도금을 포기하고 매매계약을 해제할 수 있다.
⑤ 계약금계약에 의하여 계약이 해제된 경우, 甲과 乙은 원상회복 및 손해배상의무가 있다.

06 매매에 관한 설명으로 옳은 것은? (다툼이 있으면 판례에 따름)

① 매매대금은 시가에 따르기로 한다는 계약은 무효이다.

② 동산의 환매기간을 정하지 아니한 때에는 그 기간은 5년이다.

③ 매매목적물이 부동산인 경우에 소유권이전등기를 하고 1개월 후에 환매특약에 따라 환매권 보류를 등기하였다면 제3자에게 환매권을 행사할 수 있다.

④ 계약금을 받은 매도인이 계약을 해제하려고 매수인에게 계약금의 배액을 제공하였으나 매수인이 이를 수령하지 않은 경우, 매도인은 이를 공탁하지 않으면 계약을 해제할 수 없다.

⑤ 매매목적물에 대하여 권리를 주장하는 자가 있어 매수인에게 권리상실의 위험이 있는 경우, 매도인이 상당한 담보를 제공하지 않으면 그 위험한도에서 매수인은 대금지급을 거절할 수 있다.

정답 및 해설

04 ⑤ 계약금의 교부자는 이를 포기하고 해제할 수 있으나, 그 수령자는 그 배액을 상환하면서 계약을 해제할 수 있으며, 반드시 현실의 제공이 있어야 한다(대판 1992.7.28, 91다33612). 제공만 하면 되므로, 상대방이 이를 수령하지 않는다고 하여 공탁까지 할 필요는 없다(대판 1992.5.12, 91다2152).

05 ③ ① 유상계약을 체결함에 있어서 계약금이 수수된 경우 계약금은 해약금의 성질을 가지고 있어서 이를 위약금으로 하기로 하는 특약이 없는 이상, 계약이 당사자 일방의 귀책사유로 인하여 해제되었다 하더라도 상대방은 계약불이행으로 입은 실제 손해만을 배상받을 수 있을 뿐, 계약금이 위약금으로서 상대방에게 당연히 귀속된다고 할 수 없다(대판 1992.11.27, 92다23209).

② 계약금의 교부자는 이를 포기하고 해제할 수 있으나, 그 수령자는 그 배액을 상환하면서 계약을 해제할 수 있으며, 반드시 현실의 제공이 있어야 한다(대판 1992.7.28, 91다33612).

④ 당사자의 일방이라는 것은 매매 쌍방 중 어느 일방을 지칭하는 것이고, 상대방이라 국한하여 해석할 것이 아니므로, 비록 상대방인 매도인이 매매계약의 이행에는 전혀 착수한 바가 없다 하더라도 매수인이 중도금을 지급하여 이미 이행에 착수한 이상, 매수인은 민법 제565조에 의하여 계약금을 포기하고 매매계약을 해제할 수 없다(대판 2000.2.11, 99다62074).

⑤ 해약금에 의해 유보된 해제권은 당사자가 이행에 착수하기 전에만 행사할 수 있으므로 원상회복의 문제는 발생하지 않는다. 또한 해제에 의한 손해배상청구권도 생기지 않는다(제565조 제2항).

06 ⑤ ① 매매의 목적물과 대금은 보통 계약체결 당시에 특정되나, 사후에라도 구체적으로 특정할 수 있는 방법과 기준이 정해져 있으면 충분하다(대판 1997.1.24, 96다26176).

② 환매기간을 정하지 아니한 때에는 그 기간은 부동산은 5년, 동산은 3년으로 한다(제591조 제3항).

③ 매매의 목적물이 부동산인 경우에 매매등기와 동시에 환매권의 보류를 등기한 때에는 제3자에 대하여 그 효력이 있다(제592조).

④ 계약금의 교부자는 이를 포기하고 해제할 수 있으나, 그 수령자는 그 배액을 상환하면서 계약을 해제할 수 있으며, 반드시 현실의 제공이 있어야 한다(대판 1992.7.28, 91다33612). 제공만 하면 되므로, 상대방이 이를 수령하지 않는다고 하여 공탁까지 할 필요는 없다(대판 1992.5.12, 91다2152).

07 매매에 관한 설명으로 옳지 않은 것은? (다툼이 있으면 판례에 따름)

① 매매계약에 관한 비용은 특별한 사정이 없는 한 매수인이 부담한다.

② 매매의 일방예약은 상대방이 매매를 완결할 의사를 표시하는 때에 매매의 효력이 생긴다.

③ 매매의 목적물의 인도와 동시에 대금을 지급할 경우에는 그 인도장소에서 이를 지급하여야 한다.

④ 매매의 목적이 된 권리가 타인에게 속한 경우에는 매도인은 그 권리를 취득하여 매수인에게 이전하여야 한다.

⑤ 매매목적물의 인도 전이라도 매수인이 매매대금을 완납한 때에는 그 이후의 과실수취권은 매수인에게 귀속된다.

대표예제 97	매도인의 담보책임 ★★★

매도인의 담보책임에 관한 다음 설명 중 옳은 것은? (다툼이 있으면 판례에 따름)

① 타인의 권리매매로 인한 담보책임의 내용인 손해배상은 신뢰이익의 배상을 원칙으로 한다.

② 타인의 권리매매에서 목적물을 매수인에게 이전할 수 없게 된 것이 오직 매수인의 귀책사유로 인한 경우 매도인은 담보책임을 지지 않는다.

③ 매매계약 당시에 매매목적물이 타인의 소유임을 알지 못한 선의의 매도인이 그 재산권의 일부나 전부를 이전할 수 없는 경우 그는 계약을 해제할 수 있다.

④ 매매목적 부동산에 대한 전세권의 행사로 인하여 매수인이 소유권을 취득할 수 없게 된 경우, 매수인이 선의인 경우에만 계약을 해제할 수 있다.

⑤ 물건의 하자를 알았거나 과실로 알지 못한 매수인은 손해배상만을 청구할 수 있다.

해설| 매도인의 과실로 이전불능이 초래된 경우에는 채무불이행이 성립하며, 이때에는 본조에 의한 담보책임 이외에 채무불이행책임이 발생한다(대판 1993.11.23, 93다37328).

오답
체크 ① 선의의 매수인은 해제와 더불어 손해배상을 청구할 수 있다(제570조 단서). 손해배상의 범위에 관하여 다툼이 있으나, 판례는 <u>이행이익에 미친다</u>고 한다[대판 1967.5.18, 66다2618(전합)]. 배상액의 산정은 <u>불능 당시의 시가에 의할 것</u>이라고 한다(대판 1980.3.11, 80다78).
③ 매도인이 계약 당시에 매매의 목적이 된 권리가 자기에게 속하지 아니함을 알지 못한 경우에 그 권리를 취득하여 매수인에게 이전할 수 없는 때에는 <u>매도인은 손해를 배상하고 계약을 해제할 수 있다</u>(제571조 제1항).

④ 매매의 목적이 된 부동산에 설정된 저당권 또는 전세권의 행사로 인하여 매수인이 그 소유권을 취득할 수 없거나 취득한 소유권을 잃은 때에는 매수인은 계약을 해제할 수 있다(제576조 제1항). 매수인은 선·악에 관계없이(대판 1996.4.12, 95다55245) 계약을 해제할 수 있으며, 손해배상을 청구할 수 있다.

⑤ 목적물의 하자로 인하여 계약의 목적을 달성할 수 없을 때에는 계약을 해제할 수 있다(제580조 제1항, 제575조 제1항). 매수인은 언제나 손해배상을 청구할 수 있다. 목적물의 하자가 계약의 목적을 달성할 수 없을 정도로 중대한 것이 아닌 경우에는 매수인은 손해배상만을 청구할 수 있다(제580조 제1항, 제575조 제1항 단서). 그러나 매수인이 하자 있는 것을 알았거나 과실로 인하여 이를 알지 못한 때에는 그러하지 아니하다(제580조 제1항 단서).

기본서 p.925~935   정답 ②

---

08 매도인의 담보책임에 관한 설명으로 옳지 않은 것은? (다툼이 있으면 판례에 따름)

① 특정물매매계약에 있어 목적물에 하자가 있는 경우, 악의의 매수인은 대금감액청구권을 행사할 수 없다.

② 수량을 지정한 매매의 목적물이 부족한 경우, 악의의 매수인은 대금감액을 청구할 수 있다.

③ 매매의 목적인 권리의 전부가 타인에게 속한 경우, 매도인이 그 권리를 취득하여 매수인에게 이전할 수 없는 때에는 악의의 매수인은 매매계약을 해제할 수 있다.

④ 매매목적물의 하자로 인한 매수인의 매도인에 대한 하자담보책임에 기한 손해배상청구권에는 채권의 소멸시효에 관한 규정이 적용된다.

⑤ 매매의 목적인 부동산에 설정된 저당권의 행사로 인하여 매수인이 그 소유권을 취득할 수 없게 된 경우, 악의의 매수인은 계약을 해제할 수 있다.

정답 및 해설

07 ① 매매계약에 관한 비용은 당사자 쌍방이 균분하여 부담한다(제566조).

08 ② 수량을 지정한 매매의 목적물이 부족되는 경우와 매매목적물의 일부가 계약 당시에 이미 멸실된 경우에, 매수인이 그 부족 또는 멸실을 알지 못한 때에 담보책임을 물어서 대금감액청구권이 인정된다(제574조).

09 甲, 乙 사이에 X토지 1천평에 대한 매매계약이 성립하였다. 매도인 甲의 담보책임에 관한 설명으로 옳지 않은 것은? (다툼이 있으면 판례에 따름)

① X토지 전부가 甲의 소유가 아니고 丙의 소유이며, 甲이 그 권리를 취득하여 乙에게 이전할 수 없는 경우에는 乙은 자신의 선의·악의를 묻지 않고 계약을 해제할 수 있다.

② 1천평 중 3백평이 丙의 소유이며, 甲이 그 권리를 취득하여 乙에게 이전할 수 없는 경우에는 乙은 자신의 선의·악의를 묻지 않고 대금의 감액을 청구할 수 있다.

③ X토지 위에 지상권이 설정되어 있는 경우에 乙이 이 사실을 알고 있다면 甲은 담보책임을 지지 않는다.

④ 甲, 乙이 1천평의 수량을 지정하여 매매하였으나, X토지가 실제로는 8백평밖에 되지 않는 경우에는 乙은 자신의 선의·악의를 묻지 않고 대금의 감액을 청구할 수 있다.

⑤ X토지 위에 저당권이 존재하여도 그 사실만으로는 담보책임의 문제가 생기지 않는다.

10 매도인의 담보책임에 관한 설명으로 옳은 것을 모두 고른 것은? (다툼이 있으면 판례에 따름)

> ㉠ 경매목적물에 물건의 하자가 있는 경우, 하자담보책임이 발생하지 않는다.
> ㉡ 목적물이 일정한 면적을 가지고 있다는 데 주안을 두고 대금도 면적을 기준으로 정하여지는 아파트분양계약은 특별한 사정이 없는 한 수량지정 매매에 해당한다.
> ㉢ 건축목적으로 매매된 토지에 대하여 건축허가를 받을 수 없어 건축이 불가능한 경우, 이와 같은 법률적 제한 내지 장애는 권리의 하자에 해당한다.
> ㉣ 종류매매의 경우 인도된 목적물에 하자가 있는 때에는 선의의 매수인은 하자 없는 물건을 청구하는 동시에 손해배상을 청구할 수 있다.

① ㉠, ㉡   ② ㉠, ㉣

③ ㉡, ㉢   ④ ㉠, ㉢, ㉣

⑤ ㉡, ㉢, ㉣

11 매도인의 담보책임에 관한 설명으로 옳지 않은 것은? (다툼이 있으면 판례에 따름)

① 저당권의 행사로 매매목적 부동산의 소유권을 취득할 수 없게 된 경우, 악의의 매수인도 매매계약을 해제하고 매도인에 대하여 손해배상을 청구할 수 있다.

② 경매에 의하여 목적물을 매수한 경우, 물건의 하자에 대하여 매도인에게 담보책임을 물을 수 있다.

③ 무효인 강제경매절차를 통하여 하자 있는 권리를 경락받은 자는 경매의 채무자나 채권자에게 담보책임을 물을 수 없다.

④ 제조물에 상품적합성이 결여되어 제조물 그 자체에 발생한 손해에 대해서는 제조물책임이 아니라 하자담보책임을 물어야 한다.

⑤ 매매의 목적이 된 권리의 일부가 타인에게 속함으로 인하여 매도인의 그 권리를 취득하여 매수인에게 이전할 수 없는 경우, 선의의 매수인은 물론이고 악의의 매수인도 대금의 감액을 청구할 수 있다.

정답 및 해설

09 ④ 수량부족·일부멸실의 경우에 <u>매수인이 선의인 때에만</u> 대금의 감액을 청구할 수 있다(제574조, 제572조).

10 ① ㉠ 경매목적물의 하자란 그 목적물에 제570조 내지 제577조에 규정된 권리의 하자가 존재하는 경우의 하자를 말한다(제578조 제1항). 물건 자체의 하자에 대해서는 경매의 결과를 확실하게 하기 위한 취지에서 담보책임을 인정하지 않는다(제580조 제2항).

㉡ 대판 2002.11.8, 99다58136

㉢ 건축을 목적으로 매매된 토지에 대하여 건축허가를 받을 수 없어 건축이 불가능한 경우, 위와 같은 법률적 제한 내지 장애 역시 <u>매매목적물의 하자에 해당</u>한다 할 것이나, 다만 위와 같은 하자의 존부는 매매계약 성립시를 기준으로 판단하여야 할 것이다(대판 2000.1.18, 98다18506).

㉣ 종류매매에서, <u>선의·무과실의 매수인</u>은 계약의 해제 또는 손해배상을 청구하지 않고 하자 없는 물건의 급부를 청구할 수도 있다[완전물급부청구권(제581조 제2항)].

11 ② 경매의 경우에는 매도인의 물건의 하자에 대한 <u>담보책임이 생기지 않는다</u>(제580조 제2항).

12 민법상 특정물 매도인의 하자담보책임에 관한 설명으로 옳지 않은 것은? (다툼이 있으면 판례에 따름)

① 매도인의 고의·과실은 하자담보책임의 성립요건이 아니다.

② 악의의 매수인에 대해서 매도인은 하자담보책임을 지지 않는다.

③ 매매목적물인 서화(書畫)가 위작으로 밝혀진 경우, 매도인의 담보책임이 발생하면 매수인은 착오를 이유로는 매매계약을 취소할 수 없다.

④ 경매목적물에 물건의 하자가 있는 경우 하자담보책임이 발생하지 않는다.

⑤ 목적물에 하자가 있더라도 계약의 목적을 달성할 수 있는 경우에는 매수인에게 해제권이 인정되지 않는다.

13 하자담보책임에 관한 설명으로 옳지 않은 것은? (다툼이 있으면 판례에 따름)

① 매매의 목적물이 당사자가 예정하거나 보증한 성질을 결여한 경우에는 목적물의 하자에 해당한다.

② 매매목적물의 하자로 인한 계약해제권은 매수인이 그 사실을 안 날로부터 6월 내에 행사하여야 한다.

③ 매도인의 하자담보책임에 관한 매수인의 권리행사기간은 재판상 청구를 위한 출소기간이다.

④ 건축을 목적으로 매매된 토지가 매매계약 당시 건축허가를 받을 수 없는 법률적 장애로 건축이 불가능하게 되었다면, 매매목적물의 하자에 해당한다.

⑤ 매매목적물의 하자로 인한 확대손해에 대하여 배상책임을 지우기 위해서는 하자 없는 목적물을 인도하지 못한 의무위반사실 외에 그러한 의무위반에 대하여 매도인에게 귀책사유가 있어야 한다.

14 매도인의 담보책임에 관한 설명으로 옳지 않은 것은?

① 변제기에 도달한 채권의 매도인이 채무자의 자력을 담보한 때에는 매매계약 당시의 자력을 담보한 것으로 추정한다.

② 변제기에 도달하지 않은 채권의 매도인이 채무자의 자력을 담보한 때에는 변제기의 자력을 담보한 것으로 추정한다.

③ 매도인은 담보책임면제의 특약을 한 경우에도 제3자에게 권리를 설정 또는 양도한 행위에 대하여는 책임을 면하지 못한다.

④ 매매목적물이 전세권의 목적이 된 경우, 선의의 매수인은 이로 인하여 계약의 목적을 달성할 수 없으면 계약을 해제할 수 있다.

⑤ 타인의 권리매매에서 매도인이 그 권리를 취득하여 매수인에게 이전할 수 없는 경우, 계약 당시에 그 사실을 안 매수인은 계약을 해제할 수 없다.

정답 및 해설

12 ③ 매매계약 내용의 중요부분에 착오가 있는 경우, 매수인은 매도인의 <u>하자담보책임이 성립하는지와 상관없이</u> <u>착오를 이유로 매매계약을 취소할 수 있다</u>(대판 2018.9.13, 2015다78703).

13 ③ 매도인의 하자담보책임에 관한 매수인의 권리행사기간은 재판상 또는 재판 외의 권리행사기간이고, <u>재판상</u> <u>청구를 위한 출소기간은 아니다</u>(대판 1985.11.12, 84다카2344).

14 ⑤ 타인 권리의 매매에서 매도인이 그 권리를 취득하여 매수인에게 이전할 수 없는 경우, <u>매수인은 그의 선의·</u> <u>악의를 묻지 않고 계약을 해제할 수 있다</u>(제570조 본문).

임대차에 관한 설명으로 옳은 것은? (다툼이 있으면 판례에 따름)

① 연체차임은 임대차계약 종료 전에 별도의 의사표시 없이 임대차보증금에서 당연히 공제된다.
② 건물임대차의 존속기간은 20년을 넘지 못한다.
③ 임대인이 수선의무를 이행함으로써 목적물의 사용·수익에 지장이 초래된 경우, 임차인은 그 지장의 한도 내에서 차임지급을 거절할 수 있다.
④ 임대인이 임대목적물에 대한 소유권 기타 이를 임대할 권한이 없는 경우 임대차계약은 유효하게 성립하지 않는다.
⑤ 임차인이 임대인의 동의 없이 임차권을 양도한 경우 임대인은 임대차계약을 해지할 수 없다.

해설 | 임대차계약에 있어서 목적물을 사용·수익하게 할 임대인의 의무와 임차인의 차임지급의무는 상호 대응관계에 있으므로 임대인이 목적물을 사용·수익하게 할 의무를 불이행하여 임차인이 목적물을 전혀 사용할 수 없을 경우에는 임차인은 차임 전부의 지급을 거절할 수 있으나, 목적물의 사용·수익이 부분적으로 지장이 있는 상태인 경우에는 그 지장의 한도 내에서 차임의 지급을 거절할 수 있을 뿐 그 전부의 지급을 거절할 수는 없다(대판 1997.4.25, 96다44778).

**오답
체크 |**
① 임대차보증금이 임대인에게 교부되어 있더라도 임대인은 임대차관계가 계속되고 있는 동안에는 임대차보증금에서 연체차임을 충당할 것인지를 자유로이 선택할 수 있으므로, 임대차계약 종료 전에는 연체차임이 공제 등 별도의 의사표시 없이 임대차보증금에서 당연히 공제되는 것은 아니다(대판 2013.2.28, 2011다49608).
② 헌법재판소는 임대차 존속기간을 20년으로 제한한 제651조 제1항에 대해 단순위헌결정을 하였고(헌재결 2013.12.26, 2011헌바234), 개정법(2016.1.6.)에서는 삭제하였다. 따라서 임대차에 관하여 최장기간의 제한은 없다.
④ 임대차는 당사자의 일방이 상대방에게 목적물을 사용·수익케 할 것을 약정하면 되는 것으로서, 나아가 임대인이 그 목적물에 대한 소유권이나 기타 그것을 처분할 권한을 반드시 가져야 하는 것은 아니다(대판 1991.3.27, 88다카30702).
⑤ 임차인이 임대인의 동의 없이 그의 임차권을 양도하거나 또는 임차물을 전대한 때에는, 임대인은 임대차계약을 해지할 수 있다(제629조 제2항).

기본서 p.938~959   정답 ③

15 건물 소유를 목적으로 X토지에 관하여 임대인 甲과 임차인 乙 사이에 적법한 임대차계약이 체결되었다. 이에 관한 설명으로 옳지 않은 것은? (다툼이 있으면 판례에 따름)

① 甲과 乙 사이에 체결된 임대차계약에 임대차기간에 관한 약정이 없는 때에는 甲은 언제든지 계약해지의 통고를 할 수 있다.

② 乙이 甲의 동의 없이 X토지를 전대한 경우, 甲은 원칙적으로 乙과의 임대차계약을 해지할 수 있다.

③ X토지의 일부가 乙의 과실 없이 멸실되어 사용 · 수익할 수 없게 된 경우, 乙은 그 부분의 비율에 의한 차임의 감액을 청구할 수 있다.

④ 토지임차인에게 인정되는 지상물매수청구권은 乙이 X토지 위에 甲의 동의를 얻어 신축한 건물에 한해 인정된다.

⑤ 甲이 변제기를 경과한 최후 2년의 차임채권에 의하여 그 지상에 있는 乙 소유의 건물을 압류한 때에는 저당권과 동일한 효력이 있다.

정답 및 해설

15 ④ 매수청구권의 대상이 되는 건물은 그것이 토지의 임대목적에 반하여 축조되고, 임대인이 예상할 수 없을 정도의 고가의 것이라는 특별한 사정이 없는 한, 임대차기간 중에 축조되었다고 하더라도 그 만료시에 그 가치가 잔존하고 있으면 그 범위에 포함되는 것이고, 반드시 임대차계약 당시의 기존건물이거나 임대인의 동의를 얻어 신축한 것에 한정된다고는 할 수 없다(대판 1993.11.12, 93다34589).

16 乙은 석조건물 소유의 목적으로 甲으로부터 그 소유의 토지를 임차한 후 그 토지에 건물을 신축하여 소유권보존등기를 하였다. 이에 관한 설명으로 옳은 것은? (다툼이 있으면 판례에 따름)

① 乙이 3기의 차임액을 연체한 경우, 甲은 乙과의 임대차계약을 해지할 수 없다.

② 乙이 丙에게 건물의 소유권을 양도하면서 甲의 동의를 얻지 않고 임차권도 양도한 경우, 원칙적으로 丙은 甲에게 임차권을 주장할 수 있다.

③ 甲과 乙 사이의 임대차 존속기간은 원칙적으로 20년을 넘지 못한다.

④ 임대차기간의 약정이 없는 경우, 甲에 의한 해지통고에 의하여 그 임차권이 소멸하면, 乙의 지상물매수청구권은 乙의 계약갱신청구의 유무에 불구하고 인정된다.

⑤ 건물이 甲 소유의 토지 외에 제3자 소유의 토지 위에 걸쳐서 신축된 경우, 임대차가 종료하면 乙은 甲에게 건물 전체의 매수를 청구할 수 있다.

17 임차인의 비용상환청구권과 부속물매수청구권에 관한 설명으로 옳지 않은 것은?

① 임차인이 필요비와 유익비를 지출한 때에는 임대차가 종료하여야 그 상환을 청구할 수 있다.

② 필요비 및 유익비의 상환청구권은 임대인이 목적물을 반환받은 날로부터 6개월 이내에 행사하여야 한다.

③ 유익비는 그 가액의 증가가 현존한 때에 한하여 임차인의 지출한 금액이나 그 증가액을 상환받을 수 있다.

④ 건물 기타 공작물의 임차인은 그 사용의 편익을 위하여 임대인의 동의를 얻어 부속한 물건뿐만 아니라 임대인으로부터 매수한 부속물에 대해서도 임대차 종료시에 임대인에 대하여 그 매수를 청구할 수 있다.

⑤ 임차인의 부속물매수청구권에 관한 규정은 강행규정으로 이에 위반한 약정으로 임차인에게 불리한 것은 효력이 없다.

18 임차인의 유익비상환청구권에 관한 설명으로 옳지 않은 것은? (다툼이 있으면 판례에 따름)

① 임차인은 임대차가 종료하기 전에는 유익비상환을 청구할 수 없다.

② 임대인은 임차인의 선택에 따라 지출한 금액이나 가치증가액을 상환하여야 한다.

③ 유익비상환청구권은 임대인이 목적물을 반환받은 날로부터 6개월 내에 행사하여야 한다.

④ 임차인이 임대인에게 유익비상환청구를 하지 않겠다는 약정은 유효하다.

⑤ 임대인이 유익비를 상환하지 않으면, 임차인은 특별한 사정이 없는 한 임대차 종료 후 임차목적물의 반환을 거절할 수 있다.

정답 및 해설

16 ④ ① 건물 기타 공작물의 소유 또는 식목, 채염, 목축을 목적으로 한 토지임대차의 경우에는 임차인의 <u>차임연체액이 2기의 차임액에 달하는 때에는 임대인은 계약을 해지할 수 있다</u>(제642조).

② 민법은 임차권의 양도 및 임대물의 전대를 원칙적으로 금지하고, 임대인의 동의가 있는 경우에만 예외적으로 양도 또는 전대를 인정한다(제629조 제1항). 임대차계약이 원래 당사자들의 인적 신뢰관계를 기초로 한 계속적 법률관계임을 고려한 제한이다. 임차인이 임대인의 동의 없이 그의 임차권을 양도하거나 또는 임차물을 전대한 때에는, 임대인은 임대차계약을 해지할 수 있다(제629조 제2항). 따라서 <u>丙은 甲에게 임차권을 주장할 수 없다</u>.

③ "<u>석조, 석회조, 연와조 또는 이와 유사한 견고한 건물 기타 공작물의 소유를 목적으로 하는 토지임대차나 식목, 채염을 목적으로 하는 토지임대차의 경우</u>를 제한 외에는 임대차의 존속기간은 20년을 넘지 못한다. 당사자의 약정기간이 20년을 넘는 때에는 이를 20년으로 단축한다."는 민법 제651조 제1항은 헌재결 2011바234 위헌결정으로 효력이 없다.

⑤ 건물 소유를 목적으로 하는 토지임대차에 있어서 임차인 소유 건물이 임대인이 임대한 토지 외에 임차인 또는 제3자 소유의 토지 위에 걸쳐서 건립되어 있는 경우에는, 임차지상에 서 있는 건물부분 중 <u>구분소유의 객체가 될 수 있는 부분</u>에 한하여 임차인에게 매수청구가 허용된다[대판 1996.3.21, 93다42634(전합)].

17 ① 임차인이 임차물의 보존에 관한 <u>필요비를 지출한 때</u>에는 임대인에 대하여 그 상환을 청구할 수 있다(제626조 제1항). 따라서 필요비의 상환청구는 제626조 제2항과의 체계적 해석상 <u>임대차 종료를 기다릴 필요 없이 지출 후 즉시 할 수 있고</u>, 상환청구할 수 있는 범위도 가액이 현존하는지 여부에 관계없이 지출비용 전액에 미친다고 해석된다. 임차인이 <u>유익비를 지출한 경우</u>에는 임대인은 <u>임대차 종료시</u>에 그 가액의 증가가 현존한 때에 한하여 임차인의 지출한 금액이나 그 증가액을 <u>상환하여야 한다</u>. 이 경우에 법원은 임대인의 청구에 의하여 상당한 상환기간을 허여(許與)할 수 있다(제626조 제2항). 따라서 유익비는 임대차가 종료하여야 그 상환을 청구할 수 있고, 유익비의 상환을 청구하기 위하여는 임차물의 가액증가가 현존하여야 한다.

18 ② 유익비는 <u>임대인이 실제지출액과 가치증가액 중 선택하여 상환할 수 있다</u>.

19 임대차에 관한 설명으로 옳지 않은 것은?

① 일시사용을 위한 임대차가 명백한 경우, 임차인에게 부속물매수청구권이 인정되지 않는다.

② 임차물에 대하여 권리를 주장하는 자가 있고 임대인이 그 사실을 모르고 있는 경우, 임차인은 지체 없이 임대인에게 이를 통지하여야 한다.

③ 부동산임차인은 임대인과의 반대약정이 없으면 임대인에게 임대차등기절차에 협력할 것을 청구할 수 있다.

④ 다른 약정이 없는 한, 임대인의 행위가 임대물의 보존에 필요한 행위라도 임차인은 이를 거절할 수 있다.

⑤ 부동산임차인은 당사자 사이에 반대약정이 없으면 임대인에 대하여 그 임대차등기절차에 협력할 것을 청구할 수 있다.

20 임대차에 관한 설명으로 옳은 것은? (다툼이 있으면 판례에 따름)

① 토지임차인이 지상물만을 타인에게 양도하더라도 임대차가 종료하면 그 임차인이 매수청구권을 행사할 수 있다.

② 건물임차인이 임대인의 동의 없이 건물의 소부분을 전대한 경우, 임대인은 임대차계약을 해지할 수 있다.

③ 임차인의 채무불이행으로 임대차계약이 해지된 경우, 임차인은 부속물매수청구권을 행사할 수 있다.

④ 임대인은 보증금반환채권에 대한 전부명령이 송달된 후에 발생한 연체차임을 보증금에서 공제할 수 없다.

⑤ 건물소유를 위한 토지임대차의 경우, 임차인의 차임연체액이 2기의 차임액에 이른 때에는 임대인은 계약을 해지할 수 있다.

21 **임대차에 관한 설명으로 옳지 않은 것은?**

① 수인이 공동하여 물건을 임차한 때에는 분할하여 차임지급의무를 부담한다.

② 임차인이 임대인의 동의 없이 임차권을 양도한 경우 임대인은 임대차계약을 해지할 수 있다.

③ 임차인이 임대인의 동의를 얻어 임차물을 전대한 때에는 전차인은 직접 임대인에 대하여 의무를 부담한다.

④ 임대차기간의 약정이 없는 때에는 당사자는 언제든지 계약해지의 통고를 할 수 있다.

⑤ 임차인이 임차물의 보존에 관한 필요비를 지출한 때에는 임대인에 대하여 그 상환을 청구할 수 있다.

정답 및 해설

19 ④　임대인이 임대물의 보존에 필요한 행위를 하는 때에는 임차인은 이를 거절하지 못한다(제624조).

20 ⑤　① 지상물매수청구권은 지상시설의 소유자만이 행사할 수 있고, 따라서 건물을 신축한 토지임차인이 그 건물을 타인에게 양도한 경우에는 그 임차인은 매수청구권을 행사할 수 없다(대판 1993.7.27, 93다6386).

② 건물임차인이 건물의 소부분을 타인에게 사용하게 하는 경우에는 임대인의 동의를 요하지 않는다(제632조).

③ 판례는 존속기간 만료 이외에 채무불이행으로 인한 해지에 의하여 종료된 경우 부속물매수청구권이 발생하지 않는다고 한다(대판 1990.1.23, 88다카7245).

④ 임차보증금을 피전부채권으로 하여 전부명령이 있는 경우에도 제3채무자인 임대인은 임차인에게 대항할 수 있는 사유로써 전부채권자에게 대항할 수 있는 것이므로, 건물임대차보증금의 반환채권에 대한 전부명령의 효력이 그 송달에 의하여 발생한다고 하여도, 위 보증금반환채권은 임대인의 채권이 발생하는 것을 해제조건으로 하는 것이므로, 임대인의 채권을 공제한 잔액에 관하여서만 전부명령이 유효하다(대판 1987.6.9, 87다68).

21 ①　수인이 공동으로 임대차를 하는 경우에, 그들 임차인은 연대하여 의무를 부담한다(제654조, 제616조).

22 甲은 丙의 건물을 임차하여 乙에게 전대하였다. 이에 관한 설명으로 옳지 않은 것은? (다툼이 있으면 판례에 따름)

① 甲이 丙의 동의를 얻지 않고 전대하였다고 하더라도, 甲과 乙이 체결한 전대차계약은 甲·乙 사이에서는 유효하다.

② 甲이 丙의 동의를 얻어 전대한 경우에는, 이후 甲과 丙의 합의로 임대차계약을 해지하더라도 乙의 권리는 소멸하지 않는다.

③ 임대차기간 및 전대차기간이 모두 만료된 후, 乙이 丙에게 건물을 직접 명도하면 乙은 甲에 대한 건물명도의무를 면한다.

④ 甲의 채무불이행을 이유로 丙이 임대차계약을 해지하고 乙에게 목적물반환청구권을 행사한 경우, 특별한 사정이 없는 한 乙은 甲에 대한 보증금반환채권으로 丙의 목적물반환청구에 대항할 수 없다.

⑤ 乙이 丙의 동의를 얻어 甲으로부터 부속물을 매수하였더라도, 乙은 전대차 종료시에 丙에게 그 부속물의 매수를 청구할 수 없다.

대표예제 99 / 도급 ★★★

도급에 관한 설명으로 옳지 않은 것은? (다툼이 있으면 판례에 따름)

① 건물이 완성된 경우에는 도급인은 중대한 하자가 있다고 하더라도 계약을 해제할 수 없다.

② 도급인의 보수지급과 수급인의 목적물인도의무는 동시이행의 관계에 있다.

③ 하자보수에 관한 담보책임이 없음을 약정한 경우에는 수급인이 하자에 관하여 알고서 고지하지 아니한 사실에 대하여 담보책임이 없다.

④ 완성된 목적물의 하자가 중요하지 아니하면서 동시에 보수에 과다한 비용을 요할 때에는 도급인은 하자의 보수나 하자의 보수에 갈음하는 손해배상을 청구할 수는 없고, 하자로 인하여 입은 손해의 배상만을 청구할 수 있다.

⑤ 제작물공급계약에서 제작 공급하여야 할 물건이 대체물인 경우에는 매매에 관한 규정이 적용되지만, 부대체물인 경우에는 도급의 성질을 띠게 된다.

해설 | ③ 담보책임 면책특약이 있더라도 알고 고지하지 아니한 사실에 대하여는 <u>그 책임을 면하지 못한다</u> (제672조).
　　 ① 도급인이 완성된 목적물의 하자로 인하여 계약의 목적을 달성할 수 없는 때에는 계약을 해제할 수 있다. 그러나 건물 기타 토지의 공작물에 대하여는 그러하지 아니하다(제668조).

② 보수는 그 완성된 목적물의 인도와 동시에 지급하여야 한다. 그러나 목적물의 인도를 요하지 아니하는 경우에는 그 일을 완성한 후 지체 없이 지급하여야 한다(제665조 제1항).

④ 완성된 목적물 또는 완성 전의 성취된 부분에 하자가 있는 때에는 도급인은 수급인에 대하여 상당한 기간을 정하여 그 하자의 보수를 청구할 수 있다. 그러나 하자가 중요하지 아니한 경우에 그 보수에 과다한 비용을 요할 때에는 그러하지 아니하다(제667조 제1항).

⑤ 당사자의 일방이 상대방의 주문에 따라 자기 소유의 재료를 사용하여 만든 물건을 공급할 것을 약정하고 이에 대하여 상대방이 대가를 지급하기로 약정하는 이른바 제작물공급계약은, 그 제작의 측면에서는 도급의 성질이 있고 공급의 측면에서는 매매의 성질이 있어 이러한 계약은 대체로 매매와 도급의 성질을 함께 가지고 있는 것으로서, 그 적용 법률은 계약에 의하여 제작 공급하여야 할 물건이 대체물인 경우에는 매매로 보아서 매매에 관한 규정이 적용된다고 할 것이나, 물건이 특정의 주문자의 수요를 만족시키기 위한 부대체물인 경우에는 당해 물건의 공급과 함께 그 제작이 계약의 주목적이 되어 도급의 성질을 띠는 것이다(대판 1996.6.28, 94다42976).

기본서 p.960~967   정답 ③

23 도급계약에 관한 설명으로 옳지 않은 것은? (다툼이 있으면 판례에 따름)

① 목적물의 인도를 요하지 않는 경우, 보수(報酬)는 수급인이 일을 완성한 후 지체 없이 지급하여야 한다.

② 제작물공급계약에서 완성된 목적물의 인도와 동시에 보수(報酬)를 지급해야 하는 경우, 특별한 사정이 없는 한 목적물의 인도는 단순한 점유의 이전만으로 충분하다.

③ 수급인이 일을 완성하기 전에는 도급인은 손해를 배상하고 계약을 해제할 수 있다.

④ 도급계약의 보수(報酬) 일부를 선급하기로 하는 특약이 있는 경우, 수급인은 그 제공이 있을 때까지 일의 착수를 거절할 수 있다.

⑤ 부동산공사의 수급인은 보수(報酬)에 관한 채권을 담보하기 위하여 그 부동산을 목적으로 한 저당권설정청구권을 갖는다.

정답 및 해설

22 ⑤ 건물 기타 공작물의 임차인이 적법하게 전대한 경우에, 전차인이 그 사용의 편익을 위하여 임대인의 동의를 얻어 이에 부속한 물건이 있는 때에는, 전대차의 종료시에 임대인에 대하여 <u>그 부속물의 매수를 청구할 수 있다</u>(제647조 제1항).

23 ② 제작물공급계약에서 보수의 지급시기에 관하여 당사자 사이의 특약이나 관습이 없으면 도급인은 완성된 목적물을 인도받음과 동시에 수급인에게 보수를 지급하는 것이 원칙이고, 이때 <u>목적물의 인도는 완성된 목적물에 대한 단순한 점유의 이전만을 의미하는 것이 아니라 도급인이 목적물을 검사한 후 그 목적물이 계약 내용대로 완성되었음을 명시적 또는 묵시적으로 시인하는 것까지 포함하는 의미이다</u>(대판 2006.10.13, 2004다21862).

24 도급에 관한 설명으로 옳지 않은 것은? (다툼이 있으면 판례에 따름)

① 도급인의 보수지급의무와 수급인의 완성된 목적물의 인도의무는 동시이행의 관계에 있다.

② 해제로 인하여 원상회복의 의무가 발생하므로 수급인은 착수한 일의 결과를 전부 제거하여야 한다.

③ 당사자 사이의 특약 등 특별한 사정이 없는 한 수급된 자신이 직접 일을 완성해야 하는 것은 아니다.

④ 보수의 지급시기에 관하여는 후급을 원칙으로 하나, 거래유형에 따라 착수금을 지급하거나 일의 진전에 따라 보수를 분할지급할 수 있다.

⑤ 일의 하자가 도급인이 제공한 재료에 기인한 경우라도 수급인이 그 재료의 부적당함을 알고 도급인에게 고지하지 않은 때에는 수급인은 담보책임이 있다.

25 도급에 관한 설명으로 옳지 않은 것은? (다툼이 있으면 판례에 따름)

① 일의 완성에 관한 증명책임은 보수의 지급을 구하는 수급인에게 있다.

② 수급인이 완공기한 내에 공사를 완성하지 못한 채 완공기한을 넘겨 도급계약이 해제된 경우, 그 지체상금의 발생시기는 완공기한 다음 날이다.

③ 공사도급계약상 도급인의 지체상금채권과 수급인의 공사대금채권은 특별한 사정이 없는 한 동시이행의 관계에 있지 않다.

④ 보수 일부를 선급하기로 하는 특약이 있는 경우, 도급인이 선급금 지급을 지체한 기간만큼은 수급인이 지급하여야 하는 지체상금의 발생기간에서 공제된다.

⑤ 하자확대손해로 인한 수급인의 손해배상채무와 도급인의 공사대금채무는 동시이행관계가 인정되지 않는다.

26 수급인의 하자담보책임에 관한 설명으로 옳지 않은 것은? (다툼이 있으면 판례에 따름)

① 신축된 건물에 하자가 있는 경우, 도급인은 수급인의 하자담보책임에 기하여 계약을 해제할 수 없다.

② 수급인의 하자담보책임에 관한 제척기간은 재판상 또는 재판 외의 권리행사기간이다.

③ 완성된 목적물의 하자가 중요하지 아니하면서 동시에 보수에 과다한 비용을 요하는 경우, 도급인은 수급인에게 하자의 보수에 갈음하는 손해배상을 청구할 수 있다.

④ 완성된 액젓저장탱크에 균열이 발생하여 보관 중이던 액젓의 변질로 인한 손해배상은 하자보수에 갈음하는 손해배상과는 별개의 권원에 의하여 경합적으로 인정된다.

⑤ 수급인의 하자담보책임을 면제하는 약정이 있더라도, 수급인이 알면서 고지하지 아니한 사실에 대하여는 그 책임이 면제되지 않는다.

정답 및 해설

24 ② 건축도급계약에 있어서 미완성부분이 있는 경우라도 공사가 상당한 정도로 진척되어 그 원상회복이 중대한 사회적·경제적 손실을 초래하게 되고 완성된 부분이 도급인에게 이익이 되는 경우에, 수급인의 채무불이행을 이유로 도급인이 그 도급계약을 해제한 때는 그 미완성부분에 대하여서만 도급계약이 실효된다고 보아야 할 것이고, 따라서 이 경우 수급인은 해제한 때의 상태 그대로 그 건물을 도급인에게 인도하고 도급인은 그 건물의 완성도 등을 참작하여 인도받은 건물에 상당한 보수를 지급하여야 할 의무가 있다(대판 1986. 9.9, 85다카1751).

25 ⑤ 하자확대손해로 인한 수급인의 손해배상채무와 도급인의 공사대금채무도 동시이행관계에 있는 것으로 보아야 한다(대판 2005.11.10, 2004다37676).

26 ③ 도급계약에 있어서 완성된 목적물에 하자가 있을 경우에 도급인은 수급인에게 그 하자의 보수나 하자의 보수에 갈음한 손해배상을 청구할 수 있으나, 다만 하자가 중요하지 아니하면서 동시에 보수에 과다한 비용을 요할 때에는 하자의 보수나 하자의 보수에 갈음하는 손해배상을 청구할 수는 없고, 하자로 인하여 입은 손해의 배상만을 청구할 수 있다고 할 것이다(대판 1998.3.13, 97다54376).

---

27 도급에 관한 설명으로 옳지 않은 것은? (다툼이 있으면 판례에 따름)

① 수급인의 완성물인도의무와 도급인의 보수지급의무는 원칙적으로 동시이행관계에 있다.

② 완성된 주택을 도급인이 원시취득한 경우, 수급인은 보수를 지급받을 때까지 그 주택에 대하여 유치권을 행사할 수 있다.

③ 도급인의 파산선고로 수급인이 계약을 해제한 경우, 수급인은 도급인에 대하여 계약해제로 인한 손해배상을 청구할 수 있다.

④ 수급인이 일을 완성하기 전에는 도급인은 수급인이 입게 될 손해를 배상하고 계약을 해제할 수 있다.

⑤ 완성된 주택의 하자로 인하여 계약의 목적을 달성할 수 없더라도 도급인은 계약을 해제할 수 없다.

28 甲은 자신의 토지에 X건물을 신축하기로 하는 계약을 수급인 乙과 체결하면서 甲 명의로 건축허가를 받아 소유권보존등기를 하기로 하는 등 X건물의 소유권을 甲에게 귀속시키기로 합의하였다. 乙은 X건물을 신축하여 완공하였지만 공사대금을 받지 못하고 있다. 이에 관한 설명으로 옳은 것은? (다툼이 있으면 판례에 따름)

① X건물의 소유권은 乙에게 원시적으로 귀속된다.

② X건물에 대한 乙의 하자담보책임은 무과실책임이다.

③ 乙의 甲에 대한 공사대금채권의 소멸시효는 10년이다.

④ 乙은 甲에 대한 공사대금채권을 담보하기 위하여 X건물을 목적으로 한 저당권 설정을 청구할 수 없다.

⑤ X건물의 하자로 인하여 계약의 목적을 달성할 수 없는 경우, 甲은 특별한 사정이 없는 한 계약을 해제할 수 있다.

대표예제 100 \ 위임 ★★

민법상 위임에 관한 설명으로 옳지 않은 것은? (다툼이 있으면 판례에 따름)

① 무상위임의 수임인은 선량한 관리자의 주의의무를 부담한다.

② 수임인은 부득이한 사유가 있으면 제3자로 하여금 자기에 갈음하여 위임사무를 처리하게 할 수 있다.

③ 변호사에게 계쟁사건의 처리를 위임함에 있어서 보수에 관하여 명시적으로 약정하지 않은 경우, 특별한 사정이 없는 한 응분의 보수를 지급할 묵시의 약정이 있는 것으로 볼 수 있다.

④ 위임인에게 불리한 시기에 부득이한 사유로 계약을 해지한 수임인은 그 해지로 인해 위임인에게 발생한 손해를 배상하여야 한다.

⑤ 위임사무의 처리에 비용을 요하는 경우, 수임인의 청구가 있으면 위임인은 이를 선급하여야 한다.

해설 | ④ 상대방이 불리한 시기에 해지한 때에는 그로 말미암아 생긴 손해를 배상하여야 한다. 다만, 그 시기에 해지하는 것이 부득이한 사유에 의한 것일 때에는 배상책임을 부담하지 않는다(제689조 제2항).

① 수임인은 위임의 본지에 따라 선량한 관리자의 주의로써 위임사무를 처리하여야 한다(제681조). 따라서 부동산중개계약과 그 성질이 유사한 민법상 위임계약에서 무상위임의 경우에도 수임인이 수임사무의 처리에 관하여 선량한 관리자의 주의를 기울일 의무가 면제되지 않을 뿐만 아니라 부동산중개업이 위 조항의 적용 범위를 특별히 제한하지 않기 때문이다(대판 2002.2.5, 2001다71484).

② 수임인은 원칙적으로 수임사무를 스스로 처리하여야 하고, 타인이 처리하도록 할 수 없다[자기(자신)복무원칙]. 다만, 예외적으로 위임인의 승낙이 있거나 부득이한 사유가 있는 경우에 한하여 복위임을 할 수 있다(제682조 제1항).

③ 변호사에게 계쟁사건의 처리를 위임함에 있어서 그 보수지급 및 수액에 관하여 명시적인 약정을 아니하였다 하여도, 무보수로 한다는 등 특별한 사정이 없는 한 응분의 보수를 지급할 묵시의 약정이 있는 것으로 봄이 상당하다(대판 1993.11.12, 93다36882).

⑤ 제687조

기본서 p.967~972

정답 ④

정답 및 해설

27 ③ 도급인의 파산선고로 수급인이 계약을 해제한 경우, 수급인은 도급인에 대하여 계약해제로 인한 손해의 배상을 청구하지 못한다(제674조 제2항).

28 ② ② 도급계약에서 수급인의 담보책임의 법적 성질은 무과실책임이다(통설 · 판례).

① 일반적으로 자기의 노력과 재료를 들여 건물을 건축한 사람은 그 건물의 소유권을 원시취득하고, 다만 도급계약에 있어서는 수급인이 자기의 노력과 재료를 들여 건물을 완성하더라도 도급인과 수급인 사이에 도급인 명의로 건축허가를 받아 소유권보존등기를 하기로 하는 등 완성된 건물의 소유권을 도급인에게 귀속시키기로 합의한 것으로 보여질 경우에는 그 건물의 소유권은 도급인에게 원시적으로 귀속된다(대판 1996.9.20, 96다24804).

③ 도급받은 공사의 공사대금채권은 민법 제163조 제3호에 따라 3년의 단기소멸시효가 적용되고, 공사에 부수되는 채권도 마찬가지인데, 민법 제666조에 따른 저당권설정청구권은 공사대금채권을 담보하기 위하여 저당권설정등기절차의 이행을 구하는 채권적 청구권으로서 공사에 부수되는 채권에 해당하므로 소멸시효기간 역시 3년이다(대판 2016.10.27, 2014다211978).

④ 부동산공사의 수급인은 보수에 관한 채권을 담보하기 위하여 그 부동산을 목적으로 한 저당권의 설정을 청구할 수 있다(제666조).

⑤ 도급인이 완성된 목적물의 하자로 인하여 계약의 목적을 달성할 수 없는 때에는 계약을 해제할 수 있다. 그러나 건물 기타 토지의 공작물에 대하여는 그러하지 아니하다(제668조).

29 위임에 관한 설명으로 옳지 않은 것은? (다툼이 있으면 판례에 따름)

① 수임인은 위임의 본지에 따라 자신의 재산과 동일한 주의로 위임사무를 처리하여야 한다.

② 법무사에게 등기의 신청대리를 의뢰하고 법무사가 이를 승낙하는 법률관계는 위임에 해당한다.

③ 위임종료의 사유는 이를 상대방에게 통지하거나 상대방이 이를 안 때가 아니면 이로써 상대방에게 대항하지 못한다.

④ 수임인이 위임사무의 처리를 위해 필요비를 지출한 때에는 위임인에 대하여 지출한 날 이후의 이자를 청구할 수 있다.

⑤ 수임인은 위임인의 청구가 있는 때에는 위임사무의 처리상황을 보고하고, 위임이 종료한 때에는 지체 없이 그 전말을 보고하여야 한다.

30 甲은 자기 소유 부동산을 매매하는 사무를 乙에게 위임하였다. 이에 관한 설명으로 옳지 않은 것은? (다툼이 있으면 판례에 따름)

① 乙은 甲의 승낙이나 부득이한 사유 없이 제3자로 하여금 위임사무를 대신 처리하도록 할 수 없다.

② 乙은 甲의 청구가 있는 때에는 위임사무의 처리상황을 보고하고, 위임이 종료한 때에는 지체 없이 그 전말을 보고하여야 한다.

③ 乙이 위임을 해지하여 甲이 손해를 입었더라도 乙은 손해배상의무를 부담하지 않는 것이 원칙이다.

④ 위임사무처리에 비용을 요하는 경우, 乙은 위임사무를 완료한 후가 아니면 그 비용을 청구할 수 없다.

⑤ 甲 또는 乙은 원칙적으로 언제든지 위임계약을 해지할 수 있다.

31 위임계약에 관한 설명으로 옳은 것은? (다툼이 있으면 판례에 따름)

① 무상위임계약은 각 당사자가 언제든지 해지할 수 있다.

② 보수지급시기에 관하여 특약이 없으면 위임사무의 시작과 함께 그 보수를 선급하여야 한다.

③ 위임인이 사망하면 수임인은 특단의 사정이 없는 한 상속인을 위하여 위임계약상의 의무를 이행하여야 한다.

④ 수임인이 위임인에 대한 대변제청구권을 보전하기 위하여 채권자대위권을 행사하는 경우에는 위임인의 무자력이 요구된다.

⑤ 수임인은 업무집행에 대한 재량권이 있으므로 위임인의 지시에 따라야 하는 것은 아니지만, 위임인에 대하여 지시의 변경까지 요구할 수는 없다.

정답 및 해설

29 ① 수임인은 위임의 본지에 따라 <u>선량한 관리자의 주의로써</u> 위임사무를 처리하여야 한다(제681조).

30 ④ 위임사무의 처리에 비용을 요하는 때에는, 위임인은 <u>수임인의 청구에 의하여 이를 선급</u>하여야 한다(제687조).

31 ① ② 보수지급시기에 관하여 특약이 없으면 <u>위임사무가 끝난 후에 지급</u>하는 것이 원칙이며, 기간으로 보수를 정한 경우에도 같다(제686조 제2항).

③ <u>위임은 당사자 한쪽의 사망이나 파산으로 종료</u>된다. 수임인이 성년후견개시의 심판을 받은 경우에도 이와 같다(제690조).

④ 수임인이 가지는 민법 제688조 제2항 전단 소정의 대변제청구권은 통상의 금전채권과는 다른 목적을 갖는 것이므로, 수임인이 이 대변제청구권을 보전하기 위하여 채무자인 위임인의 채권을 대위행사하는 경우에는 <u>채무자의 무자력을 요건으로 하지 아니한다</u>(대판 2002.1.25, 2001다52506).

⑤ 사무처리에 관하여 위임인의 지시가 있는 경우에는 수임인은 이에 따라야 한다. 그런데 지시에 따르는 것이 <u>위임의 취지에 적합하지 않거나</u> 위임인에게 불리한 경우에는 수임인은 그 사실을 <u>위임인에게 통지하고 지시의 변경을 구해야 한다</u>(통설·판례).

32 위임계약에 관한 설명으로 옳지 않은 것은? (다툼이 있으면 판례에 따름)

① 위임은 원칙적으로 당사자 일방의 사망으로 종료한다.

② 복위임은 위임인이 승낙한 경우나 부득이한 경우에만 허용된다.

③ 위임계약은 유상·무상을 묻지 않고 위임인이나 수임인이 언제든지 해지할 수 있다.

④ 위임사무의 처리에 비용을 요하는 때에는 위임인은 수임인의 청구에 의하여 이를 선급하여야 한다.

⑤ 당사자 일방이 상대방의 불리한 시기에 위임계약을 부득이한 사유로 해지한 때에는 그 손해를 배상하여야 한다.

33 위임에 관한 설명으로 옳지 않은 것은?

① 당사자 일방이 부득이한 사유 없이 상대방의 불리한 시기에 위임계약을 해지한 때에는 그 손해를 배상하여야 한다.

② 수임인이 성년후견개시의 심판을 받은 경우에 위임은 종료한다.

③ 수임인이 위임사무의 처리로 인하여 받은 금전 기타의 물건에서 생긴 과실은 수임인에게 귀속한다.

④ 수임인이 위임인을 위하여 자기의 명의로 취득한 권리는 위임인에게 이전하여야 한다.

⑤ 위임사무의 처리에 비용을 요하는 때에는 위임인은 수임인의 청구가 있으면 이를 미리 지급하여야 한다.

34 위임계약에 관한 설명으로 옳은 것은? (다툼이 있으면 판례에 따름)

① 수임인이 위임사무의 처리로 인하여 받은 금전이나 수취한 과실이 있을 때에는 즉시 이를 위임인에게 인도하여야 한다.

② 수임인은 위임인의 지시에 따르는 것이 오히려 위임인에게 불이익한 경우라도 그에 따라야 하는 것이 원칙이다.

③ 수임인이 위임인의 승낙을 얻어서 제3자에게 위임사무를 처리하게 한 경우, 위임인에 대하여 그 선임감독에 관한 책임이 없다.

④ 위임계약의 해지로 말미암아 상대방이 손해를 입는 일이 있어도 그것을 배상할 의무를 부담하지 않는 것이 원칙이다.

⑤ 위임인은 위임의 본지에 반하지 않는 한 자기에 갈음하여 제3자에게 위임사무를 대리하게 할 수 있다.

32 ⑤ 당사자 일방이 <u>부득이한 사유 없이</u> 상대방의 불리한 시기에 계약을 해지한 때에는 그 손해를 배상하여야 한다(제689조 제2항).

33 ③ 수임인은 위임사무의 처리로 받은 금전 기타 물건 및 취득한 과실을 <u>위임인에게 인도하여야 한다</u>(제684조 제1항). 인도시기는 당사자간에 특약이 있거나 위임의 본뜻에 반하는 경우 등과 같은 특별한 사정이 있지 않는 한 위임계약이 종료한 때이므로, 수임인이 반환할 금전의 범위도 위임종료시를 기준으로 정해진다(대판 2007.2.8, 2004다64432).

34 ④ ① 수임인은 위임사무의 처리로 인하여 받은 금전 기타의 물건 및 그 수취한 과실을 위임인에게 인도하여야 한다(제684조 제1항). <u>인도시기는 특약에 의하고, 특약이 없으면 위임인의 청구 또는 위임이 종료한 때에 인도하면 된다</u>.

② 지시에 따르는 것이 위임의 취지에 적합하지 않거나 또는 위임인에게 불이익한 경우에는, <u>수임인은 그 사실을 위임인에게 통지하고 지시의 변경을 구하여야 한다</u>(대판 2005.10.7, 2005다38294). 다만, 사정이 급박하여 그럴 여유가 없는 경우에는 임시조치를 취할 권리와 의무가 있다. 수임인이 그의 부주의로 말미암아 위임인의 적절치 못한 지시를 알지 못하고 그대로 사무를 처리함으로써 위임인에게 손해를 발생하게 한 경우에는 선관주의의무 위반으로 인한 채무불이행책임을 면치 못한다.

③ 수임인은 위임인에 대하여 <u>복수임인의 선임·감독에 관한 책임을 진다</u>.

⑤ 수임인은 위임인의 승낙이나 부득이한 사유 없이 제3자로 하여금 자기에 갈음하여 <u>위임사무를 처리하게 하지 못한다</u>(제682조 제2항).

제2장 계약각론   **383**

35 위임에 관한 설명으로 옳은 것은? (다툼이 있으면 판례에 따름)

① 위임계약은 당사자의 사망으로 인하여 원칙적으로 종료하지 않는다.

② 당사자 일방은 상대방에게 불리한 시기에는 위임계약을 해지하지 못한다.

③ 보수에 관한 명시적인 약정이 없다면, 변호사는 소송의뢰인에게 보수를 청구하지 못한다.

④ 위임사무의 처리에 비용을 요하는 때에는 특별한 사정이 없는 한, 위임인은 수임인의 청구에 의하여 이를 선급하여야 한다.

⑤ 수임인은 위임인의 승낙이나 부득이한 사유가 없더라도 제3자로 하여금 자기에 갈음하여 위임사무를 처리하게 할 수 있다.

정답 및 해설

35 ④ ① 위임의 내용은 당사자에게 전속적인 것이어서 상속인에게 승계되는 것은 타당하지 않으므로 <u>당사자의 사망은 위임의 종료사유가 된다</u>(제690조).

② 위임에서는 기간의 정함이 있는지 여부에 관계없이 각 당사자는 언제든지 위임계약을 해지할 수 있다(제689조 제1항). 위임은 당사자의 강한 인적 신뢰관계를 전제로 하고 있기 때문에 <u>상대방이 불리한 시기에도 해지할 수 있다</u>. 다만, 상대방이 불리한 시기에 해지한 때에는 그로 말미암아 생긴 손해를 배상하여야 한다. 다만, 그 시기에 해지하는 것이 부득이한 사유에 의한 것일 때에는 배상책임을 부담하지 않는다(제689조 제2항).

③ <u>변호사에게 계쟁사건의 처리를 위임함</u>에 있어서 그 보수지급 및 수액에 관하여 명시적인 약정을 아니하였다 하여도, 무보수로 한다는 등 특별한 사정이 없는 한 응분의 <u>보수를 지급할 묵시의 약정이 있는 것</u>으로 봄이 상당하다(대판 1993.11.12, 93다36882).

⑤ 수임인은 위임인의 승낙이나 부득이한 사유 없이 제3자로 하여금 자기에 갈음하여 <u>위임사무를 처리하게 하지 못한다</u>(제682조 제1항).

제3장 부당이득

대표예제 101 \ **부당이득 ★★**

부당이득에 관한 설명으로 옳은 것은? (다툼이 있으면 판례에 따름)

① 채무자가 착오로 변제기 전에 채무를 변제한 경우, 채권자는 이로 인해 얻은 이익을 반환할 의무가 없다.

② 수익자가 이익을 받은 후 법률상 원인 없음을 안 때에는 그 이익을 받은 날로부터 악의의 수익자로서 이익반환의 책임이 있다.

③ 선의의 수익자가 패소한 때에는 패소가 확정된 때부터 악의의 수익자로 본다.

④ 불법원인급여에서 수익자의 불법성이 현저히 크고, 그에 비하여 급여자의 불법성은 경미한 경우라 하더라도 급여자의 반환청구는 허용되지 않는다.

⑤ 법률상 원인 없이 이득을 얻은 자는 있지만 그로 인해 손해를 입은 자가 없는 경우, 부당이득반환청구권은 인정되지 않는다.

해설 | 부당이득은 법률상 원인 없이 타인의 재산 또는 노무로 인하여 이익을 얻고 이로 인하여 타인에게 손해를 가함으로써 성립하는 것이므로, 법률상 원인 없는 이득이 있다 하더라도 그로 인하여 타인에게 손해가 발생한 것이 아니라면 그 타인은 부당이득반환청구권자가 될 수 없다(대판 2011.7.28, 2009다100418).

오답체크 |
① 변제기에 있지 아니한 채무를 변제한 때에는 그 반환을 청구하지 못한다. 그러나 채무자가 착오로 인하여 변제한 때에는 채권자는 이로 인하여 얻은 이익을 반환하여야 한다(제743조).

② 수익자가 이익을 받은 후 법률상 원인 없음을 안 때에는 그때부터 악의의 수익자로서 이익반환의 책임이 있다(제749조 제1항).

③ 선의의 수익자가 패소한 때에는 그 소를 제기한 때부터 악의의 수익자로 본다(제749조 제2항).

④ 민법 제746조에 의하면 급여가 불법원인급여에 해당하고 급여자에게 불법원인이 있는 경우에는 수익자에게 불법원인이 있는지의 여부나 수익자의 불법원인의 정도 내지 불법성이 급여자의 그것보다 큰지의 여부를 막론하고 급여자는 그 불법원인급여의 반환을 구할 수 없는 것이 원칙이나, 수익자의 불법성이 급여자의 그것보다 현저히 크고 그에 비하면 급여자의 불법성은 미약한 경우에도 급여자의 반환청구가 허용되지 않는다고 하는 것은 공평에 반하고 신의성실의 원칙에도 어긋나므로 이러한 경우에는 민법 제746조 본문의 적용이 배제되어 급여자의 반환청구는 허용된다고 해석함이 상당하다(대판 1997.10.24, 95다49530·49547).

기본서 p.989~999

정답 ⑤

01 부당이득반환청구권에 관한 설명으로 옳지 않은 것은? (다툼이 있으면 판례에 따름)

① 부당이득반환청구권의 요건인 수익자의 이득은 실질적으로 귀속된 이득을 의미한다.

② 법률상 원인 없이 이득을 얻은 자는 있지만 그로 인해 손해를 입은 자가 없다면 부당이득반환청구권은 성립하지 않는다.

③ 수인이 공동으로 법률상 원인 없이 타인의 재산을 사용한 경우 발생하는 부당이득반환채무는 특별한 사정이 없는 한 부진정연대관계에 있다.

④ 부당이득이 금전상 이득인 경우 이를 취득한 자가 소비하였는지 여부를 불문하고 그 이득은 현존하는 것으로 추정된다.

⑤ 선의의 수익자가 부당이득반환청구소송에서 패소한 때에는 그 소가 제기된 때부터 악의의 수익자로 간주된다.

02 부당이득에 관한 설명으로 옳지 않은 것은? (다툼이 있으면 판례에 따름)

① 과반수지분의 공유자로부터 제3자가 공유물의 사용·수익을 허락받아 그 공유물을 점유하고 있는 경우, 소수지분권자는 그 제3자에게 점유로 인한 부당이득반환청구를 할 수 없다.

② 채무자가 변제기에 있지 아니한 채무자를 변제한 때에는 특별한 사정이 없는 한 그 반환을 청구하지 못한다.

③ 임차인이 임대차계약이 종료한 후 임차건물을 계속 점유하였더라도 이익을 얻지 않았다면 임차인은 그로 인한 부당이득반환의무를 지지 않는다.

④ 수익자가 이익을 받은 후 법률상 원인 없음을 안 때에는 이익을 받은 때부터 악의의 수익자로서 이익반환의 책임이 있다.

⑤ 변제자가 채무 없음을 알고 있었지만 자기의 자유로운 의사에 반하여 변제를 강제당한 경우, 변제자는 부당이득반환청구권을 상실하지 않는다.

03 부당이득에 관한 설명으로 옳지 않은 것은? (다툼이 있으면 판례에 따름)

① 악의의 수익자는 그 받은 이익에 이자를 붙여 반환하고 손해가 있으면 이를 배상하여야 한다.

② 부당이득반환에 있어 수익자가 악의라는 점에 대하여는 이를 주장하는 측에서 증명책임을 진다.

③ 채무자가 피해자로부터 횡령한 금전을 자신의 채권에 대한 변제에 사용한 경우, 채권자가 변제를 수령할 때 횡령사실을 알았던 때에도 채권자의 금전취득은 피해자에 대한 관계에서 법률상 원인이 있다.

④ 채무 없는 자가 착오로 인하여 변제한 경우, 그 변제가 도의관념에 적합한 때에는 그 반환을 청구하지 못한다.

⑤ 타인의 토지를 점유함으로 인한 부당이득반환채무는 그 이행청구를 받은 때부터 지체책임을 진다.

제4편 채권각론

제3장

정답 및 해설

01 ③ 여러 사람이 공동으로 법률상 원인 없이 타인의 재산을 사용한 경우의 부당이득반환채무는 특별한 사정이 없는 한 불가분적 이득의 반환으로서 불가분채무이고, 불가분채무는 각 채무자가 채무 전부를 이행할 의무가 있으며, 1인의 채무이행으로 다른 채무자도 그 의무를 면하게 된다(대판 2001.12.11, 2000다13948).

02 ④ 수익자가 이익을 받은 후 법률상 원인 없음을 안 때에는 그때부터 악의의 수익자로서 이익반환의 책임이 있다(제749조 제1항).

03 ③ 채무자가 피해자로부터 횡령한 금전을 그대로 채권자에 대한 채무변제에 사용하는 경우 피해자의 손실과 채권자의 이득 사이에 인과관계가 있음이 명백하고, 한편 채무자가 횡령한 금전으로 자신의 채권자에 대한 채무를 변제하는 경우 채권자가 그 변제를 수령함에 있어 악의 또는 중대한 과실이 있는 경우에는, 채권자의 금전 취득은 피해자에 대한 관계에 있어서 법률상 원인을 결여한 것으로 봄이 상당하다(대판 2003.6.13, 2003다8862).

04 부당이득에 관한 설명으로 옳은 것은? (다툼이 있으면 판례에 따름)

① 법률상 원인 없는 이득이 있다면 그 이득으로 인해 타인에게 손해가 발생한 것이 아니더라도 그 타인은 부당이득반환청구를 할 수 있다.

② 변제기에 있지 아니한 채무를 착오 없이 변제한 때에는 그 변제한 것의 반환을 청구할 수 있다.

③ 부동산 실권리자명의 등기에 관한 법률에 위반되어 무효인 명의신탁약정에 기하여 타인 명의로 등기를 마쳐준 것은 당연히 불법원인급여에 해당한다.

④ 선의의 수익자가 패소한 때에는 그 소가 확정된 때로부터 악의의 수익자로 본다.

⑤ 제한행위능력을 이유로 법률행위를 취소한 경우, 제한능력자는 선의·악의를 묻지 않고 그 행위로 인하여 받은 이익이 현존하는 한도에서 상환할 책임이 있다.

05 민법상 불법원인급여에 관한 설명으로 옳지 않은 것은? (다툼이 있으면 판례에 따름)

① 도박자금 대여채권을 담보하기 위한 근저당권설정등기가 경료되었을 뿐인 경우, 저당권설정자는 무효인 근저당권설정등기의 말소를 구할 수 있다.

② 강제집행을 면할 목적으로 부동산의 소유자 명의를 신탁하는 것은 불법원인급여에 해당하지 않는다.

③ 급여자는 급여한 물건에 대하여 부당이득에 기한 반환청구가 배척되는 경우에도 소유권에 기한 반환청구를 할 수 있다.

④ 수익자의 불법성이 급여자의 그것보다 현저히 크고 그에 비하면 급여자의 불법성은 미약한 경우, 급여자의 반환청구는 허용된다.

⑤ 불법원인급여 후 급부를 이행받은 자가 급부의 원인행위와 별도의 약정으로 급부 그 자체의 반환을 특약하는 것은 사회질서에 반하지 않는 한 유효하다.

06 부당이득에 관한 설명으로 옳은 것은? (다툼이 있으면 판례에 따름)

① 채무자가 채무 없음을 알고 임의로 변제한 경우, 그 반환을 청구할 수 있다.

② 계약상 급부가 계약의 상대방뿐만 아니라 제3자의 이익으로 된 경우, 급부를 한 계약 당사자는 제3자에 대하여 직접 부당이득반환청구를 할 수 있다.

③ 불법원인급여로 인해 반환을 청구하지 못하는 이익은 종국적인 것임을 요하지 않는다.

④ 제한능력을 이유로 법률행위를 취소하는 경우, 악의의 제한능력자는 그 행위로 인하여 받은 이익 전부를 상환하여야 한다.

⑤ 수익자가 법률상 원인 없이 이득한 재산을 처분함으로 인하여 원물반환이 불가능한 경우, 반환하여야 할 가액은 특별한 사정이 없는 한 그 처분 당시의 대가이다.

정답 및 해설

04 ⑤ ① 부당이득은 법률상 원인 없이 타인의 재산 또는 노무로 인하여 이익을 얻고 이로 인하여 타인에게 손해를 가함으로써 성립하는 것이므로, 법률상 원인 없는 이득이 있다 하더라도 그로 인하여 타인에게 손해가 발생한 것이 아니라면 그 타인은 <u>부당이득반환청구권자가 될 수 없다</u>(대판 2011.7.28, 2009다100418).

② 변제기에 있지 아니한 채무를 변제한 때에는 <u>그 반환을 청구하지 못한다</u>. 그러나 채무자가 착오로 인하여 변제한 때에는 채권자는 이로 인하여 얻은 이익을 반환하여야 한다(제743조).

③ 부동산 실권리자명의 등기에 관한 법률이 비록 부동산등기제도를 악용한 투기·탈세·탈법행위 등 반사회적 행위를 방지하는 것 등을 목적으로 제정되었다고 하더라도, 무효인 명의신탁약정에 기하여 타인 명의의 등기가 마쳐졌다는 이유만으로 그것이 <u>당연히 불법원인급여에 해당한다고 볼 수 없다</u>(대판 2003.11.27, 2003다41722).

④ 선의의 수익자가 패소한 때에는 <u>그 소를 제기한 때부터</u> 악의의 수익자로 본다(제749조 제2항).

05 ③ 불법원인급여를 한 사람은 그 원인행위가 법률상 무효라 하여 상대방에게 부당이득반환청구를 할 수 없음은 물론, 급여한 물건의 소유권은 여전히 자기에게 있다고 하여 <u>소유권에 기한 반환청구도 할 수 없고</u>, 따라서 급여한 물건의 소유권은 급여를 받은 상대방에게 귀속된다[대판 1979.11.13, 79다483(전합)].

06 ⑤ ① 채무 없음을 알고 이를 변제한 때에는 <u>그 반환을 청구하지 못한다</u>(제742조).

② 계약상 급부가 계약상대방뿐만 아니라 제3자의 이익으로 된 경우에, 계약당사자는 이익의 귀속주체인 제3자에 대하여 직접 <u>부당이득반환을 청구할 수는 없다</u>(대판 2002.8.23, 99다66564).

③ 급부는 '<u>종국적인 재산상의 이익을 주는 것</u>'이어야 한다. 따라서 도박자금으로 금원을 대여함으로 인하여 발생한 채권을 담보하기 위한 근저당권설정등기가 경료되었을 뿐인 경우에는 종국적 급여가 아니므로, 등기설정자는 무효인 근저당권설정등기의 말소를 구할 수 있다(대판 1995.8.11, 94다54108).

④ 제한능력자는 그 행위로 인하여 <u>받은 이익이 현존하는 한도에서</u> 상환(償還)할 책임이 있다(제141조 단서).

제4장 불법행위

불법행위에 관한 설명으로 옳지 않은 것은? (다툼이 있으면 판례에 따름)

① 과실로 불법행위를 방조한 자에 대해서는 공동불법행위가 인정될 수 없다.

② 고의로 심신상실을 초래한 자는 타인에게 심신상실 중에 가한 손해를 배상할 책임이 있다.

③ 사용자가 근로계약에 수반되는 보호의무를 위반함으로써 피용자가 손해를 입은 경우, 사용자는 이를 배상할 책임이 있다.

④ 고의로 불법행위를 한 가해자는 피해자의 손해배상채권을 피해자에 대한 자신의 다른 채권으로 상계할 수 없다.

⑤ 미성년자가 성폭력을 당한 경우에 이로 인한 손해배상청구권의 소멸시효는 그가 성년이 될 때까지는 진행되지 아니한다.

해설 | ① 불법행위의 방조는 형법과 달리 손해의 전보를 목적으로 하여 과실을 원칙적으로 고의와 동일시하는 민법의 해석으로서는 <u>과실에 의한 방조도 가능</u>하며, 이 경우의 과실의 내용은 불법행위에 도움을 주지 말아야 할 주의의무가 있음을 전제로 하여 이 의무에 위반하는 것을 말하고, 방조자에게 <u>공동불법행위자로서의 책임을 지우기 위해서는 방조행위와 피방조자의 불법행위 사이에 상당인과 관계가 있어야 한다</u>(대판 2007.6.14, 2005다32999).

② 심신상실 중에 타인에게 손해를 가한 자는 배상의 책임이 없다. 그러나 고의 또는 과실로 인하여 심신상실을 초래한 때에는 그러하지 아니하다(제754조).

③ 사용자는 근로계약에 수반되는 신의칙상의 부수적 의무로서 피용자가 노무를 제공하는 과정에서 생명, 신체, 건강을 해치는 일이 없도록 인적·물적 환경을 정비하는 등 필요한 조치를 강구하여야 할 보호의무를 부담하고, 이러한 보호의무를 위반함으로써 피용자가 손해를 입은 경우 이를 배상할 책임이 있다(대판 2001.7.27, 99다56734).

④ 대판 2017.2.15, 2014다19776

⑤ 제766조 제3항

기본서 p.1005~1025

정답 ①

01 불법행위에 기한 손해배상에 관한 설명으로 옳지 않은 것을 모두 고른 것은? (다툼이 있으면 판례에 따름)

> ㉠ 작위의무 있는 자의 부작위에 의한 과실방조는 공동불법행위의 방조가 될 수 없다.
> ㉡ 도급인이 수급인의 일의 진행과 방법에 관해 구체적으로 지휘·감독한 경우, 수급인의 그 도급업무와 관련된 불법행위로 인한 제3자의 손해에 대해 도급인은 사용자책임을 진다.
> ㉢ 책임능력 없는 미성년자의 불법행위로 인해 손해를 입은 자는 그 미성년자의 감독자에게 배상을 청구하기 위해 그 감독자의 감독의무 해태를 증명하여야 한다.
> ㉣ 민법 제35조에 따른 법인의 불법행위책임이 인정되더라도 피해자는 법인에 대하여 사용자책임을 물을 수 있다.

① ㉠
② ㉡, ㉢
③ ㉡, ㉣
④ ㉠, ㉢, ㉣
⑤ ㉠, ㉡, ㉢, ㉣

정답 및 해설

01 ④ ㉠ 민법 제760조 제3항은 교사자나 방조자는 공동행위자로 본다고 규정하여 교사자나 방조자에게 공동불법행위자로서 책임을 부담시키고 있는바, 방조라 함은 불법행위를 용이하게 하는 직접, 간접의 모든 행위를 가리키는 것으로서 작위에 의한 경우뿐만 아니라 작위의무 있는 자가 그것을 방지하여야 할 여러 조치를 취하지 아니하는 부작위로 인하여 불법행위자의 실행행위를 용이하게 하는 경우도 포함하고, 이러한 불법행위의 방조는 형법과 달리 손해의 전보를 목적으로 하여 과실을 원칙적으로 고의와 동일시하는 민법의 해석으로서는 과실에 의한 방조도 가능하다(대판 2007.6.14, 2005다32999).

㉢ 책임무능력자의 감독자책임은 감독의무자가 자신의 가해행위에 대하여가 아니고 책임무능력자의 가해행위에 대하여 책임을 지는 것으로서 일종의 타인의 행위에 대한 책임이다. 그러나 감독의무자의 과실이 필요하므로 순수한 의미의 타인 행위에 대한 책임은 아니다. 감독의무자의 과실에 대한 증명책임은 감독의무자에게 전환되어 있다(제755조 단서). 그 결과 무과실책임에 근접하며, 중간적 책임이라고 한다.

㉣ 대표기관이 사무집행과 관련하여 타인에게 손해를 가하여, 법인의 불법행위책임이 성립하는 경우에는 사용자책임은 성립하지 않는다.

02 민법 제756조(사용자의 배상책임)에 관한 설명으로 옳지 않은 것은? (다툼이 있으면 판례에 따름)

① 사용자와 피용자간의 고용계약이 무효이더라도 사실상의 지휘·감독관계가 인정된다면 사용자의 배상책임이 성립할 수 있다.

② 폭행과 같은 피용자의 범죄행위도 민법 제756조 소정의 사무집행관련성을 가질 수 있다.

③ 파견근로자의 파견업무에 관련한 불법행위에 대하여 파견사업주는 특별한 사정이 없는 한 사용자의 배상책임을 부담한다.

④ 고의로 불법행위를 한 피용자가 신의칙상 과실상계를 주장할 수 없는 경우에도 사용자는 특별한 사정이 없는 한 과실상계를 주장할 수 있다.

⑤ 피용자와 공동불법행위를 한 제3자가 있는 경우, 사용자가 피해자에게 손해 전부를 배상하였다면 사용자는 그 제3자에게 배상액 전부를 구상할 수 있다.

03 사용자책임에 관한 설명으로 옳지 않은 것은? (다툼이 있으면 판례에 따름)

① 사용자책임이 성립하려면 사용자가 피용자를 실질적으로 지휘·감독하는 관계에 있어야 한다.

② 특별한 사정이 없다면 퇴직 이후 피용자의 행위에 대하여 종전의 사용자에게 사용자책임을 물을 수 없다.

③ 도급인이 수급인에 대하여 특정한 행위를 지휘한 경우 도급인에게는 사용자로서의 배상책임이 없다.

④ 피용자의 불법행위가 외형상 객관적으로 사용자의 사무집행행위로 보일 경우 행위자의 주관적 사정을 고려함이 없이 이를 사무집행에 관하여 한 행위로 본다.

⑤ 사용자책임의 경우에도 피해자에게 과실이 있으면 과실상계할 수 있다.

04 불법행위책임에 관한 설명으로 옳지 않은 것은? (다툼이 있으면 판례에 따름)

① 피용자의 불법행위로 인하여 사용자책임을 지는 자가 그 피용자에 대하여 행사하는 구상권은 신의칙을 이유로 제한 또는 배제될 수 있다.

② 사용자에 갈음하여 그 사무를 감독하는 자도 사용자책임의 주체가 될 수 있다.

③ 가해자 중 1인이 다른 가해자에 비하여 불법행위에 가공한 정도가 경미한 경우, 그 가해자의 피해자에 대한 책임범위를 손해배상액의 일부로 제한하여 인정할 수 있다.

④ 공동불법행위자 중 1인에 대하여 구상의무를 부담하는 다른 공동불법행위자가 여럿인 경우, 특별한 사정이 없는 한 그들의 구상권자에 대한 채무는 분할채무이다.

⑤ 일반육체노동을 하는 사람의 가동연한은 특별한 사정이 없는 한 경험칙상 만 65세로 보아야 한다.

제4편 채권각론

제4장

정답 및 해설

02 ⑤ 피용자와 제3자가 공동불법행위로 피해자에게 손해를 가하여 그 손해배상채무를 부담하는 경우에 피용자와 제3자는 공동불법행위자로서 서로 부진정연대관계에 있고, 한편 사용자의 손해배상책임은 피용자의 배상책임에 대한 대체적 책임이어서 사용자도 제3자와 부진정연대관계에 있다고 보아야 하므로, 사용자가 피용자와 제3자의 책임비율에 의하여 정해진 피용자의 부담부분을 초과하여 피해자에게 손해를 배상한 경우에는 사용자는 제3자에 대하여도 구상권을 행사할 수 있으며, <u>그 구상의 범위는 제3자의 부담부분에 국한된다</u>고 보는 것이 타당하다[대판 1992.6.23, 91다33070(전합)].

03 ③ 일반적으로 도급인과 수급인 사이에는 지휘·감독의 관계가 없으므로 도급인은 수급인이나 수급인의 피용자의 불법행위에 대하여 사용자로서의 배상책임이 없는 것이지만, <u>도급인이 수급인에 대하여 특정한 행위를 지휘하거나 특정한 사업을 도급시키는 경우</u>와 같은 이른바 노무도급의 경우에는 비록 도급인이라고 하더라도 <u>사용자로서의 배상책임이 있다</u>(대판 2005.11.10, 2004다37676).

04 ③ 공동불법행위로 인한 손해배상책임의 범위는 피해자에 대한 관계에서 가해자들 전원의 행위를 전체적으로 함께 평가하여 정하여야 하고, 그 손해배상액에 대하여는 가해자 각자가 그 금액의 전부에 대한 책임을 부담하는 것이며, 가해자 1인이 다른 가해자에 비하여 불법행위에 가공한 정도가 경미하다고 하더라도 피해자에 대한 관계에서 그 가해자의 책임 범위를 위와 같이 정하여진 <u>손해배상액의 일부로 제한하여 인정할 수는 없다</u>(대판 2001.9.7, 99다70365).

제4장 불법행위 **393**

05 공동불법행위에 관한 설명으로 옳지 않은 것은? (다툼이 있으면 판례에 따름)

① 공동불법행위자는 피해자에 대하여 부진정연대채무를 부담한다.
② 공동불법행위자는 내부관계에서 과실의 정도에 따라 책임의 부담부분이 정하여진다.
③ 방조행위와 피방조자의 불법행위 사이에 상당인과관계가 있으면 방조자도 공동불법행위책임을 진다.
④ 공동불법행위가 성립하기 위해서는 행위자 사이에 행위공동의 인식이 전제되어야 한다.
⑤ 공동불법행위에 관하여 과실상계를 함에는 피해자에 대한 공동불법행위자 전원의 과실과 피해자의 공동불법행위자 전원에 대한 과실을 전체적으로 평가하여야 한다.

06 甲은 乙이 운전하던 택시의 승객인데, 교차로에서 乙, 丙, 丁이 운전하는 차량의 3중 충돌사고로 부상을 입었으며, 조사결과 乙에게 10%, 丙에게 50%, 丁에게 40%의 과실이 있음이 인정되었다. 이에 관한 설명으로 옳지 않은 것은? (다툼이 있으면 판례에 따름)

① 甲은 丙에게 손해의 전액에 대한 배상을 청구할 수 있다.
② 丙이 甲에게 손해의 전액을 배상한 경우, 丙은 자신의 부담부분을 넘는 배상액을 乙과 丁에게 구상할 수 있다.
③ 甲이 乙에게 손해배상채무를 면제해 준 이후 손해의 전액을 배상한 丙이 乙에게 구상권을 행사할 때, 乙은 자기의 채무가 면제되었음을 이유로 丙에게 대항할 수 있다.
④ 丙이 甲에게 손해의 전액을 배상하고 乙과 丁에게 구상하는 경우, 乙과 丁은 원칙적으로 각자의 부담부분에 따라 구상의무를 부담한다.
⑤ 丙이 甲에게 손해의 전액을 배상한 경우, 甲의 丁에 대한 손해배상청구권이 시효로 소멸한 경우에도 丙은 丁에게 구상권을 행사할 수 있다.

07 불법행위에 관한 설명으로 옳지 않은 것은? (다툼이 있으면 판례에 따름)

① 타인의 불법행위로 모체 내에서 사망한 태아는 불법행위로 인한 손해배상청구권을 갖지 못한다.

② 고의의 불법행위로 인한 손해배상청구권을 수동채권으로 하는 상계는 허용되지 않는다.

③ 불법행위에 의하여 재산권이 침해된 경우, 특별한 사정이 없는 한 그 재산적 손해의 배상에 의하여 정신적 고통도 회복된다고 볼 수 있다.

④ 공동불법행위자 1인에 대한 이행청구는 다른 공동불법행위자에 대하여 시효중단의 효력이 있다.

⑤ 책임능력 있는 미성년자가 불법행위책임을 지는 경우에 그 손해가 그 미성년자의 감독의무자의 의무위반과 상당인과관계가 있으면 그 감독의무자도 일반불법행위책임을 진다.

정답 및 해설

05 ④ 행위의 관련·공동성의 의미에 관하여, 다수설·판례(대판 1988.4.12, 87다카2951)는 '공동불법행위자 상호간에 의사의 공통이나 공동의 인식이 필요하지 아니하고 객관적으로 그들의 각 행위에 관련공동성이 있으면 족'하다고 한다(객관적 공동설).

06 ③ 부진정연대채무자 상호간에 있어서 채권의 목적을 달성시키는 변제와 같은 사유는 채무자 전원에 대하여 절대적 효력을 발생하지만 그 밖의 사유는 상대적 효력을 발생하는 데에 그치는 것이므로 피해자가 채무자 중의 1인에 대하여 손해배상에 관한 권리를 포기하거나 채무를 면제하는 의사표시를 하였다 하더라도 다른 채무자에 대하여 그 효력이 미친다고 볼 수는 없다 할 것이고, 이러한 법리는 채무자들 사이의 내부관계에 있어 1인이 피해자로부터 합의에 의하여 손해배상채무의 일부를 면제받고도 사후에 면제받은 채무액을 자신의 출재로 변제한 다른 채무자에 대하여 다시 그 부담부분에 따라 구상의무를 부담하게 된다 하여 달리 볼 것은 아니다(대판 2006.1.27, 2005다19378).

07 ④ 부진정연대채무에 있어 채무자 1인에 대한 이행의 청구는 타 채무자에 대하여 그 효력이 미치지 않는다(대판 1997.9.12, 95다42027).

해커스 주택관리사

주택관리사 **1위 해커스**
한경비즈니스 선정 2020 한국품질만족도 교육(온·오프라인 주택관리사) 부문 1위 해커스

해커스 합격 선배들의 생생한 합격 후기!

전국 수석합격생
최*석 님

전국 최고 점수로 8개월 초단기합격
해커스 커리큘럼을 똑같이 따라가면 자동으로 반복학습을 하게 되는데요. 그러면서 자신의 부족함을 캐치하고 보완할 수 있었습니다. 또한 해커스 무료 모의고사로 실전 경험을 쌓는 것이 많은 도움이 되었습니다.

해커스 합격생
권*섭 님

해커스는 교재가 **단원별로 핵심 요약정리**가 참 잘되어 있습니다. 또한 커리큘럼도 매우 좋았고, 교수님들의 강의가 제가 생각할 때는 **국보급 강의**였습니다. 교수님들이 시키는 대로, 강의가 진행되는 대로만 공부했더니 고득점이 나왔습니다. 한 2~3개월 정도만 들어보면, 여러분들도 충분히 고득점을 맞을 수 있는 실력을 갖추게 될 거라고 판단됩니다.

해커스 합격생
전*미 님

해커스는 주택관리사 커리큘럼이 되게 잘 되어있습니다. 저같이 처음 공부하시는 분들도 입문과정, 기본과정, 심화과정, 모의고사, 마무리 특강까지 이렇게 최소 5회독 반복하시면 처음에 몰랐던 것도 알 수 있을 것입니다. 모의고사와 기출문제 풀이가 도움이 많이 되었는데, **실전 모의고사를 실제 시험 보듯이 시간을 맞춰 연습하니 실전에서 도움이 많이 되었습니다.**

해커스 합격생
김*수 님

해커스 주택관리사가 **기본 강의와 교재가 매우 잘되어 있다고 생각**했습니다. 가장 좋았던 점은 가장 기본인 기본서를 뽑고 싶습니다. 다른 학원의 기본서는 너무 어렵고 복잡했는데, 그런 부분을 다 빼고 **엑기스만 들어있어 좋았고** 교수님의 강의를 충실히 따라가니 공부하는 데 큰 어려움이 없었습니다.

1588.2332 house.Hackers.com

해커스 주택관리사

주택관리사 1위 해커스
한경비즈니스 선정 2020 한국품질만족도 교육(온·오프라인 주택관리사) 부문 1위 해커스

해커스 주택관리사
100% 환급 + 평생수강반

합격할 때까지 최신강의 평생 무제한 수강!

**2025년까지 합격하면
수강료 100% 환급**

* 미션 달성시/제세공과금 본인부담/
교재비 환급대상 제외

**최신인강
평생 무제한 수강**

* 불합격 인증 시/유의사항 확인

**최신 교재
14권 모두 제공!**

저는 해커스를 통해 공인중개사와 주택관리사 모두 합격했습니다.
해커스 환급반을 통해 공인중개사 합격 후 환급받았고,
환급받은 돈으로 해커스 주택관리사 공부를 시작해서
또 한번 합격할 수 있었습니다.

해커스 합격생 박*후 님

지금 등록 시
수강료 파격 지원

최신 교재 받고
합격할 때까지 최신인강
평생 무제한 수강 ▶

*상품 구성 및 혜택은 추후 변동 가능성 있습니다. 상품에 대한 자세한 정보는 이벤트 페이지에서 확인하실 수 있습니다.